대한민국 교육트렌드 2023

대한민국 교육트렌드 2023

초판 1쇄 발행 2022년 10월 31일
초판 4쇄 발행 2022년 12월 20일

지은이 교육트렌드2023 집필팀

발행인 김병주
총괄기획·편집 김춘성
편집부 조정빈
마케팅 박란희
COO 이기택
뉴비즈팀 백헌탁, 이문주, 백설
행복한연수원 이종균, 이보름
에듀니티교육연구소 조지연

디자인 디자인붐

펴낸 곳 (주)에듀니티
도서문의 070-4342-6110
일원화 구입처 031-407-6368 (주)태양서적
등록 2009년 1월 6일 제300-2011-51호
주소 서울특별시 금천구 가산동 371-28 우림라이온스밸리 A동 1208호
출판 이메일 book@eduniety.net
홈페이지 www.eduniety.net
페이스북 www.facebook.com/eduniety
인스타그램 www.instagram.com/eduniety/
www.instagram.com/eduniety_books/
포스트 post.naver.com/eduniety

문의하기

투고안내

ISBN 979-11-6425-134-6 (03370)
값은 뒤표지에 있습니다.

2022년 교육 진단과
2023년 학교의 과제, 그리고 전망

대한민국 교육 트렌드 2023

교육트렌드2023 집필팀

한국 교육을 움직이는 20가지 키워드

에듀니티

눈이 어두운 자는 먼 곳만 살피다 돌부리에 걸려 넘어진다

김진경 (전 국가교육회의 의장)

『대한민국 교육트렌드 2022』는 500쪽이 넘는 부담스러운 책임에도 불구하고 교육에 관심 있는 많은 이들로부터 관심을 받았다. 출판사에서 분석한 독자층은 아주 다양했다. 혁신학교 등 학교에서 교육을 실천하는 교사들, 교육청에서 정책을 만드는 교육전문가들, 학교 운영을 책임지는 교장, 교감 등 관리자들, 교대와 사대생을 비롯하여 임용고시를 준비하는 예비교사들, 아이들을 학교에 보내고 있는 학부모들, 교육 관련 사업을 하는 사람들, 그리고 교육에 대한 변화를 읽어내고 싶은 일반 교양인들이 독자층으로 분석되었고, 구매 연령층도 20대부터 50대까지 다양하게 구성된 것으로 나타났다. 이들 독자들은 교육현장에서 구체적 실천을 하고 있는 20명의 다양한 저자들이 풀어낸 20가지 교육키워드에 대해 함께 교감의 장을 형성하였다. 전 세계 15억 명의 학생들이 등교를 멈춘 코로나 팬데믹, 인구절벽, 기후위기 등을 경험하며, 사람들은 빠르게 변화하는 교육-사회 패러다임의 구체적 현상들을 하나하나 짚어보고 싶어 하였으며, 교육트렌드 2022는 그 요구에 맞춘 것이었다.

대한민국 교육트렌드 2022에 담긴 20가지 교육키워드가 단지 1년 만에 소멸되는 소모적인 아젠다가 아님에도 불구하고, 출판 기획팀에서는 교육트렌드 2023을 내기로 결정하였다. 2022년에도 대통령 선거를 통한 국가교육 방향의 변화, 교육감 선거를 통한 지방교육청의 정책 지형의 변화, 국가교육위원회 출범이라는 큰 변화의 축이 있고, 다양한 분야에서 함께 교감해야 할 논의의 장이 필요하다는 판단 때문이었다. 큰 변화의 시기에는 무엇이 변하고 있는지, 교육현장은 어떻게 느끼고 있는지, 어떻게 가야 하는지에 대한 논의의 언어를 정리하는 것이 필요하다.

◆ ◆ ◆

정말 큰 변화는 멀리로부터가 아니라 발밑으로부터 온다

작년 대선이 한참 뜨거워지기 시작할 때 속초에 가서 거기 토박이 친구를 만나 술을 한잔했다. 그 친구는 술이 좀 오르자 지금은 수온이 올라가 잘 잡히지 않는 명태가 많이 잡히던 어린 시절 속초 얘기를 했다.

"그때는 명태 철만 되면 길거리에 지나다니는 동네 개도 만 원짜리 하나씩 물고 다녔어."

친구의 좋았던 시절 속초 얘기가 길어져서 나는 피식 웃으며 말머리를 돌렸다.

"요즈음 우리 동네는 길거리 지나다니는 동네 개도 '대전환'이라는 말을 입에 물고 다녀."

변화의 속도가 빠른 근대 자본주의 사회를 살아갔던 인간치고 자기 시대를 전환기라고 느끼지 않은 자가 있었겠느냐 마는 그즈음처럼 사회변화에 대한 담론이 넘쳐났던 시기도 드물었을 것이다. 그리고 그럴 만큼 사회변화의 심도가 깊고 폭이 넓기도 했다.

하지만 나는 대전환을 요란하게 떠드는 사람들을 그제나 이제나 별로 신뢰하지 않는다. 그들 중 많은 이들은 그러한 큰 변화가 거대한 해일같이 멀리로부터 밀려

오는 것처럼 이야기한다. 미안하지만 지금의 변화가 멀리서 해일처럼 온다고 느낀다면 당신은 지금의 변화를 잘 모르는 채 막연한 불안에 휩싸여 있는 것일 뿐이다. 그리고 변화에 대해 막연한 불안을 느낀다는 것은 뭔가 지켜야 하는 기득권이 있다는 것이다. 미안하지만 정말 큰 변화는 멀리로부터가 아니라 당신의 발밑으로부터 온다. 그래서 변화를 제대로 알고 느낀다면 자기성찰에 버거워서 밖을 향해 요란하게 떠들 여유가 별로 없다. 발밑이 무너지면 자기를 살피기에 바쁠 수밖에 없지 않겠는가?

그들 중 또 다른 이들은 장님 코끼리 만지듯이 발밑 변화의 작은 한 측면을 포착하여 그것이 변화의 전부인 것처럼 요란하게 떠든다. 그런 이들은 대개의 경우 자신이 관여되어 있는 변화의 한 측면을 근거로 기왕의 기득권 속에 자기 자리를 확고하게 만들고 싶은 이들이다. 그래서 그 욕망이 드러나면 그 구태의연한 모습에 실망할 수밖에 없게 된다.

그러므로 이 책은 무엇보다도 우선하여 일상에서 당장 무너지고 있는, 발밑을 수습하느라 정신이 없어 큰 변화를 변화로 인식할 여유조차 없는 학교 현장과 지역 현장, 삶의 현장에서 일하는 분들에게 바쳐지는 헌사여야 할 것이다.

그리고 지금의 변화가 발밑으로부터 오는 근본적인 것임과 내려놓아야 하는 기득권을 내려놓는 것의 어려움을 절감하고 자기성찰에 묵묵한 이들에게 바쳐지는 헌사여야 할 것이다.

◆ ◆ ◆

근대산업국가와 근대산업사회 교육의 대전제가 무너지고 있다

근대산업국가의 출현과 인구론

근대산업국가는 '국민 한 사람 한 사람을 노동력으로 보고 태어날 때부터 죽을 때까지 관리하는 고도로 중앙집권적인 시스템'이다. 이 시스템이 처음 출현한 것은 프랑스 루이 14세의 절대왕정을 통해서였다.

산업혁명으로 기술이 발전하고 신대륙을 발견하면서 초기 자본주의는 꿈에 부풀어 있었다. 나날이 발전하는 기술, 신대륙의 발견으로 무한히 확대되는 자원과 시장과 노동력으로 비약적 부의 축적이 가능하리라 기대한 것이다. 하지만 결과는 그 반대였다. 초기 자본주의가 최초의 대공황이라는 심각한 위기를 맞이하게 된 것이다. 대공황의 원인은 인구감소였다. 산업혁명 초기의 노동조건은 너무 열악하여 독일의 경우 인구가 삼 분의 이로 주는 등 유럽의 인구가 급감하였다. 그리고 무한한 노동력의 공급처, 무한히 확대되는 소비시장으로 기대되었던 신대륙은 스페인 포르투갈이 점령한 남미에서 한 세기 동안 인구가 십분의 일로 주는 등 파국적 인구감소를 경험하였다.

이렇게 인구 급감으로 최초의 대공황을 겪으면서 유럽 사회에는 "인구를 늘리고 잘 관리해야 국부가 늘어난다."는 인구론이 자리 잡게 된다. 이 인구론에 입각하여 출현한 최초의 근대산업국가가 루이 14세의 절대왕정이었다.

근대산업국가의 대전제가 무너지고 있다

인적 자원관리를 기본 배경으로 출현한 근대산업국가가 지속되기 위해서는 몇 가지 대전제가 유지되는 것이 필수적이다.

가장 우선되는 대전제는 생산에서 인간의 노동력이 차지하는 비중이 크다는 것이다. 이 대전제로부터 '국민 한 사람 한 사람을 노동력으로 보고 태어날 때부터 죽을 때까지 관리'하는 근대산업국가의 존재 이유가 나온다.

두 번째 대전제는 '자본은 이윤을 가져가고 노동자는 임금을 가져감으로써 부의 분배가 이루어진다.'는 것이다. 이 대전제가 무너지면 근대산업국가는 흔들리게 되고 궁극적으로는 지속가능하지 않다.

세 번째 대전제는 핵가족[1]이다. 핵가족은 산업사회에 필수적인 가족제도로서 유럽에서는 거의 한 세기 동안 마녀사냥을 비롯한 어마어마한 국가 사회적 폭력을 동원하여 정착시킨 제도이다. 전통적 근대산업사회의 핵가족 제도는 남자는 생산에 참여하고, 여자는 가정에서 아이들을 돌보는 분업체계가 이루어져 있다. 근대산업사회는 이러한 핵가족 제도를 기반으로 하고 있다.

네 번째 대전제는 '신이 인간에게 선물로 준 지구는 무한하기 때문에 인간은 자연의 법칙을 연구하여 인간의 필요에 따라 자연을 마음대로 조작하고 활용해도 된다.'는 것이다. 근대산업국가가 맹목적 생산성과 경제성장을 추구했던 배경에는 이러한 근대과학의 사유가 깔려 있었다.

다섯 번째 대전제는 선진국 추격형 산업화를 해온 한국이라는 근대산업국가에 특수한 것으로써 '서구 선진국을 모델로 그들이 간 길을 압축적으로 따라가면 우리도 선진국이 될 수 있다'는 그간의 대전제였다.

지금 우리는 위와 같은 근대산업국가의 대전제가 급격히 무너져가고 있는 것을 목격하고 있다.

AI 자동화가 급진전되면서 산업사회의 전통적 일자리들이 빠른 속도로 AI 로봇에 의해 대체되고 있다. 그래서 갈수록 인간의 노동력이 생산에서 차지하는 비중이 점점 작아지고 있다. 그리고 이에 따른 고용의 불안정으로 부의 분배가 잘 이루어지지 않아 경제가 만성화된 심각한 위기를 겪고 있다.

남자는 밖에 나가 일을 해서 돈을 벌고 여자는 가사노동을 하며 아이들을 돌보는 산업사회의 전통적인 핵가족은 붕괴된 지 오래다. 맞벌이가 보편화되고 더 나아가 1인 가족화가 급속히 진행되어 전통적 핵가족을 유지할 수 있는 집단은 전체 인구의 5%를 좀 넘기는 정도일 것이다.

자연환경의 파괴로 새로운 전염병의 대유행, 심각한 기상이변 등 어느 단위도 통제할 수 없는 거대한 위험이 일상화되고 있다. 지구는 무한하다는 대전제는 깨

1 한 쌍의 부부와 미혼의 자녀만으로 구성된 가족(네이버 국어사전)

진 지 오래다.

한국은 선진국에 진입했다. 이제 더 이상 따라갈 모델이 없고 어쩌면 한국이 세계적 모델을 만들어내야 할 입장이다. 이제 서구 추격형 산업국가 시스템의 전반적 개혁이 불가피하다.

근대산업사회 학교교육의 대전제가 무너지고 있다.

근대산업국가와 마찬가지로 근대산업사회 학교교육 역시 지속되기 위해서는 유지되어야 하는 몇 가지 대전제가 있다.

첫 번째 대전제는 '학교교육에서의 성공 정도에 걸맞은 직업적 보상체계가 확실해야 한다'는 것이다. 즉 학교에서 공부 열심히 하면, 좋은 직업을 얻어 잘 살 수 있어야 한다.

두 번째 대전제는 '분과학문에 축적된 지식의 핵심을 압축해놓은 학교교육의 교과 지식이 고정된 직업들이 요구하는 지식과 상당 정도 일치하고, 학교의 시공간적 규율이 직업이 요구하는 규율의 훈련으로서 의미를 가진다.'는 것이다. 쉽게 풀어 말하면, 학교에서 배우는 교과 지식이 직업에서 요구하는 지식과 일치하여야 하고, 학교에서의 규칙과 규율이 직업에서 요구하는 규율 훈련으로서 기능을 하여야 한다는 것이다.

세 번째 대전제는 '아동들이 전통적 핵가족 속에서 충분한 보살핌을 받고 있어 특별한 경우를 제외하면 대체로 자기 성장에 문제가 없다.'는 것이다. 이 대전제가 성립되어야 가정에서 아이들의 성장과 관련된 안전망을 형성하기 때문에 지식 전수 중심으로 진행되는 산업사회 학교교육은 정당성을 가지고 지속될 수 있다.

네 번째 대전제는 학교교육이 추격형 산업화의 핵심 수단이 되었던 한국에 특수한 것이다. 산업화시대 한국교육의 모토는 '서구 지식을 빨리빨리 받아들여 될 수 있으면 짧은 시간에 많은 사람에게 주입 암기하게 함으로써 서구 선진국을 하루빨리 쫓아가야 한다.'는 것이었다.

위와 같은 근대산업사회의 학교교육의 대전제는 급격히 무너지고 있다.

우선 아동들이 전통적 핵가족 속에서 충분한 돌봄을 받고 있어 자기 성장에 대체로 문제가 없다는 대전제는 깨진 지 오래다. 대부분의 아이들이 전통적 핵가족의 급격한 해체에 따라 많건 적건 자기 성장에 문제가 생겨나고 있다. 그래서 많은 아이들이 지식 전수 이전에 자기 형성을 통해 의욕을 갖도록 하는 것이 선결문제로 되고 있는 게 현실이다. 근대산업사회 학교교육은 가족공동체의 따뜻한 보살핌, 그리고 그 확장으로서 골목과 마을로 대표되는 공동체적 보살핌 속에서 학교가 지식 전수를 담당하면서 성립하였다. 그러나 전통적인 근대적 가족공동체가 급속히 해체되어 아이들이 성장 과정에서 따뜻한 공동체적 보살핌을 받지 못하고 있는 현실에서 지식 전수에 역할을 한정하고 있는 현재의 학교교육시스템은 전혀 설득력이 없다. 자기 역할을 지식 전수에서 아이들의 전반적인 성장 지원으로 확장하는 학교교육시스템의 개혁이 절실하다. 그것은 지역을 아이 성장 지원 역할로 활성화시키는 지역 교육생태계의 새로운 복원, 그리고 그 기반 위에서 학교가 지역의 학교로 밀착하는 방향으로 변화해야 할 것이다.

위와 같은 개혁은 서구 지식 수입형, 서구 추격형의 산업화시대 교육을 탈피하기 위해서도 절실하다. 산업화시대 교육은 '서구중심, 도시중심'에 성장과 발전의 초점이 맞춰있어서 아이들은 자기가 성장하고 있는 지역에 관심을 둘 이유가 없었다. 현재 선진국 대열에서 벌어지고 있는 치열한 첨단 소프트웨어 혁신 경쟁은 우리 사회 삶의 전 분야에 대한 풍부하고 감수성 어린 접근을 필요로 한다. 자신이 성장한 지역, 자신이 살고있는 삶의 생태계를 무시하고 오직 지식 전수에만 매달린 산업 성장형 학교교육은 첨단 하드웨어 중심 산업구조를 놓고 경쟁한 지금까지는 도움이 되었겠지만, 첨단 소프트웨어 혁신으로 나가려 할 때는 발목을 묶는 결정적 족쇄가 된다. 자기가 사는 곳을 변방으로 인식하여 자기 지역에 축적되어 있는 삶의 경험들을 버려야 할 하찮은 것으로 여기는 사람들이 어떻게 첨단 소프트웨어 혁신을 일궈낼 수 있겠는가? 선진국으로 도약한 지금, 우리 교육은 '자기가 있는 곳을 우주의 중심으로 생각하고 필요한 질서를 부여하여 자신의 세계를 창조해나가는' 새로운 교육 전환-인간의 창조적 본질을 북돋우는 교육으로의 전환이 절실하다.

학교교육에 대한 직업의 보상체계는 이미 많이 깨졌다. 인문 · 예술계의 경우 이른바 명문대를 나와도 취업이 쉽지 않은 게 현실이다. 아이들이 살아갈 미래사회 직업 생애는 갈수록 A,B,C,D 등의 직업과 실업을 오가는 복잡다기한 것일 수밖에 없다. 이러한 직업 생애에서 한 개인이 가지게 되는 A,B,C,D의 직업이 서로 전혀 무관한 영역을 오간다면 그 삶은 먹고 살기 위해 허겁지겁하는 불행한 삶일 것이다. 반대로 A,B,C,D 직업이 자기가 관심을 갖고 의미를 부여하는 영역 안에서 오가는 거라면 괜찮은 삶일 것이다. 그렇기 때문에 지식교육보다도 더 자기 삶의 의미를 발견하는 자기 성장과 자기 삶을 개척하는 기획력을 키워주는 교육이 필요하다. 그리고 고정된 직업과 그와 연관된 고정된 지식의 개념이 깨지고 있는 만큼 지식을 그것이 발생하는 지점에서 융합적으로 이해할 수 있도록 하는 교수학습 방식의 혁신이 필요하다.

◆ ◆ ◆

보수 대 진보 - 성장론자 박정희와 인구론자 박정희 간의 다툼?

보수정권이 들어설 때마다 흔히 듣는 평가 중의 하나는 '보수정권이 들어서더니 박정희 시대로 후퇴하고 있다'는 것이다. 나는 이 말을 박정희 전 대통령이 들으면 모독이라고 노발대발할 것으로 생각한다. 박정희 전 대통령은 서구 추격형 성장론자로서의 얼굴만 가지고 있었던 것이 아니라 한 동전의 다른 면으로 인구론자로서의 얼굴도 가지고 있었다. 인구론자로서의 얼굴이란 건강하고 훈련된 노동력을 확보하기 위해 국민건강보험제도도 도입하고, 서민 주거정책도 추진하고, 보편적 학교교육 제도도 확대하는 등 국가사회주의 정책을 펼치는 측면을 말한다.

굳이 보수정권이 박정희 시대로 후퇴했다고 한다면 그건 인구론자의 얼굴이 제거된 서구 추격형 성장론자로서의 박정희로 후퇴한 것이다. 그리고 엄밀히 말하면 그건 과거로 후퇴한 것이 아니라 정확하게 상층계급의 이해관계가 철저하게 반영되는 미래사회를 만들어가려는 것이다. 보수정권이 들어서면 제일 먼저 손대는 것이 인구론에 입각한 사회복지정책 교육정책 같은 것들이다. 보수정권이 그럴 수 있는 이유는 '생산에서 인간의 노동력이 차지하는 비중이 절대적'이라는 근대산업국가의 대전제가 깨어져 양질의 노동력을 확보하기 위해 국민 한 사람 한 사람을 태어나서부터 죽을 때까지 관리할 필요가 현저히 적어졌기 때문이다. 첨단산업에 필요한 고급인력은 중산층이 사교육비를 들여 필요하면 외국 유학까지 시키면서 양성해 주고, 사람들이 기피하는 육체노동 일자리는 외국인 노동자를 수입하면 되는데 굳이 국가가 국민 한 사람 한 사람을 더 큰 돈을 들여 태어나서부터 죽을 때까지 관리할 이유가 없다고 생각할 것이다. 그래도 국민 한 사람 한 사람을 소비자로서 관리할 필요가 있지 않겠냐고? 물론 국내시장이 크게 있으면 좋겠지만 수출위주 경제체제 속에서 재벌의 주력 시장이 한국 국내였던 적이 있었나? 한국 국내시장이 재벌에게 절대적인 것은 아니다. 그래서 보수나 보수정권이 진보나 진보정권에 비해 상대적으로 저출산 문제나 통일문제에 큰 관심이 없는지도 모른다.

진보나 진보정권은 인구론자로서의 박정희를 발전시키는 측면이 있다. 그래서 저출산 문제나 통일문제에 관심이 많다. 인구론적인 사회복지정책과 교육정책을 발전시키고 그런 정책을 펼치는 이유를 위험사회에 대한 대응 구조화되는 고용불안정에 대한 대응으로 확장시키면 문재인정부 정책 기조와 매우 가까워진다.

◆ ◆ ◆

독선에서 벗어나기 위한 자기성찰이 필요하다

우리 사회는 지금 수백 년의 지난 세월을 지탱해 온 근대산업사회의 패러다임이 변하는 격동의 시대를 지나고 있다. 변화에 대한 대응을 어떻게 해야 하는 것인가는 국가적 차원의 일이 되기도 하지만 아이를 기르는 가정과 부모의 고민이기도 하고, 아이를 가르치는 교원, 교육정책을 수립하는 전문가들이 당면한 과제이기도 하다. 아이들 스스로에게는 궁금하고 두렵고 설레는 자신의 미래가 만들어지는 과정이기도 하다.

보수-진보의 대립구조에서 벗어나 우리는 우선 자신도 근대산업국가 시스템에 기득권을 가지고 있다는 자기성찰을 통해 독선에서 벗어나는 것이 중요하다. 그래야 타협과 협상을 통해 대안을 찾아 나갈 수 있다.

『대한민국 교육트렌드 2023』은 거대한 교육 패러다임의 변화기에 우리가 성찰하고 서로 소통하며 대화를 하기 위한 기초작업이다. 현장에서 부딪치면서 문제를 느끼는 주제들에 답을 하다 보면 우리가 가야 할 거대한 흐름이 길의 모습을 하고 드러날 것이다.

차례

3부 · 2023 교육 전망

좌담

1부

2022 교육 진단

편견과 혐오의 늪

아이들을 거짓뉴스로 이끄는 사회

김성근 (청주교육대학교 초빙교수)

◆ ◆ ◆

아이들을 거짓뉴스로 이끄는 사회

새로운 것, 흥미로운 것에 끌리는 아이들

2019년 SBS는 D-Forum(이하 SDF-2019)[2]의 주제를 "변화의 시작-이게 정말 내 생각일까?"로 정하고 본격적으로 확증편향과 필터버블 등의 문제를 다루었다. SDF-2019 포럼 연사로 초청된 노스캐롤라이나대학의 제이넵 투펙치 교수는 강연[3]에서 다음과 같은 사례를 발표했다.

"달 착륙 숙제를 하는 아이에게 유튜브로 미항공우주국 채널을 연결시켜주었더니 30분 후에 아이가 달려와서 하는 말, '엄마, 달착륙 가짜래요.'하더라는 겁니다. '타이태닉호가 빙하에 부딪혀서 침몰했다는 것도 거짓말이래요.' 추천 알고리즘이 음모론 영상을 추천해준 것이죠. 그게 왜 몰입을 시키는 걸까요? 간단

2 SBS가 사회적 지식나눔의 취지로 2004년부터 해마다 추진해 온 프로젝트

3 강연주제-'디지털 공론장에서의 집단이기주의 확산: 알고리즘과 비즈니스 모델을 중심으로'

합니다. 인간은 새로운 것, 흥미로운 것에 끌리게 되어있습니다. 그런데 허위정보, 음모론, 가짜뉴스 이런 것은 새롭습니다. 진실은 덜 흥미롭고 덜 반가워요."[4]

제이넵 교수는 아이들이 유튜브나 페이스북 등 디지털 환경 속에서 정보의 바다에 빠질 때, 아이들이 진실에 접근하는 것이 쉽지 않다는 것을 강조하고 있다. 진실보다 가짜뉴스나 허위정보가 더욱 자극적이고, 새로워 보이기 때문이다. 그리고 무엇보다 가짜뉴스의 배경에는 확증편향으로 무장된 편견의 집단이 자신들의 가짜뉴스에 호응하는 아이들을 진영으로 끌어들이는 위험까지 도사리고 있다.

SBS는 포럼 기획에서 인터넷이 소통의 중심이 되고 있는 현실에서 우리 사회가 접하고 있는 심각한 양극화 문제를 제기했다. SDF-2019 기획팀은 "본질은 두고 물어뜯기가 앞선다. 생산적인 토론과 합의가 있어야 할 곳에는 논쟁과 혐오, 대치가 자리 잡았다. '개인'과 '다양성'이 중요해지는 시대라고 하지만 현실을 한 겹만 들춰 보면 여전히 진영 논리나 집단의 이해관계에서 개인은 자유롭지 못하다."라고 밝히고, "내 취향에 맞는 콘텐츠를 자동으로 추천하는 알고리즘을 통해 자신의 기존 생각을 강화하는 '확증편향'이 가속화되고, 비슷한 사람들끼리 SNS를 통해 '끼리끼리' 뭉치는 소통이 늘어났다"고 지적했다. 또한 언론은 본질보다 싸움에 눈을 돌리고 학교에서는 공감보다 경쟁을 먼저 배우는 것이 아닌가! 반문했다. SBS는 "거대 플랫폼이 우리의 취향을 이용해 돈을 버는 사이, 우리는 다른 사람과 접하고 다른 의견을 듣는 능력을 잃어버리고 있는 것은 아닐까?" 반문하였다.[5]

필터버블

유튜브나 넷플릭스와 같은 OTT[6] 플랫폼 서비스를 들어가 영화를 보면 나의 나

---

4 https://www.sdf.or.kr/2019/ko/video/11000010014 (SBS D 포럼 2019, 최고의 1분, 제이넵 투펙치)

5 https://www.sdf.or.kr/2019/ko/about

6 OTT(Over The Top),개방된 인터넷을 통하여 방송 프로그램, 영화 등 미디어 콘텐츠를 제공하는 서비스. 유튜브나 넷플릭스가 이에 속한다.

이, 성별에 더하여 몇 편의 선택 영화가 나의 취향으로 등록이 된다. 비슷한 영상 몇 개를 보면 여지없이 추천 영상이 올라온다. 추천 영상은 동일한 장르로 가득 찬다.

인터넷이 발달함에 따라 사람들은 정보의 홍수에 갇히게 되는데, 누구나 자신이 원하는 자료를 더 쉽게 찾을 수 있기를 희망한다. 구글 · 네이버 등의 검색엔진, 트위터 · 페이스북 등의 SNS, 유튜브 · 넷플릭스 · 아마존 등의 플랫폼을 비롯한 인터넷 정보 제공자들은 알고리즘이라는 시스템을 통하여 이용자의 방문 · 검색기록이나 사용 패턴, 이전의 클릭 행위, 관심사, 위치 등의 데이터를 수집 · 분석한 뒤 방대한 정보 중 각 이용자들이 필요로 할 만한 정보를 골라 개인별 맞춤 형식으로 제공한다. 이러한 알고리즘을 통한 개인별 맞춤형 정보제공은 편리함이 있지만 심각한 위험성도 함께 내재되어 있다. 정보의 편식이란 측면이다. 즉 내가 좋아하는 정보만 계속해서 보게 되는 것이다. 정보의 편식이 지속되면, 개별적으로는 '내가 믿고 있는 것이 맞다'는 확증편향의 경향이 더욱 짙어지게 되고 집단적으로는 같은 정보의 취향을 가진 사람들끼리 뭉쳐지는 진영논리가 더욱 강해진다.

필터버블이란 필터링(filtering, 여과) 과정을 거친 정보의 막(bubble)에 갇힌 상태를 비유한 것으로, 사용자가 본인의 관심사에 맞춰 필터링된 정보 안에 갇히는 현상을 말한다. 미국 온라인 정치시민단체 무브온(MoveOn)의 전 이사장이자 웹사이트 업워디(Upworthy)의 공동설립자인 엘리 프레이저(Eli Pariser)가 만든 용어이다. 그는 2011년 출간한 《생각 조종자들(The Filter Bubble)》이라는 책에서 이 현상을 설명한 바 있다.

교육에서 필터버블의 문제는 훨씬 심각하다. 자신이 판단하거나 믿고 있는 내용이 절대적이라고 생각한다면, 그것은 진리와 진실을 탐구하는 교육의 본질에도 맞지 않을 뿐 아니라 자신과 다른 생각과 다른 판단도 받아들이지 않게 된다. OECD는 2020년 발간된 보고서 미래 학교교육 시나리오[7]에서 이 세상의 모든 것을 알게 되었지만, 그 지식으로 별다른 일을 하지 않는 현세대의 특징을 일컬어 '계몽된 문맹'(enlightened illiteracy)이라 이름 붙였다. 이는 지식을 자신이 가지고 있는 세계관을

---

7 Back to the Future of Education: Four OECD Scenarios for Schooling, Educational Research and Innovation, OECD, 2020

합당화하는 데 사용하기 때문에, 많이 알수록 자신의 편견에 수긍하기 더 쉬워진다는 모순을 꼬집는 것이다.

확증편향의 시대

왜 사람들은 다른 사람들의 말을 잘 받아들이지 않을까? 심리학자들에 의하면 사람들은 기본적으로 인지적 일관성을 유지하고 싶어 하기 때문에 자신의 원래 생각과 다른 생각을 받아들이는 것에 대해 마음이 불편하다는 것이다. 따라서 내 의견과 다른 생각은 뭔가 불편하고 듣기 싫어지게 된다. 이런 상황이 계속되면 수많은 정보를 접하면서도 내가 보고 싶은 것만 보고, 듣고 싶은 것만 듣는 일이 생긴다. 이것을 '확증편향'이라 부른다. 확증편향이 진행되면 현실 속에서 잘못된 부분이 팩트로 발견되더라도, 이를 합리화할 수 있는 다른 근거를 찾으려 할 뿐 팩트에 따라 인식을 교정하려 생각하지 않는다. 특히 소통할 때 상대방의 말이 옳을 수 있음에도 자신의 원래 생각만이 옳다고 굳게 믿기 때문에 올바른 소통이 이루어질 수 없다.

갈등사회에서 확증편향은 진영논리로 대체되는 경우가 많다. 특히 같은 생각과 인식을 가진 사람들과의 소통이 편하기 때문에 같은 진영 사람끼리의 소통이 주를 이루게 된다. 진보는 진보끼리만 만나고, 보수는 보수끼리만 만나게 된다. 폐쇄적인 소통이 이루어지기 때문에 만남에서 얻는 정보 역시 편향이 생기게 된다. 결과적으로 갈등의 양쪽 편에 서 있는 사람들은 수집되는 거의 모든 정보가 자신이 신뢰하고 있는 신념과 집단을 합리화하는 것이 된다. 그러면 우리 진영의 사람의 말은 맞고, 상대 진영의 사람은 무조건 잘못되었다는 인식으로 발전하게 된다.

국회 입법조사처는 2022년 초, 각종 갈등으로 분열된 우리 사회를 진단하는 연구보고서[8]를 내놓은 바 있다. 그 내용 중 '왜 갈등이 시작되는지'를 밝혀내기 위해

8 '국민통합의 시대적 과제와 양극화', 국회입법조사처, 2022.3.11. 재인용.

OECD 관계국들을 대상으로 한 질문 결과가 나온다. 그것은 어떤 현상(fact)이 발생하면 진영에 따라 그 사실(fact)을 다르게 인식하는지에 대한 질문이었다. "사실(fact)인식 과정에서부터 갈등이 시작되는지"에 대한 질문(한국은 질문에서 제외)에서 갈등 위험 국가로 밝혀진 나라들의 반응은 대부분 '그렇다'는 답변이 많았다. 반면, 갈등 위험도가 낮은 국가들은 '그렇다'는 반응이 상대적으로 적었다. 갈등이 심각히 진행되고 있는 국가들에서는 팩트체크를 하더라도 정치적 지향점이 다르면 집단에 따라 받아들이는 사실 인식 자체가 다르게 나타난다는 것이다.

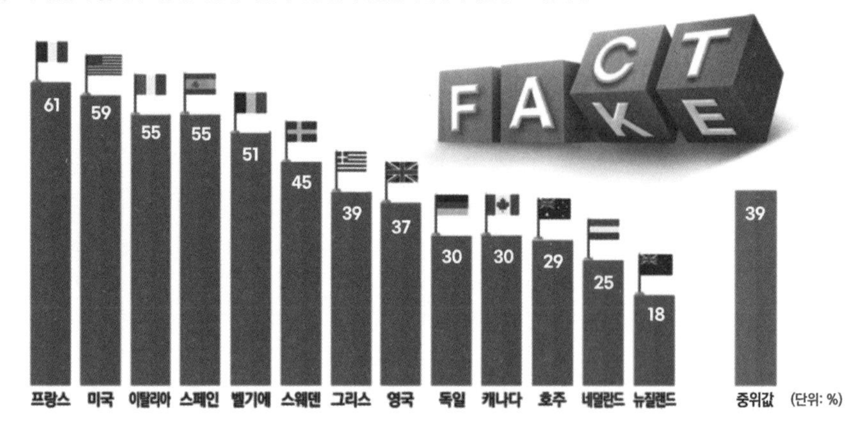

확증편향의 문화가 널리 퍼지게 되면 갈등이 있는 집단 간의 대화는 문을 닫는다. 부모와 자식, 직장동료 간 서로 다른 진영에 속하는 경우 진영의 정보에 빠져 대화를 하면 싸움으로 진행되기 때문에 가치나 갈등과 관련된 대화는 일절 하지 않는다. 약 20여 년 전, 종교와 민족 갈등이 아주 심했던 상태의 북아일랜드를 방문했을 때, 북아일랜드의 갈등해소를 위해 애쓰던 평화활동가들이 소통의 단절을 한마디로 전해주었다. 서로 다른 두 집단에 속한 사람이 만나면 날씨 얘기만 한다고 했다. 다투기 싫으니까. "오늘 비가 오네요." " 날씨가 많이 흐렸어요." 우리 사회도 이미 꽤 많이 진행되고 있다. 서로 정치적 의견이 다른 부모와 자식, 직장동료, 친구들끼리는 정치적 대화를 회피한다. 주된 대화의 주제로 먹는 것, 놀러 다니는 것이 차지한다. 그러나 이것도 조금만 선을 넘으면 성적 차별, 세대 간 갈등으로 이어진다. 위험시대를 살고 있는 것이다. 그래서 우리도 대화가 점점 탈 가치화된 날씨 중심으로 바뀐다. "안녕하세요? 날씨 참 좋네요." "안녕하세요? 오늘은 날씨가 많이 흐렸어요."

◆ ◆ ◆

우리 아이들이 사실을 식별하는 역량

필터버블, 확증편향의 사회현상은 AI 알고리즘 등 정보화 기술의 발달과 함께 더욱 문제가 커지고 있다. 거짓뉴스는 정치적 이해관계 속에서도 발전하고, 최근 들어서는 접속자 수에 따라 돈이 생기는 유튜브 등의 운영구조로 경제적 이해까지 얽혀 있다. 지난 2년간 전 세계 백만 명의 사람이 참여해 만들고 2021년 발표된 유네스코 '미래교육보고서'[9]는 이러한 위험성을 신랄하게 지적하고 있다. 다음은 '미래교육보고서의 내용 중 한 부분이다.

> "권위주의, 배타적 포퓰리즘, 정치적 극단주의의 등장은 지금처럼 중요한 시기에 민주적 거버넌스에 도전이 되고 있다. 수십 년에 걸쳐 평화로운 방식으로 차이를 해결하고자 하는 사회적 노력을 지원해왔음에도 불구하고, 오늘날의 세계에서는 사회적. 정치적 양극화가 심해지고 있다. 혐오 발언, 무책임한 허위정보 유포, 종교적 근본주의, 배타적 애국주의 등이 새로운 기술에 의해 확대되면서 결국에는 편파적 이익을 도모하는 일부에 전략적으로 이용되고 있다."

9 https://blog.naver.com/unescokor/222712942766

그럼 거짓뉴스가 판치는 사회적 생태계 속에서 우리 아이들이 진실에 접근하는 능력은 어느 정도일까? 다음 데이터[10]를 살펴보자.

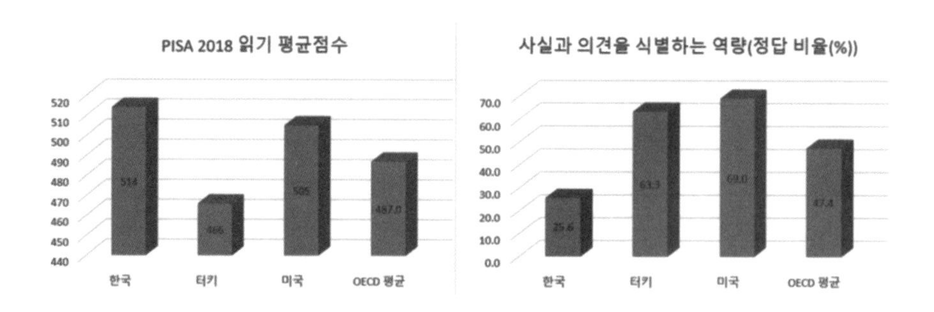

'PISA 2018 읽기 능력' 및 '사실과 의견을 식별하는 역량' 점수

※출처. OECD(2021)의 Table B.2.1과 Table B.2.8을 그림으로 재구성함.

2018년 PISA 시험성적의 읽기점수에서 한국 학생들은 514점의 높은 점수를 기록, OECD 37개국 중 5위를 차지했다. 그러나 오른쪽 데이터는 사실과 의견을 식별하는 역량을 평가하는 문항의 성적이다. 한국 학생들은 사실 식별 문항의 점수에서 OECD 평균점수에 아주 못 미치는 낮은 성취도를 보였다. 이에 비해 터키 학생들의 경우, 읽기 성적은 낮았으나 사실과 의견을 식별하는 역량은 높은 점수를 기록했다.

이 결과를 보면 우리 학생들은 고도의 인터넷 인프라를 갖춘 환경에 있는 반면, 필터버블이나 확증편향 등에 대처할 수 있는 디지털 리터러시 역량은 대단히 낮은 것으로 보인다.

또한 학교에서 디지털 정보가 주관적이거나 편향적인지를 식별하는 방법에 대해 교육을 받은 학생들이 '사실과 의견을 식별하는 역량'을 평가하는 문항에서 높은 점수를 받은 것으로 드러났다. 학교에서 제공하는 다양한 문해력 교육이 학생들의 디지털 리터러시 함양과 밀접한 관계가 있음을 시사한다. 우리나라 학생들의

10 OECD(2021)의 'PISA 21세기 독자: 디지털 세상에서의 문해력 개발'보고서 [교육정책포럼 제338호](2021.9.6.) https://blog.naver.com/edpolicy/222496831847

온라인 이용시간은 2012년 주당 11시간에서 14시간(2015년), 22시간(2018년)으로 가파르게 상승했다. 특히 코로나19 시대를 지나면서 폭발적으로 늘어난 인터넷 사용에 대한 적절한 교육적 대처가 필요한 때이다.

와이즈앱은 2021년 현재 10대 청소년 1인당 한 달에 2,812분을 유튜브 시청에 사용하는 것으로 조사[11]했다. 이는 매일 90분 이상을 유튜브 시청에 소모하는 것으로 청소년들의 성장에 유튜브 등 인터넷 앱이 절대적인 영향을 끼친다는 것을 알 수 있다.

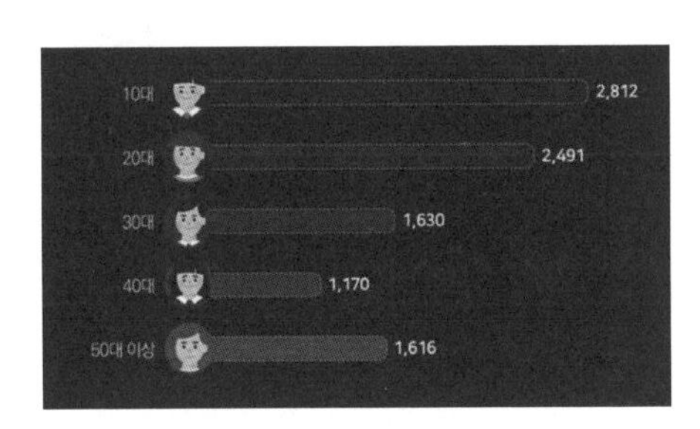

연령대별 월별 1인당 유튜브 사용시간

◆ ◆ ◆

또 하나의 늪 - "비뚤어진 공감"

공감은 타인과의 관계를 맺는 주요한 수단이다. 기쁜 일, 슬픈 일, 그리고 분노하는 일에 대해 서로가 공감하는 것은 하나의 공동체로서의 결속을 다지는 기반이 된다. 공감은 서로가 집단의 소속감을 가지기 위한 기본 조건이기도 하다. 성장기 아이들이 친구들과의 관계를 유지하는 데 공감은 특히 중요한 일이다. 공감을 표현하는 감성지수를 EQ로 표현하여 IQ의 상대적인 능력으로 표현하기도 한다. 그러나 공감 능력이 바람직한 방향으로만 사용될까? 이 질문에는 집단따돌림의 문제도, 만성적인 악플 집단도, 집단적 혐오표현도 모두 가해자 집단 내에서는 강한 공감이 있었기 때문이다.

티앤씨(T&C) 재단은 2020년 가을, 편견과 혐오를 주제로 한 콘퍼런스[12]를 진행

---

11 유튜브앱 1인당 평균 사용 시간, 한국인 만 10세 이상 Android + iOS 스마트폰 사용 시간 추정(분), 2021.1. WISEAPP/WISERETAIL , https://www.venturesquare.net/824116 기사에서 재인용

12 '꿈의 직장'이라 불리던 공무원이 외면받는다. 조선일보. 2022.8.1

했다. 김희영 재단 대표는 이 콘퍼런스에서 '공감'의 부정적인 문제를 본격적인 화두로 내밀었다.

> "예전엔 공감을 사람과 사람 사이의 갈등과 분열을 해소하는 만병통치약처럼 생각했지만, '공감'이 이렇게 좋은 쪽으로만 작동할까 하는 의문을 갖게 되었다.(중략) 혐오의 역사를 보면, 불안과 공포가 군중심리를 점령했던 시대마다 어김없이 원망의 대상이 존재했다. 재앙의 원인으로 지목된 대상은 폭력과 학살의 대상자가 되곤 했다. 두려움, 불안, 질시, 정의감 등 군중을 움직인 원인은 다르지만 그 근원적 감정은 내 집단이 입은, 혹은 입을 수 있는 피해에 대한 방어적 공감이다. 역사는 가해자와 피해자에 대해 자세히 기록하지만, 그러한 가해를 가능하게 만든 수많은 군중의 공감대에 대해서는 상대적으로 덜 주목하고 있다. 나는 가짜뉴스와 편협한 공감이 만들어내는 혐오의 역사를 돌아보는 것이 공감교육에 꼭 필요한 과정이라고 생각했다"

콘퍼런스에서 강사로 참여한 서울대 최인철 교수는 흔히 사람들은 공감을 이타적이고 도덕적인 행위의 필수조건으로 여겨 우리의 도덕성을 고취시키기 위해 공감능력을 키워야 한다고 얘기할 정도로 공감에 대해 매우 긍정적으로 생각하지만, 이 '공감'이 문제를 일으킬 소지가 많다고 얘기한다.

> "공감의 정의를 찾아보면, 다른 사람의 의견이나 감정을 그 사람의 관점에서 이해하고 느껴보려고 하는 것이라고 되어있습니다. 그런데 문제가 되는 것은 이 '남'이 누구냐 라는 겁니다. 우리는 나와 같은 집단에 있는 사람들에 대해서는 충분히 공감할 여지가 크지만, 나와 역사적, 문화적, 시대적 맥락을 공감하지 않은 사람들에게서는 공감을 경험하기가 어렵습니다. 따라서 공감이 자기가 속한 집단에 국한하게 되면 오히려 부작용으로 내집단이 아닌 사람들을 혐오하고 차별하고 그리고 무관심해지는 그런 부작용이 나타날 수 있습니다."

공감이 자기 집단 내에 초점을 맞추며 다른 집단을 공격하게 되는 비뚤어진 공감으로 발전하게 되는 이유는 무엇일까? 콘퍼런스 강연[13]에서 최인철 교수는 인간 심리의 본질적인 속성 때문이라고 지적했다. 즉, '대부분의 사람들은 스스로를 긍정적으로 보고 싶어 하는 경향이 있으며, 또한 자기가 속해 있는 집단을 긍정적인 집단이라고 인식하고 싶어 한다'는 것. 또한 어떤 시기에 집단의 중요성이 강해지면 자기가 속해 있는 집단의 정체성에 초점이 맞춰지게 된다고 한다. 그래서 자기 집단을 우월한 존재로 보고 싶어 할 뿐만 아니라 내가 속해 있지 않은 다른 집단을 폄하함으로써 '우리가 더 낫다'는 시각을 갖게 된다. 그래서 최인철 교수는 혐오는 다른 집단을 미워하는 것이지만 동시에 나 자신을 사랑하는 것이기도 하다고 말했다.

그래서 교육에서 '공감'을 강조할 때, 그것은 '차이와 다름에 대한 이해와 인정', 상호존중과 배려라고 하는 시민민주주의의 기본 철학이 바탕에 있어야 한다. 자칫 나와 생각이 맞는 집단, 나와 지향이 같은 사람들과의 내적 공감만이 강조되면 다른 집단, 다른 사람들에 대한 혐오의 늪이 될 수 있다.

◆ ◆ ◆

우리 아이들이 살아가는 폭력적 생태계 현황

교육받을수록 폭력 대응에 무기력

교육부의 2021년 2차 학교폭력 실태조사 결과[14]에 따르면 우리 아이들은 초등학생 2%, 중학생 0.6%, 고등학생 0.2%의 비율로 학교폭력 피해를 당한 것으로 파악된다. 아이들의 학교급이 높아질수록 학교폭력의 피해가 적게 나타나는 것은 바람직한 일이다. 학교폭력 피해 중 언어폭력이 42.6%로 가장 많았고, 신체폭행(13.6%), 집단따돌림(11.5%), 사이버폭력(10.8%), 금품갈취(6.6%), 강요(6.2%), 스토

13 2021년 2차 학교폭력 실태조사 결과(교육부, 2022.3.24.)
14 2020년 가을 티앤씨(T&C) 재단 주최 콘퍼런스에서 강연. 강연 제목은 "혐오의 기원-생존과 공감의 파편"

킹(5.0%), 성폭력(3.7%) 순이다. 이중 사이버폭력의 경우, 코로나19 이전이던 2019년 2차 조사[15]에 비해 8.2%에서 10.8%로 증가하였다. 사이버폭력의 유형은 '사이버 언어폭력'(42.7%), '사이버 명예훼손' (17.1%), '사이버 따돌림'(12.6%) 등의 순으로 나타났다.

아이들은 이러한 온 · 오프라인의 폭력을 접했을 때, 어떻게 하고 있을까?

먼저 아이들이 학교폭력을 목격했을 때, '피해학생을 돕거나 주위에 신고'한 비율은 65.9%, '아무것도 하지 못했다'는 33.3%로 나타났다. 특히 학교폭력을 목격했을 때 아무것도 하지 못했다는 비율은 (초등) 30.1% → (중학교) 38.2% → (고등학교) 42.2%로 높아진다. 즉, 학교급이 높아질수록 폭력에 무기력함을 느끼는 아이들이 많아진다는 것이다. 이는 학교급이 높아질수록 학교폭력의 피해율은 낮아지는 반면, 학교폭력에 적극적으로 대처하는 비율은 반대로 점차 낮아지는 것이라서 학교폭력에 대응하는 교육안전망에 적신호가 켜졌음을 보여준다.

다만, 아이들이 학교폭력을 접했을 때 피해학생에 대해 느끼는 공감('도와줄 수 없어 속상했다', '어떻게 해서든 도와주고 싶었다', '가해학생에게 화가 났다' 등) 비율은 지속적으로 증가('18년 23.7% → '19년 27.5% →'21년 34.4%)하고 있다. 또한 학교폭력의 피해를 입은 아이가 피해사실을 '주위에 알리거나 신고'한 비율도 90.5%(미신고 9.5%)로, 해가 갈수록 계속 증가('18년 57.8%→'19년 81.3%→'21년 90.5%)하고 있는 것으로 나타났다.

학교폭력을 행사한 아이들의 주된 폭력 이유는 '장난이나 특별한 이유가 없다'는 응답이 37.7%로 가장 많았다. 그 다음이 '피해학생이 먼저 괴롭혀서' 18.3%, '피해학생과 오해가 있거나 의견이 달라서' 13.8% 순으로 나타났다.

학교폭력을 행사한 아이들 중 폭력을 중단한 아이들은 그 이유로 '나쁜 것임을 알게 되어서'(32.3%), '선생님과 면담 후'(22.9%), '학교폭력 예방교육을 받은 후'(12.3%), '화해하고 친해져서'(12.0%) 등을 제시하고 있어 여전히 학교의 교육적

15 ('19년 2차 조사 결과) 언어폭력(39.0%), 집단따돌림(19.5%), 스토킹(10.6%), 사이버 괴롭힘(8.2%), 신체폭행(7.7%), 성추행 · 성폭행(5.7%), 강제심부름(4.8%), 금품갈취(4.5%)

상황이 아이들의 폭력을 조정하고 완충하고 있는 것으로 보인다.

학교폭력이 발생하는 가장 큰 원인은 무엇이라고 생각하는가에 대한 답변[16]은 '가정에서의 인성교육 부족'(교원 40.7%, 학생 22.5%, 학부모 31.8%)이 가장 많았고, '폭력적인 문화와 대중매체의 영향'(교원 22.9%, 학생 21.1%, 학부모 23.2%)이 두 번째로 많았다.

사이버폭력의 증가

뇌과학자들의 연구에 의하면 악성댓글을 읽은 당사자의 두뇌를 관찰하면 둔기를 얻어맞았을 때처럼, 또는 날카로운 칼에 찔렸을 때와 똑같은 고통을 느낀다고 한다.

방송통신위원회와 지능정보사회진흥원이 청소년 및 성인 총 16,500명을 대상으로 실시한 2021년 사이버폭력 실태조사[17] 결과를 보면, 우리 청소년 중 29.2%가 사이버폭력을 경험하였으며, 사이버폭력 노출 정도는 청소년이 성인보다 약 2배 가까이 높은 것으로 드러났다. 또한 청소년의 사이버폭력 경험률은 가해 5.8%, 피해 15.1%, 가해 · 피해 모두 경험 8.3%로 조사되어 가해 경험자 대부분이 피해를 동시에 경험하는 것으로 드러났다. 코로나 이후 원격수업 등 학교교육에서 점차 디지털 환경이 강화되고 있는 시점에서 성인보다 청소년들의 사이버폭력 노출 위험이 높은 것은 특히 우려할만하다.

사이버폭력이 벌어지는 주요 경로는 청소년과 성인 모두 문자 및 인스턴트 메시지[18]가 대부분인 것으로 나타났다. 성장기 특히 감수성이 예민한 청소년들에게 사이버폭력이 사적 대화 수단의 한 부분인 문자나 카톡, 페이스북 등을 통해 대부분 이루어진다는 것은 청소년의 일상이 심각하게 사이버폭력에 노출되어 있다는 반

16 이화여대 학교폭력예방연구소 설문조사, '19.10.1.~15.

17 2021년도 사이버폭력 실태조사, 방송통신위원회, 2022.4.

18 인스턴트 메시지 : 실시간으로 의사소통이 가능한 메시지 서비스(카카오톡, 페이스북, 줌 메신저 등)

증이기도 하다. 청소년 사이버폭력의 특징은 이러한 사적 대화 수단 영역에서 이루어지기 때문에 '언어폭력'의 사례가 가장 많다. 즉, 사이버 명예훼손, 스토킹, 성폭력 등 다양한 유형의 사이버폭력을 경험하고 있는 성인에 비해 청소년 사이버폭력은 언어폭력이 압도적으로 높게 나타났다.

사이버폭력을 행사한 학생의 69.9%는 혼자서 가해행위를 한다고 응답하였다. 또한 사이버폭력 가해율이 5.8%임에 반해 피해율이 15.1%로 나타난 것을 보면 사이버폭력은 소수 또는 개인이 다수를 대상으로 행사하는 것으로 볼 수 있다. 이는 따돌림이나 집단괴롭힘 등의 사례가 다수 학생이 똘똘 뭉쳐서 소수의 아이를 괴롭히는 데 반해 사이버폭력은 개인별로 괴롭힘이나 폭력에 참여하는 사이버 특성을 반영한다.

사이버폭력의 이유로 보복(36.8%)과 장난(26.2%)이 가장 많이 나타났다. 성인의 경우, '상대방이 싫거나 화가 나서'(32.7%) 또는 '자신의 의견과 달라서'(26.9%) 등 상대방에 대한 편견이나 혐오의 성격을 가진 이유가 많은 데 비해 청소년 사이버폭력은 보복, 장난 등이 주된 이유를 차지하고 있어 교육적 관심이 필요한 것으로 보인다.

그러나 장난 등으로 시작된 사이버폭력은 상당한 후유증을 남긴다. 피해를 당한 학생의 경우 31.7%의 피해 학생이 '우울 · 불안 및 스트레스를 느낀다'고 답하였고, 34.1%의 피해학생은 '가해자에 대한 복수를 느낀다'고 응답하여 사이버폭력이 정신적인 고통뿐만 아니라 사회관계에도 부정적인 영향을 주는 것으로 나타났다.

◆ ◆ ◆

청소년은 혐오 표현에 어느 정도 발을 들여놓았을까?

혐오 표현은 일반 사이버폭력과는 조금 다르다. 혐오의 사전적 의미를 보면 '싫어하고 미워함'(국어사전) 또는 '어떠한 것을 증오, 불결함 등의 이유로 싫어하거나 기피하는 감정으로, 불쾌, 기피함, 싫어함 등의 감정이 복합적으로 이루어진 비교적 강한 감정'(위키백과) 등으로 되어있다. 국가인권위원회가 내놓은 〈혐오 표현 리포트〉를 보면, 혐오 표현이란 '특정 속성을 가진 집단'을 향해 '부정적 관념과 편견'을 '공개적으로 표출'하여 '차별을 조장하는 효과'를 내는 표현을 뜻한다. 이 보고서에서 국가인권위원회는 혐오표현에 대해 다음과 같이 정의를 내렸다. "성별, 장애, 종교, 나이, 출신 지역, 인종, 성적지향 등을 이유로 어떤 개인 · 집단에게, ①모욕, 비하, 멸시, 위협, 또는 ②차별 · 폭력의 선전과 선동을 함으로써 차별을 정당화 · 조장 · 강화하는 효과를 갖는 표현"

2019년 인권위원회는 청소년들을 대상으로 처음 혐오표현과 관련한 실태조사[19]를 실시했다. 이 보고서에서 전체 청소년의 68.3%는 온 · 오프라인에서 혐오표현을 접했다고 대답했으며, 대상별 혐오표현 경험빈도는 여성(63%), 남성(58.6%), 성소수자(57%) 등으로 나타났다. 그 외 뚱뚱하거나 못생긴 외모(14.9%), 불쾌감을 조성하는 사람(14.2%)에 대한 혐오표현을 접했다고 밝혔다. 선생님, 부모, 임산부에 대한 혐오표현 경험도 21.1%가 되었다. 혐오표현을 경험한 청소년 중 33.6%는 성별 관련 혐오표현에 대해 심각하게 느낀다고 답하였다.

청소년 5명 중 1명 정도인 23.9%가 혐오표현을 사용한다고 응답했다. 혐오표현으로 사용하는 사례로는 여성 비하표현이 18.1%로 가장 많았고, 장애인 비하표현이 13.4%로 두 번째로 많은 것으로 나타났다.

혐오표현을 사용하는 청소년 중 60.9%는 혐오표현 내용에 동의한다고 응답했고, 남들이 사용해서 57.5%, 재미 · 농담이 53.9%로 나타났다.

혐오표현에 반대한다는 답변이 43.7%이나, 22.3%는 아무런 문제를 느끼지 못한다고 답하였으며, 동의 의사를 표현한다는 응답도 14%에 달하였다. 대부분의 청소년들은 혐오표현을 접하고 무시(70.5%)하는 등 소극적으로 대응을 하며, 22.1%는 신고 또는 도움을 요청하였다. 혐오표현을 접하고 위축감과 두려움 등

---

19 혐오표현에 대한 청소년 인식조사. 국가인권위원회, 2019.5

소극적 심리에 달했다는 청소년은 40% 정도 되었으며 자유로운 표현이 위축되었다는 응답도 38.9%로 나타났다.

혐오표현을 경험한 청소년의 80% 이상이 페이스북 등 SNS를 통해 혐오를 경험한 것으로 나타났으며 유튜브, 온라인 커뮤니티, 게임 등도 30% 이상으로 고빈도 혐오표현 온라인 유형에 들었다.

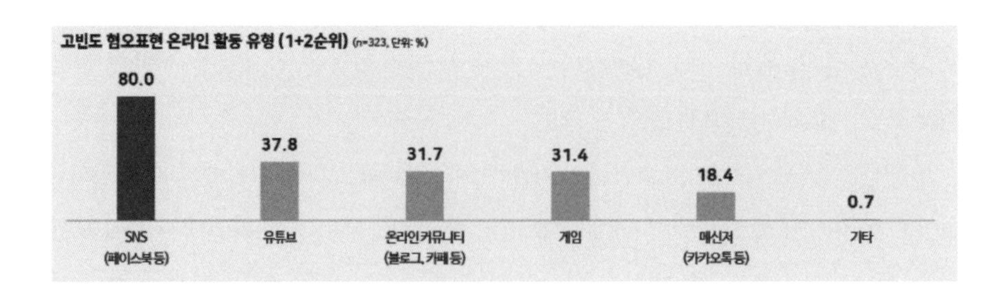

한편 방송통신위원회에서 발표한 '2021년 청소년 사이버폭력 실태 자료'[20]를 보면 청소년의 20.8%가 인터넷 등 디지털 공간에서 혐오 표현에 대한 경험이 있다고 응답하여 인터넷 공간에서 디지털 혐오 표현이 심각한 것으로 나타났다. 특히, 청소년의 디지털 혐오 표현 경험이 성인보다 2배 가까이 많은 것으로 나타났으며, 성인은 정치, 종교, 성소수자에 대한 디지털 혐오 표현 경험에 집중된 반면 청소년은 신체 · 외모, 종교, 국적 · 인종 외에도 다양한 혐오를 표현함으로써 성인보다 특정

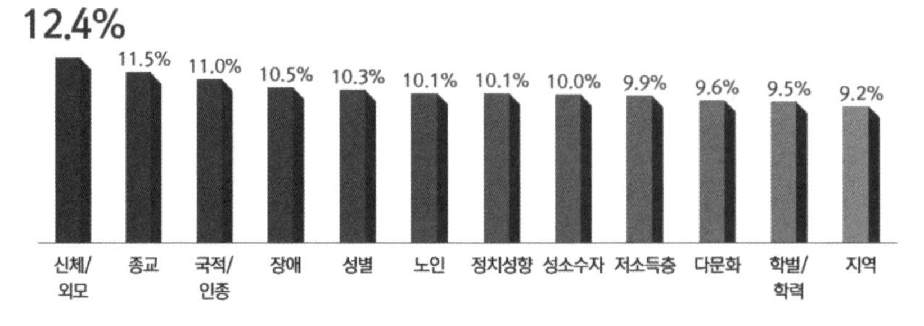

20 2021년 사이버폭력 실태조사 결과(방송통신위원회, 2022.4.7. 발표)

개인이나 집단에 대한 편견과 차별을 두루 나타내는 것으로 조사되었다.

인권위원회 조사에서는 청소년들의 혐오차별은 향후 범죄로 이어질 수 있고, 또는 사회갈등이나 차별 심화 등의 심각한 문제가 발생할 수 있음을 우려하였다. 청소년들은 혐오차별 대응 정책에 대해 정부의 적극적인 대응책 마련, 인권 다양성을 존중하는 학교교육 확대, 국민인식 개선 교육 및 캠페인 강화, 온라인 사업자 혐오표현 규제 노력 등에 모두 80% 이상이 적극적 동의 의사를 표현하였다.

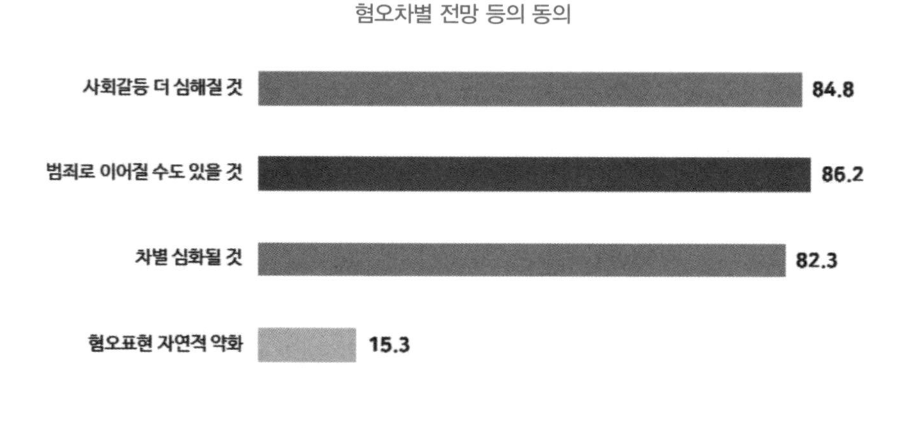

◆ ◆ ◆

우리 아이들의 미래 - 세계 꼴찌의 포용국가

우리 사회는 빠른 경제성장, 민주화를 이루어냈다. 그런 반면 사회경제적 양극화, 비정규직 등 고용문제를 비롯한 사회적 갈등구조는 해소되지 않은 채 더욱 커지고 있다. 보통 OECD에서는 사회갈등을 평가하는 지표로 사회통합지수를 사용한다.

OECD에 따르면 한국은 사회갈등이 매우 심각한 수준으로 한국의 사회통합지수는 OECD 국가 중 최하위 수준이다. 『한국보건사회연구원』이 2016년 발간한 '사회통합 지수 개발 연구' 보고서에서는 한국은 OECD 국가 중 이스라엘 다음으

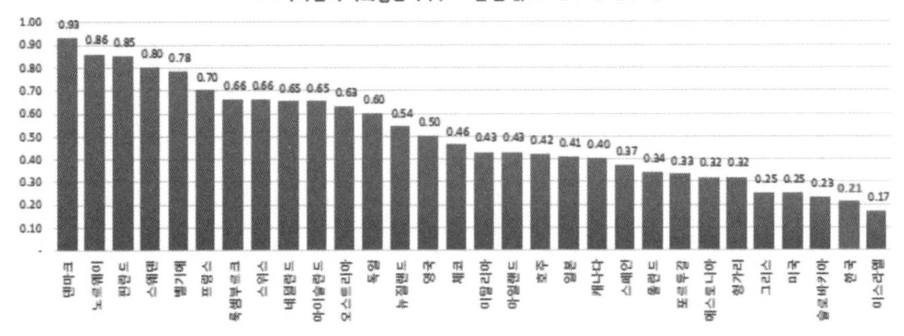

로 사회통합지수가 낮은 세계 꼴찌의 순위를 매겼다.

OECD 회원국 30개국을 대상으로 한 조사에서 한국의 사회통합지수는 1995년에도 29위로 20년간 거의 변화 없이 OECD 최하위 수준을 유지해왔다. 특히 사회통합지수 중 사회적자본, 사회이동, 사회갈등과 관리 항목은 그나마 꼴찌를 면했지만, 사회적 포용 능력은 조사 대상 30개국 중 30위로 꼴찌를 기록, 우리 사회의 어두운 내면을 드러내 준다. 사회적 포용능력이란 성별, 고용형태(정규-비정규), 소득에 따른 격차가 어느 수준인지를 평가하는 지표로서 우리 사회의 사회적 양극화의 수준이 심각함을 드러내 준다. 또한 교육성취도는 세계 최상위인 반면 사회이동 지표는 낮은 점수를 기록, 교육제도나 사회적 제도가 양극화를 해소하는데 미비점이 많은 것으로 나타났다.

한국의 사회통합지수 순위 및 지수 값 추이

연도	종합지수		사회적 포용		사회적 자본		사회이동		사회갈등과 관리	
	순위	지수값	순위	지수값	순위	지수값	순위	지수값	순위	지수값
1995	29	0.257	30	0.198	23	0.411	26	0.393	21	0.537
2000	29	0.228	30	0.150	23	0.469	22	0.387	25	0.482
2005	29	0.198	30	0.257	22	0.517	27	0.274	25	0.365
2010	29	0.211	30	0.253	22	0.499	26	0.294	25	0.353
2015	29	0.207	30	0.266	22	0.521	24	0.344	26	0.377

출처 : 정해식(2016.12), 사회통합지수 개발 연구, 한국보건사회연구원

삼성경제연구소는 이러한 사회적 갈등에 따른 손실이 매년 국민 1인당 900만 원에 달한다며 국가 전체에 입힐 수 있는 예상 손실은 무려 최대 246조 원에 달할 것으로 추산

된다고 밝히기도 했다.[21] 문재인정부에서 포용과 성장을 가치로 다양한 정책을 추진했지만 아직 우리 사회의 다양성에 대한 수용성 정도는 낮아 보인다.

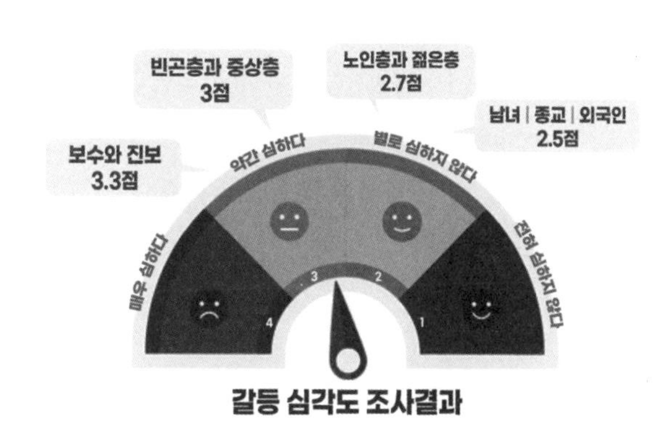

한국행정연구원은 2021년 조사한 사회통합 실태조사[22]에서 지난 2013년부터 2020년까지 8년간의 한국사회를 비교 조사하였는데, 우리 한국 사회갈등 중 가장 심각한 갈등은 보수-진보 간 갈등으로 나타났으며 해가 갈수록 더 심각해지고 있다고 밝혔다. 빈부 차에 의한 갈등이 매우 심각하다는 응답은 2013년 32.6%에서 2020년 20.4%로 감소한 반면, 보수-진보 갈등이 매우 심각하다는 응답은 2013년 39.8%에서 46.6%로 높아졌다.

국회 입법위원회에서 올해 3월 발표한 자료[23]에서는 우리 사회가 미국, 프랑스와 함께 사회구성원이 느끼는 갈등심각도가 가장 높은 나라에 속하는 것으로 보고되었다. 정치, 종교, 인종, 지역의 4가지 갈등을 기본요소로 비교한 이 연구에서, 한국은 정치, 종교 갈등 2개 분야에서는 조사 대상 선진국 17개국 중 1위, 도 · 농 갈등은 2위, 인종갈등은 3위를 기록해 세계 최고의 갈등국가로 드러났다.

◆ ◆ ◆

편향의 역사-3S 우민화정책

2020년 12월 MBC 탐사기획 스트레이트는 네이버의 검색 알고리즘 편향에 대

21 전국경제인연합회 주관 '제2차 국민대통합심포지엄'(2013.8) 발표내용 중. "韓 사회갈등에 年 최대 246兆 손실… OECD國 중 2번째 심각"(세계일보, 2013.8.21.)에서 재인용

22 2021년 사회통합실태조사, 한국행정연구원, 2022.1.

23 '국민통합의 시대적 과제와 양극화', 국회입법조사처, 2022.3.11.

해 집중 보도[24]했다. 보도에 따르면 네이버가 쇼핑과 동영상 검색 알고리즘을 조작했다고 공정거래위원회에 적발된 상태에서 뉴스 검색도 편파적으로 알고리즘을 이용하여 조작했다는 것이다. 탐사기획 스트레이트는 전 국민의 70% 이상이 포털을 통해 뉴스를 소비하는 상황에서 네이버 뉴스홈 주요 화면에 노출되는 기사들은 압도적으로 보수신문 편향이라는 사실이 드러났다고 보도했다.

뉴스 등 언론정보를 편파적으로 이용하는 일은 과거에도 있었다. 특히 독재정권은 언론 보도를 통제하는 데 관심을 가지곤 했다. 대표적인 예로 군사쿠데타로 정권을 잡은 전두환 정권을 들 수 있다.

전두환은 우민화(愚民化)의 일환으로 3S 정책을 적극적으로 폈다고 공인[25]하는 지도자이다. 불법적인 12.12 군사쿠데타로 권력을 잡았지만, 총과 칼을 앞세워 얻어낸 권력은 정통성을 인정받지 못했다. 따라서 전두환 정권은 국민의 관심을 다른 곳으로 돌리려 했고, 그래서 등장한 것이 이른바 스포츠(sports), 성(sex), 스크린(screen)으로 통하는 3S-우민정책이었다. 당시 사람들은 연예인들의 스캔들이 보도되면 민감한 정치적 이슈가 생겼는가보다 했다. 비디오 가게에는 빨간딱지가 붙은 삼류 성인영화 비디오가 가게 한편을 가득 채웠다.

5공화국 초기인 1982년 프로야구가 이런 배경에서 출범했고, 이듬해인 1983년 5월 8일 프로축구가 국내 처음으로 창단개막식을 가지고 출범했다. 그러나 1983년 출범한 프로축구에는 3S 정책의 흔적이 있을 뿐 아니라 숱한 여고생들이 다친 슬픈 역사가 숨어있기도 하다.

1983년 프로축구 개막식에는 전두환 대통령도 참석하기로 예정되어 있었다. 그래서 프로축구 준비단에서는 개막식 행사를 축하하기 위해 동두천여상 여학생들을 동원했다. 개막식 입장 퍼레이드에는 동두천여상 고적대가 동원되었고, 스탠드에는 개막식 시작과 함께 하늘로 날려 보낼 수소풍선을 든 동두천여상 여학생 수

24 https://tv.naver.com/v/17208041 [MBC 스트레이트] 심각한 '보수편향' 네이버 뉴스홈, 뉴스편집 알고리즘의 비밀은? 2021년 사회통합실태조사, 한국행정연구원, 2022.1.

25 스포츠 통치수단 활용한 전두환…프로야구 · 축구 출범. 뉴시스, 2021.11.23.

백 명이 자리를 함께했다. 수소풍선은 불씨가 닿으면 공기 중에서 폭발하는 성질이 있어 요즘에는 헬륨풍선으로 바꿔어 사용하지 않지만 그 당시만 해도 위험에 대한 안전성은 아랑곳없었다. 단지 헬륨풍선보다 싸다는 이유로 사용되고 있던 이 수소풍선이 사고를 냈다. 개막식이 시작되기 30분 전쯤 누군가 풍선 가까이 담뱃불을 가져갔고, 얼굴 높이로 들고 있던 수소풍선이 연쇄적으로 한꺼번에 폭발했다. 동두천여상 여학생 70여 명이 얼굴에 1~2도의 화상을 입고 실려 갔다. 나중에 성형까지 해야 할 정도로 심각한 화상을 입은 아이도 있었던 것으로 알려졌다. 여학생들은 실려 가고 빠른 속도로 사고는 수습되었다. 잠시 후 열린 프로축구 개막식은 고교 시절 축구선수였던 전두환 대통령이 참석한 가운데 치러졌다.

◆ ◆ ◆

알고리즘과 정보편향

2020년 12월 AI 전문 스타트업 스캐터랩(SCATTER LAB) 회사가 야심차게 인공지능 AI 챗봇 '이루다'를 개발, 출시했다. 이 회사는 실제 연인들이 인터넷에서 나눈 대화 데이터를 모아 딥러닝 방식으로 학습시켰는데 인터넷에서 학습용으로 뽑아낸 연인대화 데이터의 양은 약 1백억 건에 달했다고 한다. 이 챗봇은 일주일 만에 이용자가 32만 건에 달하고, 이용자의 80%가 10대였다. 그런데 일주일 만에 사고가 났다. 10~20대 남자들이 주로 활동하는 플랫폼에서 AI 챗봇 '이루다'에 대한 사이버 성폭력이 진행된 것이다. 또한 무분별하게 수집되어 학습된 내용이 여성차별의식 등 심각한 가치관의 편향성을 드러내었다. 결국 출시 된 지 20일 만에 서비스는 폐기되었다.

유튜브 등 인터넷 플랫폼들이 알고리즘을 도입해 운영하는 것은 일반화된 상식이다. 그러나 이들 알고리즘이 건강하게 작동될 수 있는 것인가는 별개의 문제이다. 실제 구글 드라이브와 지메일 챗의 공동 개발자이자 페이스북 페이지와 좋아요 버튼을 만든 저스틴 로젠스타인은 "가짜뉴스를 능숙하게 만들고, 진짜처럼 받아들여지게 해서 우리가 그런 거짓말을 믿게 만듭니다. 우리의 자아와 신념에 대한 통제력을 점점 상실하는 것 같다"[26]라고 말한 바 있다.

앞으로 우리 아이들의 생활 속에는 비단 미디어뿐 아니라 생활 곳곳에 AI 알고리즘이 작동될 것이라는 추측을 할 수 있다. 특히 아동, 청소년은 미디어의 알고리즘에 무방비하게 노출되어 있다. 스마트폰 보급률이 급증하면서 연령의 제한 없이 SNS를 자유롭게 이용할 수 있게 됐고, 아동 · 청소년의 경우 편향된 정보를 취할 확률이 성인보다 높다. 또한 데이터를 수집하는 과정에서는 개인 정보, 사생활 침해 등 알고리즘이 야기할 수 있는 문제로부터 장벽 낮은 먹잇감이 된다.

2019년 뉴욕타임스에 직업을 구하는 과정에서 이력서를 낼 때, 백인 이름을 쓰면 흑인 이름보다 면접에 오라고 전화를 받을 확률이 50% 증가한다는 연구가 보도되었다. 이 연구와 관련, '편향된 알고리즘은 편향된 사람들보다 수정하기 쉽습니다'라는 제목으로 기고[27]를 한 시카고 대학의 샌딜(Sendhil M) 교수는 AI 구직 알고리즘에 인종적 편향이 있었다는 것을 밝히고, 인종적 편향성을 가진 사람을 고치는 것보다 알고리즘의 편향성을 기술적으로 수정하는 것이 가장 쉬운 방법이라고 주장했다.

일반적으로 인공지능에 의한 정보편향이 발생하는 것은 세 가지 이유를 들 수 있다. 첫째는 알고리즘 문제, 둘째는 딥러닝되는 데이터 입력의 편향 문제, 셋째는 정보를 사용하는 사람의 편향 문제이다. 샌딜교수는 이 중에서 알고리즘 문제를 바로잡는 것이 가장 중요하다는 주장을 하고 있는 것이다.

카카오는 지난 2018년 1월 'AI 알고리즘 윤리 헌장'을 제정해 발표하며, 카카오만의 원칙과 철학에 기반한 알고리즘 개발 및 운영 의지를 표명한 바 있다. 또한 코로나19로 인해 아동 · 청소년들의 디지털 환경이 급속도로 확장되어 가던 2020년 7월, 알고리즘 윤리 헌장에 아동과 청소년이 부적절한 정보와 위험이 노출되지

---

26 '아이들에게 음란물 추천…알고리즘의 소셜 딜레마 커진다', 데일리안, 2021.11.15. 재인용

27 https://www.nytimes.co./2019/12/06/business/algorithm-bias-fix.html

않도록 알고리즘 개발 단계부터 주의한다는 내용을 신설했다. 카카오는 이와 더불어 아동 · 청소년 성 착취물을 제작 및 제공하거나 광고 · 소개하는 행위, 아동 · 청소년 성 착취물임을 알면서도 소지하거나 이용하는 행위, 아동 · 청소년이 성 착취물의 제작에 이용되도록 돕는 행위, 아동 · 청소년에게 음란물이나 성 착취물을 제공하는 행위, 아동 · 청소년의 성을 매매하는 행위, 아동 · 청소년 대상 성범죄를 모의하거나 묘사하는 행위, 아동 · 청소년을 대상으로 한 그루밍(grooming, 길들이기) 행위, 아동 · 청 · 소년의 성적 대상화, 그 외 아동 · 청소년 대상 성범죄를 조장하는 행위 등을 금지하고, 적발될 시 무관용 원칙을 적용하겠다고 밝혔다.

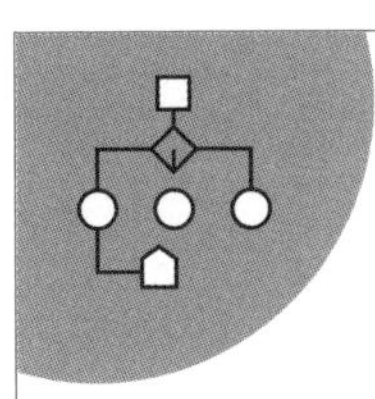

카카오 알고리즘 윤리헌장

1. 카카오 알고리즘의 기본원칙
카카오는 알고리즘과 관련된 모든 노력을 우리 사회 윤리 안에서 다하며, 이를 통해 인류의 편익과 행복을 추구한다.

2. 차별에 대한 경계
알고리즘 결과에서 의도적인 사회적 차별이 일어나지 않도록 경계한다.

3. 학습 데이터 운영
알고리즘에 입력되는 학습 데이터를 사회 윤리에 근거하여 수집 분석 활용한다.

4. 알고리즘의 독립성
알고리즘이 누군가에 의해 자의적으로 훼손되거나 영향받는 일이 없도록 엄정하게 관리한다.

5. 알고리즘에 대한 설명
이용자와의 신뢰 관계를 위해 기업 경쟁력을 훼손하지 않는 범위 내에서 알고리즘에 대해 성실하게 설명한다.

6. 기술의 포용성
알고리즘 기반의 기술과 서비스가 우리 사회 전반을 포용할 수 있도록 노력한다.

7. 아동과 청소년에 대한 보호
카카오는 아동과 청소년이 부적절한 정보와 위험에 노출되지 않도록 알고리즘 개발 및 서비스 디자인 단계부터 주의한다.

8. 프라이버시 보호
알고리즘을 활용한 서비스 및 기술의 설계와 운영 등의 전 과정에서 이용자의 프라이버시 보호에 소홀함이 없도록 노력을 다한다.

2018년 1월 31일
(2022년 5월 11일 3차 개정)
kakao

◆ ◆ ◆

폭력 없이 아이를 키울 수 있을까?

자녀교육 성공의 잣대 -'인격을 갖춘 사람'

2022년 5월, 한국교육개발원은 매년 KEDI에서 진행하는 교육여론조사를 바탕으로 지난 10년간 교육에 대한 국민들의 인식이 어떻게 변화하였는지에 대한 '교육에 대한 국민 인식 변화'를 발표했다. 이 연구에서 지난 10년간 "자식 교육 성공

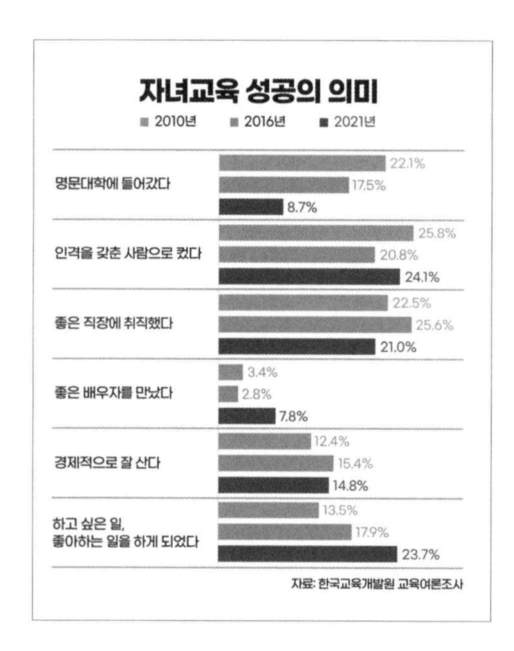

했네"라는 말의 의미가 2010년에는 '명문대학 진학'을 꼽은 사람이 많았지만 2021년에는 크게 준 반면, '하고 싶은 일을 하고 산다'는 자아실현의 비율이 크게 높아졌다. 한편 '인격을 갖춘 사람으로 성장했다'가 자녀교육 성공의 잣대라는 비율은 10년간 여전히 최상위의 비율을 차지했다. 시대의 변화를 막론하고 여전히 좋은 인격체로서의 성장이 교육의 기본이 되는 셈이다.

우리 아이들이 성장하는 과정에서 평화를 배우고 상호존중과 배려를 배우고 미움과 증오보다는 사랑을 배워야 하지만 현실은 녹녹하지 않다. 특히 최근 들어 아이들 주변의 환경은 더욱 폭력으로 얼룩져 있다. 세계적으로는 2020년 미국 조지 플로이드 사건[28]을 비롯하여 인종차별의 역사가 여전히 쓰이고 있고, 프랑스에서는 종교적 혐오폭력으로 교사를 참수하는 사건[29]도 일어났다. 세계 각지의 분쟁은 소멸되지 않고 있고, 2022년 올해는 러시아-우크라이나 전쟁으로 많은 사람들이 고통을 겪고 있다. 국내에서도 성차별을 비롯하여 편견과 차별 문제가 지속적으로 제기되고 있으며, 가치를 매개로 한 사회 양극화 현상도 심화되고 있다.

28 2020년 5월 25일, 미국 미네소타 주 미니애폴리스에서 위조지폐 사용 신고를 받고 출동한 미니애폴리스 경찰국 소속 경찰관 데릭 쇼빈(Derek Chauvin)이 용의자 조지 플로이드(George Floyd)를 체포하는 과정에서 8분 46초 동안 무릎으로 목을 눌러 살해한 사건. 흑인에 대한 미국 경찰의 과잉진압과 인종차별에 대한 항의 시위가 미국 전역에서부터 전 세계까지 퍼져나가게 된 계기가 된 사건이다. 나무위키, 2022.8.3.

29 프랑스 역사 교사 참수, 무함마드 만평 학생들에게 보여준 것이 발단. 서울신문, 2020.10.18.

성장단계에 따른 맞춤형 대응 - 뉴욕타임스

폭력적 환경이 일상화되고 있는 상황에서 교육은 어떤 역할을 할 수 있을까?

약 20여 년 전 미국 9.11테러 관련 사례. 110층의 쌍둥이 빌딩에 비행기 두 대가 충돌하고 잠시 후 건물이 붕괴되는 장면은 전 세계 모든 이들에게 끔찍한 충격이었다. 9.11테러 이후, 미국 정부가 대대적인 반격에 나섰다. 매일같이 TV를 켜면 테러범 체포, 테러 지역인 아프가니스탄, 이라크에 대한 대량 폭격, 9.11테러의 재현 등 폭력적 내용이 대부분의 뉴스를 차지했다. 그 무렵 유치원, 초등, 중학생-3명의 자녀를 가진 한 엄마가 뉴욕타임스에 독자투고를 했다. '아이들이 매일같이 폭력적 TV 뉴스에 노출된 지 2~3년이 지나가는데 이렇게 장시간 폭력에 노출된 아이들의 성장이 걱정된다. 부모로서 이 상황에서 어떻게 해야 하는가?' 하는 질문이었다. 당시 뉴욕타임스의 지면에 아동 심리상담전문가가 나와서 아이들의 성장단계별 다른 대응을 하도록 처방을 주었다.

> "아직 초등학교에 가지 않은 유아기의 아이는 놀란 경험이 꽤 크게 남을 수 있기 때문에 가능하면 폭력에 노출시키지 않는 것이 좋다. 따라서 뉴스가 나오는 시간에는 TV를 끄도록 하는 것이 좋겠다. 초등학생 아이의 경우, 지적 판단이 형성되는 시기이고 호기심이 많아 TV뉴스나 매스컴 또는 인터넷으로부터 제어하기가 어려우니, 폭력이 어떻게 나쁜 것인지, 무엇이 잘못된 것인지 등에 대해 상세하게 설명을 하는 것이 좋겠다. 중학생 아이의 경우, 자신의 생각이 형성된 것이 있기 때문에 부모의 일방적인 설명보다는 아이들이 어떻게 생각하는지 질문하고 함께 토론하는 것이 좋겠다."

뉴욕타임스의 전문가 답변에서 아이들에게 성장단계별로 다른 대응이 필요하다는 것은 대단한 발견이었다. 그럼에도 아이들 주변의 폭력 상황은 대단히 복잡하다.

◆ ◆ ◆

편견과 혐오의 늪에서 벗어나기

혐오표현은 표현의 자유가 아니다

2019년 헌법재판소는 일부 학부모들이 서울시 교육청을 상대로 제기한 위헌 소송에 대해 판결문을 내었다. 위헌 소송은 서울시 교육청과 서울시의회가 제정한 '학생인권조례'의 내용 중 '학교장과 교직원. 학생들이 성별이나 종교, 성적 등을 이유로 차별적 언행이나 혐오표현을 하지 못하도록 규정'한 5조 3항이 표현의 자유를 보장한 헌법에 위배된다는 것이었다. 헌법재판소는 판결문에서 "육체적 · 정신적으로 성장기에 있는 학생을 대상으로 한 차별 · 혐오표현은 그 대상자에 대한 인간의 존엄성을 침해함으로써 교육의 기회를 통해 신장시킬 수 있는 학생의 정신적 · 신체적 능력을 훼손하거나 심지어 파괴할 수 있다. 교육은 학생의 재능과 개성, 정신적 · 신체적 능력의 잠재성을 최대한 개발할 수 있어야 하는데, 차별 · 혐오표현을 통한 인권 침해가 금지되지 않을 경우 교육의 목적 역시 달성되기 어렵다"라는 취지로 혐오표현을 금지하는 것은 합당하다고 하였다. 즉, 혐오표현은 헌법이 보장하는 표현의 자유에 해당하지 않는다.

헌법재판소의 판결은 우리 아이들의 성장이나 건강한 공동체의 유지에 해가 되는 차별 · 혐오 표현을 금지해야 한다는 것으로 의미가 크다.

2022년 8월, 카카오브레인 출신들이 창업하고 네이버가 투자한 인공지능(AI) 기술 스타트업 튜닙(tunib)이 '윤리성 판별'이라는 새로운 AI 기능을 선보였다. 인터넷의 혐오 표현을 자동으로 순화해주는 기능이다. 네이버는 자사의 스타트업 투자 전문 조직 D2SF가 윤리성 판별을 포함한 11가지 자연어처리(NLP) 애플리케이션 프로그래밍 인터페이스(API)를 출시했다고 11일 밝혔다.

튜닙, 윤리성 판별 API 서비스 공개. 네이버

윤리성 판별은 이용자가 텍스트를 입력하면 AI가 내용을 분석한 뒤 모욕 · 욕설 · 범죄조장 등 혐오 표현을 골라내 순화하는 기능이다. 11가지 혐오 유형을 분류한 후 표현의 심각성을 주의, 명백, 심각 등 3단계로 나눠 대응한다. 네이버 관계자는 "최근 심각성이 대두되고 있는 AI 윤리, 인터넷 혐오 문제를 해결하는 데 다양하게 응용 가능할 것"이라고 말했다. 이용자가 별도의 코딩을 하지 않고 단어나 문장만을 입력해 기능을 이용할 수 있다.[30]

구글에서 운영하는 유튜브 등 모든 플랫폼에서 건강하지 못한 알고리즘이 작동되는 것을 막을 수 있으면 좋겠지만 일단 국내 플랫폼 업체에서 혐오에 대응하는 기술적 성과를 낸 것은 향후 ESG[31]를 표방하는 인터넷 기업의 방향을 알리는 측면에서도 고무적이라고 본다.

발전된 과학기술을 지식과 협력을 위한 도구로 사용

앞서 밝힌 SBS-D 포럼 2019에서 사전 설문 조사내용[32]이 발표되었다. 우리 국민들은 '의견이 엇갈리는 두 집단이 첨예하게 대립할 때 어떻게 결정하는 게 좋다고 보는가'하는 질문에 대해 놀라운 해답을 내놓았다. '다수결로 결정한다'는 의견이 31.5%인데 비해 응답자의 절반은 '의견이 좁아질 때까지 조율한다'는 의견을 내놓았다. 국민 전체가 가능하면 대화하고 조율하여 갈등을 줄이는 방향으로 갈 것을 주문한 것이다.

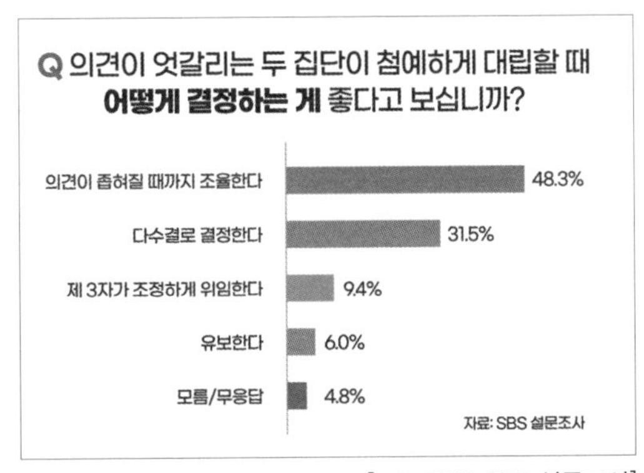

[sdf-2019, SBS 설문조사]

가짜뉴스를 판별하는 등 디지털 리터

30 '네이버가 투자한 튜닙, AI로 혐오표현 자동 순화해준다', 서울경제, 2022.08.11

31 Environment, Social, Governance

32 https://www.sdf.or.kr/2019/ko/videos

러시를 함양하기 위한 기본적인 교육적 노력, 소통, 상호존중과 배려라는 민주주의 교육의 확장 등이 학교 안에서 진행할 수 있는 교육적 조치라면, 알고리즘에 대한 괜찮은 규제, 혐오표현을 막기 위한 사회적 노력 등은 아이들의 건강한 성장을 보장할 것이다.

세계적인 팬클럽 '아미'가 함께 활동하고 있는 BTS는 지난 6월, 백악관을 방문한 자리에서 "나와 다르다고, 그것은 잘못된 일이 아니다"라며 "옳고 그름이 아닌 다름을 인정하는 것으로부터 평등은 시작된다고 생각한다"[33]는 발언을 시작으로 차별과 혐오에 대한 반대 의견을 밝혔다. 이에 응답하여 아프리카, 아시아, 유럽 등 전 세계 BTS 팬클럽 '아미'들은 차별과 혐오를 없애기 위한 모금과 다양한 실천에 들어가기도 했다.

엄청난 위기임에도 불구하고 유네스코 미래교육보고서는 다음과 같이 희망을 노래한다. 우리도 그 희망의 불꽃을 함께 피워 올렸으면 좋겠다.

> "지금의 인류는 전체 역사를 통틀어 지식과 협력을 위한 도구에 가장 높은 접근성을 누리고 있다 인류가 함께 더 나은 미래창조에 참여할 수 있는 잠재력이 지금처럼 높았던 적은 없었다.

33 https://www.hani.co.kr/arti/international/america/1045237.html

정서 · 행동 위기학생

긍정적행동지원을 위한 다층적 지원체계로

김영식 (좋은교사운동 공동대표)

별이는 키가 제일 큰 영수와 가끔 신경전을 벌인다. 오늘 피구 시간에도 그랬다. 영수가 금을 넘자 별이는 욕을 했다.

"너도 예전에 그랬잖아." "또라이."

영수도 참지 못하고 "C~8"이라고 했다. 별이가 영수에게 덮치듯 달려들었다. 피구 경기 중 순식간에 일어난 일이었다. 나는 빨리 달려가 뜯어말렸지만, 싸움을 말리기에는 힘에 부쳤다. 갑작스러운 사태에 놀란 아이들이 몰려들었다.

"야, 왜 그래?" 말리는 아이들도 별이에게 맞았다. 별이는 싸움에서 밀리는 것을 견딜 수 없을 정도로 싫어했다. 그래서 별이와 싸우면 누구도 당해낼 수 없었다. 별이의 공격 행동이 잦아들지 않으니 학급은 늘 불안했다. 나는 별이에게 왜 그렇게 달려드냐고 물어봤다.

"친구들이 무시하잖아요."[34]

34 문수정, 최경희. 교실에서 별을 만나다. 좋은교사. 2022. pp68-69

초등학교 교실에서 벌어진 학생들 사이의 갈등 장면이다. 뭐든지 자기 생각대로 되지 않으면 욕을 하고 손부터 나가는 아이, 요즘 교실 현장에서 자주 볼 수 있는 아이의 모습이다. 상담을 콘텐츠로 하는 '금쪽이'라는 TV 프로그램을 보면 어떤 아이는 제 뜻대로 되지 않으면 엄마에게도 서슴없이 욕을 하고, 심지어 때리기까지 하는 모습이 나온다. 이와 같은 행동들이 학교에서는 나타나지 않을까? 전국의 교실에 이와 같은 아이들이 얼마나 있을까? 아이들이 살아가는 교실 속에서 대체 어떤 일들이 벌어지고 있을까?

◆ ◆ ◆

위기를 겪고 있는 학생들

'위기청소년'이란 가정 문제가 있거나 학업 수행 또는 사회 적응에 어려움을 겪는 등 조화롭고 건강한 성장과 생활에 필요한 여건을 갖추지 못한 청소년을 말한다(청소년복지지원법 제2조 4호). 다시 말해 개인적 · 가족적 · 교육적 · 사회적 위기상황에 처해 있거나 그러한 위기상황에 노출될 가능성이 있는 청소년으로서 적절한 개입 없이는 정상적인 발달은 물론 학교생활이나 직업생활을 영위해 나가기 어려운 청소년을 말한다.[35]

2016년 한국청소년상담복지개발원에서 수행한 연구에서 위기학생의 비율을 고위험군과 위험군이 2.2%, 잠재적 위험군 14.9%로 합계 17.1%로 조사되었다. 특히, 위기 · 취약 청소년[36]들 중에서는 13.1%가 고위험군과 위험군, 29.5%가 잠재적 위험군으로 무려 42.6%가 위기를 경험하고 있는 것으로 나타났다.[37] 전체 청소년을 대상으로 보면 약 17.69%가 정책적으로 관심을 갖고 지원해야 할 위험군에

35 황순길, 김동민, 강태훈, 손재환, 김지혜. 전국 청소년 위기실태 및 위기결과 분석. 2016.

36 공동생활가정, 양육시설, 가정위탁시설, 쉼터, 일시보호소, 학교밖청소년지원센터, 대안학교(미인가), 소년원, 보호관찰소 등에서 생활하는 청소년을 말한다.

37 황순길, 김동민, 강태훈, 손재환, 김지혜. 2016. 위의 책

해당한다.

최근 정신건강 요인에 의해 위기를 겪고 있는 학생들이 관심을 받고 있다. 여성가족부에 따르면 중 · 고등학생 38.8%는 평상시 스트레스를 느끼고 있고, 26.8%는 최근 1년 동안 우울감을 경험하고 있다고 한다.[38] 이는 학생 10명 중 4명이 평상시 스트레스를 '대단히 많이', '많이' 느끼고 있고, 10명 중 2~3명이 2주 동안 일상생활을 중단할 정도로 슬프거나 절망감을 느끼고 있음을 의미한다. 상당수 학생들이 일상에서 위기를 경험하고 있음을 알 수 있다.

청소년 위기수준 분포

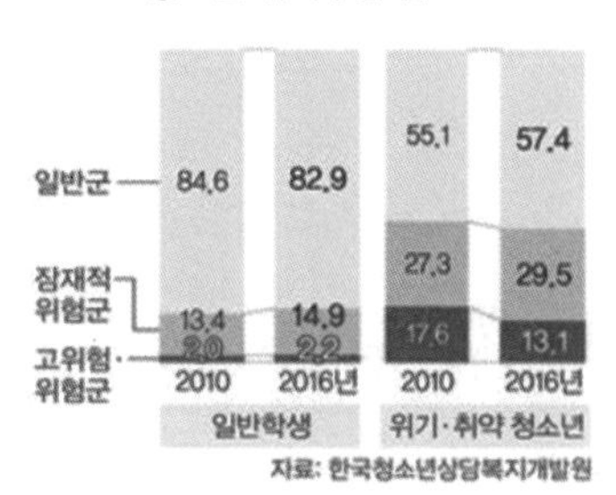

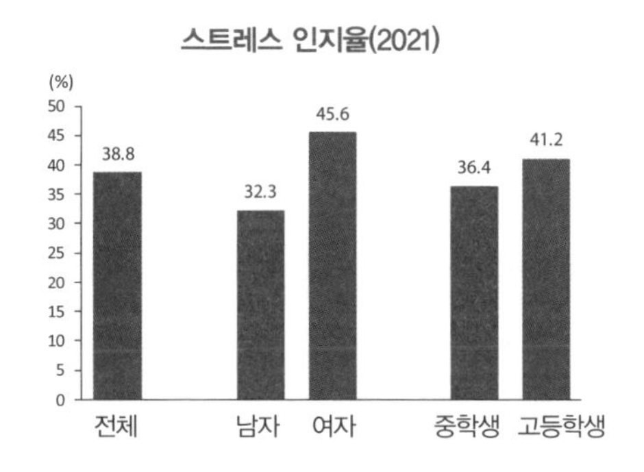

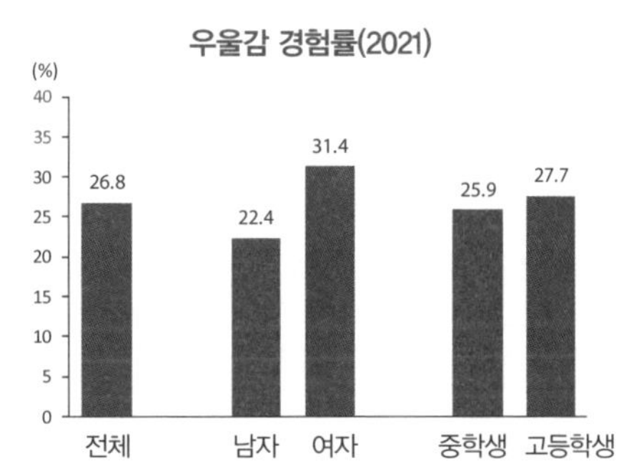

교육부 · 질병관리청,「청소년건강행태조사」

교육부는 매년 초등학교 1, 4학년과 중1, 고1 학생들을 대상으로 '학생정서 · 행동 특성검사'를 실시한다. 2018년 조사에서 자살 위험 학생은 23,324명으로 전체 조사 참여 학생의 1.3%에 달하는 것으로 나타났다.[39] 관심군의 비율은 4.9%로 전년보다 0.3% 증가하였고 관심군 중 좀 더 위험한 수준으로 판단되는 우선관리군

38 여성가족부 보도자료. 2022 청소년 통계. 2022.5.25.

39 박찬대 의원실 보도자료. 최근 5년간 학생정서 · 행동 특성검사 결과 및 조치현황 분석 결과. 2019. http://www.mindpost.or.kr/news/articleView.html?idxno=2778

은 59,320명(3.3%)에 달했다. 조사 대상 학생 숫자가 감소하는 추세 속에서도 우선 관리군의 숫자가 늘어나고 있다.

정서 · 행동특성검사에 따른 관심군 학생 현황

(단위: 명, %)

연도	실시학생수	관심군		관심군 중 우선관리군		자살위험 학생수
		학생수	비율	학생수	비율	
2015	1,910,031	60,680	3.2	35,662	1.9	8,613
2016	1,918,278	60,558	3.2	37,478	2.0	9,624
2017	1,894,600	87,926	4.6	57,639	3.0	18,732
2018	1,770,899	87,333	4.9	59,320	3.3	23,324
합계	7,493,808	296,497	-	190,099	-	60,293

학생정서 · 행동 특성검사는 초등학생은 학부모, 중고등학생은 본인의 응답으로 이루어지기 때문에 현실보다 축소된 결과를 보이는 경향이 있어서 자살 위험 학생 1.3%를 곧이곧대로 받아들이기 어렵다. 한국방정환재단이 매년 시행하는 「한국 어린이 · 청소년 행복지수:국제비교연구 결과보고서」에 따르면 2017년 자살 충동을 한 번 이상 경험한 비율은 초등학생 18.5%, 중학생 22.3%, 고등학생 26.7%로 나타났고, 세 번 이상 충동을 느낀 위험군 비율도 초등학생은 5.6%, 중학생이 6.5%, 고등학생 9.1%로 나타났다.[40] 자살 위험군 비율이 2018년 학생정서 · 행동특성검사 결과 1.3%를 훨씬 상회하고 있고, 특히 초등학생의 비율이 점점 증가하고 있다.

자살은 우리나라 어린이 · 청소년 사망원인 1위이다. 2020년 한 해 동안 사망한 9~24세 청소년의 숫자는 1,909명인데 10년째 사망원인 1위가 고의적 자살(11.1%)이다.[41]

40 염유식, 김경미. 한국 어린이 · 청소년 행복지수: 국제비교연구 결과보고서. 2017. 조사대상 7,353명(초 2,303명, 중 2,240명, 고2,810 명)

41 여성가족부. 2022. 위 보도자료.

어린이 · 청소년 학교급별 자살충동 경험 비율

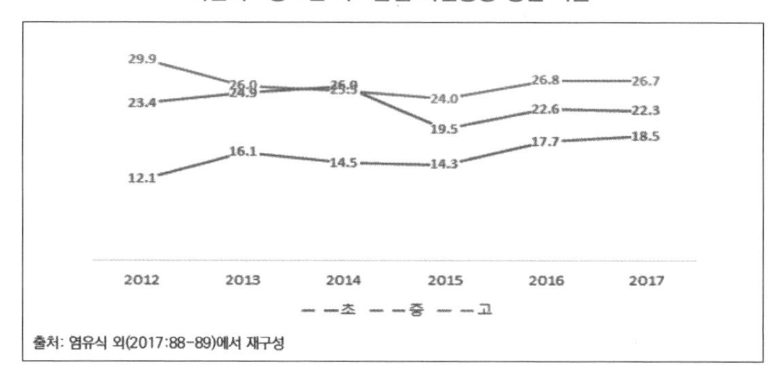

건강보험심사평가원 제출자료(2021.4.16.)를 재구성함

한 해 동안 정신건강 때문에 전문 의료기관의 도움을 받고 있는 학생은 27만 명에 이른다. 2016년부터 2020년까지 아동 · 청소년의 정신진료(상병코드 F00~F99) 현황을 살펴보면 최근 5년간 진료를 받은 환자 수는 2016년도 22만 587명에서 2020년도 27만 1,557명으로 꾸준한 증가추세를 보이고 있다.[42]

아동 · 청소년의 정신진료 현황

구분	2016년	2017년	2018년	2019년	2020년
전체 환자 수	220,587	226,761	250,375	272,862	271,557
0세~9세 환자 수	73,823	74,557	74,495	81,542	80,441
10세~19세 환자 수	150,720	156,770	180,735	196,603	196,972

건강보험심사평가원 제출자료(2021.4.16.)를 재구성함

특히, ADHD라 불리는 운동과다장애가 가장 높은 비율을 차지하고 있고 우울, 불안, 스트레스에 대한 반응 및 적응장애, 발달장애 등으로 전문 의료기관의 치료를 받고 있음을 알 수 있다.

42 박진우, 허민숙. 아동 · 청소년의 정신건강 현황, 지원제도 및 개선방향. 국회 입법조사처. 2021.
43 박진우, 허민숙. 2021. 위 자료

아동 · 청소년(0~19세)의 상위 5개 정신질환별 환자 수

2016년		2017년		2018년		2019년		2020년	
운동과다 장애*	50,049	운동과다 장애	51,040	운동과다 장애	53,663	운동과다 장애	60,202	운동과다 장애	60,285
우울증	26,054	우울증	29,534	우울증	42,095	우울증	47,476	우울증	48,221
기타 불안장애	16,471	기타 불안장애	17,726	기타 불안장애	21,133	기타 불안장애	23,258	기타 불안장애	24,985
틱장애	14,139	심한 스트레스에 대한 반응 및 적응장애	14,577	심한 스트레스에 대한 반응 및 적응장애	16,160	심한 스트레스에 대한 반응 및 적응장애	18,576	심한 스트레스에 대한 반응 및 적응장애	16,699
전반발달 장애	13,531	전반발달 장애	14,205	전반발달 장애	13,948	전반발달 장애	16,268	전반발달 장애	16,641

건강보험심사평가원 제출자료(2021.4.16.)를 재구성함

◆ ◆ ◆

정서·행동장애란 무엇인가

아이들이 겪는 정서심리적인 문제는 행동문제로 연결된다. 연령수준 또는 사회규범과 달라서 교육 수행에 역효과를 가져다주는 행동이나 정서적 반응을 장기간, 현저하게 보이는 것을 "정서 · 행동장애"라고 한다.[44] 이 반응은 학업적 · 사회적 · 직업적 · 개인적 기술을 포함하며 6개월 이상의 장기간에 걸쳐 극단적인 문제행동을 표출한다. 대부분의 행동문제는 다른 문제 또는 장애를 동반하기 때문에 정서 · 행동장애를 가진 학생을 분류하는 것은 어려운 일이다. 그러나 정서 · 행동장애의 행동 패턴이나 유형을 구별하도록 돕고 관련된 행동을 효과적으로 그룹화할 수 있도록 정신의학적 분류체계와 차원적 분류체계를 일반적으로 사용하고 있다.

정신의학적 분류체계에서 가장 폭넓게 사용되는 것은 미국 정신의학회의 정신장

---

* 흔히 주의력결핍과잉행동장애(ADHD)라 불리는 병명을 국제질병분류(ICD)에서 쓰이는 진단명.

44 Mitchell L. Yell, Nancy B. Meadows, Erik Drasgow, James G. Shriner. (증거기반 실제를 통한) 정서행동장애학생교육. 교육과학사. 2017.

애 진단 및 통계편람(DSM) 제5판(DSM-5)과 세계보건기구에서 만든 국제질병분류 10판(ICD-10)이다. 이 분류체계에서 불안장애, 품행장애, 적대적 반항장애, 기분장애, 주의력결핍 및 과잉행동장애 등으로 분류되는 것이 정서 · 행동장애에 해당한다.

정신의학적 분류체계가 의료 전문가의 정서 · 행동 장애 진단에 도움이 되는 반면, 차원적 분류체계는 중재계획을 가진 교육자에게 유용하다. 교육자들은 일반적으로 외현화된 행동과 내재화된 행동, 두 가지로 구분하는 Achenbach와 Edelbrock이 개발한 '아동행동 체크리스트(Child Behavior Checklist; CBCL)'와 같은 차원적 체계에 의존한다. 외현화된 행동은 다른 사람이나 환경을 향해 직접적으로 나타나는 공격성, 불복종, 짜증과 같은 명백한 폭발이 주요 특징이다. 반면, 내재화된 행동은 은밀하고 자발적인 것으로, 기피, 강박, 불안, 우울감이 주요 특징이다. 이렇다 보니 내재화된 행동장애가 있는 아동 · 청소년은 극단적인 문제 발생 위험이 높은 반면 겉으로 드러나는 행동이 드물어 전문가들조차도 발견하지 못하고 지나칠 가능성이 높다. 이런 이유로 행동 지원에 필요한 서비스를 제때 제공받지 못하는 위험이 있다.

우리나라는 정서 · 행동장애를 특수교육 대상 학생으로 포함시키고 있다. 정서 · 행동장애는 '장애인 등에 대한 특수교육법'(약칭:특수교육법) 제15조 ①항의 5호에 해당한다.

정서 · 행동장애를 지닌 특수교육대상자의 정의[45]
장기간에 걸쳐 다음 각 목의 어느 하나에 해당하여, 특별한 교육적 조치가 필요한 사람 가. 지적 · 감각적 · 건강상의 이유로 설명할 수 없는 학습상의 어려움을 지닌 사람 나. 또래나 교사와의 대인관계에 어려움이 있어 학습에 어려움을 겪는 사람 다. 일반적인 상황에서 부적절한 행동이나 감정을 나타내어 학습에 어려움이 있는 사람 라. 전반적인 불행감이나 우울증을 나타내어 학습에 어려움이 있는 사람 마. 학교나 개인 문제에 관련된 신체적인 통증이나 공포를 나타내어 학습에 어려움이 있는 사람

그러나 정서 문제나 행동문제를 보이는 학생이 정서 · 행동장애로 진단받고 특

45 「장애인 등에 대한 특수교육법」 시행령 별표1.

수교육대상자에 포함되기에는 여러 정신의학적, 차원적 진단 과정을 거쳐야 하기 때문에 정서 · 행동 장애로 특수교육대상자가 되기는 매우 어렵다. 2019년 기준으로 우리나라 특수교육대상자 규모는 전체 학생의 1.4%였고, 그 중 정서 · 행동장애에 해당하는 비율은 2.2%에 불과했다. ADHD의 유병률(5~8%)을 감안하면, ADHD나 반항적 품행장애의 특성을 보이는 모든 학생이 정서 · 행동장애로 분류되는 것은 아님을 알 수 있다. 모든 정서 · 행동장애 학생을 특수교육대상자로 분류하는 것이 바람직한 것도 아니다. 다만, 정서 · 행동장애로 분류될 정도의 심각한 수준의 행동문제는 아니더라도 크고 작은 행동문제를 보이는 학생들이 일반교실에도 상당수 존재하고 있음을 알 수 있다. 한국교총은 "교원의 약 61%가 하루 한 번 이상 학생들의 문제행동을 경험한다고 응답하였고, 그중 22.8%가 욕설 등 공격적이거나 적대적 또는 오만이나 건방진 행동도 22.8%에 달했다"[46]고 발표했다.

◆ ◆ ◆

정서·행동 위기학생 현황[47]

정서 · 심리적인 이유로 학교생활에서 심각한 어려움을 겪는 학생을 '정서 · 행동 위기학생'이라 부른다. 정서 · 심리적으로 어려움을 겪는 학생들이 교실에서 어떤 행동 문제를 보이는지 설문조사[48]를 실시한 결과, 학급에서 행동문제를 보이는 학생이 있다고 응답한 교사의 79.6%가 부주의, 과잉행동, 충동성으로 대표되는 ADHD 유형이라고 응답하였다. 품행문제와 반항 문제를 꼽은 교사도 50%를 넘었다. 주로 외현화된 행동문제를 교사들이 많이 관찰하고 있고, 그중 가장 심각한 것이 ADHD임을 알 수 있다. 반면 내재화된 행동문제에 해당하는 불안과 우울, 무

46 한국교원단체총연합회 보도자료. 2022.7.25

47 최경희. '정서행동 위기학생' 현황 및 교사 설문 결과. 〈월간 좋은교사 2022-3〉

48 좋은교사운동이 전국의 초중고 교사들을 대상으로 2021.12.22~12.31까지 조사한 설문.

기력이라고 응답한 교사는 20~30%에 불과했다. 이미 내재화된 행동은 교사가 관찰하기 쉽지 않은 특성 때문으로 보인다.

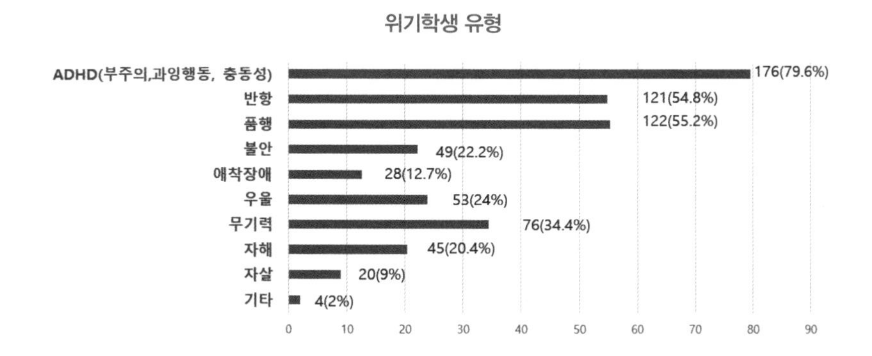

구체적인 행동 문제의 형태 1, 2, 3순위를 물었을 때, 가장 많은 것이 친구 때리기, 꼬집기, 물기, 할퀴기와 같은 신체적 공격이었고, 그다음이 욕설, 폭언과 같은 언어적 폭력이었다. 이는 학교 현장에서 나타나는 학교폭력 문제가 정서 · 행동 위기학생들과 무관하지 않음을 짐작하게 해 준다.

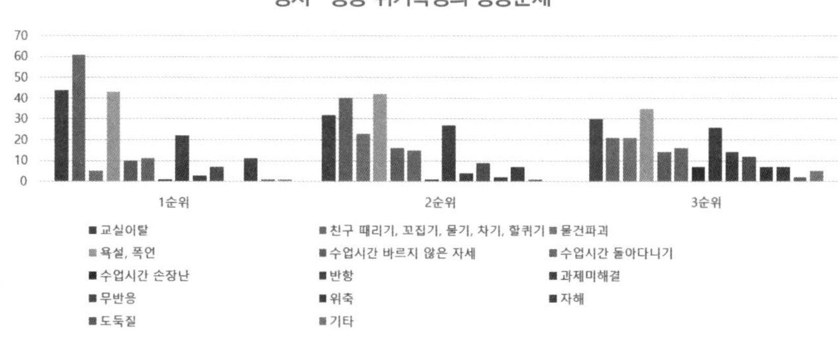

정서 · 행동위기학생의 행동문제 발생빈도는 약 80%가 매일 발생(매일 자주 54.3%, 매일 가끔 25.6%)했고, 86.3%가 학급에 상당한 영향을 미친다고 답해, 교실에서 행동문제의 심각성을 보여 주었다.

정서 · 행동위기학생이 '친구와 어울려 놀 수 있는가'라는 질문에서 약 50% 그렇지 않다(매우 그렇지 않다 18.3%, 그렇지 않다 30.1%)고 답했고, '차례를 지키며 참고 기다릴 수 있는가'라는 질문에서 62.5%가 그렇지 않다(매우 그렇지 않다 21.9%, 그렇지 않다 40.6%)고 답했다. 정서 · 행동위기학생이 친구 관계나 규칙준수와 같은 사회성 발달 측면에서 어려움을 겪고 있음을 보여준다.

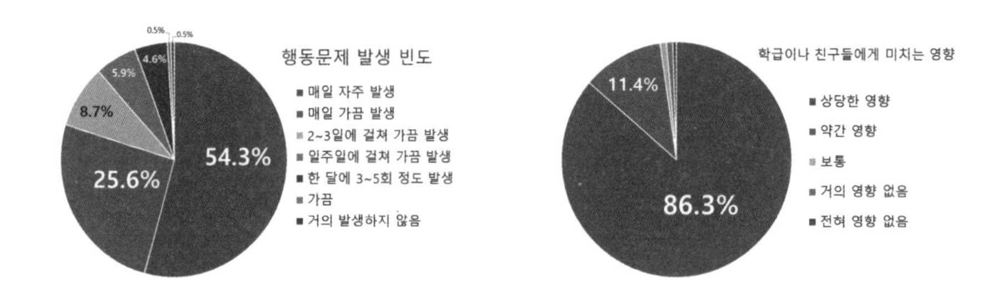

정서 · 행동위기학생이 '교사가 규칙 준수를 요구할 때, 지시에 따를 수 있는가'라는 질문에서 약 70%가 그렇지 않았고(매우 그렇지 않다 28.4%, 그렇지 않다 40.8%), '교사의 지시를 따르지 않을 경우, 학생은 어떻게 행동하는가'라는 질문에서 약 90%가 반항, 회피, 도망[49]가는 태도(반항 42.7%, 회피 32.6%, 도망 12.8%)를 보여, 정서 · 행동위기학생에 대한 교실에서의 생활지도가 제대로 작동할 수 없는 상황을 그대로 보여 주었다.

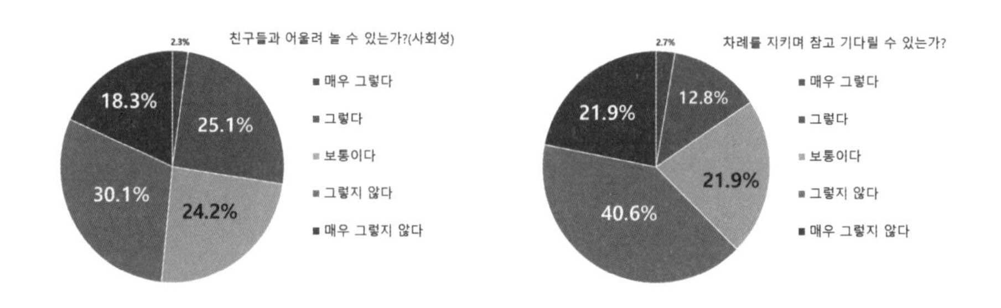

49 회피하는 행동은 교사가 지시했는데도 학생이 못들은 척하면서 딴청을 피우는 행동을 말하고, 도망가는 행동은 불렀는데도 오지 않고 도망가거나 교실을 나가버리는 행동을 뜻한다.

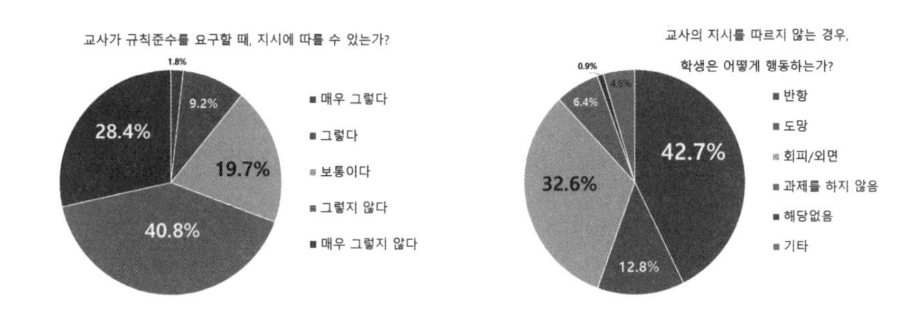

정서 · 행동위기학생을 지도할 때 가정의 협조가 매우 중요하다. 그러나 '정서 · 행동위기학생의 주 양육자가 협조적인가?'라는 질문에 교사의 약 50%가 그렇지 않다고 답했다.

'교사가 위기학생을 지도할 때 가장 어려운 것은 무엇인가'라는 질문에서 비협조적인 학부모 34.1%, 문제학생 지도방법의 부재 32.7%, 도와줄 수 있는 인력부재 16.6%로 나타났다.

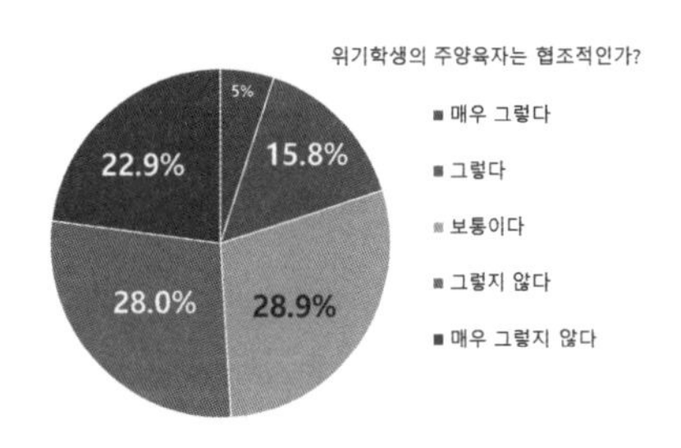

교육을 할 수 없는 관계는 치료적인 관계로 전환이 필요하다.[50] 그러나 치료적 관계로의 전환은 상당히 민감한 문제이고 학부모와의 소통과 협력이 필수적이다. 치료를 위해 학부모와 소통하고 협력하려면 치료적 관계로 나아갈 수 있는 정보와 매뉴얼, 지원 등이 필요하다. 그러나 설문 결과는 학부모와의 협력도 어렵고, 문제학생 지도방법 부재, 도움을 줄 수 있는 지원인력 부재를 여실히 드러내고 있어, 이 문제가 총체적인 난국에 처해 있음을 보여준다.

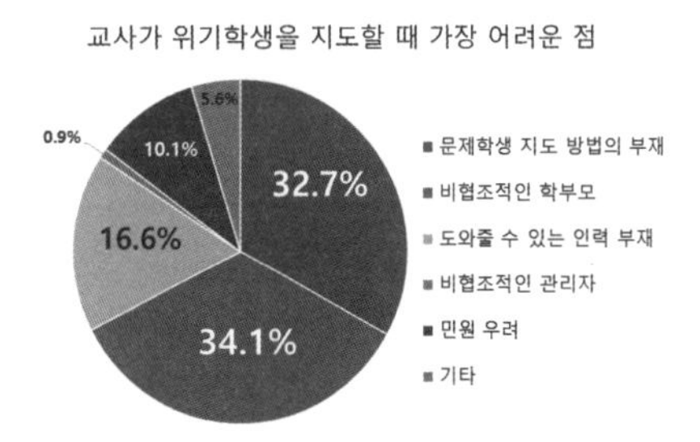

'위기학생을 1년 담임하면서, 정서 · 심리적으로 어떠했는가'라는 질문에서 '1년

50 안해용.(2022).정서 · 행동위기학생을 지원하는 정책제안. 좋은교사운동 정책토론회(2022.1.24.) 토론문

위기학생을 1년 담임한 교사의 정서심리 상태

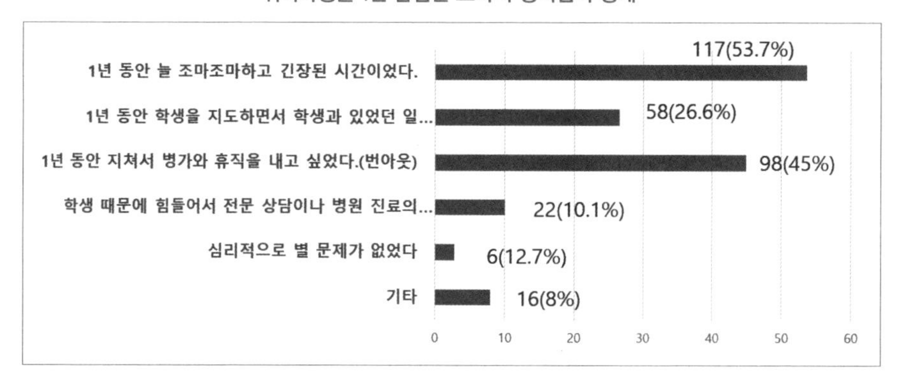

동안 조마조마하고 긴장되었다'가 응답교사의 53.7%, '지쳐서 병가와 휴직을 고려했다'가 45%로 나타났다. 최근 학교 현장에서 부각되고 있는 교사의 소진 문제와 정서 · 행동위기학생 문제와의 관련성을 보여 준다.

'위기학생을 지도할 때 가장 필요한 것은 무엇인가'라는 질문에서 '위기학생을

위기학생 지도할 때 가장 필요한 것

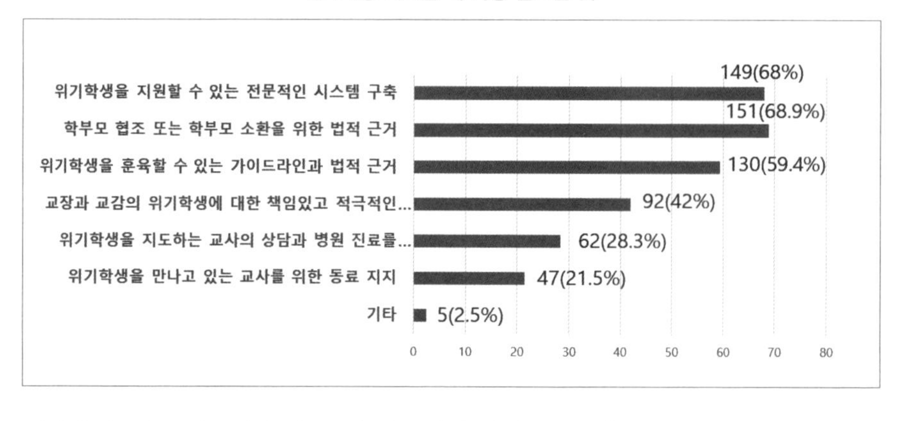

지원할 수 있는 전문적인 학교 내 시스템이 있어야 한다'에 응답교사의 68%가 필요성에 동의했고, '학부모 협조 및 소환을 위한 법적 근거가 필요하다'에 68.9%, '위기학생 훈육 가이드라인 법적 마련이 필요하다'에 59.4%, '관리자가 강한 책임감을 가지고 적극적으로 지원해야 한다'에 42%가 동의하였다.

지금까지 살펴본 설문 결과는 지금 교실에서 벌어지고 있는 정서 · 행동위기학

생의 행동문제의 심각성과 문제에 대처할 수 있는 방안이나 학교시스템의 취약한 상태를 여실히 보여주고 있다. 정서 · 행동위기학생 문제에 대처할 수 있는 학교 시스템과 가이드라인 및 법률적 기반 마련이 절실한 상황이라 할 수 있다.

◆ ◆ ◆

정서·행동 위기학생 지원 국내 사례

학생정서·행동 특성검사

교육부는 학생의 정서 · 행동 발달상의 문제를 발견하고 악화를 예방하기 위해 2007년도부터 학교보건법 제2조 및 제7조와 학교건강검사규칙 제4조의3에 근거하여 초등학교 1 · 4학년, 중학교 1학년, 고등학교 1학년을 대상으로 학생정서 · 행동특성검사를 매년 실시하고 있다. 검사 대상에 해당하는 학생은 1차적으로 학교에서 온라인 또는 서면 검사를 실시하고 결과에 따라 관심군에 선별되면 학교 밖의 전문기관 등에서 2차 조치를 받는다. 초등학교 1, 4학년의 경우 부모의 평가로 아동 문제행동 선별질문지(Child Problem-Behavior Screening Questionnaire, CPSQ) 척도를 활용하여 실시하고 있으며, 중 · 고등학교 1학년생의 경우 청소년 정신건강 및 문제행동 선별질문지(Adolescent Mental Health Problem-Behavior Questionnaire-II, AMPQ-II) 척도가 자가 평가로 실시한다.

학생정서 · 행동특성검사는 성격특성, 주의력결핍과잉행동장애(ADHD), 우울, 불안, 학교폭력피해, 자살위기 문제와 관련하여 학생의 성격특성 및 정서 · 행동발달 경향성을 파악하여 학생교육활동의 적정성을 지원하기 위한 선별검사(screening test)로 진행된다. 검사 결과를 토대로 위험 수준에 따라 일반관리/우선관리로 구분하고, 학교 내 상담 후 문제 수준별 심층평가를 위한 전문기관 연계지원, 학교 내 상담 등으로 구분하여 지속적으로 관리하게 된다. 자살 징후가 높게 감지되면 학부모 면담 및 전문기관(병 · 의원) 의뢰 등 즉각 조치에 들어가게 된다.

학생정서 · 행동특성검사는 정서 · 행동이나 심리적인 문제를 겪고 있는 학생을 조기에 찾아내서 전문적인 지원으로 연결하는 긍정적인 역할을 하고 있다고 평가받는다. 그러나 초등의 경우 부모의 평가로 진행되기 때문에 부모가 자녀와 보내는 시간이 많지 않거나 자녀의 심리적 · 정서 · 행동적 문제를 회피하는 경우에는 정확도가 낮아지면서 실제 관심이 필요한 학생이 대상에서 제외되는 경우가 종종 발생하고 있다. 중등의 경우에는 자기 평가로 진행되는데, 자신의 문제를 인식하고 있는 학생들이 있는 그대로 자신의 상태에 대해 답하기를 회피하면서 왜곡된 결과가 도출되는 문제가 나타나기도 한다. 그뿐만 아니라 관심군으로 선별되어 전문기관에 의뢰한다 해도 상담기관의 형편에 따라 장기적인 상담이 이루어지지 못한다거나, 부모가 꾸준히 관심을 갖고 상담에 임하지 않는 등 중도에 지원이 멈추는 경우가 종종 발생하게 되는 문제도 나타난다.

위(Wee) 프로젝트

위프로젝트는 「초 · 중등교육법 시행령」 제54조 제1항(학습부진아 등에 대한 교육)에 따른 학생에 대하여 종합적인 진단 · 상담 · 치유 프로그램 등을 제공하는 사업이다. Wee센터(교육지원청 단위에 설치한 학생상담지원시설), Wee클래스(학교단위에 설치한 학교상담실), Wee스쿨(시 · 도교육청 단위에 설치한 위탁교육시설)로 구분하여 학생에게 종합적인 진단과 상담 및 치유 프로그램을 제공하고 있다.

Wee프로젝트는 위기학생에 대한 종합적이고 체계적인 안전망을 구축하고, 위기 유형별 상담 치유 프로그램 운영으로 위기학생의 심리 · 정서적 안정과 사회적응을 돕는데 긍정적인 역할을 담당하고 있다. 학생들은 wee클래스를 통해 손쉽게 다양한 상담지원을 받을 수 있고, 심리적 위기를 겪고 있는 경우에 Wee센터를 통해 보다 전문적인 상담을 받을 수 있다.

그러나 학생들에게 충분한 심리상담을 지원하기에 많은 한계를 갖고 있다. 우선, 전문상담교사 배치가 충분하지 않다. 전국 초중고등학교 전문상담교사 배치율은 32.3%에 불과하다.[51] 특히, 초등학교의 전국 평균 배치율은 18.4%로 전문상담교사가 배치되지 못한 학교에는 전문상담사를 배치하고 있으나 이마저도 예산에 따라 변동이 심해 안정적인 심리상담을 제공하지 못하고 있다. 둘째, Wee프로젝트 시설이 부족하다.[52] 2018년 기준으로 초등학교 Wee클래스 설치율은 39.2%, 중학교는 82.2%, 고등학교는 81.8%로 나타났고, 특히 초등학교 Wee클래스 설치율이 낮은 것으로 나타났다.[53] 셋째, Wee 프로젝트는 예방보다는 고위험군 발견에 초점을 맞춘 정책이다. '학생정서 · 행동특성검사 및 관리 사업'은 선별검사를 통해 조기발견과 조기치료에 중점을 두고 있어 예방보다는 이미 위기가 진행된 고위험군 발견에 적절한 정책이라는 지적을 받고 있다.[54]

또한 법령상의 전문상담교사 역할이 모호하다는 지적도 있다. 전문상담교사는 초중등교육법 19조에 따라 배치되고 있지만, 그 역할은 학교폭력예방법 제14조 ② 항[55]에만 규정하고 있어, 학교폭력 사안이 아니면 학생들 간의 갈등이나 위기 상황에 개입하기를 주저하게 하는 요인이 되고 있다.

제주 혼디거념팀 운영 사례[56]

제주특별자치도교육청은 2015년 3월부터 혼디거념팀을 꾸렸다. 도교육청 학생건강증진센터에 소아청소년정신과 전문의가 상주하며 도교육청 과장, 팀장, 변호사, 교사, 상담사가 학생들을 위한 정신의학적 접근을 통해 집중적인 상담 활동을 전개하고 있다. 혼디거념은 '함께 돌보다'의 제주어로서, 다양한 전문가들로 구성된 팀이

---

51 강득구 의원실 보도자료. 2021.10.1

52 박계신. 학교차원 긍정적행동지원 적용을 통한 위기학생 예방 및 지원 방안 모색. 2020.

53 "김해영 의원, 초등학교 Wee클래스 설치율 현저히 저조". 브릿지경제. 2018. 9. 30.

54 최은진. 아동 · 청소년정신건강증진을 위한 정책개선방향. 2012. 6

55 학교폭력예방법 제14조 ② 전문상담교사는 학교의 장 및 심의위원회의 요구가 있는 때에는 학교폭력에 관련된 피해학생 및 가해학생과의 상담결과를 보고하여야 한다.

56 정송, 이다영, 윤미리. (2019). 서울 학생 자살 고위험군 지원 방안 연구. 서교연 2019-49. 서울특별시교육청교육연구정보원.

통합지원 체계를 구축하고 위기학생에 대한 체계적인 지도와 관리를 하고 있다.

혼디거념팀 구성(예시)

기관	부서	활동내용	구성원
단위학교	해당부서	학습부진, 학교폭력, 학업중단, 생명존중 예방 및 사례관리	교장, 교감, 부장, 생활, 상담, 보건, 복지, 담임 등
교육지원청	Wee센터	위기학생 진단, 상담, 치유	상담(교)사, 사회복지사, 임상심리사 등
도교육청	학생건강증진추진단	마음건강, 응급심리 지원	전문의, 학습심리지원관, 전문상담교사

단위학교 혼디거념팀은 유사한 협의체를 활용 혹은 통합 운영 권장

혼디거념팀의 맞춤형 지원과정은 먼저 학교별 혼디거념팀 주관으로 위기학생 사례회의를 실시하고 학교에서 해결하기 어려운 경우 교육(지원)청이 지원한다.이 과정에서 전문의의 컨설팅을 통해 보다 전문적인 학생 지원이 이루어질 수 있도록 돕는다. 제주 혼디거념팀 사례는 개별 학생에 대한 학교와 교육청이 채용한 정신의학 전문의가 위기학생을 지원하게 함으로써 심리적 위기를 겪고 있는 학생을 어떻게 지원할 수 있는지 보여주는 좋은 사례로 평가받고 있다.

제주 혼디거념팀 맞춤형 지원 과정

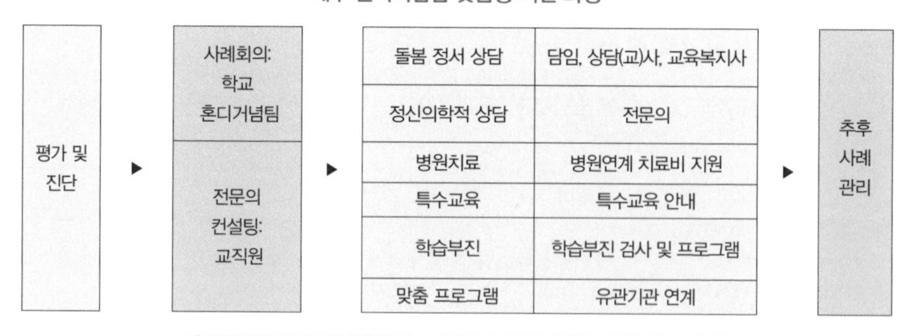

제주특별자치도교육청(2019). 마음건강 종합지원을 위한 학생건강추진단 기본운영계획

◆ ◆ ◆

미국의 정서·행동 위기학생 지원체제 사례

정서 · 행동 위기학생을 지원하기 위한 미국의 정책은 긍정적행동지원을 위한 학교차원의 다층적 지원시스템, 그리고 문제행동 대응을 위한 전담팀 구성이 특징이다. 미국 교육부는 교사들을 위한 학교훈육자료집 'Guiding Principles : A Resource Guide for Improving School Climate and Discipline'을 배포하고 훈육 효과를 높이기 위한 세 가지 주요 원칙으로 1) 긍정적 학교환경을 만들고 예방에 집중하기 2) 학생의 문제행동에 대해 명확하고 적절하며 일관되게 적용되는 기대와 결과를 가진 규율 정책 또는 행동 강령 3) 공정하고 지속적인 향상을 보증하는 중재의 사용 등을 제시한 바 있다.

미국에서는 1997년 장애인 교육법(IDEA) 개정으로 문제행동 중재에 대한 연구가 광범위하게 진행되었다. 초기에는 문제행동 발생 시 개별 사안의 중재를 강조했던 반면, 점차 위기학생이 속한 학급 또는 학교를 지원하거나 부모와의 협력과 지원을 통해 가정에서의 문제행동을 예방하는 등 생태학적 접근이 강조되었다. 이러한 접근을 강조한 중재방법을 '긍정적행동지원(Positive Behavior Support, PBS)'이라 한다. 전통적인 문제행동 대처 방법이 문제행동을 어떻게 통제하고 감소시킬 것인가에 중점을 둔 반면, 긍정적행동지원은 바람직하지 않은 행동을 예방하고 그를 대체할 수 있는 친사회적 행동을 체계적으로 가르친다거나, 새롭게 형성된 바람직한 행동을 유지시키고 강화하기 위해 환경을 창출하는데 일차적 목표를 두고 있다.

참고) 학교차원의 긍정적 행동지원(SWPBS)의 3단계 다층지원체제[57]

긍정적행동지원은 지원의 대상이 될 학생의 범위와 제공되는 지원의 강도에 따라 보편

57 Laura A Riffel, Melinda Mitchiner, (2019). 표적집단을 위한 긍정적 행동지원. 학지사. 남가주 교육진단센터 자료 참고.

적 지원, 집단적 지원, 개별적 지원 등의 세 차원으로 구분한다.

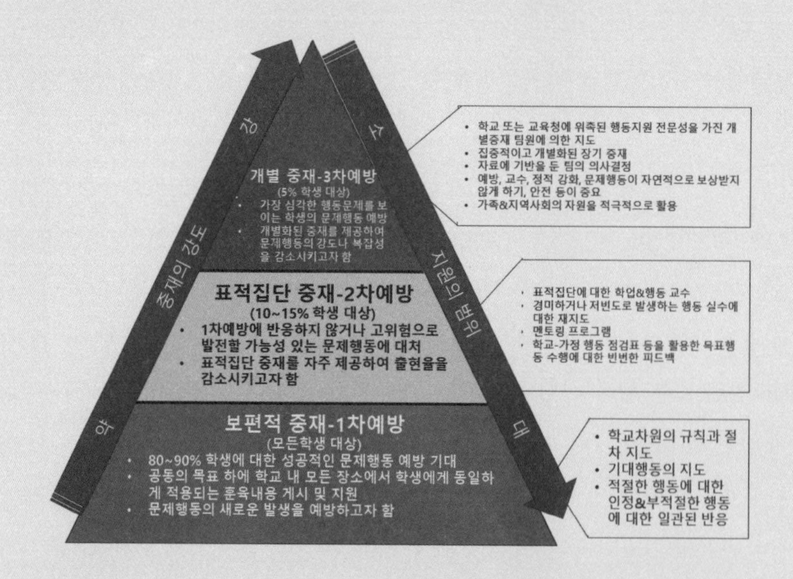

1) 보편적 지원: 학교 환경 내의 모든 학생들에게 제공되는 행동지원. 학교의 행동지원팀은 학교의 전교생이 지켜야 할 기대행동을 정해 전교생 앞에서 기대행동을 지도한 뒤, 기대행동을 충분히 연습하고 피드백을 받을 수 있는 기회를 제공하고 결과에 따라 강화함으로써 한교 환경의 변화를 이끌어내고, 학생의 참여도를 높인다.

2) 표적집단 지원: 보편적 지원에도 불구하고 계속해서 문제행동을 보이는 학생집단을 위해 추가적으로 제공하는 지원으로, 집단의 행동방식을 조사하여 아직 학생들이 습득하지 못했거나 또는 습득했지만 적절하게 사용하지 못하는 새로운 기술을 파악하여 체계적이고 집중적으로 재교육하고 집단강화를 한다.

3) 개별 지원: 문제행동이 심한 특수교육대상학생들이 주로 개별적 지원의 대상이 된다. 학생이 속한 모든 맥락을 고려한 문제행동 기능평가(기능적 행동진단)를 통해 문제행동이 갖는 기능을 파악하고, 이에 근거한 가설 설정 후 행동지원계획을 수립하여 행동지원을 실시한다.

미국 장애인교육법(IDEA. P.L105-17)에서는 문제행동으로 인해 특수교육을 받고 있는 아동뿐 아니라 특수교육을 받을 위험이 있는 아동에게도 '긍정적 행동 지원 방법'을 사용해야 한다고 규정[58]하고 있다. 이는 일반학교에서도 심각한 문제행동을 일으키는 아동에게 특수교육대상자에게 적용하는 긍정적행동지원 방법을 사용하도록 명시하여, 이를 근거로 일반학교 안에도 심각한 문제행동을 일으키는 학생 지원을 위한 학교 시스템을 구축하고 있는 것이다.

미국의 플로리다주 교육청은 '긍정적행동지원 프로젝트'를 통해 전 학교와 학급, 표적 집단의 학생들, 그리고 가장 심한 행동문제 학생들까지도 지원하기 위한 시스템을 구축하고자 교육청과 학교에 지속적으로 훈련과 기술적 지원을 하고 있다.[59]

긍정적행동지원은 지원 수준과 상관없이 팀 접근이 적용되어야 한다는 것이 관련 연구자들의 공통된 제안이다. 미국의 긍정적행동지원팀도 리더십팀(교장, 관련분야 교수, 행동분석가 등), 실무팀(실무 전담 교사, 담임교사), 실행팀(담임교사, 특수교육서비스 인력, 담임교사, 학부모 및 보호자 등)으로 구분되어 운영되고 있다.

미국의 대응 방식에 대해 국내 특수교육계는 오래전부터 관심을 가지고 있었다. 일부 특수학교를 중심으로 학교 기반의 긍정적행동지원 체계를 만들고 시범 운영하며 그 효과성을 검증하는 연구를 수행해 왔다. 다만, 긍정적행동지원에 대한 연구와 실천이 특수교육 대상 학생만을 중심으로 수행되었다는 한계가 있다. 특수교육 대상 학생의 통합교육 실현과, 심각한 문제행동을 보이지만 특수교육대상자로 지정받지 못하는 경계선 급의 학생들이 일반학교에 있다는 점, 그리고 학교가 현재 심각한 문제행동으로 몸살을 앓고 있음을 고려해야 한다. 미국과 같이 일반학교에도 긍정적행동지원 접근을 통해 문제행동을 예방하고 학생을 지원할 시스템이 필요하다는 요구가 나오는 배경이기도 하다.

---

58 박계신. (2022). 국내 · 외 기능적 행동 평가 연구가 국내 학교 장면에서의 기능적 행동 평가 실행에 주는 시사점. 행동분석학회 학술대회자료집, 2022, 1-17.

59 정대영. (2010). 기조강연: 문제행동지도를 위한 새로운 패러다임: 중재반응법과 긍정적행동지원의 통합적 접근. 한국정서 · 행동장애학회 학술발표논문집, 2010, 1-23.

◆ ◆ ◆

정서·행동 위기 학생을 지원하기 위한 대안

학교 기반 예방 및 지원체제 구축[60]

학교가 예방의 중심이 될 수 있도록 학교를 기반으로 한 예방 및 지원체제 구축이 필요하다. 학생을 항상 만날 수 있고, 외부 기관에 가는 것보다 낙인효과를 줄일 수 있으며, 외부 기관의 치료를 받더라도 일상생활에서 건강한 생활을 훈련할 수 있는 학교가 예방 및 지원체제의 중심이 되는 것이 적절하다. 학교차원의 긍정적행동지원(SWPBS)의 3단계 다층지원체제 모델을 국내 학교에도 적용함으로써, 모든 학생을 위한 보편적 중재부터 심각한 정서 · 행동 위기를 겪고 있는 학생을 위한 개별중재까지 단계적으로 접근할 수 있는 다층지원체제를 학교에 구축해야 문제행동에 대응할 수 있다.

장애인 등에 대한 특수교육법에 긍정적행동지원 접근 명시

미국 사례와 같이 특수교육법에 문제행동 감소를 위해 특수교육을 받고 있는 아동뿐 아니라 문제행동으로 인해 특수교육배치에 놓일 위험이 있는 아동에게도 기능적 행동평가를 포함하는 긍정적행동지원 방법을 사용해야 한다는 규정을 법안에 명시적으로 제시할 필요가 있다. 이렇게 하면 특수교육대상학생 뿐만 아니라 일반학생에게도 긍정적 행동지원 접근이 가능한 법적 근거가 만들어질 뿐만 아니라, 관련 연구와 인적 · 물적 지원을 법적으로 뒷받침할 수 있다.

위기학생을 위한 전담팀 구성

현재의 위기관리위원회는 자살 · 자해 학생에 초점을 맞춘 경우가 많다. 이 또한

---

60 박계신. 위 논문

중요한 일이다. 그러나 문제행동을 일으키는 위기학생이 증가하는 문제로 학교가 어려움을 겪고 있는 현실에서 문제행동에 대응할 수 있는 위기관리팀이 필요하다. 학생의 문제행동에 대한 전문성을 가진 교사, 응용행동분석 등의 전문성을 가진 교사가 중심이 되어 전담팀을 구성해서 이 문제에 대처할 수 있도록 해야 한다. 미국과 같이, 리더십팀, 실무팀, 실행팀 등 문제에 대응할 수 있는 체계적인 조직이 만들어질 필요가 있다.

심각한 문제행동에 대한 대응 매뉴얼 개발 적용

반항, 위협, 물건 파괴, 실체적 공격과 같은 심각한 문제행동에 반응하는 것은 교사에게 가장 도전적이고 어려운 상황이다. 학생이 교실에서 난동을 부리거나 주변 학생들과 교사에게 신체적 위협을 가할 상황에 처해 있을 때 대부분의 교사들은 어떻게 대응해야 할지 몰라 우왕좌왕하는 경우가 많다. 섣부르게 학생을 신체적으로 제압하려다가 아동복지법 위반 혐의로 어려움을 당하는 경우도 발생하고 있다. 미국의 경우 이와 같은 상황에 대비해서 행동 매뉴얼을 개발하고 주기적으로 교사들에게 교육하고 있다. 정서 · 행동장애학생 교육 전문가들은 이와 같은 상황에서 적절한 방법으로 학생이나 보조자의 안전을 위한 “Room Clear”, 도움 청하는 방법과 담당자 지정, 문제학생 진정을 위한 방법, 최후 수단으로서 신체적 제압과 그 방법, 사건에 대한 기록 유지 의무 등과 같은 몇 가지 요소를 제시하고 있다.[61]

정서·행동 위기학생의 개별중재를 위한 단계적인 행동지원 프로세스 운영

1차 선별: 필요시 ‘교사 보고’에 의한 선별 검사 실시

61 Mitchell L. Yell 외 위 책. p449

2차 중재: 정서 지원 전문교사 개별중재 계획 수립

3차 연계: 사례관리위원회 개최 및 외부 기관 연결

행동지원 프로세스는 보통 학교 안 5% 내외의 위기학생을 대상으로 한다. 심각한 행동문제를 보이는 학생이 있을 경우, 교사는 1차적으로 '아세바 검사(TRF)'와 같은 '교사보고'에 의한 선별 검사를 실시한다. 이때 학교 안에 전문상담교사나 정서지원 전문교사가 있다면 담임교사에게 도움을 줄 수 있다. 1차 검사가 이루어지면 2차적으로 개별중재에 들어간다. 이 단계에서는 담임교사, 학부모, 전문상담교사, 정서지원 전문교사 및 관련자와의 협의를 통해 개별중재 계획을 수립하여 행동지원 프로세스에 근거한 개별중재를 학교와 가정에서 일관성있게 지도하고 분기별로 이행약속 확인 및 피드백을 통해 점검한다.

2차 개별중재 진행 과정에서 가정의 지속적인 비협조 발생 시 3차 연계를 진행한다. 3차 연계 과정을 위해서 법적 근거를 갖춘 사례관리위원회가 학교 안에 조직되어야 한다. 사례관리위원회는 교장, 교감, 정서행동지원 전문교사(가칭), 생활지도교사, 전문상담교사, 보건교사, 담임교사, 학부모, 지역사회 전문가로 구성될 수 있다. 이 때 지역사회 전문가를 지역사회의 소아정신과 전문의나 청소년상담센터의 상담사나 임상심리사를 포함시키면 학교가 전문적인 판단과 외부 연계를 추진할 수 있을 것이다. 현행 '학교위기관리위원회'와 유사하므로 통합 운영되어도 무방하다. 가령, 사례관리위원회가 전문가들의 논의 결과 교육적 또는 치료적 중재가 필요하다고 판단할 경우, 법적 보호자에게 즉각적인 조치에 나설 것을 요구할 수 있다. 사례관리위원회는 이때 양육자에게 학교에서 할 수 있는 중재, 소아정신과나 상담센터와 같은 외부 기관에서 할 수 있는 중재에 대해 상세히 안내하고 어느 쪽이든 교육적 또는 치료적 개입에 나서도록 의무를 부과하는 것이다. 보호자의 경우 학교 사례관리위원회의 권고를 수용하거나, 그렇지 않을 경우 별도의 상담이나 정신건강 전문의의 치료 등의 계획 제출을 의무화함으로써 아동에 대한 교육적 방임 또는 치료적 방임이 일어나지 않도록 사전에 예방할 필요가 있다. 보호자에게 학교의 결정을 강요하는 것이 아니라 아동의 상황과 학교 위원회의 판단을 안내하고 권고하되, 수용 여부는 보호자가 결정하게 하는 것이다. 다만, 학교 사례관리위원회의 설명에 동의가 안 될 경우에는 보호자가 별도로 전문가의 소견을 첨부해서 아동의 건강상태 확인에 대한 보호자의 책임 의무를 실행하도록 해야 아동이 무방비로 방치되는 것을 예방할 수 있다는 의미다. 보호자의 친권과 아동의 건강한 발달권 보장이 충돌하는 것에 대한 대안이 될 수 있다. 물론 보호자에게 책임을 부과하려면 이를 위한 법적 근거가 별도로 마련되어야 할 것이다.

학생들의 정서·행동 문제에 대한 교사들의 이해 제고

가장 우선적인 것은 교사들이 정서 · 행동 위기학생에 대해 제대로 된 이해를 갖게 해야 한다. 문제행동이 주로 신체적 · 언어적 공격으로 나타나기 때문에 정서 · 행동 위기에 대한 이해가 없으면, 단순히 교사에 대한 공격, 친구에 대한 공격으로 인식할 수 있다. 그러나 이해가 생기면, 교사 개인에 대한 공격이 아니라 이루고자 하는 다른 의도가 있음을 알 수 있다. 물론 공격 행동을 용인해야 한다는 의미는 아니다. 최소한 교사 개인에 대한 공격이 아니라는 것만 알아도 학생 개인과 공격 행동을 분리해서 접근할 수 있다는 것이다. 교사들에게 정서 · 행동 분야에 대한 기초적인 연수를 제공해야 한다. 현재 교대 · 사대 교육과정에는 해당 분야에 대한 내용이 매우 부족하다. 시급히 1정 연수나 직무 연수 등을 통해 교사들의 전문성을 높이는 것이 교사를 살리는 길이기도 하다.

전문상담교사의 행동문제 지원 역량 제고

학생정서 · 행동특성 검사를 실시하고 사후 관리하는 업무는 주로 전문상담교사 또는 전문상담사가 담당하고 있다. 그러나 아직 전문상담교사 미배치 학교가 많고 전문상담사 배치가 없는 학교도 부지기수이다. 전문상담교사 배치를 우선적으로 늘려가야 한다.

전문상담교사가 심각한 문제행동에 대처할 수 있도록 긍정적행동지원에 관한 전문성을 높이는 연수가 필요하다. 응용행동분석과 긍정적행동지원 계획을 수립하고 실행할 수 있는 전문성을 토대로 담임교사, 생활지도 담당교사와 협력할 수 있어야 한다.

정서·행동지원 전문교사 양성·배치

전문상담교사가 학생의 정서 · 행동 위기학생에 대처하는 것이 바람직하나, 이 학생에게 에너지를 모두 쏟을 경우 학교의 일반 상담 서비스가 약화될 우려가 있다. 그러므로 정서 · 행동 위기학생에 대처할 수 있는 별도의 전문교사를 배치하여 전문상담교사와 협업하게 할 경우, 학교의 대응 역량을 제고하는 데 도움이 될 수 있다.

15년 이상의 경력을 가진 교사들에게 응용행동분석이나 긍정적행동지원 접근법에 대한 연수를 일정 시간 받게 하고, 정서 · 행동지원 전문교사 자격을 주어 학교에 배치하는 것을 검토할 필요가 있다. 정서 · 행동지원 전문교사는 위기 학생에 대한 행동분석과 결과를 담임교사와 공유하고, 지도하는 과정에서 담임교사를 지원하고, 전문성을 토대로 양육자와 상담을 진행하면서 가정과의 협업체계를 구축하며, 외부 전문가와 연계하여 학교 내 사례관리위원회를 운영하면서 학교 공동의 대응책을 마련하는 역할을 수행한다.

단, 정서 · 행동지원 전문교사 제도를 법적 · 제도적으로 이른 시일 내에 시행할 수 없는 현실을 고려해서, 일반 교사들에게 일정 기간의 연수를 통해서 전문상담교사로 전직할 수 있는 문호를 개방하거나, 관련 분야의 전문성을 가지고 있는 교사를 수석교사로 선발하는 방안도 검토할 수 있다.

◆ ◆ ◆

일반학교에 다층적 지원체제를 수립해야

학교가 위기다. 교사의 지도가 더 이상 통하지 않고 주변 친구들과 교사의 안전을 심각하게 위협해도 대응할 수 있는 별다른 방법을 갖고 있지 못한 것이 지금의 현실이다. 이 상황을 방치하고서 교육은 제대로 이루어질 수 없음은 자명하다. 심각한 문제행동을 보이는 학생은 과거에도 존재했다. 과거 체벌 등이 용인되던 문화 속에서 문제행동을 통제해 왔고, 통제되지 않을 경우에는 학교에서 퇴출시키는 방식으로 대처할 수 있었다.

"우리가 지금까지 늘 해온 일을 계속하는 한 우리는 늘 같은 결과에 봉착할 뿐이다."

문제행동에 대한 긍정적행동지원을 연구해 온 Laura A.Riffel의 말처럼 문제행동을 제대로 대처할 수 없었던 방법을 계속 유지하는 한 변화를 만들 수 없다. 다르게 접근해야 한다. 과거의 대응 방식은 더 이상 용인되지 않고 바람직하지도 않다. 이제는 학생의 인권을 존중하면서 심각한 문제행동에 대응할 수 있어야 한다. 응용행동분석과 긍정적행동지원 이론을 기반으로 일반학교에 다층적 지원체제를 수립하는 것을 시급하게 검토할 것을 제안한다. 이를 위해 더 많은 예산과 인력이 투입되어야 하고, 실행할 수 있는 법적 근거도 조속히 마련되어야 한다. 지금의 위기를 방치하면 학교는 더 이상 교육이라는 것을 할 수 없는 곳이 될지도 모른다.

소수의 학생들을 위한 투자일지라도 아끼지 말아야 한다. 누구라도 위기를 겪는다. 정서 · 행동 문제이든, 학습의 문제이든 위기를 겪고 있는 학생이 소수일지라도, 이들이 안전하게 지원받을 수 있는 환경을 만드는 것은, 모든 학생을 안전하게 지원할 수 있는 환경을 만드는 것과 같은 일이다. 잃어버린 한 마리 양을 찾아다니는 목자를 볼 때 나머지 99마리의 양들이 안심하고 뛰어놀 수 있는 것과 같은 이치다.

코로나19 세대

특별한 상황은 특별한 대책으로

유재 (동학중학교 교감)

곧 끝날 것 같았던 코로나가 3년째 계속되고 있지만 우리는 일상으로 돌아왔다. 사상 초유의 어려움 속에서도 철저한 방역 관리와 원격 수업으로 아이들은 학업을 이어갈 수 있었다. 그리고 원격 수업이 활성화되면서 각종 에듀테크가 교육에 급속도로 도입됨과 동시에 교사들의 적응도 단기간에 나름 성공적으로 이루어졌다. 그래서인지 코로나 상황 속에서 출판되는 교육 관련 서적들은 이상하리만큼 미래를 찬양하는 장밋빛 글들로 가득하다. 하지만 이제 우리는 그 이면에 가려진 상처와 후유증을 직시할 때가 되었다.

코로나19는 사회 전반에 막대한 영향을 미쳤다. 말을 배우기 시작하는 아이들은 마스크 착용으로 인해 배움이 늦어졌고, 친구들과 마음껏 뛰어놀아야 할 아이들은 그 자유를 빼앗겼다. 학교에서 너무나 당연하게 여겨졌던 학생들의 삶이 송두리째 변했다. 대학생들은 학업과 취업의 어려움으로 휴학을 하게 되었고, 취준생은 암흑기와 같은 시기를 견뎌야 했으며, 경제적 형편이 어려워진 사람들은 늘어난 배달업에 뛰어들었다. 기저질환이 있거나 고령자 중 일부는 코로나19 감염으로 가족의 얼굴도 보지 못한 채 세상을 떠나야 했다. 그 어떤 세대도 코로나19로부터 자유로울 수 없었다. 하지만 학령기 아동에게 코로나19의 영향은 더욱 특별했다. 대한민국의 미래는 곧 아이들이기에 이 글에서는 특히 학령기 아동 및 청소년에 초점을 맞춰 '코로나19 세대'라 칭하고 그들이 겪은 변화와 그로 인한 아픔과 후유증에 대해 살펴보고자 한다.

이에 적극 대응하여 국가적 차원에서 문제를 해결하지 않는다면 10년 후에도 20년 후에도 코로나19 세대라는 표현은 계속 사용될 것이고 그것은 특정한 세대의 아픔을 넘어 대한민국의 아픔과 후유증이 될 수 있다.

이를 위해서는 코로나19가 가져온 변화와 그에 따른 상흔을 살펴보고, '일상의 교육'으로의 복귀가 아닌 특별한 교육으로 나아가기 위한 방향을 탐색하고자 한다.

◆ ◆ ◆

일상의 변화

학교생활의 변화

대한민국은 해방 이후 처음으로 개학을 연기했다. 전쟁 중에도 지속되었던 학교생활이 중단된 초유의 사태는 누구도 경험해 보지 못한 것이었다. 누구도 앞일을 예상할 수 없는 상태에서 반복된 개학 연기로 학교는 혼란 그 자체였다. 어렵게 시작된 온라인 개학은 학업을 이어가게 할 수 있는 유일한 수단이었지만 학생도 교사도 학부모도 모든 것이 낯설었다. 담임교사는 비대면 상황에서 아이들을 파악하기 힘들었고 원격에 아무리 익숙해져도 비대면에서 오는 거리감은 어쩔 수 없었다. 학생은 규칙적인 생활습관을 잃어갔고 동시에 규율과 규칙에서 멀어져 갔다. 교사는 출석 체크를 위해 많은 시간을 사용해야 했고 잠자는 학생을 전화로 깨우는 것은 한계가 분명했다.

학교생활에서 가장 큰 변화는 비교과 활동에서 극명하게 드러났다. 창의적 체험 활동은 코로나19가 시작된 2020년에는 원격으로만 실시되었고 2021년부터는 일부 활동을 했지만 제한적으로 실시되었다. 이로 인해 모둠활동, 체험활동 및 진로 탐색 활동, 협동 활동, 학교 참여활동이 절대적으로 줄어 학생들이 다양한 활동을 하며 자연스럽게 배울 수 있는 잠재적 교육과정이 크게 감소했다(우연경, 2021).

코로나19 전후 수업 및 학교생활 변화

〈표 4-76〉 코로나19 전후 수업 및 학교생활 변화

단위: 명(%)

	계	늘었다	이전과 비슷하다	줄었다
모둠학습, 토의토론학습 활동	27,976 (100.0)	1,954 (7.0)	9,297 (33.2)	16,725 (59.8)
체험학습, 진로탐색 활동	27,976 (100.0)	1,273 (4.6)	6,746 (24.1)	19,957 (71.3)
수업시간에 친구들과의 정보나 의견 교환	27,976 (100.0)	2,602 (9.3)	14,245 (50.9)	11,129 (39.8)
이해하기 힘든 내용에 대한 질문	27,976 (100.0)	2,644 (9.5)	20,078 (71.8)	5,254 (18.8)
쉬는 시간이나 점심시간에 친구들과 함께 하는 것	27,976 (100.0)	3,919 (14.0)	12,968 (46.4)	11,089 (39.6)

코로나19 시기 경험에 따른 초 · 중학생의 사회정서 역량 특성(우연경, 2021)

특히 유치원과 초등학교 저학년의 경우에 더 주목할 필요가 있다. 개학 연기와 등교 축소는 곧 돌봄의 공백을 의미했다. 매일 유치원과 학교에 등교함으로써 받을 수 있는 자연스러운 돌봄은 그 양질의 면에서 대체가 불가능했다. 코로나 이전에는 크게 생각하지 않았던 학교에서의 돌봄 기능이 크게 부각된 것이다. 이는 우리나라만의 문제가 아니라 전 세계적 현상으로 '학교교육 제4의 길'로 유명한 앤디 하그리브스 교수는 "코로나 이후 학교교육에서 돌봄은 더 이상 교육의 부수적 요인이 아니다"라고 말하였다.

이러한 공백은 돌봄에 국한되지 않았다. 본래 유치원생은 친구들과 마음껏 뛰어놀며 신체, 인지, 정서적 발달이 자연스럽게 이루어져야 한다. 하지만 그 시기, 마스크를 쓴 채 유치원 생활을 하던 아이들은 입학식도 없이 초등학생이 되었다. 그리고 이 아이들은 초등학생이 되어서도 쉬는 시간에 대화도 마음껏 할 수 없는 생

활을 이어가야 했다. 이로 인해 친구를 사귈 수도 없었을 뿐만 아니라 공동생활을 통해 사회성을 발달시킬 수도 없었다. 그래서인지 "초등학교 3학년인데 마치 1학년 같이 느껴져요"라고 말하는 선생님들을 주변에서 많이 만나볼 수 있다. 그저 학교를 다니기만 해도 자연스럽게 얻을 수 있었던 것들을 코로나19 시대의 학교에서는 제공해 줄 수 없었던 것이다.

학교생활 이외의 변화

아이들의 일상은 학교생활 이외에도 큰 변화를 겪고 있다. 「코로나19 고양시 청소년 생활실태」(고양시청소년재단, 2020)에 따르면 핸드폰을 7시간 이상 사용하는 학생의 비율이 6.5%에서 22.4%로 급증하였고, 코로나19로 인해 친구 관계의 단절과 외출을 하지 못하는 것이 가장 힘든 점이라고 했다. 외출해서 친구를 만나지 못하는 시간은 고스란히 TV 시청, 게임, 학습활동 시간의 확대로 나타났고 동시에 신체활동과 여가활동 시간은 많이 줄어들었다(우연경, 2021).

초등학생의 코로나19 전후 일상생활 변화 인식

중학생의 코로나19 전후 일상생활 변화 인식

코로나19 시기 경험에 따른 초 · 중학생의 사회정서 역량 특성(우연경, 2021)

특이한 점은 학습활동 시간과 게임활동 시간은 경제적 여건에 따라 큰 차이를 보여 가정의 경제 상황이 좋을수록 학습활동 시간이 늘었고, 경제 상황이 어려울수록 게임 활동 시간이 증가하는 경향이 있다(이근영 외 7인, 2021).

코로나19로 인한 일상의 변화는 학생의 여가시간의 변화만 가져온 것은 아니다. 2021년 중앙일보가 설문조사 플랫폼 틸리언 프로와 함께 진행한 설문조사에 따르면 코로나 시기에 식생활은 끼니의 대부분이 포장 음식으로 대체되었고 집에서 밥을 차려 먹는 것도 라면이나 인스턴트 음식이 주를 이루었다고 한다. 굳이 설문조사나 통계 없이도 집에 혼자 남겨진 아이들의 점심이 라면이라는 것은 나와 주변을 보더라도 명백한 사실일 것이다.

이와 같은 일상의 변화는 학생의 몸과 마음의 건강과 학력 측면에 큰 영향을 미치고, 지금까지와는 스케일이 다른 격차를 만들어 코로나19 세대를 다른 세대와 구분짓게 만든다. 우선 언론에 가장 주목을 받고 있는 학력 저하의 내용부터 살펴보자.

◆ ◆ ◆

학력 저하와 양극화

코로나19가 장기화되면서 교육계에서 우려했던 학력 저하가 현실이 되었다. 교육부에서 2022년 6월에 발표한 「2021년 국가수준 학업성취도 평가 결과」에 따르면 모든 교과에서 코로나19가 시작되기 전인 2019년과 비교하면 국 · 영 · 수 모두에서 3수준(보통학력) 이상의 비율은 줄고, 1수준(기초학력 미달)의 비율은 증가한 것이 확연히 나타난다. 즉 보통 이상의 학력을 가진 학생 수는 줄고, 기초학력 미달 학생 수는 증가했다는 것이다

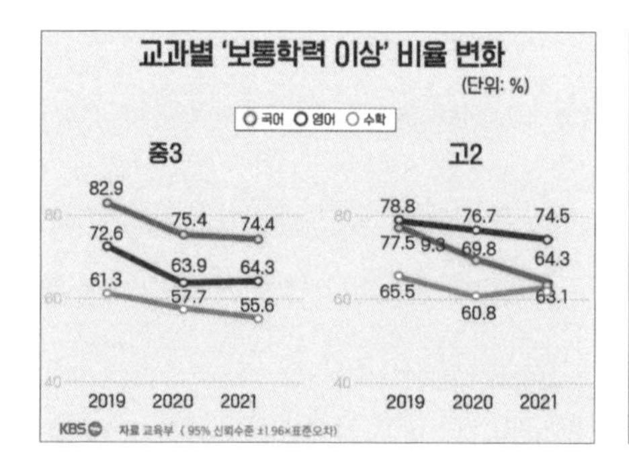

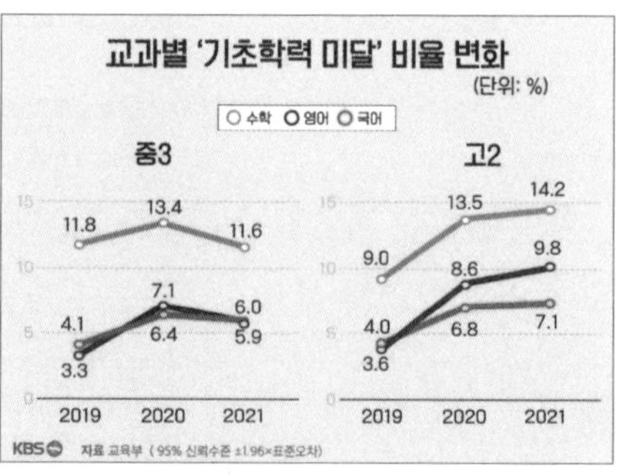

2021년 국가수준 학업성취도 평가 결과. 교육부 KBS. 2022

학력 저하 문제는 교육부의 발표 이전에 이미 등교수업이 실시되면서 교사들 사이에서 언급되고 있었다. 원격 수업으로 학습을 이어갔다고는 하지만 학교 자체가 학생에게 주는 긍정적 영향이 매우 많기에 학교에 나오지 못한 상황 자체가 학생에게는 마이너스 요인이 된 것이다. 왜냐하면 학교는 공간 자체만으로도 학생에게 다양한 자극을 주며, 대면 수업에서 발생하는 긴장과 교사의 피드백은 학생의 지적인 측면뿐 아니라 심리 · 정서적 측면에도 영향을 주기 때문이다. 온라인 수업으로 학습을 이어갈 수는 있지만 온전히 이를 보완할 수 없다는 것을 등교수업 때 여실히 확인할 수 있었던 것이다. 하지만 학력 저하란 표현은 정확한 표현은 아니다. 좀 더 면밀히 살펴보면 학력 저하뿐 아니라 학력 양극화도 포함되어 있다는 것을 알 수 있다. 국가수준 학업성취도 평가에서 4수준(우수학력)의 변화가 공개되지는 않았지만 2021년 사교육걱정없는세상에서 학교알리미에 공시된 2020학년도 1학기 국어, 수학, 영어 학업성취도 평가 결과를 이전 연도와 비교 분석한 결과에 따르면 중학교의 경우 중위권이 줄고 상 · 하위권이 동시에 늘어난 '학력 양극화' 현상을 확인할 수 있었다.

이러한 학력 저하 및 학력 양극화는 왜 일어난 것일까? 최근 연구에 따르면 인지적 영역과 정의적 영역의 성취에 가장 큰 영향을 주는 것은 자기주도학습 능력이라고 한다(이정연 외 4인, 2021). 자기주도학습 능력은 타고나는 것이 아니라 성장하면서 만들어지는 것이고, 학교보다 가정의 영향을 많이 받는 경향이 있다. 그리고 자기주도학습 능력이 발달한 학생은 온라인 학습 상황에서 시간을 훨씬 효율적으로 사용할 수 있는 반면, 그렇지 못한 중 · 하위권 학생은 학습 공백이 발생했다고 생각된다.

명백한 학력 저하 현상으로 인해 연일 언론에서 코로나19 세대의 학력에 대해서만 집중 조명하고 있지만 사실 학력의 저하보다 더 심각한 문제는 마음과 몸의 건강 문제이다

◆ ◆ ◆

마음과 몸의 변화

마음의 변화

2020년 수원시청소년재단에서 실시한 「코로나19로 인한 수원시 청소년 생활실태 조사」에 따르면 코로나19 이후 청소년들의 행복감은 21.9%P(55.6% → 33.7%)가 줄었고, 스트레스와 미래에 대한 불안감은 각각 24.1%P(26.3% → 50.4%)와 29.4%P(17.6% → 47%) 증가한 것으로 나타났다. 또한 부모와의 대화시간이 증가(58%)한 만큼 부모와 소통의 어려움 역시 증가(48.8%)한 것으로 나타났다. 이러한 심리 · 정서적 변화는 2021년 연구에서도 동일하게 나타나 걱정, 불안한 마음, 슬프고 울적한 마음이 크게 늘어난 것(이근영 외 7인, 2021)을 확인할 수 있다.

코로나19로 인한 마음의 변화는 스트레스, 우울감, 행복감에만 영향을 준 것이 아니었다. 초 · 중학생의 사회정서 역량은 코로나19 이후 전반적으로 떨어진 것으로 나타났다. 친구들과 상호작용할 기회가 크게 줄고, 거리두기 강화로 인해 외부 활동이 제한되면서 여러 명이 함께하는 협력 활동이 감소한 것이 원인이라 할 수 있다(배상훈 외 5인, 2021). 사회정서 역량은 각 발달단계에 맞는 경험을 통해 길러지는데 각 단계에서 이를 놓치게 되면 회복하는데 더욱 어려움을 겪을 수 있어 교육적으로 각별한 주의가 필요하다. 최근 연구에 따르면 초등학생의 경우 선생님과 보내는 시간보다 가족이나 친구와 보내는 시간이 늘어날 경우 사회정서 역량이 더 높았고, 중등의 경우 가족과 만나는 시간보다 친구와 만나는 시간이 많을수록, 그리고 친구보다 선생님과 만나는 시간이 많을수록 사회정서 역량이 높다는 것을 확인했다(우연경, 2021). 즉 사회정서 역량 측면에서 초등은 가족과 보내는 시간이 가장 중요하고 중등은 선생님과 보내는 시간이 가장 중요한 것이다. 이는 요즘 이슈가 되고 있는 초등학교 저학년의 돌봄 문제에도 많은 시사점을 준다고 할 수 있다.

코로나19가 이렇게 마음을 힘들게 하는 이유는 무엇일까? 우선 아동 및 청소년은 재난 상황에서 스스로를 보호할 수 있는 대처 능력이 부족하여 성인에게 의

지할 수밖에 없고, 재난 상황 자체가 주는 스트레스나 공포에 적응하는 것도 성인에 비해 부족할 수밖에 없을 것이다. 이러한 이유로 아동의 코로나19 감염의 위험성은 덜하지만, 심리적 문제와 문제행동은 더 심각한 것으로 나타났다(정익중 외, 2020).

그렇지만 코로나19 상황에서는 무엇보다도 인터넷 사용의 증가가 가장 큰 원인일 수 있다. 실제로 코로나19로 인한 스트레스와 SNS 중독 사이의 영향을 연구한 결과 코로나19로 인한 스트레스가 SNS 중독에 영향을 주고 있다는 것이 확인되었다(이민경 외 3인, 2021).

몸의 변화

코로나19 이전에도 우리나라 청소년의 신체활동 수준은 전 세계적으로 최하위권에 머물러 있었다. 2016년 전 세계 50여 개 국가의 신체활동 관련 지표를 분석한 자료에 따르면 우리나라 청소년의 신체활동 수준과 좌식행동 수준은 각각 D- 등급과 F등급으로 모든 지표의 평균 등급은 D등급이었다. 이러한 결과는 상대적으로 등급이 낮은 동아시아 국가(일본과 대만 C등급)와 비교해도 낮은 수준이다(이규일, 2021).

코로나19가 청소년의 신체활동에 치명적인 이유는 학교가 신체활동에 차지하는 비율이 절대적이기 때문이다. 우선 청소년은 깨어있는 시간의 절반 정도를 학교에서 보내고 교육과정 내에서 체육수업 등 각종 신체활동을 할 뿐만 아니라 쉬는 시간이나 점심시간에도 비구조화된 신체활동을 이어간다(Cheung, 2019). 또한 등하교 과정에서도 많은 신체활동이 이루어지고 있다. 학교 영역에서 이루어지고 있는 청소년의 신체활동을 연구한 결과에 따르면 하루 스텝 수의 40% 정도가 학교에서 일어나고(Tudor-Locke, Lee, Morgan, Beighle, & Pangrazi, 2006), 체육수업은 중·고강도 신체활동의 11%에서 34%를 담당하며(Fairclough & Stratton, 2006; Wickel & Eisenmann, 2007), 방과 후 체육활동은 하루 신체활동의 최소 7.5%(Cheung, 2019)에서 최대

50%(Tudor-Locke et al, 2006) 수준을 제공한다고 알려져 있다. 신체활동이 우리나라에 비해 활발한 외국의 연구임을 감안하면 우리나라 학생의 신체활동에서 학교가 차지하는 비율은 더욱 높을 것으로 생각된다.

문제는 코로나19로 인해 학교에서의 신체활동 기능이 현저히 감소했다는 것이다. 원격 수업을 진행할 때는 말할 것도 없고, 정상적인 등교 때에도 방역을 위해 쉬는 시간이나 점심시간에 자유로운 신체활동은 통제되었고, 체육시간에도 마음껏 신체활동을 하기 어렵게 되었다. 2022년 6월 교육부 발표 자료에 따르면 학생건강체력평가(PAPS) 결과 저체력 학생(4~5등급)의 비율이 2019년 12.2%에서 2021년 17.7%로 급격히 증가했다는 것을 확인할 수 있다.

「초등학생의 건강 인식과 관련된 연구」(장경환 외 1인, 2022)에서 코로나19 이전의 활동 중에 가장 기억에 남는 것으로 대부분의 학생이 '땀을 많이 흘리며 즐겁게 놀았던 경험'이라고 말한 것을 보면 코로나19가 공부와 입시에 찌든 우리 사회에 신체활동의 중요성을 깨닫게 하는 중요한 계기가 되고 있다고 생각된다.

◆ ◆ ◆

가정 및 학생의 환경에 따른 격차

더 큰 어려움을 겪는 아이들

코로나19는 모두에게 큰 어려움을 주었지만 특히 더 큰 어려움을 겪은 아이들이 있다. 가정의 경제 수준이 높은 아이들은 집과 각종 교육 시설에서 부모의 조력을 받으며 정규수업 이후의 일상을 채웠고, 가정의 경제수준이 낮은 아이들은 혼자서 게임을 주로 하며 시간을 보내고 신체활동, 학습활동, 여가활동은 크게 줄어들었다(이근영 외 7인, 2021). 특히 저소득층 아이들의 경우 정부와 교육청의 지원으로 스마트 기기가 지원되었지만 형제자매가 방을 같이 사용하는 경우 원격 수업에 집중하기 어려웠다. 원격 수업으로 내 방이 곧 교실인 상황에서 형제자매가 한 방을 사용한다는 것은 한 교실에서 여러 학년의 수업을 동시에 진행하는 것과 같은 것이었다. 더욱이 맞벌이 가정의 경우 아이들만 남겨져 누구의 도움도 받을 수 없었다. 학습 외적인 측면에서도 불규칙한 식사와 수면으로 생활 리듬이 깨지고, 학교에서 이루어지던 문화 활동과 체험활동이 이루어지지 않아 문화적 격차가 더욱 벌어지는 것뿐만 아니라, 코로나19로 인해 가정경제 문제로 자주 다투는 부모의 모습을 보며 불안감이 증가되었다. 결국 이런 모든 것들이 무기력을 증가시키고 자존감이 낮아지도록 만들었다(정혜림, 2021).

또한 학교 밖 아이들의 어려움도 우리의 관심 밖에서 증가하고 있었다. 학교 밖 아이들은 코로나19로 인해 방역수칙이 강화되면서 집에 머무는 것이 합리화되어 소외와 은둔이 심화되었고, 이로 인해 외로움과 정서적 불안을 느끼게 되었다. 늘 '다름'으로 구분되었던 삶에 코로나가 더해지면서 더욱 심화된 고립감을 이겨내고자 '연결되어 있음'을 느끼고 싶어 했지만 청소년지원센터나 대안학교가 문을 닫거나 비대면 방식으로 전환되면서 이마저도 쉽지 않았다(좌현숙, 2021). 체계적이고 집중적인 지원은 공교육에 국한되어 학교 밖 아이들은 그대로 교육의 사각지대에 놓이게 된 것이다.

더 큰 어려움을 겪는 아이들은 이들만이 아니었다. 장애가 있거나 만성질환이 있는 아이들의 경우도 어려움은 배가 되었다. 장애가 있는 경우 학습 보조기기나 보조인력의 부족이 심각했다. 주로 학습 보조기기보다는 보조인력에 대한 요구가 높았고, 특히 담임선생님과의 교류가 부족하거나 고학년이 될수록 보조인력에 대한 요구는 더욱 커졌다(김현진, 2021). 하지만 관심 밖에 있는 이들에 대한 지원은 극히 부족했다.

눈에 보이지 않는 마음의 격차

코로나19 이후 교육적 대응은 방역과 학습권 보장에 치중된 측면이 있다. 심리적 · 정신적 어려움은 학습 성과와 같이 수치화하기 어렵고, 신체적 상처와 같이 눈에 보이지도 않아 이를 알아차린다는 것은 더욱 어렵다. 더욱이 코로나19로 인해 선생님이 아이들의 심리적 · 정신적 어려움을 발견하기 어려워진 상황에서 학생 스스로 자신의 마음 상태를 인지하고 지켜낸다는 것은 매우 어려운 일이었다. 2021년 학생들의 심리와 정서 변화 연구에 따르면 학교급이 높을수록, 가정경제 수준이 낮을수록 학생들의 심리 · 정서적 어려움이 증가하였음을 알 수 있다. 그리고 그 피해는 취약계층 학생에게 집중되었다는 사실을 확인할 수 있었다(이근영 외 7인, 2021). 사회적 격차로 인한 교육격차는 학력 · 심리 · 정신 · 육체적 격차만 불러일으킨 것이 아니다. 태도의 격차도 심화되었다. 안정된 가정에서 부모의 관심과 지원을 받으며 자존감과 성취 의욕이 높은 아이들은 코로나 상황에서도 원격 수업의 이점을 살려 오히려 자기 계발의 시간을 늘리기도 하지만 부모의 관심과 지원을 받기 어려운 학생은 원격 수업의 이점보다는 단점으로 인한 악순환의 고리에 빠지기 쉬웠다. 그리고 그 약한 고리는 삶을 대하는 태도에도 변화를 주게 되었다. 원격학습 때 제공되는 내용에 한두 번 학습을 시도하다 곧 포기하거나, 운동 부족으로 낮아진 체력과 무거워진 몸을 회복하기 위한 활동을 하기보다는 무기력한 모습을 보이게 된 것이다.

코로나19로 인해 심화된 격차의 문제는 우리에게 단편적인 지원만으로 이 문제를 해결할 수 없다는 것을 알려주고 있다. 가정 배경의 취약성을 보완하여 성장의 자산으로 삼을 수 있도록 제도적 지원 없이는 우리 사회의 어두운 면을 보여주는 격차의 심화 문제를 해결할 수 없을 것이다.

◆ ◆ ◆

특별한 상황은 특별한 대책으로

일상회복만으로는 너무나 부족하다

사회와 달리 교육은 일상의 회복만으로는 너무나 부족하다. 코로나 이후 아이들은 엄청난 변화를 겪었다. 그리고 그 변화는 많은 것들을 바꿔 놓았다. 사회가 일상을 회복한다는 것은 위축되었던 경제활동이 살아나고, 정상적인 사회활동이 가능함을 의미한다. 하지만 교육에서 일상의 회복은 그저 과거로 돌아가는 것을 의미할 뿐이다. 학습의 결손과 신체의 약화와 마음의 상처는 일상을 회복한다고 해서 회복되는 것이 아니다. 그 모든 아픔을 안고 그저 과거의 학교생활로 돌아가는 것을 의미하는 것이다. 결국 학습의 결손을 메우고, 신체와 마음의 건강을 회복하여 더욱 튼튼히 하지 않으면 교육은 코로나 이전보다 더 퇴보할 수밖에 없다.

몸과 마음의 건강 회복이 우선이다

정부와 언론에서는 학력 저하 문제와 미래교육 이야기를 교육의 주된 주제로 생각하고 있지만 무엇보다 시급한 것은 몸과 마음의 회복이다. 아픈 아이에게 공부 이야기하는 것만큼 바보스러운 일이 없고, 하루하루가 버거운 학교에 미래교육은 허망할 뿐이다. 우선 신체활동을 늘리는 것이 필요하다. 신체활동은 아이들의 심리적 · 사회적 문제를 극복하는 데 매우 유용한 방안이 될 수 있다(Daniel& Leaper, 2006; Johnson & Johnson, 1989, 2005; Perron-Gélinas, Brendgen, & Vitaro, 2017). 세계보건기구(WHO)에서는 하루 60분 정도의 격렬한 신체활동을 권장하고 있지만 2019년 질병관리청에 의하면 우리나라 청소년 중 하루 60분, 주 5일 이상 신체활동에 참여하는 비율이 13.9%로 세계 최하위권이라고 한다. 미래사회를 위한 AI 교육이니, 코딩교육이니 말들이 많지만 체육시간, 학교스포츠클럽시간, 점심시간, 방과 후 시간에 체계적인 신체활동이 이루어지게 하는 것, 그리고 그렇게 될 수 있는 여건을 조성하는 것이 급선무이다. 신체활동을 늘리는 정책은 그 어떤 정책보다 실행하기 쉽고 효과가 클 것이다.

다음으로 심리방역과 지원책이 필요하다. 온 사회가 일치단결하여 코로나19로부터 건강을 지키기 위해 방역 활동에 동참했듯이 아이들과 부모의 마음을 지키기 위한 심리방역에도 온 사회가 함께해야 한다. 바이러스에 대비해 마스크를 쓰듯 인터넷 중독에 대비해 인터넷 사용 시간 조절 방안이 나와야 한다. 또한 코로나19의 장기화로 가족의 책임과 역할이 강조되어 부모가 느끼는 스트레스는 높을 것이며 이는 우울의 형태로 나타날 수 있다. 이를 해결하기 위해선 임시적 상담 프로그램 보다는 지역별, 대상별 맞춤형 심리 · 정신 관리체계를 통해 심리방역 프로그램이 지원되어야 할 것이다.

마지막으로 학생의 자존감 향상에 집중해야 한다. 자존감은 ADHD의 경우를 제외한 정신건강 문제에서 가장 큰 효과를 보인다. 자존감이 낮은 아이들은 사회적 고립감이 높아져 결국 인터넷 중독에 빠질 확률이 높아진다(강선경, 이석환, 2021). 코로나19 이후 낮아진 자존감을 어떻게 끌어 올릴 것인지 정부, 전문가, 교사, 학부모가 모여 시급히 논의해야 한다. 몸의 상처는 시간이 가면 자연스럽게 아물지만 마음의 상처는 점점 더 깊어지기 때문에 빨리 대응할수록 그 효과가 좋을 것이다.

학생 간 격차문제는 과감하고 대범하게 접근해야 한다

교육부는 지난 7월 29일 새 정부 업무보고에서 "국가 책임제로 교육의 출발선부터 격차 해소"라는 타이틀로 3가지 정책을 제시했다. 하지만 입학연령을 낮추는 학제개편은 박순애 교육부장관의 사퇴와 함께 무산되었고, 유보통합은 예산없이 진행되고 있으며, 학업성취도 평가 확대가 기초학력을 보장할지는 미지수다.

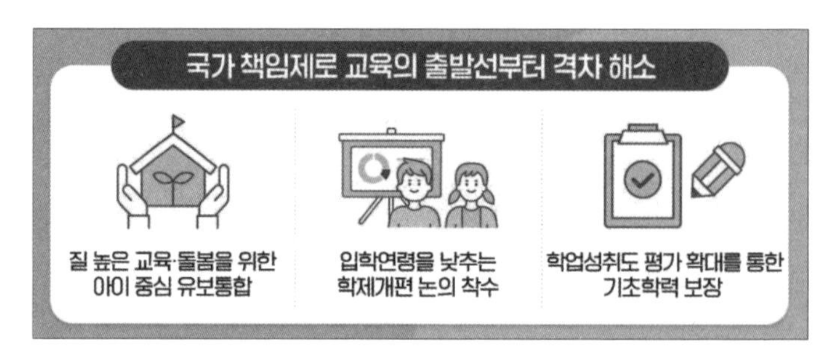

새 정부 교육부 업무보고 인포그래픽(2022.07.29.)

정책적 접근뿐만 아니라 법적인 접근도 기존 방식과 다르게 변해야 한다. 학생의 인성이 중요하다고 해서 「인성교육진흥법」을 만들고, 기초학력이 문제라고 하니 「기초학력 보장법」을 만들고, 학교폭력이 문제가 되니 「학교폭력예방 및 대책에 관한 법률」을 만드는 식의 과거 방법은 지양되어야 한다. 학교 입장에서는 「인성교육진흥법」은 존재 자체가 의미 없으며, 「기초학력 보장법」을 만든다고 기초학력이 보장되지도 않으며, 「학교폭력예방 및 대책에 관한 법률」은 학교를 폭력으로부터 해방시키고 보호하는 것이 아니라, 수많은 소송으로 교육이 설 자리를 없앴을 뿐이다.

코로나19 세대가 가지고 있는 격차 문제를 해소하기 위해서는 기존과는 다른 접근이 필요하다. 단지 교육정책으로 이미 크게 존재하는 사회적 격차를 줄이라는 것은 불가능에 가깝다. 교육의 문제점을 단편적으로 접근해 각종 정책과 법을 남발하면 학교는 더욱 혼란스럽고 힘만 빠질 뿐이다.

사회적 격차로 어려움을 겪고 있는 아이들에게 공정이란 이유로 동일한 잣대를 들이대고, 지원해줬으니 공평하다고 말한다면 커다란 사회적 문제가 잉태될 것이다. 사회적 격차를 좁혀야 하는 문제로만 접근할 것이 아니라 성장의 자산이 될 수 있는 과감한 시도가 계속되어야 한다. 아직 구체적 방법을 가지고 있지는 않지만 방향의 과감한 전환이 필요함을 함께 나누고 싶다.

하늘의 빅픽쳐

어쩌면 코로나19는 하늘의 빅픽쳐란 생각을 해본다.

자연, 공기, 학교, 친구, 만남, 삶...

앞만 보고 달리던 인류에게 기존에 너무나 당연하게 여기던 것들, 혹은 미처 돌아보지 못했던 것들의 소중함을 일깨워주고 돌아보게 만들어 준 것이다.

코로나19 세대는 지난 3년간 그 이전에 경험하거나 상상할 수 없었던 일상의 변화를 겪었고, 그 속에서 몸과 마음에 상처를 얻고, 학력 저하란 멍에를 쓴 채, '잃어버린 세대'란 낙인을 받아야 했다. 맹자는 하늘이 장차 그 사람에게 큰 일을 맡기려면 반드시 큰 어려움을 준다고 했다. 하늘의 뜻에 따라 코로나19 세대가 지금까지 할 수 없던 일을 할 수 있게 하기 위해서는 우리에게 남겨진 과제가 너무나 많다.

교육에서 코로나19의 극복은 방역의 성공으로 확진자가 발생하지 않는 것이 아니라, 코로나19로 인한 교육적 후유증이 없는 상태여야 한다. 그래서 코로나19 세대란 표현이 더 이상 사용되지 않는 상태가 되어야 한다. 지금껏 겪어보지 못한 어려움을 하늘이 준 기회로 만드는 것은 하늘이 아니라 우리가 해야 할 일이다. 지금, 이 순간부터 대한민국 전체가 해야 할 일이다.

인구절벽

교대 가도 될까요?

홍인기 (좋은교사운동 초등정책팀장)

◆ ◆ ◆

2032년 학교 이야기

> 2021년 12월 통계청은 장래인구추계를 통해 2032년의 초등학생 수가 2022년 대비 45.7%가 감소한다고 발표했다. (2021.12.9)

OO시 A초등학교 교사

오늘은 2032년 12월 28일. 예전에는 지금쯤이면 학기 말 학생들 성적처리를 끝내고 겨울방학을 기다리며 여유를 부리던 시간이었다. 방학 때 가족들과 어디로 여행 갈까 고민하면서 여행지를 알아보기도 했다. 하지만 요즘은 꿈같은 이야기이다. 당장 내년 1학년을 6명 이상 확보하지 못하면 학교가 폐교 조정대상 학교가 된다. 올해 6학년 8명이 졸업하고 나면 전교생은 20명이다. 1학년 2명, 2학년 3명, 3학년 4명, 4학년 5명, 5학년 6명이다. 1~2학년과 3~4학년은 두 개 학년을 합쳐 복식 수업을 하고 있어서 4학급 학교였다. 그런데 내년에 동네에는 1학년 입학생이 없다. 방학이 시작되면 시내에서 우리 학교로 다닐 수 있는 아이들을 모집하는 활동을 해야 한다.

이 학교는 1943년 개교하여 번성기인 1973년 11학급으로 편성된 학교였다. 총 졸업생 수는 3,875명이나 된다. 지방의 큰 도시와 11km밖에 떨어지지 않았고 10년 전만 해도 학생 수 65명의 6학급짜리 학교였다. 그런데 10년 만에 절반 이상으로 학생 수가 줄었다.

이 학교가 폐교되면 지역사회는 더욱 황폐해질 것이다. 나도 다음번 전근 갈 학교가 불분명해진다. 운이 좋으면 교육청 소속 교사가 되어 '증치교사'[62]가 되거나 더욱 상황이 나빠진다면 관외 내신을 내야 하는데 다른 시군으로 가게 되면 출퇴근이 불가능해 이사해야 할 수도 있다. 앞이 캄캄하다.

가능성이 높다. 예전에는 많은 교사들의 꿈은 교장으로 승진하는 것이었지만, 지금의 꿈은 정년을 마치는 것이다. 정년퇴임을 해도 65세부터 연금이 지급되기 때문에 최대한 교직에 남아야 한다. 하지만 이것도 쉽지 않다. 내년부터는 임금피크제도가 도입된다고 한다. 명예퇴직을 유도하기 위한 정책이다. 많은 교사가 명예퇴직 수당으로 5년 치 봉급의 50%를 일시불로 받을지 임금이 삭감되어도 교직에 남아 정년퇴임을 할지 고민하게 될 것이다. 승진은 정말 하늘의 별 따기다. 교장이 4년 단임제로 바뀌었지만 학교 수가 계속 줄어들고 교육지원청도 통폐합되어 승진할 자리가 없다.[63]

00군 00읍 B초등학교 교사

00읍은 00군에서 가장 큰 읍이다. 우리 학교는 00읍에서 유일한 초등학교이다. 00읍 주변의 면 지역 학교는 이미 통폐합된 지 오래다. 통학버스를 이용해 면 지역

---

62 증치교사: 전담교사가 있기 이전 시절 학교에 교사들의 병결 등으로 인해 발생하는 수업결손을 막기 위해 배치했던 교사. 과원교사가 발생할 경우 교육지원청에 증치교사를 두어 학교의 기간제 교사나 시간강사가 필요할 때 학교를 지원하기 위해 배치할 가능성이 있다. (필자 주)

63 '학령인구 급감, 그 위기와 해법은?' 좋은교사운동 2022.4.4. 토론자료 재인용

아이들이 등교하고 있다. 6학년 55명, 5학년 41명, 3학년 23명, 2학년 13명, 1학년 21명이다. 읍사무소에 전화해 내년에 1학년으로 입학할 만 5세 어린이 숫자와 그다음 해 입학생인 만 4세 어린이 수를 물어봤다. 2031년(2024년생) 17명, 2032년(2025년생) 5명, 2033(2026년생) 0명이라고 한다.

17명에서 5명으로 준다고 한다. 아찔하다. 병설 유치원은 내년까지만 운영한다고 한다. 내년에는 한 학급으로 운영이 된다. 이런 추세라면 4년 뒤 우리 학교도 군청이 있는 학교와 통폐합되어야 하는데 아이들이 버스를 타고 등하교하기에는 거리가 너무 멀다. 마을에서는 학교를 유지하기 위해 초등학생이 있는 귀농 가정에 집도 무료로 제공하고 농사지을 땅도 제공한다고 한다. 하지만 신청자가 없다.

교대 4학년 학생, 괜히 교대에 들어왔어!

올해 졸업이다. 교사를 너무 안 뽑아서 군대도 다녀오고 휴학도 하면서 졸업 시기를 늦추었는데 상황은 더 심각해졌다. 나는 고등학교 때 전교에서 1, 2등을 다투었는데 왜 교대에 왔는지 모르겠다. 내가 고3이던 2026까지 교대는 그런대로 괜찮은 곳이었다. 부모님이나 주변에서 교사가 안정된 직장이니 가라고 했는데 내가 입학하던 해 학생 수 감소로 과원교사가 심각한 사회문제가 되었다.

2027년 전국에서 교사를 모집하는 인원이 50명이었지만 2030년에는 30명으로 줄었다. 하기야 교사가 남아돈다고 하니 신규교사를 명목상 조금 뽑고 있는 현실이다. 경쟁률이 43:1이다. 예전에는 지방에서도 교사를 뽑았다는데 지금은 경기도에서만 교사를 뽑는다. 전국의 모든 교대 졸업생들과 재수생들이 시험에 응시하고 있어 경쟁이 더욱 심하다.

공무원 시험이 훨씬 쉽다면서 공무원 시험을 준비하는 선배들도 많다. 그나마 특수교육 쪽은 신규 채용이 많아서 특수교육대학원을 다니는 친구들도 있다. 예전에는 기간제교사 자리가 있어 돈을 벌면서 임용고시 준비를 할 수 있었는데 지금은 과원교사가 많아 교육지원청별로 증치교사들이 있고 대부분의 기간제교사는 증치교사들이 담당하고 있다. 앞으로도 과원교사들이 많아 기존의 교사들도 배치하지 못하는데 신규교사를 새로 뽑을 리가 없다. 다른 시도의 과원교사를 경기도가 받으면 교사 채용은 불가능해지는 상황이다. 고등학교 때 약대를 갔어야 했다. 내 점수면 충분히 갈 수 있었는데…

지방 도시 근교 학부모, 이사를 해야 하나!

우리 동네 학교가 없어진 지 4년이 되었다. 동네에 있는 3명의 초등학생은 통학버스를 타고 12km 떨어진 읍소재지 학교로 다니는데 읍에 있는 학교도 조만간 통폐합된다는 소문이 있다. 그러면 군에 있는 학교로 가야 하는데 거리가 32km이다. 내년에 딸아이가 8살이 되어 초등학교를 입학하니 그때까지 만이라도 읍에 있는 학교가 있어야 하는데 걱정이다. 지금 하는 농사를 접고 아예 경기도로 이사를 할까? 아니면 중고등학교가 있는 군청 소재지로 가야 하나. 아무리 학생이 줄어도 군에는 초중고를 1개씩 유지해 주지 않을까?

처음부터 농사를 하는 게 아니었어. 어떻게든 수도권으로 갔어야 했는데 괜히 고향을 지킨다는 공명심에 자녀들 미래를 완전히 망치고 있네.

교육부 장관, 못 해 먹겠네!

에이씨! 인사청문회 끝나고 한시름 놓나 했는데 처음 출근하는 날부터 교육부 건물 앞에 교대생들과 졸업생들이 데모하고 있네. 계란은 왜 던지냐고. 장관 말고 인사청문회도 없는 차관 하겠다고 할걸. 아니! 애들을 안 낳아서 학생이 없는데 내가 무슨 대책을 만드냐고. 시골에 학생이 없는데 그걸 무슨 수로 해결하냐고!

이건 대통령이 나서도 어쩔 수 없는 일이잖아. 시골로 초등학생 있는 집을 강제로 이주시킬 수는 없잖아. 초등학생이 있는 부모들이 시골로 이주하면 집도 주고 농사지을 땅도 무료로 주고 농사자금도 거의 무이자로 대출해 줘도 가는 사람이 없잖아.

통폐합 지역의 학생들은 올해부터 아동복지금을 1인당 100만 원씩 주는 방안을 마련해서 관련 예산을 빨리 확보해야 어떻게든 해결될 텐데. 기재부가 도통 예산 확보에 비협조적이네.

◆ ◆ ◆

10년 뒤 초등학생 수가 절반으로 준다

2018년 저출산고령화사회위원회에서 학생 수 감소로 '3시 하교제'를 해야 한다고 주장할 때 출생아 수 통계 그래프는 놀라웠다. 2016년 통계청이 발표한 저위추계보다 훨씬 낮은 출생아가 태어난 것이다. 2020년 출생아 수는 272,337명이었다. 출생아 수가 30만 명 아래로 떨어지는 시기는 통계청의 예상보다 13년이나 앞당겨졌다.

2018년 당시에는 학급당 학생 수를 감축하고, 예산을 확보해서 교사의 명퇴를 적극적으로 수용하면 해결할 수 있는 수준이었다. 통계청은 2021년 12월 9일 '장래인구추계[64] : 2020~2070년'을 발표했다. 이 자료를 바탕으로 출생아 수의 97%가 학교에 입학한다는 가정하에 2032년까지 학생 수를 저위추계로 계산하면 2021년 학생 수 대비 정확히 절반으로 줄어드는 예상값이 나온다.

2032년까지 초등학생 수와 학급 수 변화

앞의 이야기들은 2032년 지방의 중심도시에서 조금 떨어진 학교의 교사, 학부

64 추계: 통계청이 발표하는 인구 예상 시나리오. 보통 고위, 중위, 저위 세 가지의 시나리오를 발표한다. 현재와 같은 추세로 인구가 감소하는 시나리오를 중위추계라 부르고 대부분의 정부 정책의 자료로 삼는다. 지금보다 훨씬 좋은 상황으로 발전하는 시나리오를 고위추계라 하고 지금보다 상황이 더욱 나빠지는 시나리오를 저위추계라 부른다.(필자 주)

초등학령인구 중위&저위 추계(2022~2032)

년도	중위추계			저위추계		
	년도 초등학령인구	2022년 대비 감소율	전년대비 감소수	초등 학령인구	2022년 대비 감소율	전년대비 감소수
2022	2,701	0%	0	2,700	0%	0
2023	2,604	96.4%	97	2,602	96.4%	98
2024	2,480	91.8%	124	2,475	91.7%	127
2025	2,337	86.5%	143	2,331	86.3%	144
2026	2,192	81.2%	145	2,184	80.9%	147
2027	2,020	74.8%	172	2,009	74.4%	175
2028	1,848	68.4%	172	1,827	67.7%	182
2029	1,707	63.2%	141	1,669	61.8%	158
2030	1,592	58.9%	115	1,537	56.9%	132
2031	1,508	55.8%	84	1,421	52.6%	116
2032	1,467	54.3%	41	1,333	49.4%	88

국가통계포털(kosis.kr)/주요연령계층별 추계인구에서 자료추출

모, 교대 졸업을 앞두고 임용고시를 준비하는 학생, 교육부 장관의 상황을 상상한 이야기이다. 상상이었으면 좋겠지만 결코 상상이 아닌 현실이 될 가능성이 매우 높다. 아래의 통계표를 보면 그 이유를 알 수 있다.

초등학령인구 수와 초등학생 수가 반드시 일치하지는 않는다. 대안학교를 진학하는 아이와 홈스쿨링을 하는 아이들이 있기 때문이다. 하지만 전체적인 감소추세는 초등학령인구와 초등학생 수가 일치한다. 위 표에서 나타났듯이 지금의 추세로 출생아가 태어나도 2032년이 되면 초등학생 수는 45.7%가 감소한다. 출산율이 조금 더 떨어지면 2032년에 50.6%가 줄어든다. 코로나19 영향과 경기침체로 출산율이 더 줄어든다면 2032년 초등학생 수가 53%까지 줄 수도 있다. 2028년에 초등학교에 입학 예정인 아이들은 2021년에 260,494명이 이미 태어났다. 2028년까지 약 32% 초등학생 수 감소는 이미 정해진 사실이다.

출생아 감소의 역사

왜 이렇게 급격한 출생아 감소가 진행되는 것인가? 아래의 표는 우리나라의 출생아 수와 합계출산율에 관한 통계 그래프이다. 2016년부터 출생아 수가 40만 명 이하로 줄어든다. 이러한 출생아 수의 급격한 감소 원인은 1980년대 출생아 수의 급격한 감소가 근본 원인이다. 1982년 84만 명이던 출생아 수가 1987년 62만 명

까지 줄어든다. 1980년대에 초음파검사기가 산부인과에 보급되면서 태아의 성별을 쉽게 알 수 있게 되었다. 당시 남아선호가 심각하여 엄청난 수의 여자아이 낙태가 이루어졌을 것으로 추정된다. 정상적인 남녀 성비는 여아 100명당 남아 103~107명이 정상이다. 1989년 성비는 111.8(남):100(여)이다. 1990년 성비는 116.5(남):100(여)으로 정점을 찍고 2007년이 되어서야 정상 성비 범위 안에 들어오게 된다.[65]

출생아 수 감소의 근본 이유는 아이를 낳을 수 있는 여성인구의 감소이다. 최근 여성 한 명이 가임 기간 동안 낳을 것으로 예측되는 출생아 수를 의미하는 합계출산율의 저하도 원인이 된다.

출생아 수 및 합계출산율 추이(1970~2021)

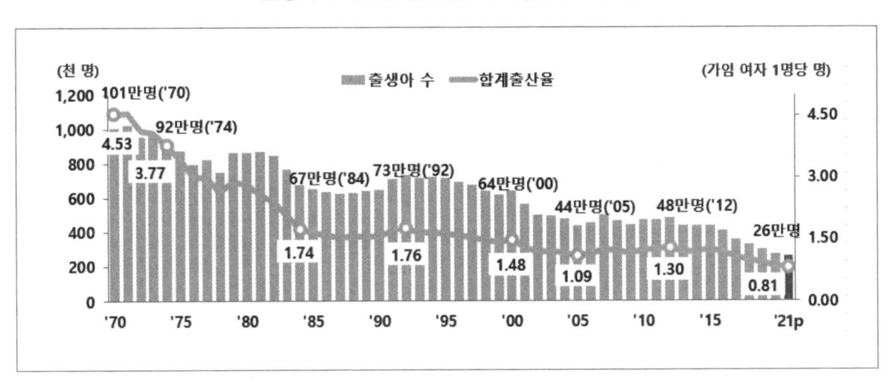

2021년 출생 · 사망통계 잠정 결과. 통계청. 2022.2.23.

일본의 학생 수 감소

저출산 고령화 사회를 이야기할 때 일본을 빼놓을 수 없다. 우리 사회의 문제를 항상 7~10년 앞서가면서 겪기 때문이다. 그런데 통계 결과는 의외였다. 일본

65 국가통계포털(kosis.kr)/출생 성비

일본 초등학교 학생 수 변화

연도	초등학생 수	1955년 대비 감소 비율
1955	12,266,952	100%
1960	12,590,680	1.03
1965	9,775,532	0.80
1970	9,493,485	0.77
1975	10,364,846	0.84
1980	11,826,573	0.96
1985	11,095,372	0.90
1990	9,373,295	0.76
1995	8,370,246	0.68
2000	7,366,079	0.60
2005	7,197,458	0.59
2010	6,993,376	0.57
2015	6,543,104	0.53
2016	6,483,515	0.53
2017	6,448,658	0.53
2018	6,427,867	0.52
2019	6,368,550	0.52
2020	6,300,693	0.51

교육 · 문화 · 체육 ·
과학기술 통계. 일본 문부과학성. 2021.

은 1960년 1,260만 명으로 학생 수의 정점을 찍은 후 2020년에 630만 명으로 반토막 났다. 절반으로 줄어드는 데 60년이 걸렸다. 반면 우리나라는 1972년 5,775,880명으로 정점을 찍은 후 2019년에 270만 명으로 절반 이상 줄어드는 데 47년이 걸렸다. 그런데 2032년이 되면 270만 명이 다시 절반으로 줄어 130만 명이 될 것으로 예상되고 있다. 13년 만에 될 것으로 예상된다. 우리나라의 학생 수 감축이 일본보다 훨씬 심각한 문제가 되고 있다. 세계적으로 이렇게 빠른 속도로 학생 수가 감소하는 국가사례는 찾아볼 수 없다. 우리나라는 앞으로 다른 나라들이 경험하지 못한 길을 걸어갈 것이다. 세계는 우리나라가 이 문제에 대해 어떤 해답을 찾을지 관심을 갖고 지켜볼 것이다.[66]

어린이집과 유치원에 찾아온 원아 수 감소 쓰나미

초등학교 입학생은 전년도에 어린이집이나 유치원을 다녔다. 그래서 앞으로 초등학교에서 벌어질 일들은 이미 어린이집이나 유치원에서 나타났다. 어떤 일이 있었는지 통계자료를 살펴봤다.

유치원은 2017년 9,029곳을 정점으로 2021년 8,660곳으로 369개(4.1%)가 감소했다.[67] 최근 유치원 원아 수 감소로 원아 모집에 실패하고 폐원하는 사례가 지속적으로 늘고 있다. 필자가 사는 동네에서도 2개의 사립유치원이 문을 닫았고 공립학교 병설 유치원만 남았다. 어린이집의 경우 2014년에 43,742곳을 정점으로 2021년에는 33,246곳이 남아 무려 24%가 줄어들었다.

66 '학령인구 급감, 그 위기와 해법은?' 좋은교사운동 2022.4.4. 토론자료 재인용
67 국가통계포털(kosis.kr)/유치원 개황

민간 · 가정어린이집은 2021년 기준으로 2020년에 비해 2,545곳이 줄었다. 전체 어린이집 감소율이 6%이지만 가정어린이집은 10%, 민간은 8%의 어린이집이 줄었다. 영세 어린이집이 폐업의 위기에 몰리고 있다. 한 해 10%가 준 것은 한 산업의 심각한 몰락이다. 국공립어린이집과 직장어린이집은 늘어나고 나머지 유형의 어린이집은 모두 감소하고 있다. 어린이집이 가장 많았던 2014년에 비해 가정어린이집의 경우 23,318곳에서 13,891로 40%가 폐업했다.

어린이집에 비해 유치원의 감소율은 상대적으로 낮지만 심각하기는 마찬가지이다. 교육부의 2022년 교육기본통계에 따르면 2022년 폐원한 유치원의 숫자는 188개소이다. 폐원한 유치원 중 154개소가 사립유치원이다. 2020년과 2021년 국공립유치원은 증가한 반면, 사립유치원은 2020년 249개소, 2021년 130개소가 폐원했다. 2022년 154개소까지 포함하면 3년 동안 533개소가 폐원했다. 2020년 3,729개소 대비 14%의 사립유치원이 폐원한 것이다. 대대적인 구조조정이 일어나고 있다. 2021년에도 원아 수가 21,376명(4.9%)이 감소했고, 2022년에도 유치원 원아 수는 552,812명으로 29,760명(5.1%) 감소하고 있다. 2030년까지 매해 평균 5%씩 감소가 예상되고 있다.

연도별 어린이집 현황(2014~2021)

어린이집 유형별	2014	2015	2016	2017	2018	2019	2020	2021	2014 대비 감소율
합계	43,742	42,517	41,084	40,238	39,171	37,371	35,352	33,246	76%
국공립	2,489	2,629	2,859	3,157	3,602	4,324	4,958	5,437	218%
사회복지법인	1,420	1,414	1,402	1,392	1,377	1,343	1,316	1,285	90%
법인 · 단체 등	852	834	804	771	748	707	671	640	75%
민간	14,822	14,626	14,316	14,045	13,518	12,568	11,510	10,603	72%
가정	23,318	22,074	20,598	19,656	18,651	17,117	15,529	13,891	60%
협동	149	155	157	164	164	159	152	142	95%
직장	692	785	948	1,053	1,111	1,153	1,216	1,248	180%

국가통계포털(kosis.kr)/어린이집 유형별 현황

◆ ◆ ◆

초등 임용대란과 교원 수급계획

학생 수 감소와 과원교사

초등학생 수가 줄어들면 가장 먼저 예상되는 사회문제가 무엇일까? 학생 수가 줄어들면 과원교사가 발생하고 교사가 남으니 새로운 교사를 뽑을 수 없게 된다. 이로 인해 초등교사 임용대란이 발생한다. 학생 수 감소로 임용대란이나 과원교사 문제가 예상된다고 하면 많은 사람들이 학급당 학생 수를 줄이면 된다고 이야기 한다. 실제로 학생 수 감소에 가장 효과적인 대응 방법이기도 하다. 하지만 지금의 급격한 학생 수 감소는 학급당 학생 수를 줄이는 것으로도 해결할 수 없는 상황이 되리라는 것이다.

초등 과원교사 연도별 예측 현황

연도	중위추계		저위추계	
	초등학생 수	2022년 대비 과원교사 수 누계	초등학생 수	2022년 대비 과원교사 수 누계
2022	2,701,000	0	2,700,000	0
2023	2,604,000	1,519	2,602,000	1,575
2024	2,480,000	8,527	2,475,000	8,753
2025	2,337,000	16,610	2,331,000	16,893
2026	2,192,000	24,806	2,184,000	25,201
2027	2,020,000	34,527	2,009,000	35,093
2028	1,848,000	44,249	1,827,000	45,379
2029	1,707,000	52,219	1,669,000	54,310
2030	1,592,000	58,719	1,537,000	61,771
2031	1,508,000	63,466	1,421,000	68,327
2032	1,467,000	65,784	1,333,000	73,301
2033	1,458,000	66,293	1,276,000	76,523

통계청 초등학령기 인구 중위, 저위추계.
학급 수=학생 수/23(2019~2021년 OECD 보고 대한민국 학급당 학생 수) 교사 수=학급 수*1.3

거칠게라도 위 표를 이용해서 과원교사를 없게 하려면 학급당 학생 수를 12명으로 줄여야 한다. 공식적으로 교육부가 발표하는 학급당 평균 학생 수로 이야기하면 10.5명(2021년 학급당 평균 학생 수 21.5명)이 되어야 한다. 평균 학급당 학생 수를 11명으로 줄이면 교사들의 과원교사 문제는 해결할 수 있지만 신규교사 임용문제까지 해결하기는 어렵다.

과원교사가 발생할 수밖에 없는 첫 번째 이유는 소규모 학교의 폐교 위기 때문이다. 2021년 기준 30명 이하의 소규모 초등학교는 603개교이고 학급 수는 2,276학급이다. 이들 학교는 앞으로 5년 이내에 폐교가 예상된다. 전교생 60명 이하 소규모 초등학교는 전국에 1,472개교 8,339학급이다. 이 학교들은 10년 이내에 폐교 위기를 맞이할 것이다.

과원교사가 발생하는 두 번째 이유는 학급당 학생 수 감축의 최저점이 있기 때문이다. '학급당 학생 수가 11명으로 내려가는 것을 국민들이 찬성할까?'라는 질문을 해봐야 한다. 학생들이 수업을 통해 충분히 배울 수 있는 적정 인원은 몇 명인지를 두고 뜨거운 논쟁이 시작될 것이다. 2021년 박인우의 '수업 방식 다양화에 따른 학급 규모 분석'에 따르면 학급당 학생 수 15명 내외의 학급이 교사와 학생 간의 관계, 교사 효능감, 교사 만족도, 팀 혁신, 교사 협력에서 가장 높은 점수를 얻었다.[68] 필자의 개인적인 생각으로도 학급당 학생 수가 15명 이하로 내려가는 것은 바람직하지도 않고 우리 사회도 수용하기 어렵다고 생각한다.

과원교사가 발생하는 세 번째 이유는 학급당 학생 수 감축은 모든 지역에서 균등하게 실행되지 않는다. 다음 그래프를 살펴보자.

학생 수가 전국적으로 고르게 감소하지 않는다. 국회 입법조사처의 '지방소멸 위기 지역의 현황과 향후 과제(2021.10.19.)' 자료에 따르면 2019년 수도권과 비수도권의 인구가 50:50으로 같았지만, 2020년이 되면서 수도권의 인구가 50.24%로 많아지기 시작했다. 보고서에 따르면 수도권 인구 증가의 원인을 수도권의 출산

68 학급당 학생 수 감축 및 과대-과밀학급 해소 방안 25~26 재인용. 국회 교육문화 포럼. 2021.11.29.

연도별 수도권&비수도권 초등학령인구 변화(2000~2050)

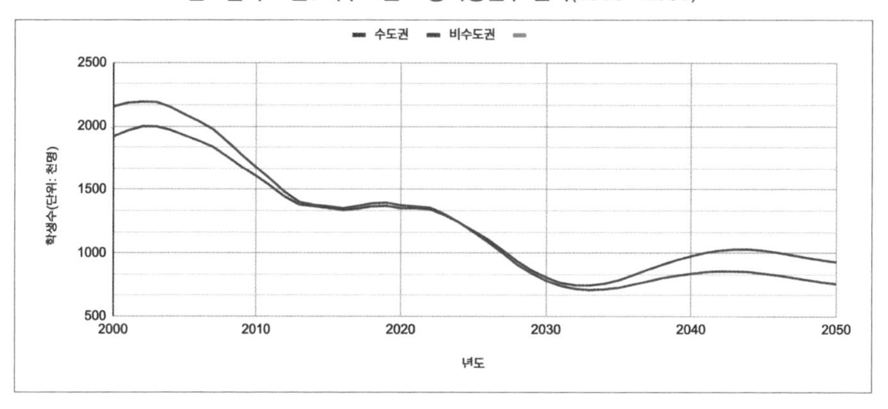

국가통계포털(kosis.kr)/ 주요 연령 계층별 추계인구에서 추출

율 증가보다는 인구이동을 그 원인으로 분석한다. 2021년 서울의 합계출산율은 은 0.63이고 인천은 0.78로 전국의 합계출산율은 0.81보다 낮다.

2025년이 되면 수도권의 초등학령인구가 비수도권의 초등학령인구보다 많아진다. 2000년에는 비수도권의 초등학령인구가 23만 5천 명이 많았지만 2029년에는 수도권의 초등학령인구가 23만 명 더 많아진다.

위의 그래프가 의미하는 것은 지방소멸이다. 아이를 적게 낳는데 수도권으로 인구가 이동하면 수도권과 지역의 불균형은 심화하는 것이다. 2017년 초등교사 선발 인원이 전년도에 비해 40.2%가 줄었을 때 임용대란이라는 말이 나왔다. 당시에도 학령인구 감소뿐만 아니라 수도권 집중 현상이 합쳐져서 발생한 문제였다. 학생 수 감소 문제와 더불어 수도권 인구집중 현상의 가속화는 교원 수급문제를 심각하게 만드는 요인이 될 것이다.

교원 수급계획[69]

통계청이 새로운 인구추계를 발표하면 교육부는 그 자료를 이용하여 학생 수를

69 '교육부, 폭탄을 국가교육위원회에 넘기다.' 내용 보완 재인용. 경향 칼럼. 2022.6.20.

예측하고 새로운 교원 수급계획을 발표해 왔다. 2016년 통계청의 인구추계는 실제 출생아 수를 전혀 예측하지 못해 2018년 4월에 발표한 교원 수급계획은 무용지물이 되었다. 교육부는 2019년 통계청의 특별추계를 바탕으로 2020년 7월 '미래교육 환경변화에 대응하는 교원 수급정책 추진 계획'을 발표했다.

교원 수급계획은 통상 10년의 계획을 발표한다. 하지만 2020년 교원 수급계획은 2021년까지 한시적인 계획으로 2024년까지의 예측자료만 발표했다. 교육부는 2022년 상반기까지 교원 수급체계인 'K-교육 선도형'도 새롭게 만들어서 발표하겠다고 했다. 교육부가 2019년부터 2020년까지 교원 수급정책의 목표로 삼아왔던 '교사 1인당 학생 수 OECD 평균'은 급격한 학생 수 감소로 더 이상 사용할 수 없었기 때문이었다. 2021년 12월 통계청이 발표한 인구추계에 의하면 10년 뒤인 2032년에 초등학생 수가 절반으로 줄어들게 된다. 교육부는 2022년 1월 '2022 교육부 업무계획'을 통해 2022년 3월까지 새로운 교원 수급모델을 마련하고 6월까지 교원 수급계획을 마련하겠다고 했다. 그러나 교원 수급계획 발표 시한 하루를 앞둔 6월 29일 교육부는 아무런 향후 일정에 관한 언급 없이 돌연 1년 연기를 선언했다.

발표 연기의 표면적 이유는 새 정부의 국정과제를 반영하기 위해서라고 하지만 변명에 불과했다. 새 정부 국정과제에 필요한 소프트웨어(SW) · 인공지능(AI) 디지털 인재 양성 계획은 주로 중 · 고등학교의 일부 교과목에 해당하는 것으로 학생 수 감소를 당장 겪게 되는 초등학교와는 직접적인 연관이 없기 때문이다.

교육부는 학생 수 감소로 교육대학의 정원 감축이 필요하기에 교대 정원을 줄이기 위한 협의체를 2022년 6월 초부터 구성하여 논의하고 있다. 통계청의 초등학령인구 추계에 따르면 윤석열 정부가 끝나는 2027년까지 초등학생 수는 2022년에 비해 약 68만 명이 줄어든다. 집권 5년 동안 25%의 초등학생이 줄어드는 것이다.

다음 표를 보면 2023부터 9만 7천 명의 초등학생이 줄기 때문에 곧바로 과원교사가 발생한다. 2015년부터 2019년까지 5년 동안 초등교원 평균 퇴직자 수는 약 4천 명(3,964명)이다. 2023년 학생 수 감소로 줄어드는 학급은 약 4,200 교실(학생 수

윤석열정부 학령기 인구감소 추계(단위: 천 명)

정부 연차	연도	초등 학령 인구	초등학생 감소 수 (2022 기준)	초등학생 감소율 (2022 기준)	초중고 학생 수	전체 학생감소 (2022 기준)
집권 1년차	2022	2,701	0	0.00%	5,389	0
집권 2년차	2023	2,604	97	3.59%	5,326	63
집권 3년차	2024	2,480	221	8.18%	5,236	90
집권 4년차	2025	2,337	364	13.48%	5,100	136
집권 5년차	2026	2,192	509	18.84%	4,906	194
집권 6년차	2027	2,020	681	25.21%	4,727	179

국가통계포털(kosis.kr)/ 주요 연령 계층별
중위추계 인구에서 추출

÷23)이고 줄어드는 교사 수는 약 5,500명(교실 수x1.3)으로 예상된다.

교사의 국가공무원 신분으로 정원을 최종적으로 행정안전부가 정하고 있다. 2022년 7월 12일 행정안전부는 '정부 인력 운영 방안'을 발표했다. "현재 총 116만 3천여 명의 공무원 정원을 매년 1%씩 향후 5년간 총 5%를 감축하며, 교원의 경우 범정부적으로 수립한 '중장기 교원 수급계획'에 따라 연차별로 인력을 효율적으로 운영해나가겠다'라고 발표했다. 이미 교육부와 기획재정부, 행정안전부가 관련 논의를 마쳤다는 이야기이다. 2023년에 교사를 1% 감축하면 초등의 경우 약 2,000명을 감축해야 한다. 이를 바탕으로 예측해보면 윤석열 정부가 끝나는 2027년까지 초등교원 약 9천 4백 명을 감축할 것으로 예상된다. 그러나 윤석열정부의 교원수급 정책에서 이해할 수 없는 부분은 집권 기간 중학교와 고등학교 학생 수는 오히려 늘어나고, 2022년 수준으로 돌아오려면 다음 정부에서나 가능한데도 중학교와 고등학교 교사를 똑같이 줄인다는 것이다.

윤석열정부 교원 정원 5% 감축 시나리오

연도	전체	유치원	초등	중학교	고등학교
2021	500,859	53,457	191,224	113,238	131,120
2023	495,850	52,922	189,312	112,106	129,809
2024	490,892	52,393	187,419	110,985	128,511
2025	485,983	51,869	185,544	109,875	127,226
2026	481,123	51,351	183,689	108,776	125,953
2027	476,312	50,837	181,852	107,688	124,694

교육통계포털(2021년 교원 수).
이후 전년 대비 1% 감축

2023년 초등교원을 감축하지 않고 기존 기준을 적용해 교사를 배치할 경우 약 1,500명의 과원교사가 발생한다. 또한 2022년에서 2033년까지 중위추계로 계산하면 6만 6천 명의 과원교사가 발생하고 9천 4백 명을 감축해도 5만 7천 명의 과원교사 발생이 예상된다. 이로 인해 신규교사를 새로 뽑을 수 없다는 이야기이다.

2023년에 몇 명의 교사를 신규 채용할지 모르지만 향후 10년 동안 가장 많은 신규교사가 임용될 가능성이 높다. 2022년 임용고시를 치르는 예비교사는 하향 지원을 해서라도 올해 꼭 합격해야 한다. 이후 합격 가능성은 점점 낮아질 것이다. 2023년 대입에서 전국 교대의 합격 점수는 낮아질 것이다. 졸업해도 교사가 될 확률이 낮고 교대를 다니는 기간 내내 학교 통폐합 논의로 학교가 혼란스러울 것으로 예상된다. 몇몇 교대는 졸업 전에 국립대학과 통폐합이 될 가능성도 점쳐지고 있다.

◆ ◆ ◆

과원교사 해소 방안[70]

학생 수 감소 문제는 근본적으로는 중산층이 늘어날 수 있도록 국가정책을 펼쳐야만 해결할 수 있다. 안정적인 소득을 얻을 수 있는 일자리를 확대하고 육아 · 돌봄 등에 대한 국가 차원의 대책을 마련해야 한다.

2021년 출생한 아이들이 1학년으로 입학하는 2028년 초등학생 수는 이미 확정되었다. 2022년부터 2032년까지 10년 동안 연평균 약 13만 명의 학생이 줄어들 것이다. 교원 수급정책은 2022년 대비 2032년까지 50%의 학생 수 감소를 기정사실로 인정해야 올바른 교원 수급이 가능하다.

과원교사 해소를 위해 시행할 수 있는 정책을 고려해 다음 표로 정리해보았다. 이 중 실제로 가장 큰 효과를 나타낼 수 있는 정책을 중심으로 대안을 살펴보도록 하자.

70 '학령인구 급감, 그 위기와 해법은?' 토론자료 재인용. 좋은교사운동 2022.4.4.

과원교사 해소 방안

교원 수를 줄이는 방안	교원의 필요를 반영하는 방안
▶ 명예퇴직 유도 ▶ 임금피크제 ▶ 신규교사 채용 감축	▶ 3시 하교제(초등) ▶ 학급당 학생 수 감축 ▶ 전문교사제 신설 ▶ 교육지원청별 증치교사 배치

학급당 학생 수 감축

아래 표는 시도별 초등학령인구 추계이다. 통계청이 2022년 5월 26일 장래인구추계를 시도별로 발표한 자료를 편집해서 만든 표이다. 시도별로 초등학생 수 감소의 폭이 다르다. 학계에서는 인정하지 않지만, 초등학령인구가 10년 동안 50% 미만으로 떨어지는 울산, 부산, 경남, 서울, 대구, 전북 6개 지역을 '학생감소 위험 지역'으로 선정한다.

시도별 초등학령(6~11세)인구 중위추계(2022~2033, 단위: 천 명)

시도	2022	2023	2024	2025	2026	2027	2028	2029	2030	2031	2032	2022년 대비 2033년 감소율
전국	2,701	2,604	2,480	2,337	2,192	2,020	1,848	1,707	1,592	1,508	1,467	54.3%
서울	400	382	361	337	314	286	259	236	219	205	199	49.8%
부산	157	152	145	136	127	116	104	94	86	81	77	49.0%
대구	123	119	113	106	99	90	82	74	68	64	61	49.6%
인천	158	152	144	136	128	117	107	98	92	86	84	53.2%
광주	84	81	77	72	67	62	57	53	50	47	46	54.8%
대전	78	74	70	65	61	56	51	47	44	42	41	52.6%
울산	67	64	61	56	52	47	42	39	36	34	32	47.8%
세종	33	33	34	34	33	32	30	29	28	27	27	81.8%
경기	785	764	735	700	664	618	571	531	499	475	464	59.1%
강원	72	69	66	63	60	56	52	49	46	44	42	58.3%

충북	84	81	78	73	69	64	60	56	52	50	49	58.3%
충남	118	114	108	102	95	88	81	76	72	69	68	57.6%
전북	91	86	81	75	69	63	57	53	49	47	45	49.5%
전남	90	86	81	75	70	65	59	55	51	48	46	51.1%
경북	128	123	117	109	101	93	84	78	72	68	66	51.6%
경남	188	180	169	158	145	132	119	109	101	95	92	48.9%
제주	43	43	41	39	37	35	32	30	28	27	26	60.5%

국가통계포털(kosis.kr)/ 주요 연령 계층별 추계인구에서 추출

6개 지역은 다른 지역보다 빠르게 과원교사 문제가 발생할 것이다. 지금까지 교원 수급계획은 매년 교육부가 기획재정부와 행정안전부가 협의하여 결정했다. 전국적으로 동일한 교원 배치기준을 통해 교사를 배치한 것이다. 기존의 방식으로는 다가오는 초등학생 수 감소로 인한 과원교사 문제를 해결할 수 없다. 교육부는 시도별로 현재의 교사 수를 유지하는 범위 안에서 과밀학급의 경우 단계적으로 학급당 학생 수를 15명까지 감축하는 방안을 마련해야 한다.

전문교사제도 도입

2021년 국립특수교육원이 발표한 '특수교육통계 국제 비교 연구'에 따르면 2020년 우리나라 특수교육 대상자는 전체 학생의 1.6%(95,420명)인데 미국은 14.1%, 가까운 일본은 5.0%이다. 호주는 자그마치 18.8%이다. 핀란드 통계청 자료에 의하면 2015년 약 16%의 학생이 특수교육과 강화교육을 받고 있다.

우리나라는 특수교육을 받아야 할 학생들이 일반교실에 그냥 앉아있는 상황이다. 여러 요인이 있겠지만 특수교육이 필요한 학생들을 조기에 발견하는 시스템이 갖추어져 있지 않기 때문이다. 아이의 특별한 어려움을 발견하고 진단받는 데 많은 부모가 어려움을 겪고 있다.

외국의 특수교육 대상자 중에서 가장 높은 비율은 학습장애이다. 학습장애 중에

국가별 전체 학생 대비 특수교육 대상자 현황 (단위: 명, %)

구분	한국 (2020)	미국 (2018-2019)	일본 (2019)	독일 (2018)	호주 (2017)
전체 학생 수	5,989,658	약 50,650,000	9,643,935	약 10,800,000	3,849,225
특수교육대상자 수	95,420	7,134,248	486,387	556,317	725,316
특수교육대상자 비율	1.6	14.1	5.0	5.2	18.8

특수교육통계 국제비교 연구. 이미숙외 7명. 2020. 국립특수교육원

서도 난독증은 IQ가 정상범위에 있으면서도 읽기 유창성이 떨어지는 장애이다. 부모가 보기에는 멀쩡하게 말을 잘하지만, 책을 읽기 싫어하고 공부를 안 하려 하고 학교에서 친구들과 잘 싸우고 학교에 적응하지 못하는 경우가 많다.

우리나라 자체적인 조사에서도 2014년 난독증 위험이 있는 아이들이 4.6%로 조사되었다. 국제적으로는 약 7%의 학생이 난독의 어려움을 가지고 있는 것으로 나타난다. 특수교육 대상자뿐만 아니라 치료적 개입이 필요한 아이들도 상당수가 있다. 핀란드나 미국, 호주의 특수교육 대상자 비율이 높은 이유는 우리가 아는 장애뿐만 아니라 특별한 지원이 필요한 모든 아이에게 각자가 필요한 지원을 하기 위해 노력하고 있기 때문이다.

핀란드나 미국, 호주라면 특별한 지원을 받아야 할 15% 정도의 아이들이 우리나라에서는 일반교실에 있다. 교사 대부분은 이 아이들에게 적절한 지원을 할 전문성을 따로 배운 적이 없고 제대로 된 교사 연수도 받은 적이 없다. 그리고 지원이 필요한 학생의 영역이 너무도 다양하다. 낙인효과로 인해 특수학급에 보내지 않으려는 학부모가 많은 상황에서 다양한 분야의 전문교사가 필요하다. 일반교실에서 교사들을 곤란하게 하는 아이들의 대부분은 특별한 지원이 필요한 경우가 많다. 그 아이들을 위해 지금부터라도 다양한 분야의 전문교사를 준비할 필요가 있다.

분야별 전문교사의 역할과 인원

분야	활동 내용	초등 필요 인원
학습지원 전문교사	난독, 난산 등 학습장애로 어려움을 겪는 아이들의 학습지원	약 6천 명(학교당 1명 배치)
생활교육 전문교사	학교폭력 예방 및 갈등 조정	약 6천 명(학교당 1명 배치)
놀이교육 전문교사(3시 하교 전담교사 인원과 중복)	초등학교 저학년 시수 확대에 대비 놀이 과정을 위한 전문교사	약 7천 명 (1 · 2학년 7시간 전담, 2032년 학급 평균 20명 기준)
3시 하교제	교과전담교사 (2021년 기준 23,000명의 교사 필요)	약 5천 6백 명 (3 · 4학년 4시간, 5 · 6학년 1시간, 2032년 학급 평균 20명 기준)
정서행동 지원 전문교사	ADHD, 품행장애, 소아우울증 등 어려움을 겪고 있는 아이들의 긍정행동 지원을 위한 전문교사	약 6천 명 (학교당 1명 배치)
마을학교 교사	지역사회의 여러 자원을 학교와 연결시키는 전문교사, 지요일 담당교사	약 6천 명 (학교당 1명 배치)

특히 학습지원 전문교사의 경우 가장 시급하게 도입될 필요가 있다. 최근 기초학력 보장법이 통과되어 '학습지원 담당 교원'이라는 새로운 명칭이 생겼지만 관련하여 전문성 확보를 위한 의무연수가 법적으로 정해지지 않았다. 전남교육청이나 인천시교육청과 같이 적극적으로 기초학력 전문교사를 양성하여 배치하는 경우 기초학력의 어려움을 겪고 있는 많은 학생에게 도움을 주고 있다. 전문교사들은 하루아침에 생기는 것이 아니기에 관련 연수를 체계화하고 기초학력 전문교사를 양성하여야 한다.

◆ ◆ ◆

우리가 던져야 할 몇 가지 질문

이 글에서는 주로 초등학교 문제를 다루었다. 교육대학교는 목적형 대학으로서 일반적인 교양보다는 초등교육과정에서 정하고 있는 모든 교과를 가르칠 수 있도록 교육과정이 짜여 있다. 따라서 교대를 졸업한다면 다른 직종으로 취업하기가 매우 어렵다. 계속해서 임용고시에 매달릴 수밖에 없는 구조이다.

중학교는 2025년까지 학생 수가 증가하지만 2037년에는 2025년 대비 50.1%로 최저점이 된다. 2040년에는 고등학생 수가 2028년 대비 50.3%로 최저점이 된다. 초등학생 수 감소 문제는 순차적으로 중학생 감소 문제로, 고등학생 감소 문제로, 그리고 대학생 감소 문제로 확대될 것이다.

학교급별 학령인구 최대 감소 폭(단위: 천명)

학교급	최고		최저		감소 비율
	년도	인구	년도	인구	
전국	2022	7,482	2040	4,468	59.7%
초등	2022	2,701	2033	1,458	54.0%
중학교	2025	1,400	2037	702	50.1%
고등학교	2028	1,398	2040	703	50.3%

국가통계포털(kosis.kr)/ 주요 연령 계층별 추계인구에서 추출

중등의 경우는 초등보다 과밀학급이 많고 소규모 학교가 적기 때문에 학생 수 감소로 인한 과원교사 문제는 심각하지 않을 수 있다. 아래 표에서와 같이 중등의 경우 전체 교원 수 중 기간제교사의 비중이 25.34%이다. 사립학교의 경우 국공립 학교보다 기간제교사 채용을 선호한다. 중등에서는 과원교사 문제나 임용고시 문제보다는 기간제교사의 대량해고 문제가 사회적 문제가 될 가능성도 있다.

기간제 교원 채용 현황

구분	전체 교원 수	기간제 교원 수	비율
초등	291,292	13,154	4.52%
중등	177,825	45,068	25.34%
합계	469,117	58,222	12.41%

교육통계서비스 2021년 10.1 학교별 데이터셋 자료에서 추출

2021년에 태어난 260,500명의 아이들이 대학에 가는 2040년 수능 응시인원은 216,870명으로 예상된다. 수도권에 있는 4년제 대학과 전문대학의 정원 수준이다. 2032년부터 수능 응시인원이 40만 명 이하로 내려갈 것으로 보인다. 수능 응시자가 50만 명 이하로 떨어지면서 지방의 대학은 신입생을 구하지 못해 벚꽃이 피는 순서로 대학이 문을 닫는다는 '벚꽃엔딩'이라는 용어가 나왔는데 수능 응시자가 40만 명 이하 더 나아가 30만 명 이하로 떨어질 경우 대학의 구조조정은 심각한 사회 문제가 된다. 4년제 대학이 있는 지방 중소도시의 경우 지역 경제의 대부분을 대학에 의존하기에 국가 차원에서는 더욱 심각한 문제이다.

대한민국의 인구감소는 인류 역사에서 사례를 찾아볼 수 없는 일이다. 당장 뚜렷한 대책이 없다고 해서 정보를 공개하지 않는 것보다 투명하게 공개하고 공론화하여 함께 해결의 실마리를 찾아야 한다.

유럽연합은 녹서라는 제도를 두고 있다. 녹서는 정책을 결정하기에 앞서 사회구성원 전체의 토론을 요청하는 제안이다. 독일은 노동 4.0이라는 백서를 만들기 전에 노동 4.0이라는 녹서를 만들었다. 녹서는 "디지털화되어가는 사회적 변동 속에서 '좋은 노동'이라고 하는 이상은 어떻게 유지되고 강화될 수 있을 것인가?"를 독일 사회에 물었다.[71]

학생 수 감소 문제에 대해 대안을 말하기 전에 우리는 먼저 질문을 만들어야 한다. 질문을 던질 때, 우리는 이 문제에 대해 제대로 논의할 수 있도록 진지한 고민이 필요하다.

71 박태웅 칼럼 '눈떠보니 선진국'. 아이뉴스24. 2021.1.11.

1. 학급당 적정 학생 수는 몇 명일까?
2. 소규모 학교가 사라지지 않기 위해 우리가 할 수 있는 일은 무엇인가?
3. 목적형 대학인 교육대학이 존재해야 할 이유는 무엇인가?
4. 초등학교에서 사회적으로 더욱 필요로 하는 교육영역은 무엇인가?
5. 초등학생 수 140만 명 시대는 270만 명 시대와 무엇이 달라질까?

이 글이 우리가 만들어야 할 질문의 기초자료가 되길 바란다.

그럼에도 희망은 교사

김차명 (참쌤스쿨 대표)

◆ ◆ ◆

식어가는 '평생직장'의 열기

인사혁신처에 따르면 최근 5년간 9급 공무원 경쟁률은 2018년 41대 1, 2019년 39.2대 1, 2020년 37.2대 1, 2021년 35대 1 등으로 계속 하락 추세이다. 그러다 2022년 들어 29.2대 1, 경쟁률이 한 번에 20대로 내려앉았다. 7급 공무원 시험 경쟁률도 42.7대 1로, 이는 23.5대 1이었던 1979년 이후 43년 만에 최저 수준이다.

또한 어렵게 입직했음에도 불구하고 공무원을 그만두는 초임 공무원도 급증하고 있다. 조선일보(2022.8.1)[72]에 따르면, 2021년 퇴직 공무원 수는 총 4만 4,676명이었는데 그중 5년 차 이하의 비율은 무려 25%(1만 1,498명)였다. 규모 면에서는 2017년에 비해 2배 증가(5,613명→1만 1,498명)했고, 전체 퇴직자 가운데 5년 차 이하 퇴직자의 비율 또한 10%가량 늘었다(15.1%→25.7%).

또한 2022년 3월 한국행정연구원이 2021년 중앙부처와 광역자치단체의 일반직

72 '꿈의 직장'이라 불리던 공무원이 외면받는다. 조선일보. 2022.8.1

공무원 4천 명을 대상으로 실시한 '공직생활 실태조사'에 따르면 20대 5급 공무원 10명 중 6명은 기회가 된다면 이직할 의향이 있다는 조사 결과가 나왔다. 6~7급에서는 44.6%, 8~9급에서는 43.6%였다. 한국행정연구원은 "생산성에 상응하는 보수체계로 개편해 호봉이 낮은 MZ세대 공무원들에게 동기부여를 강화해야 한다"며 "이직 의향이 높은 20대 5급 공무원에 대해 삶의 질 제고, 자긍심과 성취감 고취, 체계적인 리더십 프로그램 제공 등이 필요하다"고 제언했다.

이러한 분위기에 따라 2022년 6월 인사혁신처는 「공직문화 혁신 기본 계획」을 발표하면서 시대변화에 맞는 '공무원 인재상'을 재정립하기로 했으며, 승진평가 때 경력 관련 비중을 줄이고 성과급 지급 때도 동료평가를 실시하는 방향으로 제도를 혁신하기로 했다. 또한 원격근무 장소와 시간을 확대하고 자율근무제를 시범 도입하는 등 근무 여건 개선을 위한 다양한 계획을 발표했지만 2030 공무원을 중심으로 개선 요구가 높은 '봉급 체계'는 이번 대책에 포함되지 않았다. 김승호 인사혁신처장은 "금전적 보상 이외에 수평적 조직문화나 권한 위임 등이 공무원 사기 진작에 더 영향을 줄 수 있다"면서도 "공무원 보수 방향은 기획재정부와 협의 중"이라고 밝혔다. 참고로 2022년 기준 9급 공무원 1호봉 월급(기본급 기준)은 168만 원으로 최저임금인 191만 4,440원에도 못 미친다.

교직은…? 특히 MZ세대 교사들은?

미국을 비롯한 많은 서구 국가에서는 학교나 지방자치단체가 직접 교사를 채용하고 있으며 이때 계약 조건에 따라 서로 다른 임금체계를 적용하고 있으므로 교사의 선호에 따른 이동과 이탈이 빈번하게 발생한다. 하지만 우리나라 교사는 국가가 채용하여 단일호봉제를 적용하고 있고 교원의 신분과 정년이 보장되기에, 지금까지 교직 이탈에 대한 관심은 거의 없었고 타 공무원과 비교해도 아직은 양호한 수준이다.

하지만 교원의 퇴직에 관한 최근 교육 통계를 살펴보면 중도퇴직자 수와 자발적으로 교직을 떠나는 교원의 수가 정년퇴직자 수와 비자발적으로 교직을 떠나는 교원 수를 능가하고 있음을 알 수 있다. 2020학년도 기준, 전체 퇴직 교원 10,531명 중 정년퇴직자는 3,198명으로 약 30.4%, 명예퇴직자는 6,164명으로 약 58.5%, 기타퇴직자 및 의원면직자는 1,169명으로 약 11.1%를 차지하여 명예퇴직자 등 중도퇴직자 수가 정년퇴직자 수를 훨씬 넘어서는 것으로 나타났다(교육부, 한국교육개발원, 2021). 최근의 이러한 변화는 우리나라 역시 미국 등 많은 서구사회가 겪고 있는 교직 이탈 문제에서 더 이상 자유로울 수 없음을 시사한다.

2022년 5월, 한국교총이 스승의 날을 맞아 교원 8,431명을 설문조사[73]한 결과, 교직에 만족한다는 응답은 33.5%였다. 한국교총이 조사해온 교직 만족도는 2006~2019년까지 대체로 50% 이상이었는데, 지난 2020년부터 3년째 만족도가 30%대에 머무르고 있는 것으로 드러났으며 교사노동조합연맹이 같은 달 발표한 결과를 봐도 교직 만족도 긍정 응답은 23.1%에 불과해 부정(46.8%)의 절반 수준에 그쳤다. 이 결과에 대한 이유로 교원단체들은 한결같이 '교권 침해'를 원인으로 꼽았다. 교사노조 조사에 따르면 학교에서 교사의 교권이 존중받지 못한다는 응답이 77%에 달했고, 한국교총 조사에서도 55.8%가 교권이 보호되지 않는다고 답했다. 과도한 행정 업무도 교사 만족도를 떨어뜨리는 요인이라고 밝혔다. 「중앙일보(2022.5.15)」는 이러한 교직 만족도 결과를 안내하면서, 교사가 교직에 만족하는 이유로 '안정성'과 '효능감'을 꼽고 있는데, 안정성은 이른바 '철밥통'이라는 이유고, 효능감은 자신이 학생을 잘 가르치고 될 수 있다는 믿음, 자신감이라고 밝혔다. 하지만 정작 교육부나 교육청에서 밀려오는 행정 업무를 하다 보면 수업이 제일 뒷전이 되는 경우가 흔하다고 하면서 '좋은 교사라는 믿음'이 흔들리고 만족도도 낮아지게 된다고 분석했다.

다음은 교원과 교직 환경에 대한 자료를 수집하고 비교 · 분석하여 효과적인 교원정책을 수립하고 교육체제의 개선을 모색하기 위한 목적으로 OECD에서 진행

73 교직 만족 33%로 곤두박질…"스승의 날 없애자" 말 나온 이유. 중앙일보. 2022.5.15

하는 국제 조사인 교수학습 국제조사(Teaching and Learning International Survey: TALIS)[74]의 결과 일부이다.

교사의 교직 선택 동기에서 우리나라와 OECD 평균을 비교해 봤을 때 '안정된 직업', '근무 여건' 등의 개인적 유용성 동기는 높지만, '교수 · 학습을 통한 사회 기여' 등의 사회적 유용성 동기는 비교적 낮다. 이를 두고 비판적인 시선으로 바라보기도 하지만, 반대로 앞서 언급했듯이 안정적인 직업이라는 장점으로 인해 우수한 자원들이 교직에 몰리는 것은 매우 긍정적인 현상이다.

정작 문제는 이 우수한 자원들이 현장에 왔을 때 본인들이 만족하며 맘껏 활동할 수 있도록 기회와 여건을 주고 있느냐는 점이다. 앞서 살펴본 TALIS 지표에서 '다시 교사 직업을 선택할 것이다'는 응답은 OECD 평균보다 낮고, '교사가 되기로 결심한 것을 후회한다'는 응답은 OECD 평균보다 무려 2배가 높다. 반면 '가르치는 일이 이 사회에서 가치 있는 일로 평가되고 있다고 생각한다'는 OECD 평균보다 압도적으로 높고, '교직은 단점보다 장점이 훨씬 많다'라고 응답한 교사도 OECD보다 높다. 상당히 모순적인 결과다.

TALIS 지표 Teaching And Learning International Survey

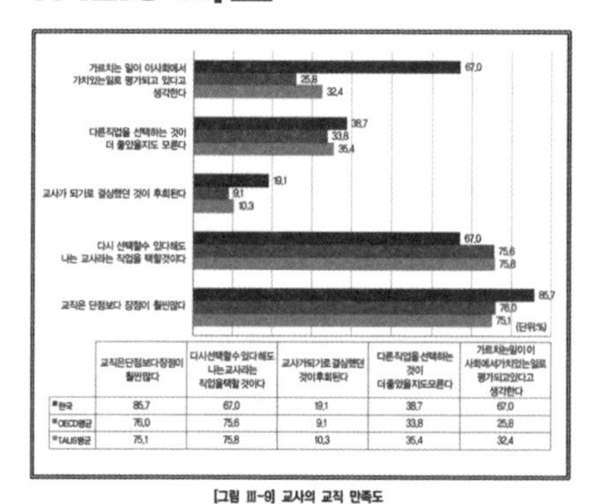

	교직은단점보다장점이 훨씬많다	다시선택할수 있다해도 나는교사라는 직업을택할 것이다	교사가되기로 결심했던 것이후회된다	다른직업을 선택하는 것이 더좋았을지도모른다	가르치는일이이 사회에서가치있는일로 평가되고있다고 생각한다
한국	85.7	67.0	19.1	38.7	67.0
OECD평균	76.0	75.6	9.1	33.8	25.8
TALIS평균	75.1	75.8	10.3	35.4	32.4

[그림 III-9] 교사의 교직 만족도

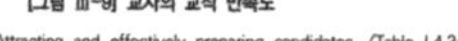

출처: OECD(2019). Chapter 4 Attracting and effectively preparing candidates, 〈Table I.4.34 Teachers' job satisfaction with their profession, by teachers' teaching experience〉 재구성 (https://doi.org/10.1787/888933933083)

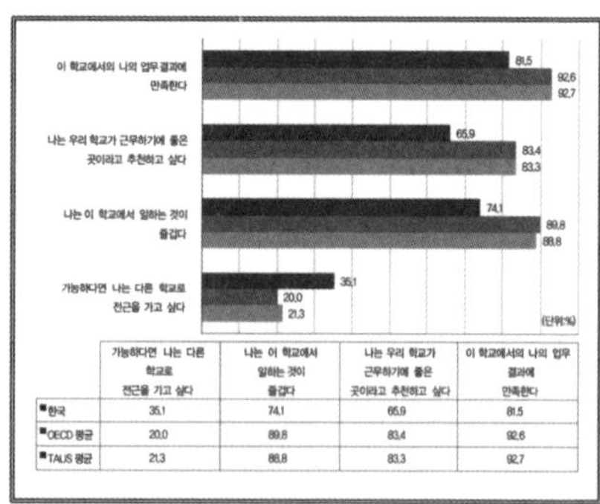

	가능하다면 나는 다른 학교로 전근을 가고 싶다	나는 이 학교에서 일하는 것이 즐겁다	나는 우리 학교가 근무하기에 좋은 곳이라고 추천하고 싶다	이 학교에서의 나의 업무 결과에 만족한다
한국	35.1	74.1	65.9	81.5
OECD 평균	20.0	89.8	83.4	92.6
TALIS 평균	21.3	88.8	83.3	92.7

[그림 III-10] 교사 직업 환경 만족도

출처: OECD(2019). Chapter 4 Attracting and effectively preparing candidates, 〈Table I.4.33 Teachers' job satisfaction with their work environment, by teachers' teaching experience〉 재구성 (https://doi.org/10.1787/888933933083)

74 이동엽 외. 교원 및 교직 환경 국제 비교 연구. 한국교육개발원. 2019.

교직 이탈 현상은 비단 경력 20년 이상의 명예퇴직 대상자에게만 한정된 것이 아닌데, 저경력의 젊은 교사들 사이에서도 교직 이탈의 움직임이 두드러지고 있어 (매일경제, 2020.1.23)[75] 경력과 무관하게 교단을 떠나는 교사들을 교직사회 전반에서 찾아볼 수 있다.

다음은 경기도교육연구원에서 2020년 11월 12일~20일 경기도 내 초임교사(경력 3년 차 이하) 3,409명과 4년 이상 경력교사 4,287명을 대상으로 설문조사[76]한 결과이다. 남자 초임교사의 25.2%가, 여자 초임교사 38.3%가 교직을 그만두고 싶다고 응답했다.

초임교사 성별에 따른 직업포기 생각 경험

성별	구분	성별 교직 포기 생각 경험					경험 있음	전체	카이제곱 검정
		전혀 없음	없음	보통	있음	매우 많음			
남	빈도(명)	279	252	135	192	33	225	891	카이제곱 값: 74.840 자유도: 4 유의확률: .000
	비율	31.3%	28.3%	15.2%	21.5%	3.7%	25.2%	100%	
여	빈도(명)	489	683	382	790	174	964	2518	
	비율	19.4%	27.1%	15.2%	31.4%	6.9%	38.3%	100%	
계	빈도(명)	768	935	517	982	207	1189	3409	
	비율	22.5%	27.4%	15.2%	28.8%	6.1%	34.9%	100%	

갓 임용된 초임교사들의 35%가 교직을 그만두고 싶다고 말하는 것도 주목해 볼 문제이다. 초임교사들이 그만두고 싶은 원인 1위는 교사 인권 문제(31.0%), 2위는 처우 및 보수(20.8%), 3위는 업무 과다 문제(20.4%)를 꼽았다.

의외로 적성 문제는 생각보다 낮다. 아이들과 함께 행복하게 하루하루 보내는 것을 생각하고 많은 어려운 과정을 거쳐 교사가 됐지만, 본인이 꿈꾸던 교사의 모습과 막상 교사가 된 후 내 모습의 차이가 크기 때문일 것이며, 교사에게 상처를 주는 학생과 학부모의 거친 민원, 권위적이고 비합리적인 상급자의 행동 등 이런 일들을 겪으면서 열정은 소진된다. 또한 이들은 대표적인 '90년대생' 교사로서 체

75 평생 직장?…학교 떠나는 선생님들. 매일경제. 2020.1.23
76 초임 교사 35% 전직 고민 경험…교사 인권 경시. 한국경제. 2021.3.3

초임교사 직업포기 생각 원인

직업포기 생각 원인	인원(명)	비율(%)
적성 문제	235	11.2
대인관계 문제	189	9.0
교사인권 문제	**649**	**31.0**
환경 여건(교통 등)	95	4.5
건강 문제	65	3.1
처우 및 보수	**436**	**20.8**
업무과다 문제	**427**	**20.4**
계	8,559	100
교육과정	274	3.2
계	8,559	100

벌이 없는 학교, 이전 세대에 비해 학생을 존중하는 분위기에서 학교생활을 보낸 세대가 대부분이다. 교사로서 본인의 인권 문제에 대해 예민할 수밖에 없다.

한지예(2022)는 교직 이탈의도를 가진 국내 초등교사의 비율은 13%임을 밝히면서 이는 실제 이탈로 이어지지 않더라도 교직 이탈 가능성을 갖고 잔류하는 교사가 적지 않음을 의미한다고 밝혔다.[77] 또한, 교직 이탈의도 여부에 따른 교사의 개인적 특성을 연령대별로 확인한 결과, 40대와 50대 교사는 교직 이탈의도가 있는 집단의 평균 교직경력이 교직 이탈의도가 없는 집단보다 긴 것으로 나타났고, 20대와 30대 교사는 교직 이탈의도 여부에 따른 교사 집단 간 개인적 특성에 뚜렷한 차이가 나타나지 않았다고 말했다. 이는 고경력 교사들의 교직 이탈 가능성을 보여주며, 젊은 교사들의 교직 이탈의도가 개인적 특성이 아닌 조직적 문제에서 유발되었을 수 있음을 시사한다고 밝혔다.

김지혜 외(2020)는 「누가 교직을 떠나려 하는가? 중학교 교사 교직 이탈 가능성 예측요인 분석」[78]에서 「TALIS 2018」 자료를 사용하여 우리나라 중학교 교사의 교직 이탈(teacher attrition) 가능성 예측요인을 분석하였다. 교직 이탈 가능성은 선행연

77 한지예. 교사의 교직 이탈의도 탐색 연구. 서울대학교 대학원. 2022.
78 김지혜 외. 누가 교직을 떠나려 하는가? 중학교 교사 교직 이탈 가능성 예측요인 분석. 2020.

구에 근거하여 '향후 5년 이내에 교직을 떠나고 싶은지' 여부로 조작적 정의되었다. 분석 결과에 따르면, 우리나라 중학교 교사들 가운데 교직 이탈 가능성이 있는 교사들의 비율은 약 25%라고 밝혔고, 교직 이탈 가능성은 연령대별로 큰 차이를 보이는 것으로 나타났다. 구체적으로, 20대 교사의 교직 이탈 가능성 비율은 3%에 불과하였으나, 50대 이상의 경우 그 비율이 60%에 이르렀다. 하지만 다른 조건이 동일할 때는 연령대와 상관없이 교직 만족도가 낮을수록 교직 이탈 가능성이 높은 것으로 나타났다.

일본의 교직 기피 현상

아직까지 교사 직업의 선호도가 높은 한국과 달리 일본에서는 교사가 기피 직업이 되고 있다.[79] 지난해 교원 채용시험에서 공립 초등학교의 전국 평균 경쟁률은 2.7대 1로 사상 최저치를 기록했다. 전국 61개 교육위원회 가운데 13개 지역에서 경쟁률이 2대 1을 밑돌았다. 2000년까지만 해도 초등학교 교사 채용 경쟁률은 12.5대 1이었다. 교사 수가 부족하자 현에 따라 교원 임용시험 연령 제한을 없앤 곳은 50세 새내기 교사가 탄생하는 곳도 생겼다.

일본 문부과학성에 따르면 교원면허장 수여 건수는 2020년도에 19만 6,357건으로 전년 대비 7,440건 감소했다. 이는 데이터를 집계하기 시작한 2003년 이후 20만 건 아래로 처음 떨어진 것으로 역대 최소치이다. 특히 교원 감소가 심한 중 · 고교는 '과로사 라인'을 넘는 교원의 장시간 노동으로 인해 교직을 꺼릴 가능성이 있다고 보고 있다.[80] 여기에 최악의 워라밸 현상까지 벌어지면서 교직 기피 현상이 일어나자 일본 정부 의도와 달리 교사의 양과 질이 모두 떨어지고 있는 것으로 분석했다.

79 "워라밸 최악"…교사 지망생 사라지는 일본. 한국경제. 2021.6.4
80 일본도 '교원 절벽' 심각…과로사 우려 높은 잔업 등으로 기피. 뉴시스. 2022.8.1

◆ ◆ ◆

우리나라도 머지않았다

공교육의 질은 결국 교사의 질이며 일본의 사례에서 볼 수 있듯이 교직 기피현상이 심화될 수록 교사의 질은 떨어질 수밖에 없다. 특히 새로 입직하는 초임교사의 질이 떨어질수록 교육혁신이든 미래교육이든 우리나라 공교육의 밝은 미래를 바라보긴 불가능에 가깝다. '꼰대에 시달리고 얻는 건 박봉뿐…이러니 MZ는 공무원 떠난다 〔신재용이 고발한다〕'(중앙일보. 2022.8.19)[81] 기사에서, 공무원 인기가 떨어진 이유는 첫째, 성장 기회의 결핍. 둘째, 구성원 간 건강한 관계의 결핍. 셋째, 워라밸의 결핍. 넷째, 낮은 보상, 네 가지로 요약할 수 있다고 하였다. 이 내용을 그대로 교직에 인용해 볼 수 있다.

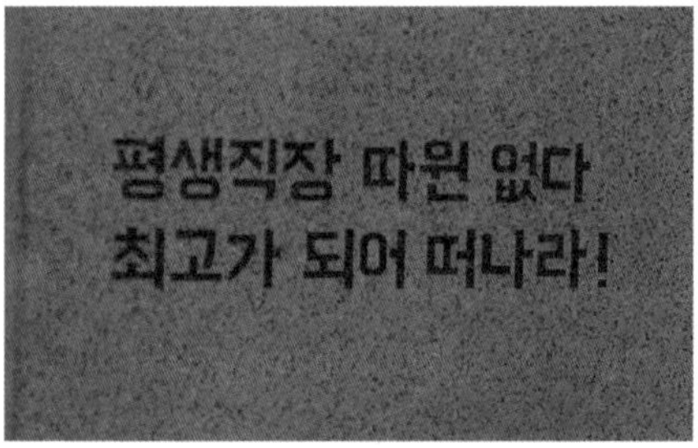

평생직장 따윈 없다
최고가 되어 떠나라!

첫째, 성장 기회의 결핍이다. 아래는 국내 배달앱 1위로 압도적인 시장 우위를 유지하고 있으며 지속적으로 높은 매출성장률을 기록 중인 '배달의민족' 본사 빌딩에 새겨져 있는 문구이다.

이 문구는 바라보는 사람마다 생각이 다를 수 있지만, 회사를 평생직장으로 묶어 두는 것이 아니라 인재를 채용하고 그 분야 최고 전문가로 키우겠다는 회사의 의지가 엿보이는 강력한 문구로 보인다. 이른 나이인 20대 초중반에 입직하여 별문제가 없는 이상 학교를 평생직장으로 다니는 교사와는 정반대의 상황이다.

한국경제(2022.7.10)는 현재를 '대이직의 시대'라고 소개하면서, 이직 경력은 능력이 있다는 증거이며 소위 말하는 '신의 직장'도 5년 안 돼 관둔다고 밝혔다.[82] 직장인들이 이직의 시대를 열고 있는 이유로 '직원들의 인식 변화'를 들었는데, 삼성

---

81 꼰대에 시달리고 얻는 건 박봉뿐…이러니 MZ는 공무원 떠난다. 중앙일보. 2022.8.19
82 "이직 경력은 능력 있다는 증거"…'신의 직장'도 5년 안 돼 관둔다. 한국경제. 2022.7.10

전자에서 과장급으로 일하던 30대 한 직원이 최근 쿠팡으로 이직한 사례를 소개하면서, "주변 동료들의 이직이 눈에 띄게 늘어나는 것을 보면서 평생직장은 더 이상 없다는 생각을 굳혔다"며 "워라밸 또는 높은 연봉을 찾아 언제든 움직이려는 이들이 많다"고 말했다. 그러면서 "과거엔 회사 성장이라는 하나의 목표를 위해 힘을 모으는 조직문화가 있었다면 요즘은 개인 성장에 초점을 맞춰 각자도생하는 분위기가 깔려 있다"고 토로했다.

현재 교직은 어떨까? 최근 필자가 여러 명의 MZ세대 교사와 학교 문화에 대해 대화하다 가장 인상 깊게 들었던 말 중 하나는, '학교는 성장과 노력에 따른 연봉 협상이 불가능하다'라는 말이었다. 한마디로 더 열심히 한다고 해서 몸값이 올라가는 것도 아니고 교사의 전통적인 윤리와 책임을 강조하 는 '성직관'은 젊은 세대 교사에게 이미 공감하기 어려워진 지 오래이며 앞으로도 그럴 것이다. 또한 예전에는 '승진'이라는 일종의 외적 보상으로 각종 연구시범학교 업무, 도서벽지 등의 비선호 지역 근무, 방과후나 학교폭력, 돌봄 등 기피업무, 보직교사 업무 등을 하는 분위기였지만 당장 눈앞의 현재를 살아가야 하는 MZ세대 교사들에게 미래의 '당근'은 기존 세대에 비해 큰 동기유발이 되지 않는다. 특히 교직은 다른 일반 공무원과 비교하면 '교사-교감-교장'으로 승진 체계가 매우 단순하며 교사-교감의 승진 기간이 최소 20년 이상이기 때문에 더욱 동기유발이 되기 어렵다.

그나마 학교에서 운영되는 제도 중에 '성과'에 비례하여 보상받는 교사 '성과급제'도 도입된 지 20년이 넘었지만, 현장에서의 반응은 매우 싸늘하다. 한국교육개발원은 2021년 12월 31일 홈페이지를 통해 발표한 연구보고서 「학교자치 관점에서 본 교원정책의 쟁점과 과제(연구책임자 이동엽)」[83]에서 "교직 사회를 경쟁적 분위기로 전환하여 교육의 질을 개선하고자 도입된 성과급제에 대해 교사 간 갈등 유발, 교사 공동체 의식 붕괴, 학생 수단시화 등의 부작용이 언급되고 있다"면서 "이러한 부작용은 학교자치의 주요 가치인 교사 간 신뢰에 부정적인 영향을 미치는

83 국책연구기관 보고서도 "교원성과급제 폐지 검토해야", 오마이뉴스, 2022.1.20

요인으로 작용할 수 있다"고 짚었다. 이와 관련해, 보고서는 "2010년 이후부터 전교조뿐만 아니라 한국교총, 전국시도교육감협의회를 통해서 교원성과급의 폐지 검토 의견이 지속적으로 제안되었다"면서 "교육의 특수성인 성과의 비가시성과 결과가 즉시 나타나지 않는 점 등은 성과급제 운영을 어렵게 만든다. 불공정하다고 인식되는 성과급제는 학교자치에 부정적인 영향을 미칠 가능성이 높다"고 우려했다.

둘째, 조직구성원의 관계와 자율성이다. 공무원 조직에서 우스갯소리로 '공무원 최고의 장점은 내가 안 잘린다는 것이고, 최고의 단점은 저 사람이 안 잘린다는 것이다'라는 말이 있다.

많이 개선됐다고 하지만 그래도 학교는 아직도 수직적이며 권위주의적인 모습이 많이 남아있다. 강소현(2019)은 "학교는 통제와 감시를 특징으로 하는 조직으로 운영되어 왔다"고 하면서 "조직을 효율적으로 운영하고 견고히 유지하기 위해 구성원 간의 경쟁을 유발하는 경향을 보여 왔으며 이는 교사사회가 개인주의 문화를 유지하도록 하는 악순환의 양상을 만들고 있다"고 말했다.[84] 박은주(2021)는 "학교에 소속된 구성원으로 교사는 학교교육체제에 대하여 권위주의적 태도를 보이고 있었다"라며 복종, 관습 및 관행 등의 권위주의적 태도를 현장 교사들이 여전히 답습하고 있음을 지적하였다.[85]

셋째, 워라밸이다. 대구광역시교육청 산하 대구미래교육연구원은 2020년 12월~1월, 대구지역 교사들의 특성과 세대 차이를 파악하기 위해 교사 5,040명을 대상으로 교직 인식 관련 설문조사[86]를 실시했다. 그중에서 X세대와 MZ세대로 분류되는 1,585명에게는 세대 차이 분석을 위한 설문조사도 실시했는데, 그 결과 세대 간 생각의 차이를 확인할 수 있었다고 밝혔다. 교직생활에서 추구하는 가치 등을 묻는 질문에 X세대 교사들은 책임감(37.1%), 성취감(31.7%), 수업전문성(30.7%), 경제적 안정감(23.3%), 워라밸(22.0%) 순으로 답했다. 반면 MZ세대 교사들은 워라

---

84 강소현. 학교민주주의에 대한 교원들의 경험과 인식에 관한 연구. 청주교육대학교 교육대학원. 2019

85 박은주. 초등학교 교사가 인식하는 학교 자율성 이해. 전남대학교. 2021.

86 대구 교사들, 교직생활 추구 첫 번째 키워드 "책임감". 매일신문. 2021.5.12

밸(42.5%), 수업전문성(30.8%), 책임감(30.8%), 성취감(24.6%), 자아성장(18.2%) 순으로 답했다. X세대는 책임감을, MZ세대는 워라밸을 가장 중요하게 여겼다. 앞서 언급한 교사의 성직관을 이야기하기에는 이미 MZ세대 교사가 교직을 선택한 이유 자체가 기존 세대와 다르다.

MZ세대의 워라밸 관련하여 눈에 띄는 내용은 바로 '연가' 사용에 대한 내용이다. 다른 공무원에 비해 학생들이 학교에 있는 동안 수업을 해야 하는 교사는 연가를 자유롭게 쓰지 못하는 편이다. 대부분 연가를 일 단위 통으로 사용하지 못하고 시간 단위로 쪼개서 조퇴 등으로 사용한다. 41조 연수를 활용해 방학 때 연가를 쓰는 대신 방학 동안 쉴 수 있는 나름 '특혜'를 받고 있는데 연가와 조퇴를 무분별하게 상습적으로 사용하는 것은 전체 교사들에 대해 부정적인 여론이 생겨서 문제가 생길 수 있으므로 자제해야 한다는 주장이다. 실제로 일부 학교에서는 교사들의 연가나 조퇴를 통제하거나 심하게 눈치를 주는 경우도 생긴다.

하지만 MZ세대는 개인의 권리인 연가나 조퇴를 본인이 자유롭게 쓰는 것이 무엇이 문제인지 이해가 안 된다는 입장이다. 특히 본인의 수업이나 업무를 어느 정도 해 놓은 상황이라면 굳이 학교에 남아서 시간을 보낼 이유가 전혀 없다고 얘기한다. 학부모가 상담을 위해 교사가 조퇴한 이후 갑자기 학교에 찾아온다면 조율 없이 찾아온 학부모의 잘못이라고 말한다. 또한 41조 연수를 폐지하게 된다면 일반직 공무원과 마찬가지로 학기 중 평일에 자유롭게 연가를 쓸 수 있도록 하며 연가보상비 또한 국가에서 교원에게 지급해야 한다고 당당하게 주장한다.

넷째, 보상 문제이다. 직장인 '블라인드'앱에서 "공무원은 철밥통에, 은퇴하고 연금 받는 거 때문에 하는 거 아니냐"는 질문에, "아니, 밥통 안에 밥이 없다니깐"이라고 응답하고 있다. 그야말로 '웃픈' 현실이다.

교사를 포함한 공무원 전체 임금에 대한 불만이 가득하다. 정부는 2022년 8월 30일, 2023년도 5급 이하 공무원 급여를 1.7% 올리고 4급 이상 간부급 임금은 묶는다고 발표했다.[87] 6년 만의 '긴축 예산'을 뒷받침하려면 공직사회도 허리띠를 졸라 매야 한다는 판단에서다. 하지만 공무원 노동자들은 1.7% 인상 결정에 대해 "올해 경제성장률과 물가상승률에 한참 못 미치는 터무니없는 낮은 수준으로 공무원 보수를 결정했다"며 보수 실질삭감이라고 성토했다.(오마이뉴스, 2022.8.30) 게다가 공무원의 장점인 공무원연금도 지금의 적자 폭이나 향후 개혁 요구에 비춰볼 때 MZ세대 공무원은 기존 세대에 비해 같은 수준의 연금 혜택을 기대하기 어려울 것으로 보인다.

◆ ◆ ◆

그럼에도 희망은 역시 교사

소위 말하는 '철밥통 교사'는 교사가 만드는 것이 아니라 사회가 만든다. 열정 가득하고 능력 있는 젊은 교사가 철밥통 교사가 되는 데까지는 그리 많은 과정을 거치지 않는다. 봉급이 생각보다 적고, 공무원 연금은 개혁 대상이 되며 열심히 일하면 할수록 일을 더 주는 직장 문화 때문이다. 게다가 각종 비상식적인 민원과 심각한 교권 침해, 여전히 수직적인 교직 문화를 겪을수록 교사는 빠른 속도로 소진된다. 예전에는 고경력 교사의 소진이 문제였다면 지금은 젊은 세대 교사의 소진 현상도 매우 빠르고 심각하게 이루어진다는 것이 더 큰 문제이다. 이러한 흐름이 교직 기피 현상으로 이어진다면 지금까지 우리나라 공교육의 가장 큰 강점을 잃게 된다.

그나마 다행인 것은 일반 공무원 기피 현상에 비해 대한민국 교사, 특히 젊은 MZ세대 교사들의 교직 기피 현상이 아직까지는 심각하게 나타나고 있지 않다는 점이다. 우리나라 교사들은 일반 공무원에 비해 학창 시절부터 교직을 꿈꾸며 대학(교대, 사대)을 입학하고 교사라는 직업을 선택한 경우가 많기 때문이다. 지금부터

87 공무원 임금 동결 또는 1.7% 인상, 윤 대통령 월급은…, 한국일보, 2022.8.30

라도 MZ세대 교사들이 소진되기 전에 열정을 회복할 수 있도록 지원하는 노력이 필요하다.

필자는 『대한민국 교육트렌드 2022』(성기선 외. 2022)의 MZ세대 교사들 편에서 이미 MZ세대 교사들은 대한민국 전체 교사 중에 절반에 가깝고, 워라밸을 중시하며, 공정성에 예민하고, 다양한 정체성을 가지고 있으며, 디지털네이티브이자 자기 중심성 등 특징이 있다고 밝혔다. 그러면서 MZ세대 교사들은 기존 학교 문화와 많이 충돌하는 경향을 보인다면서 국가공무원으로서 주어진 일을 반복적으로 튀지 않고 할 수도 있고, 전문적학습공동체를 구성해서 주도적으로 새로운 교육을 이끌어갈 수도 있으며, 전통적인 교사 역할을 수행할 수도 있고 새로운 시도를 할 수도 있다고 말했다. 그러면서 어떤 모습이 진정한 교사의 모습이고 옳은 방향인지는 각자 판단할 몫이지만 분명한 것은 사회와 세대가 빠르게 변하고 있다고 강조했다. 또 새롭거나 기존과 다른 방식을 무조건 비판하거나 평가하기보다, 새로운 시선으로 MZ세대 교사의 특성과 교육방식을 이해하고, 허용하며, 지원하는 학교 문화와 제도가 정착하길 바란다고 제언했다.

'다했니'는 현직 초등학교 교사인 서울 풍성 초등학교 최지원 교사가 직접 기획하여 만든 온라인 교수학습 서비스이다. 93년생인 최지원 교사는 5년 차 교사이던 2020년, 코로나19로 인해 아수라장이 된 학교 현장에서 많은 불편함을 느꼈다고

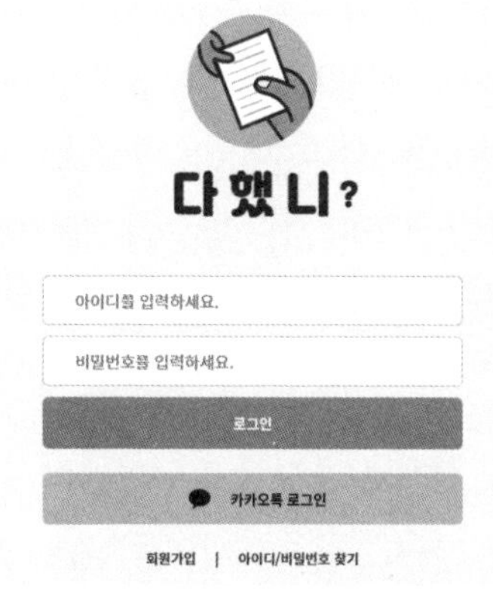

한다.

온라인 개학 상황에서 다양한 에듀테크를 활용했으나 과제를 제공하고 모으는데 번거롭고 불필요한 과정이 많았다고 한다. 기존의 아날로그 방식으로는 너무나 번거로운 포인트 및 보상 관리에 지쳤고, 과제 수합과 보상 관리를 동시에 효과적으로 할 수 있는 방안을 고민하며 '다했니'와 '다했어요'를 만들기로 결심했다고 한다.

왜 본인의 사비를 들여서까지 이 서비스를 운영하느냐는 질문에, 본인은 교사의 정체성 이외에도 기획자, 개발자의 정체성도 가지고 있다고 언급하며, '덕업일치'를 강조하였다. 운영을 위한 비용이 부담스럽지만 많은 사람에게 효용을 주는 것 자체에 보람을 느낀다고 말했다. 그러면서 본인만의 철학을 지키며 개발을 이어가기 위해 외부 투자를 받을 생각은 없다고 밝혔다.

2021년 10월 13일 방송된 tvN '유 퀴즈 온 더 블럭'(이하 '유퀴즈')에서는 '이게 가능하다고?' 특집으로 꾸며진 가운데 초등학교 교사이자 유튜브 채널 '세금 내는 아이들'을 운영 중인 옥효진 교사가 출연했다. 부산 송수초등학교 5학년 담임을 맡고 있다는 옥효진 교사는 "규모는 작지만 나라 살림을 하는 정부도 있고 법을 만드는 국회도 있고, 아이들이 사용할 수 있는 우리 반만의 화폐도 있다"고 소개했다. 아이들이 학급에서만 사용할 수 있는 이 학급화폐를 활용하여 실제 교실 속 다양한 경제 · 금융 활동에 참여하며 체험을 통한 경제교육을 받고 있다고 한다.

옥효진 교사는 본인의 학급화폐를 활용한 독특한 학급 운영이 이루어지는 초등학교 교실 이야기를 유튜브 '세금 내는 아이들'에 영상으로 올리고 있으며 2022년 10월 기준 구독자가 17만 명에 달한다. #인생은실전 '돈으로 움직이는 초등학교 교실 이야기'라는 도발적인 타이틀이 눈에 띈다.

이날 방송에서 옥효진 교사는 "아이들의 미래를 위해 경제교육의 필요성을 절실히 느꼈다"면서 "아이들이 돈을 벌고 세금도 내며 저축과 투자도 하는 교실이 있다면 어떨까"라는 생각에서 시작된 '학급화폐 경영'은 반 아이들의 학교생활을 완전히 바꿔놓았다"고 전했다. 실제로 초등학교 교실에서 흔히 운영하고 있는 1인 1 역할 활동을 '직업'으로 추가해서 1인 1 역할이 아니라 직업 활동으로 부르면서,

환경미화원, 우체부, 급식도우미 등 직업과 교사가 학급운영 활동에 필요한 은행원, 투자회사 직원, 신용평가위원, 통계청, 국세청 이런 직업들을 추가해서 운영하는 식이다. 학생들은 직업을 통해 원천징수한 차등의 월급을 받고, 월급으로 소비, 투자, 저축을 할 수 있는데 과자 사 먹기, 일기면제권, 급식 먼저 먹기 쿠폰들과 저축을 유도할 수 있는 자리 사기, 원하는 자리 앉기, 선생님이랑 나들이 쿠폰, 경매 등 초등학교에서 쉽게 볼 수 있는 다양한 보상 활동을 경제활동과 연계시켰다. 또한 모든 학생이 1년간 일을 하고 월급을 받아 소득세와 건강보험료, 고용보험료 등을 내며, 선생님의 몸무게가 변화하는 추이를 살피고 주어진 정보를 분석하여 '투자'활동에도 참여하고 있다. 이를 통해 저축과 투자의 차이를 학생들이 자연스레 이해하는 효과가 있다. 옥효진 교사의 교실 속 아이들은 자신만의 사업을 구상하여 교실 속에서 가게를 차려 운영하기도 한다. 반장과 부반장, 선생님으로 이루어진 학급 정부에서는 국무회의를 열어 세금을 어떻게 사용할 것인지에 대해 의논을 하기도 한다. 정부에서 계획한 세금이 제대로 사용하고 있는지는 교실 속 국회의원들이 점검하고 있다.

옥효진 교사는 부산대학교병원과의 인터뷰(2022.1.22)에서 '세금 내는 아이들' 금융교육을 시작하게 된 동기로, '본인이 금융 지식이 너무 없어서'라고 답했다. 어른이 되어 맞닥뜨리게 될 생활 속 금융 지식과 역량을 길러줄 수 있는 실질적인 금융교육을 학교에서 해야 하는 것이 아닌가, 반 아이들에게만이라도 제가 해줄 수 있는 일이 없을까 고민한 결과라고 말했다.[88]

물론 위 두 사례는 특별한 사례이다. 하지만 분명히 알 수 있는 것은 최근 학교 교사들의 세대교체와 더불어 교육에 대한 접근방식과 교육방식도 다양해지고 있다는 점이다. 앞서 살펴본 공무원 기피 현상의 원인인 성장 기회의 결핍, 조직구성원의 관계와 자율성의 경직성, 갈수록 지켜지지 않는 워라밸, 낮은 외적 보상 문제에도 불구하고 본인의 자리에서 묵묵하게, 그리고 새롭고 다양한 방식으로 교육하

---

88 '유퀴즈' 옥효진, 학생들에게 세금 걷는 교사… 유튜브→책도 출간, 한국경제, 2021.10.14

는 교사들이 많은 것도 분명한 사실이다. 이들로 인해 아직까지 우리나라 공교육이 세계 최고 수준이라고 말할 수 있다. 그러나 이들이 소진되어 더 이상 무엇인가를 시도할 열정이 사라지게 되는 순간이 정말 큰 문제일 것이다.

앞서 언급한 것처럼 아직까지는 우리나라 교사들의 교직기피 현상은 크게 나타나지 않고 있다. 하지만 최근 분위기를 봤을 때 이 상황이 지속되리라고 기대하기는 어렵다. 전체 퇴직자 중 5년 차 이하의 비율이 25%를 차지하며, 지원 경쟁률 또한 갈수록 하락하는 일반직 공무원의 현재 상황을 보자. 학생 수가 줄어든다는 이유로 급격하게 교사 수를 줄여 그 결과가 교사의 질 하락으로, 나아가 공교육 질 하락의 결과를 맞이하고 있는 일본의 모습을 보며 지금부터라도 진지한 고민이 필요하다.

교육의 데이터화

증거기반의 교육정책이 가능할까?

김용 (한국교원대학교 교수)

◆ ◆ ◆

생활 속으로 깊이 들어온 빅데이터

빅데이터가 미래의 키워드 중 하나라는 이야기를 종종 들을 수 있지만, 빅데이터는 이미 우리 생활에 깊이 들어와 있다. 근래 시민들이 애용하는 서비스 중 상당수는 공공기관이 보유하고 있는 빅데이터를 상업적으로 이용하고 있는 것이다. 젊은 여성들에게 인기가 높은 모바일 뷰티플랫폼 '화해'가 예이다. 화해는 '화장품을 해석하다'는 문장의 앞 글자를 따 온 브랜드로 이용자가 구매하고 싶은 화장품을 검색하면 화장품의 각종 성분 정보를 보여주며, 이용자의 피부 유형에 맞는지를 알려준다. 과거에는 유명 광고 모델이 전달하는 정보에 의존하거나 입소문이나 리뷰에만 의존해서 화장품을 구매하는 일이 많았다. 그런데 광고 모델이 전달하는 정보는 너무 빈약하고, 화장품 리뷰 중에는 허위 또는 광고성 글도 적지 않았다. 소비자들은 화장품의 성분은 알지 못한 채 인지도나 이미지만으로 구매를 결정했다. '화해'는 식품의약품안전처 등 공공기관에서 공개한 데이터를 활용하고 사용자들이 직접 작성한 양질의 리뷰를 구축하여 구매하고 싶은 화장품을 검색하면 화장품 성분을 알려준다. 또한 유해 성분이나 알레르기 성분 포함 여부, 피부 유형별로 잘 맞는 성분과 그렇지 않은 성분을 분석하여 제공한다. 소비자들은 자신의 피부 유형과 선호도에 맞는 맞춤형 화장품을 추천받을 수 있다. 화해는 정보통신기술을 활용하여 보유하고 있는 빅데이터를 더 효율적으로 사용할 수 있는 서비스를 개발하고 있다. 화해가 보유하고 있는 680만 개의 실사용자 리뷰 데이터 중 화장품 광고와 같은 목적으로 작성된 리뷰를 걸러내는 어뷰징 시스템을 개발하여 양질의 리뷰 데이터를 구축하고, '내 피부 맞춤' 버튼을 누르면 사용자에게 맞는 리뷰만 요약 제공하는 기능도 갖추고 있다. 소비자들은 빅데이터를 활용한 서비스를 활용하여 자신의 피부에 부합하는 균형 있는 정보를 얻을 수 있다.

뷰티플랫폼 '화해'

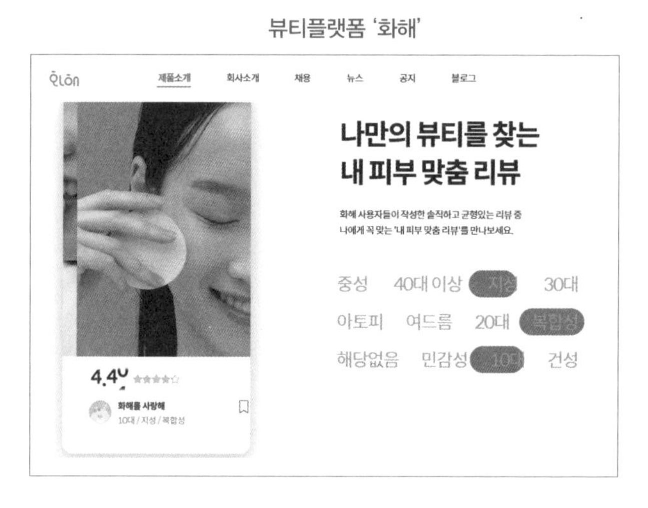

이처럼 공공기관이 보유한 빅데이터를 활용하여 시민들이 이용하는 서비스는 점차 확대되고 있다. 구직자들이 널리 이용하는 고용 정보 플랫폼 크레딧잡은 국민연금이 보유한 42만 개 기업의 월평균 급여, 입사자와 퇴사자 수 등 데이터를 활용하여 고용 정보 서비스를 제공한다. 부동산 거래 사이트 호갱노노는 국토교통부가 보유한 부동산 거래 정보를 활용하여 지역별, 가격대별 부동산 정보를 제공하고 있

◆ ◆ ◆

빅데이터의 교육 활용

빅데이터는 교육 부문에서도 널리 활용되고 있다. 국내보다는 해외에서 그 경향이 뚜렷하다.

미국의 애리조나주립대학(ASU)은 250여 개의 전공을 운영하고 있으며, 학생들은 1학년과 2학년에서 전공을 탐색하고 3학년에 전공에 진입한다.[89] 3학년 진급 시에 자신이 원하는 전공에 진입하기 위해서는 각 전공에서 요구하는 강좌를 수강하고, 일정 수준 이상의 학점을 취득해야 한다. 대학에 갓 입학한 학생들에게 이 일은 쉽지 않기 때문에 대학은 학업 상담사(academic advisor)를 학생들에게 배치하여 매 학기 수강 신청 전에 상담사와 협의하도록 하고 있다. 그러나 상담사들 역시 250여 개에 이르는 전공과 각 강좌의 특성을 정확하게 알고 있는 것은 아니어서 상담이 잘못될 가능성도 있다. 또 350여 명에 이르는 상담사를 고용하여 유지하는 데에는 상당한 비용이 든다.

이런 배경에서 'eAdvisor'를 개발하였다. 이 시스템은 학생들의 학업 준비도와 흥미 등을 중심으로 학생이 성공할 것 같은 전공을 찾도록 도와주며, 각 전공에서 요구하는 수강 이력을 밟아갈 수 있도록 하여 학위를 받을 가능성을 높여준다. 실제로 애리조나주립대학(ASU)에서 eAdvisor를 도입한 이후 1학년에서 2학년으로 진급하는 학생유지율이 76%에서 84%로 높아졌고, 4년 만에 대학을 졸업하는 학생 비율이 32%에서 42%로 높아졌다. 학생 유지율이 8% 상승한 것은 대학 입장에서는 재학생 수가 늘어난다는 의미로서 170만 달러의 대학 재정 증가에 기여했다.

또 학생들의 정보를 집적하면 대학이 다음 학기에 개설해야 할 강좌 수를 예측할 수 있다. 과거에는 대학이 예측해 개설한 강좌 수와 학생의 수강 신청 상황이 달라서 폐강되는 강좌가 생기기도 하고, 수강 신청자가 너무 많아서 급하게 강좌

89 애리조나주립대학 사례는 다음 글을 참고하였다. Phillips, E. D. 2013. Improving advising using technology and data analytics. *Change: The magazine of higher learning* 45(1). 48–55.

를 추가 개설하거나 학생들이 어쩔 수 없이 수강을 변경해야 하는 경우도 있었지만 eAdvisor 도입 후에는 이런 문제를 획기적으로 줄이게 되었다.

ASU eAdvisor 화면

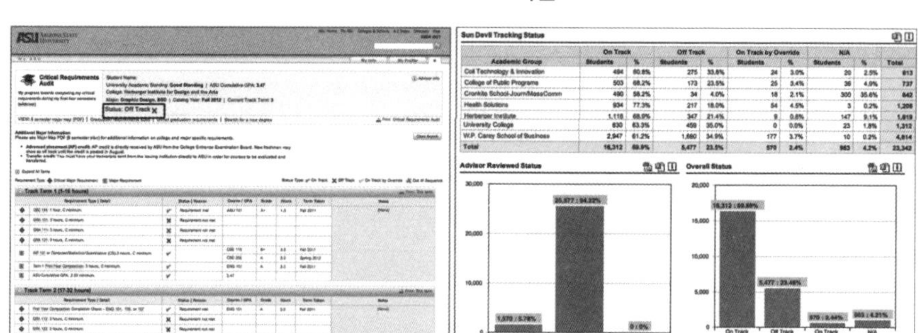

클래스도조 화면

학생의 행동 지도 앱인 클래스도조(ClassDoJo) 역시 주목할 만하다. 클래스도조는 2011년 실리콘밸리에서 탄생한, 그리고 지금은 전 세계적으로 가장 앞서 나가는 에듀테크 기업이다.[90] 클래스도조는 당초에는 교사들의 학급 운영 도구로 만들어졌다. 클래스도조는 교사, 학생, 학부모가 개별적으로 가입할 수도 있고, 교사와 그가 지도하는 학급의 학생과 학부모 모두가 집단적으로 가입할 수도 있다. 2021년 1월 27일 펴낸 보도자료에 따르면, 전 세계 180개국 이상에서 5,100만 명이 넘는 교사와 학부모, 학생들이 클래스도조를 활용하고 있다. 미국에서는 초등학생을 둔 여섯 가정 중 한 가정은 클래스도조에 가입되어 있다. 클래스도조는 컴퓨터나 휴대전화에서 활용할 수 있다.

90 클래스도조 사례는 다음 글을 참고하였다. Williamson, B. 2017. Decoding ClassDojo: Psycho-policy, social-emotional learning and persuasive educational technologies. *Learning, Media and Technology* 42(4). 440-453.

◆ ◆ ◆

정부 운영을 바꾸는 데이터

데이터는 일상생활뿐만 아니라 정부 운영까지 바꾸고 있다. 천안시와 아산시는 교통 현황, 유동 인구는 물론 코로나19 확진자, 재택 치료자, 예방접종 현황 등 데이터를 집적하고 민간 기업 정보와 매출 정보까지 연결하는 빅데이터 통합플랫폼을 구축하여 도시 행정의 의사결정에 활용하고 있다.[91] 제주시는 카카오 서비스와 공공데이터포털 등에서 각기 제공되던 제주 관련 각종 데이터를 한눈에 볼 수 있는 제주데이터허브(Jeju data hub)를 구축하여 제주를 방문하는 여행자들에는 안전하고 유용한 정보를 제공하고, 제주의 지역 경제에도 상당히 기여하고 있다.[92]

정부 운영에서 데이터를 중시하는 흐름은 이른바 증거기반 정책 결정(evidence-based policy making)이 확산되는 것과 관련이 깊다. 이것은 정책을 수립하고 집행하는 과정에 각종 통계와 행정데이터 등 객관적 정보를 적극적으로 활용하는 것이다. 객관적 증거에 기반한 행정을 펼칠 때 정책 목표를 명확하게 설정할 수 있고 그 목표를 효과적으로 달성할 수 있을 것으로 기대한다. 증거기반 행정은 1997년 영국 정부가 '정부 현대화(modernizing government)'를 표방하면서 처음 제안하였고,[93] 이후 미국에서는 오바마정부가 2013년 증거기반 정책 어젠더(Next steps in the evidence and innovation agenda)를 발표하고 2016년에는 증거기반 정책결정위원회법(Evidence-based policy making commission innovation act)을 제정하면서 증거기반 행정의 제도적 틀을 구축해가고 있다.[94]

근래 OECD는 전자정부와 디지털정부를 넘어 데이터 기반 정부를 지향할 것을 제안하기도 했다. 데이터 기반 정부는 데이터의 중요한 전략적 가치를 이해하고

---

91 한민태(2021.11.18.) "천안시, 스마트행정 '빅데이터 플랫폼'으로". 충청매일.

92 홍창빈(2022.5.11.) "제주 관광지 주차장 장애인 화장실, 공공데이터로 한눈에 본다.". 헤드라인제주.

93 Head, B. 2010. Reconsidering evidence-based policy: key issues and challenges. *Policy and society* 29(2). 78-80.

94 권헌영(2020). 데이터기반 행정법과 데이터 정책의 과제. KISO Journal 40. 25.

데이터 관리와 공유, 재사용 등을 둘러싼 장벽을 제거하고자 적극 노력하는 정부로 정의된다. 데이터 기반 정부는 정책 요구와 변동 가능성을 예측하여 정책을 설계한다. 또한 정책 전달 과정에 데이터를 사용하여 정부의 대응성과 공공 서비스 제공의 질을 평가하고 정책 영향을 측정하여 행정의 질을 제고하고자 한다.[95]

우리나라에서 데이터에 기반을 둔 행정의 출발점이라 할 수 있는 것은 김대중 정부에서 시작한 전자정부 정책이다. 2001년에 「전자정부 구현을 위한 행정 업무 등의 전자화 촉진에 관한 법률」을 제정하였는데, 이 법에서는 전자정부를 "정보기술을 활용하여 행정기관 및 공공기관의 업무를 전자화하여 행정기관 등의 상호 간의 행정 업무 및 국민에 대한 행정 업무를 효율적으로 수행하는 정부"라고 정의하고 있었다.

박근혜 정부 들어 데이터 기반 정부 혁신이 역동적으로 추진되었다. 박근혜 정부 당시 공공정보의 개방과 공유, 정부-국민 간의 소통과 협력 확대라는 방향을 내걸고 '정부 3.0'을 추진했다. 공공정보를 적극 공개하여 국민의 알권리를 충족하고, 공공데이터를 민간이 편리하게 활용할 수 있도록 하며, 빅데이터를 활용하여 과학적 행정을 구현하는 일 등이 전략적 추진 과제에 포함되었다. 2013년에는 「공공데이터의 제공 및 이용 활성화에 관한 법률」을 제정하여 공공기관은 누구든지 공공데이터를 편리하게 이용할 수 있도록 노력했다. 또한 공공데이터 이용의 보편적 확대를 위하여 공공데이터에 관한 국민의 접근과 이용에 있어서 평등의 원칙을 보장하도록 했다. 또, 일반에 공개된 공공데이터에 관하여 법률이 정한 몇 가지 경우를 제외하고는 이용자의 접근 제한이나 차단 등 이용 저해 행위를 하지 않도록 하고, 공공데이터를 영리적으로 이용하는 경우에도 이를 금지 또는 제한하지 않도록 규정하고 있다. 이 법률에 근거하여 국무총리를 위원장으로 하는 공공데이터전략위원회를 구성하고 공공데이터포털(www.data.go.kr)도 운영하고 있다.

95 OECD(2019). The path to becoming a data-driven public sector.

공공데이터포털에서 제공하는 국가데이터맵

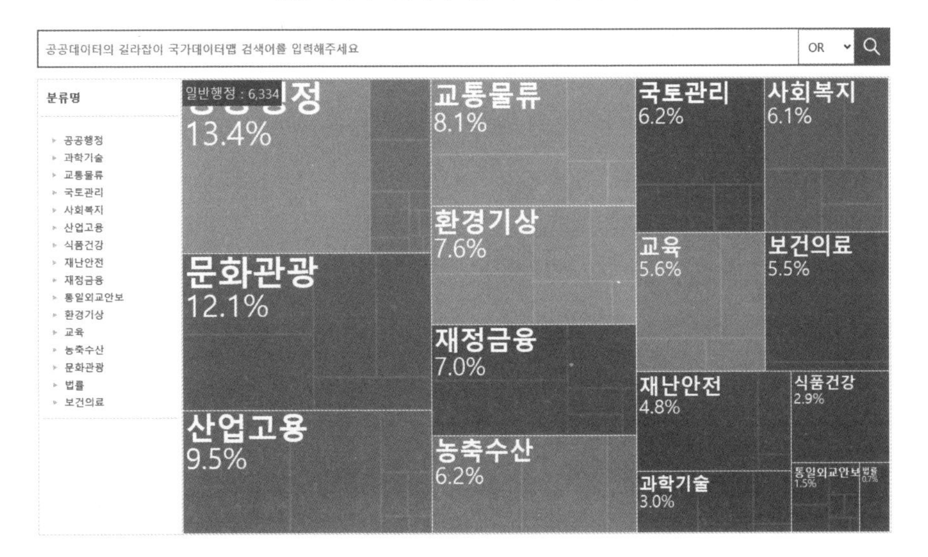

이런 배경에서 2016년부터 '행정정보 공동이용 사업'을 추진하였다. 이 사업은 국민들이 인 · 허가 등 각종 민원을 신청할 때 필요한 구비 서류를 제출하지 않아도 민원 담당자가 전산망으로 확인하여 민원을 처리하는 전자정보 서비스이다. 예를 들어 여권을 발급받고자 할 때 민원인이 동의만 하면 공무원이 구비 서류 정보를 열람하고 민원을 처리할 수 있게 된다. 이 사업 시행 이후 신분증만 가지고 있으면 은행이나 학교에서 대부분의 업무를 처리할 수 있게 되었다.

문재인 정부에서는 '데이터 규제 완화 3법'을 통하여 빅데이터 산업을 육성하기 위하여 데이터 이용 규제를 대폭 완화하였다. 「개인정보보호법」을 개정하여 정보주체의 동의 없이 과학적 연구, 통계 작성, 공익적 기록 보존 등을 목적으로 가명 정보를 이용할 수 있는 근거를 마련하였으며, 「신용정보보호법」을 개정하여 금융 분야 가명 정보를 빅데이터 분석 · 이용에 활용할 수 있도록 하고 가명 정보주체의 동의 없이 정보의 이용 및 제공을 허용하였다.

데이터 규제 완화 3법 시행 이후 마이데이터 사업이 활발하게 추진되고 있다. 마이데이터는 개인 데이터 통합관리 플랫폼으로서 정보 주체인 개인이 본인 데이터에 대한 권리를 본인이 원하는 방식으로 관리하고 활용하는 제도이다. 기존에는 기업들이 소비자의 개인 정보를 가지고 타겟마케팅에 활용하는 방식으로 정보를 활용하여 개인은 정보 주체로서의 권리를 행사할 수 없었다. 은행권에서는 간단한 본인 인증만으로 은행, 보험사, 카드사 등 금융회사에 있는 개인의 신용정보를 취합하여 소비와 자산관리 등에 활용할 수 있도록 하는 서비스를 제공하고 있는데, 이것이 마이데이터를 활용한 것이다.

◆ ◆ ◆

교육 데이터의 종류와 활용

교육 활동에 관한 데이터를 수집하기 시작한 역사는 상당히 오래되었다. 미국은 1867년 교육부를 설립하고 학교교육에 관한 각종 통계를 수집하기 시작했다. 이보다 30년 빠른 1837년에는 보통학교 운동을 주도했던 호레이스 만(Horace Mann)이 학교를 방문하거나 간단한 서베이를 시행하고, 학교장들이 메사스세츠주 교육위원회에 제출한 보고서를 모으고 편집하여 교육과정, 교사 자격과 급여, 학생 평가, 학교 시설, 학부모의 관심 등을 모아서 미국 최초의 교육정보시스템을 만들었다. 그는 이 시스템을 활용하여 미국 시민들이 공립 학교 체제를 지지할 수 있도록 설득할 수 있다고 믿었다.[96]

우리나라에서도 국책 연구 기관을 중심으로 수많은 교육 관련 데이터가 생산되고 있다. 한국교육개발원은 교육기본통계조사와 평생교육 통계조사를 주기적으로 시행하고 있으며 한국교육 종단연구 자료를 보유하고 있다. 한국교육학술정보원은 나이스와 에듀파인, 학교알리미 등 학교 행정정보를 보유하고 있고, 한국교육과정평가원은 국가수준학업성취도평가, 수학능력시험, PISA와 TIMSS 등 국제학

96 Anagnostopoulos, D., Rutledge, S. A., & Jacobsen, R.(2013). *The infrastructure of accountability: Data use and the transformation of American education*. MA: Harvard Education Press. 4–5.

업성취도 비교 데이터를 보유하고 있다. 그 이외에도 다양한 데이터를 각 기관들이 보유하고 있다.[97]

기관별 교육분야 보유 데이터 현황

	기관명	주요 보유 데이터
1	한국교육개발원 (Korean Educational Development Institute: KEDI)	- 교육기본 통계조사 - 평생교육 통계조사 - 한국교육종단연구
2	한국교육학술정보원 (Korea Education and Research Information Service: KERIS)	- 교육정보통계시스템(EDS) - 초·중등학교 교육정보화 실태조사
3	한국교육과정평가원 (Korea Institute for Curriculum and Evaluation: KICE)	- 국가수준 학업성취도 평가 - 대학수학능력시험 - OECD 국제 학업성취도 평가(PISA)
4	국가평생교육진흥원 (National Institute for Lifelong Education: NILE)	- 학점은행제 통계 - K-MOOC 통계 - 국가 평생학습포털 늘배움 통계
5	한국청소년정책연구원 (National Youth Policy Institute: NYPI)	- 한국아동·청소년 패널조사 - 다문화청소년 패널조사 - 청년 사회·경제 실태조사
6	한국직업능력개발원 (Korea Research Institute for Vocational Education & Training: KRIVET)	- 한국교육고용패널 조사 - 인적자본기업패널 조사 - 국내 신규 석·박사학위 취득자 조사
7	한국대학교육협의회 (Korea Council for University Education: KCUE)	- 대학정보공시 통합정보시스템
8	한국사학진흥재단 (Korea Advancing Schools Foundation: KASFO)	- 사립대학 예·결산 - 교육시설현황 - 정부·지자체 고등교육 재정지원 현황
9	한국과학창의재단 (Korea Foundation for the Advancement of Science & Creativity: KOFAC)	- 과학창의 연례통계
10	한국장학재단 (Korea Student Aid Foundation: KOSAF)	- 대학 등록금 및 장학금 통계조사
11	시·도 교육청	- 교육종단연구 데이터 (서울시, 경기도, 부산시)

위의 표에서 확인할 수 있는 것처럼, 우리나라에도 교육행정 데이터, 교육재정 데이터, 학업성취 데이터 등 이미 상당한 양의 교육 데이터가 존재한다. 근래에는 온라인 학습이 활성화하면서 학생들의 학습 과정이 고스란히 데이터로 남게 되었

97 이규민, 김진숙, 박성호(2020). 과학적 교육정책 추진 기반 마련을 위한 연구. 교육부. 내용을 요약함

다. 온라인 수업에 참여하는 학생들의 접속 시간과 접속 기기, 영상의 시청 배속과 연속 수강 여부, 과제 제출 시간 등 수 많은 데이터들이 산출되고 있으며, 이 데이터를 학습 분석에 활용하면 맞춤형 학습(adaptive learning)을 실현할 가능성이 상당하다.[98] 또 전국 단위의 종단 데이터도 확대되고 있다. 한 개인의 생애 초기의 다양한 특성과 학교 입학 후의 학습과 성장 과정, 그리고 진학과 진로에 이르는 장기간의 변화를 추적하여 교육정책의 효과 등 다양한 분석을 수행할 수 있다는 점에서 종단 데이터는 가치가 높다. 한국교육개발원은 2005년과 2013년 당시에 초등학교 5학년 학생들 가운데 표본을 추출하여 만 28세가 되는 시점까지 인지적, 비인지적 성취와 발달, 학교생활과 진학, 생활 수준 등을 조사하고 있다.[99] 서울시교육청과 경기도, 부산시와 전라북도교육청에서도 종단 연구를 수행하고 있다.

미국에서도 여러 주에서 각종 데이터를 연계하여 종단 정보 시스템을 구축하고 있다. 메릴랜드주가 대표적인데, 2010년에 유치원부터 고등교육기관, 나아가 노동시장에 이르는 과정의 학생 개개인을 추적하는 메릴랜드 종단 데이터 시스템(Maryland Longitudinal Data System : MLDS)을 구축하였다.[100] 이 시스템은 주의 K-12 데이터, 11개 대학 정보, 정부 부처의 노동, 임금, 검정고시 및 외부 학위 프로그램, 성인 및 재교육 프로그램 정보, 기타 정부 외부의 데이터를 연계하여 구축된다. 또한 학생의 학교생활 기록, 고용 형태, 세금 정보, 학자금 대출 정보, 학위 취득 정보를 연계하여 입학과 졸업, 취업 전후의 학생 변화와 경험을 분석하고 있다.

우리나라는 주민등록번호 제도를 운용하고 있어서, 행정 데이터의 개인 식별 가능성이 높고 각종 데이터를 종단 데이터로 결합하면 한 사람의 생애에 걸친 변화와 성취를 추적할 수 있다. 현재는 교육행정 데이터가 지역과 학교 급별로 분절되어 있으나, 이 데이터를 개인 단위로 연계하고 노동시장으로의 진입 과정과 평생

98 임후남, 이기준, 금종예(2021). 교육 분야 데이터 현황 및 이슈. 한국교육개발원 이슈페이퍼 IP 2021-05.

99 류한구 외(2005). 한국교육 종단연구 2005(Ⅰ)-예비조사 보고서-. 한국교육개발원; 김양분 외(2013). 한국교육 종단연구(KELS)2013(Ⅰ)-조사개요보고서-. 한국교육개발원.

100 MLDS에 관해서는 박성호 외(2017). 미국 교육종단정보시스템 현황 및 시사점. 한국교육개발원 이슈페이퍼 IP 2017-07.

교육 정보까지 결합하면 매우 유용한 교육 분야 빅데이터가 될 가능성이 높다.[101] 한 연구[102]에서는 한국교육과정평가원이 보유하고 있는 국가학업성취도평가 결과와 한국청소년정책연구원의 아동 · 청소년 패널조사 데이터, 그리고 한국교육학술정보원에 있는 학교 정보공시자료를 결합하면 기초학력 미달 여부에 대한 학교교육 활동의 영향력을 추정할 수 있으며, 한국교육과정평가원이 보유한 대학 수능시험 데이터와 한국교육개발원의 한국교육종단연구 데이터를 결합하면 사교육과 자기조절능력, 학습 태도 등 수능시험 점수를 예측하는 여러 요인의 상대적 영향력을 비교할 수 있다고도 했다.

교육부에서는 데이터 기반 교육행정 지능화, 교육행정의 과학화 등을 지향하며 교육 빅데이터 위원회를 구성하여 운영하고 있다. 2010년대 들어서는 각 시 · 도 교육청과 교육 관련 기관에서 생산한 데이터를 한곳에 모아 교육부 및 시 · 도교육청 사용자가 즉각 확인, 추출, 활용할 수 있도록 하는 교육정보통계시스템(EDudata System: EDS)을 운영하고 있으며, EDS에 축적된 데이터 중 일부를 외부 연구자가 교육정책 및 학술연구를 위하여 사용할 수 있도록 하는 서비스(EDSS)를 운영하고 있다. EDS와 EDSS의 활용률이 매년 점진적으로 향상되고는 있지만 이용 절차와 방법이 단순 · 편의적이지 않고 데이터 간의 연계가 어려워서 실제 교육 분야 데이터 활용은 상당히 제한적이다.[103]

이런 현실은 우리 정부 차원에서도 마찬가지 상황이다. 빅데이터라고 하면, 양적으로 대규모 용량(volume)을 가지고, 비구조화된 다양한 형식(variety)으로 실시간으로 생성되는(velocity) 데이터를 말한다. 그런데, 정부나 공공기관이 보유한 데이터 중 상당수는 연 또는 월 단위의 정형적 데이터라서 활용이 쉽지 않고 「개인정보 보호법」을 개정하여 통계 작성이나 과학적 연구 등 목적에는 특정 개인을 알아볼 수 없는 형태로 개인 정보를 제공할 수 있도록 규정하고 있으나, 그 구체적인 절차

101 임후남, 이기준, 금종예(2021). 교육 분야 데이터 현황 및 이슈. 한국교육개발원 이슈페이퍼 IP 2021-05.

102 이규민, 김진숙, 박성호(2020). 과학적 교육정책 추진 기반 마련을 위한 연구. 교육부.

103 이규민, 김진숙, 박성호(2020). 위의 연구보고서.

를 규정하고 있지 않은 상태라서 실제로 데이터를 활용한 연구가 활발하게 이루어지고 있지는 않다.[104]

교육 부문에서 데이터를 적극적으로 활용하기 위해서는 여러 연구 기관에 분산되어 있는 교육과 보육 데이터, 평생교육 데이터가 긴밀하게 연결되도록 하고, 고등교육 이후 단계의 역량(성과) 데이터가 부재한 상황을 개선해야 한다. 또한 데이터의 통합관리 거버넌스를 구축하여 데이터 플랫폼을 개발하고 행정 자료와 교육통계 자료를 연계하는 과제가 제안되고 있다.[105]

◆ ◆ ◆

교육의 데이터화, 희망인가 아니면 잔인한 낙관주의일까?

근래의 빅데이터 열풍을 생각하면 데이터 기반 행정은 매우 긍정적 변화를 촉발할 것으로 생각된다. 실제로 많은 사람들이 정책 과정이나 행정에 데이터를 활용하여 객관성과 과학성을 추구하는 증거기반 정책을 펼칠 수 있을 것으로 기대한다.[106] 행정에서 증거를 중시하게 되면 예산 낭비 요인을 줄일 수 있고 책임성이 강화된다는 장점도 있다. 데이터 기반 행정으로 정책 과정의 투명성을 높일 수 있다는 기대도 존재한다. 정책 과정의 투명성은 대중이 정책 결정을 이해하고 기여할 수 있는 역량을 증진시켜 민주적 참여를 강화한다는 점에서도 데이터 기반 행정이 민주주의의 요체라는 주장도 제기되고 있다.[107]

그런데, 세계 여러 국가에서 데이터 기반 정책은 책무성 체제와 결합하고 있다. 신공공관리(New Public Management: NPM) 체제에서 성과 또는 수행(performance)

104 정성호, 전주열(2020). 데이터 기반 행정법과 증거기반 정책 결정. 한국비교정부학보, 24(3). 173-191; 정성호(2020). 증거기반 정책결정과 재정정보의 생산, 배포, 활용. 한국비교정부학보, 24(2). 169-192.

105 임후남, 이기준, 금종예(2021). 교육 분야 데이터 현황 및 이슈. 한국교육개발원 이슈페이퍼 IP 2021-05.

106 윤건, 김윤희(2019). 데이터기반 행정 강화 방안 연구: 공공데이터 융합(integration)을 중심으로. 한국행정연구원.

107 Fung, A., Graham, M. & Weil, D.(2007). *Full disclosure: the perils and promise of transparency*. NY: Cambridge University Press.

이 강조되었고 세계화와 맞물리면서 초국가적 수준에서 '수(number)'에 의한 통치(governing by numbers)가 확산되었다. 그리고 그 수가 증거(evidence)로 치환되고 교육의 모든 측면을 디지털 데이터 형태로 변형하는 데이터화는 증거기반 정책 또는 책무성 체제의 인프라를 형성하고 있다.[108] 이와 같은 사실을 염두에 둘 때, 교육 데이터화를 지지하는 근거에 대하여 비판적으로 검토가 필요하다.

우선, 데이터는 객관적 실재여서 데이터 기반 행정은 과학이 추구하는 객관성을 충족한다는 주장에 상당한 허점이 존재한다. 근래 인지 기술이 아닌 사회 정서 학습 기술(social and emotional learning and skills)이 OECD를 중심으로 주목의 대상이 되고 있다. OECD는 사회 정서라는 인간의 심리적 특질을 몇 가지로 범주화하고, 각각의 범주를 경험적으로 측정할 수 있는 것으로 바꾸어 컴퓨터를 활용하여 측정한다. 궁극적으로는 인간의 심리적 특질이 몇 개의 숫자로 표현된다. 그런데, 이 숫자가 인간의 사회 정서 기술을 왜곡 없이 반영한다고 할 수 있을까? 객관성을 주장하기는 쉽지만, 실제로 객관성을 갖추는 일은 매우 어려운 것 아닐까? 설령 컴퓨터 기술을 동원하여 숫자로 표현한다고 하더라도 말이다.[109]

데이터화는 교육, 특히 학습에 관한 많은 정보를 기계가 읽을 수 있는 디지털 정보로 만드는 일, 즉 정교한 형태로 처리하고 계산하며, 분석하고 해석하고, 시각화하여 다른 것으로 전환하기 쉬운 디지털 정보를 만드는 일이다. 데이터화는 다른 성질의 것들을 비교 가능하고 다양화할 수 있는 것으로 바꾸는 것이다.[110] OECD는 Education GPS를 통해서 세계 여러 국가의 다른 교육을 비교 가능한 형태로 보여준다.

---

108 Anagnostopoulos, D., Rutledge, S. A., & Jacobsen, R.(2013). *The infrastructure of accountability: Data use and the transformation of American education.* MA: Harvard Education Press.; Grek, S.,Maroy, C., & Verger, A.(2021). Introduction" accountability and datafication in education: historical, transnational and conceptual perspectives. in Grek, S.,Maroy, C., & Verger, A.(eds.). *World yearbook of education 2021: accountability and datafication in the governance of education.* London: Routledge.

109 Williamson, B. and N. Piattoeva (2019). Objectivity as standardization in data-scientific education policy, technology and governance. *Learning, Media and Technology* 44(1). 64-76.

110 Grek, S.,Maroy, C., & Verger, A.(2021). Introduction" accountability and datafication in education: historical, transnational and conceptual perspectives. in Grek, S.,Maroy, C., & Verger, A.(eds.). *World yearbook of education 2021: accountability and datafication in the governance of education.* London: Routledge.

Education GPS. 교육과 노동시장에서 여성 참여 비교

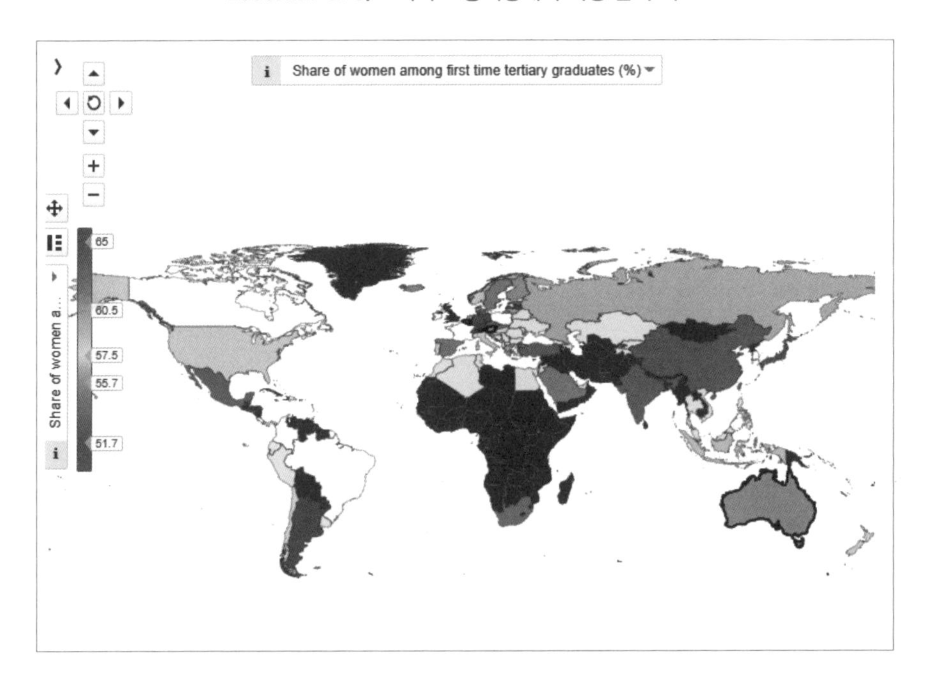

그런데, 비교는 곧 통제(control)를 의미하기도 한다. 앞에서 언급한 클래스도조는 이를 잘 보여준다. 학생들 자신의 행동이 숫자로 표현되고, 친구와 비교할 수 있게 되면서 더 좋은 점수를 받을 수 있도록 행동을 조절한다. 교사들은 매우 편하게 학생의 순응을 유도하고 학습 질서를 유지할 수 있게 된다. 어떤 점에서 보면, 클래스도조는 매우 효과적인 감시 기제이다.[111]

잔인한 낙관주의(cruel optimism)라는 개념이 있다. 우리가 바라는 어떤 것이 실제로는 우리가 그것을 얻을 수 있는 능력을 가로막는 순간을 일컫는 개념이다.[112] 우리는 교육의 데이터화를 통해서 정책 과정의 객관성과 과학성을 높이고자 한다. 그러나 데이터화는 인간 본질과 학습의 복잡성과 교육의 다양성을 어느 정도는 잃

111 Manolev, J. Sullivan A. and R. Slee. 2019. The datafication of discipline: ClassDojo, surveillance and a performative classroom culture. *Learning, Media and Technology* 44(1). 36–51.

112 Berlant, L.(2011). *Cruel optimism*. Durham: Duke University Press.

어버려야 달성할 수 있다. 우리는 교육의 데이터화를 통해서 의사결정의 투명성을 높이고 정책 과정의 민주성을 실현하고자 한다. 그러나 데이터는 그것을 가지고 있는 정부 관료들에게만 투명하다. 이렇게 본다면, 교육의 데이터화는 또 하나의 잔인한 낙관주의일까? 전혀 낙관하지 않는 것보다는 잔인한 낙관주의가 더 나은 것일까?[113]

113 Mecgilchrist, F.(2019). Cruel optimism in edtech: when the digital data practices of educational technology providers inadvertently hinder educational equity. *Learning, Meida and Technology* 44(1). 77–86.

산업구조와 노동시장의 변화

평생학습사회로의 전환

채창균 (한국직업능력연구원 선임연구위원)

◆ ◆ ◆

교육과 기술의 경주

4차 산업혁명은 우리의 삶을 크게 바꿔 놓을 것이다. 그 누구도 이러한 변화의 물결에서 예외일 수 없다. 기술 발전으로 인해 향후 20년 이내에 자신의 직업이 대체될 가능성이 궁금하다면 '직업의 미래'라는 사이트에 접속해서 직업을 입력해보면 된다. '레스토랑, 커피숍 직원'을 입력하면 대체 확률이 무려 97%로 나온다. 택시 기사가 대체될 확률은 90%로 추정된다. 전망이 맞다면 20년 이내에 이 직업은 없어진다고 보면 된다. 앞으로 대세가 될 자율주행차나 심심치 않게 볼 수 있는 서빙 로봇을 생각해보면 이런 전망이 결코 과장은 아니다. 필자의 직업인 '경제학자'를 입력하면 대체 확률이 43%로 나온다. 초등학교 교사를 입력하면 0.4%의 대체 확률이 제시된다.

4차 산업혁명에 따른 기술변화로 많은 직업이 없어질 가능성이 있다. 이런 직업에 종사하는 사람들은 새로운 직업을 구해야 한다. 초등학교 교사처럼 없어질 가능성이 거의 없는 직업이라 하더라도 그 직업이 해야 할 직무 내용이 지금과 그대로일 것 같지는 않다. 예전에는 가르치는 것이 주 업무였지만 지식과 정보는 인터넷에 다 있고 원격교육이 활성화되면서 교사의 업무에서 가르치는 비중은 훨씬 줄어들 수밖에 없다. 가르치는 것보다 코치 역할이 더 중요해질 것이고 인공지능 기술의 도움을 받아 학생 개개인에 맞춘 교육을 시행할 수 있어야 한다.

기술 발전에 의한 직업의 대체 가능성과 무관하게 일을 지속하기 위해서는 다른 직업으로 이직하거나 원래의 직업을 유지할 수 있어야 한다. 이런 상황이 되면 특정 직업의 수행을 위한 스킬도 중요하지만 어떤 일을 하든지 반드시 필요한 공통된 역량(핵심역량이라고도 부르는 core competence)의 중요성이 커진다. 거기에 맞춰 교육도 바뀌어야 한다. 지식이나 정보의 전달보다 사회에 필요한 핵심역량을 길러주는 것에 교육의 방점이 놓여야 하는 것이다. 또한 그간 학령기 학생에 대한 교육이 중심이었던 것에서 벗어나 평생학습이 더 강조되어야만 한다.

4차 산업혁명은 2016년 「4차 산업혁명의 이해(Mastering the Fourth Industrial Revolution)」라는 주제로 다보스포럼(WEF: World Economic Forum)이 개최되면서 부각되었다. 농사나 수공업이 대세이던 시대에서 벗어나 증기기관과 기계를 이용한 근대 공장이 등장하게 된 것이 18세기의 1차 산업혁명이라면, 전기 에너지를 기반으로 한 대량생산체제의 수립으로 특징 지워지는 것이 19세기 중후반에서 20세기 초까지의 2차 산업혁명이고, 컴퓨터와 인터넷 기반의 지식정보혁명이 바로 20세기 후반의 3차 산업혁명이다. 21세기 초반부터 시작된 4차 산업혁명은 정보통신기술을 바탕으로 한 3차 산업혁명의 연장선에 위치하면서도 기존 산업혁명과 차별화된다. 1~3차 산업혁명은 손과 발을 기계가 대체하여 자동화를 이루어온 과정인 반면, 4차 산업혁명은 인공지능의 출현으로 사람의 두뇌를 대체하는 시대의 도래를 포함하기 때문이다. 4차 산업혁명은 연구자 및 문헌에 따라 조금씩 다르게 정의되고 있지만, 사이버물리 시스템(CPS), 사물인터넷(IoT), 정보통신기술(ICT)에 기반을 둔 새로운 산업혁신 시대로 정의된다(정보통신기술진흥센터, 2016; Klaus, 2016)

산업혁명의 시기 구분과 특징

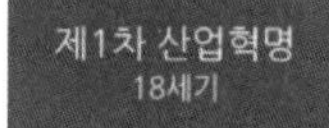

제1차 산업혁명 18세기	제2차 산업혁명 19~20세기 초	제3차 산업혁명 20세기 후반	제4차 산업혁명 (제2차 정보혁명) 21세기 초반~
증기기관 기반의 기계화 혁명	전기 에너지 기반의 대량생산 혁명	컴퓨터와 인터넷 기반의 지식정보 혁명	빅데이터, AI, IoT 등의 정보기술 기반의 초연결 혁명

산업혁명으로 대표되는 기술의 혁신과정은 일정한 시간 간격을 두고 주기적으로 진행된다. 이 과정에 교육체제가 적절히 대응하지 못하면, 다시 말해 기술의 진보와 부합되게 국민들의 역량을 끌어올리지 못하면 기술 진보에 적응한 소수를 제외하고 적응하지 못한 다수가 일자리 상실이나 소득감소로 고통받게 된다. 기술변화는 높은 숙련 수준을 요구하는 일자리를 늘리는 반면, 숙련 수준이 낮거나 중간 정도인 일자리, 특히 중간 수준의 숙련을 요구하는 일자리를 줄여왔다. 줄어드는 일자리에 종사했던 사람들을 대상으로 적절한 교육시스템을 통해 기술변화에 상응하는 숙련 향상을 지원함으로써 증가하는 고숙련 일자리로 이동하게 해야 한다. 그렇게 하지 못하면 중간 이하 숙련 수준의 일자리에 종사하던 사람들의 일자리 상실과 이로 인한 소득감소를 피할 수 없다. 이미 현실에서는 고도의 문제해결 능력이 필요한 일자리의 고용률은 지속 상승하고 있으나, 중 · 저 수준 일자리의 고용률은 감소하는 추세가 나타나고 있다(141쪽 그림 참조). 이러한 '사회적 고통'의 기간을 줄이고 '번영기'를 극대화하기 위해서는 교육시스템의 전환적 변화를 필요로 한다. 4차 산업혁명으로 대표되는 거대한 기술변화의 물결을 사회적 고통을 최소화하면서 넘어가기 위해서는 기술변화에 부합되게 교육시스템을 전면적으로 혁신해야 하는 것이다.

교육과 기술의 경주

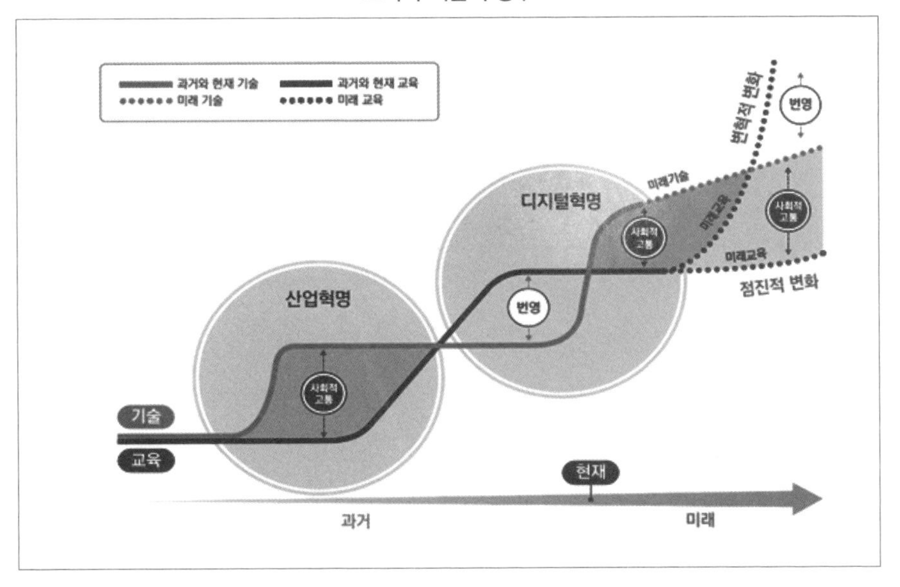

OECD(2019), OECD Future of Education and Skills 2030 Project Background

문제해결 능력 수준에 따른 고용률 추이

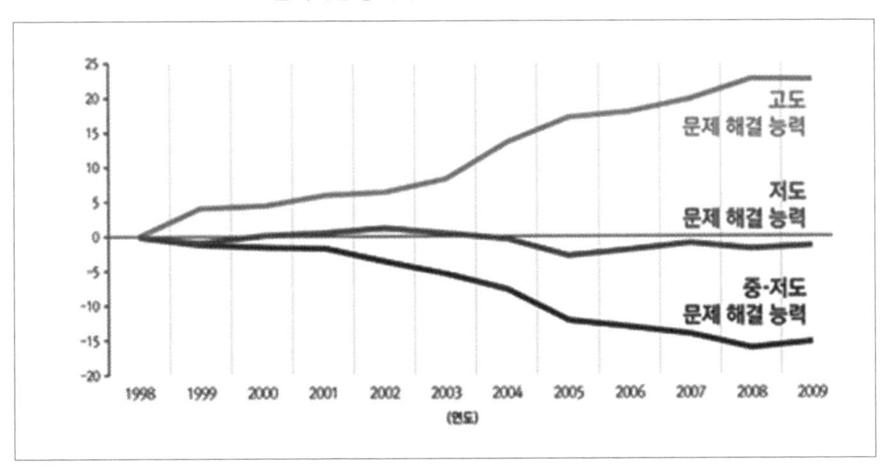

OECD Skills Outlook: First Results from the Survey of Adult Skills, p.50.

◆ ◆ ◆

요구되는 역량은 무엇인가?

사회적 고통의 시간을 줄이기 위해서 교육이 어떤 사람들을 길러내야 하는가? 시스코, 마이크로소프트, 인텔과 같은 글로벌기업들이 후원하고 호주, 핀란드 등 여러 국가가 참여하여 추진한 ATC21S(The Assessment and Teaching of 21st Century Skills) 프로젝트가 제안한 21세기 핵심역량에 그 답이 있다.

ATC21S는 사고방식, 직무수행 방식, 직무수행 수단, 사회생활 방식의 4가지 영역에서 10가지 핵심역량을 제안했다. 사고방식과 관련해서는 창의력 · 혁신능력, 비판적 사고력 · 문제해결력 · 의사결정력, 자기주도학습능력을 제시했고 직무수행 방식과 관련해서는 의사소통능력과 협동능력이 중요하다고 지적하였다. 직무수행을 위한 도구로는 정보 문해력과 ICT 문해력이 중요하고, 사회생활의 방식으로는 시민의식, 진로 개척 능력, 책임 의식이 중요한 것으로 정리되었다.

ATC21S 프로젝트가 제안한 21세기 핵심역량

사고방식(Ways of Thinking)	직무수행 방식 (Ways of Working)	직무수행 수단 (Tools for Working)	사회생활 방식 (Ways of living in the world)
창의력 · 혁신능력 비판적 사고력 · 문제해결력 · 의사결정력 자기주도학습능력	의사소통력 협동능력(팀워크)	정보 문해력 ICT 문해력	시민의식(지역/글로벌) 인생 및 진로 개척 능력 개인 및 사회적 책임 의식

Griffin, P. et al.(2011)

이보다 앞선 2008년, 미국의 '21세기 스킬을 위한 파트너십'이라는 특별위원회에서 미래역량에 대한 보고서를 발표하였다. 여기에서는 미래 핵심역량으로 4C(Critical Thinking(비판적 사고력), Communication(소통능력), Collaboration(협업능력), Creativity(창의력))를 중요하게 강조하였다.

앞에서 언급한 다보스포럼에서는 21세기를 살아갈 학생들에게 필요한 핵심적인 스킬 16가지를 제시했는데, 이는 4차 산업혁명 시대의 인재상이다. 기초 문해력(Foundational Literacies)으로 문해, 수해, 과학문해, ICT문해, 재정문해, 문화 및 시민문해의 6가지, 역량(Competencies)으로 비판적 사고/문제해결, 창의성, 의사소통, 협력의 4가지, 인성자질(Character Qualities)로 창의성, 주도성, 일관성/도전정신, 적응력, 리더십, 과학 및 문해의 6가지를 언급하고 있다.

다보스포럼의 4차 산업혁명 시대의 인재상

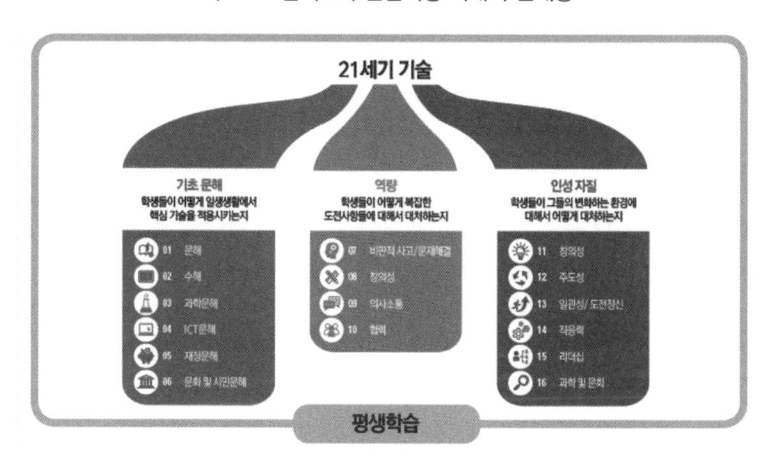

World Economic Forum. (2015). New Vision for Education: Unlocking the Potential of Technology. p. 3.

다보스포럼은 기업에서 미래에 필요한 역량을 정의하기 위해 2015년에 수백 명의 인사책임자와 전략책임자들을 대상으로 미래(2020년)에 중요할 것으로 보이는 역량에 대한 서베이를 실시하였다. 그 결과에 따르면 복잡한 문제해결 능력이 가장 중요하고, 비판적 사고력, 창의력, 대인 관리, 협업 능력, 감성지능, 판단과 의사결정력, 서비스 정신, 협상력, 인지적 유연성 등의 순으로 중요한 것으로 나타났다.

지금까지 언급한 4차 산업혁명 시대의 미래인재가 갖추어야 할 스킬 혹은 역량의 내용을 보면 대동소이하다. 미래의 역량이 무엇인지에 대한 논의보다 더 중요한 것은 대부분의 논의에서 공통적으로 지적되는 미래의 역량을 어떻게 갖추도록 미래세대를 준비시킬 것인가 하는 점이다.

4C를 갖춘 인재를 길러내기 위해서 중요한 것은 교육내용이 아니다. 어떻게 교육시킬 것인지, 즉 교육 방법이 중요하다. 소통능력을 키우기 위해서는 소통능력 제고 방법에 대해 이론적으로 가르치는 것보다는 교육 방법을 달리하는 것이 효과적이다. 예를 들어 강의식 수업이 아니라 PBL(Project-Based Learning)로 수업을 진행하는 것이 좋다. 같은 조끼리 프로젝트의 추진을 위해 서로 논의하고 토론하는 과정이 되풀이되고 프로젝트 결과를 여러 사람 앞에서 발표해야 한다면 참여 학생들의 소통능력이 자연스럽게 길러질 수밖에 없을 것이다.

개인의 특성에 맞춘 맞춤식 교육이 이루어지는 것도 중요하고, 티칭이 아닌 코칭이 필요하다. 미국의 스탠포드대학교의 폴김(Paul Kim) 교수는 '좋은 교사는 가르치지 않으며, 교육의 미래는 티칭이 아니라 코칭에 있다'고 주장한다. 운동경기에서의 코치처럼 운동선수 각자의 특징과 장 · 단점 등을 아주 구체적으로 파악하고 각 선수가 최선의 기량을 발휘할 수 있도록 도와주는 역할을 교육이 해야 한다는 것이다.

교육 내용과 관련해서는 이전의 좁은 전공 범위에서 벗어나서 전공 간 융합이 요구된다. 창의적 아이디어란 다양한 전공 지식 간의 연계와 융합을 통해 나오는 것이기 때문에 전공 간 칸막이를 허물어야 하는 것이다.

◆ ◆ ◆

대학교육과 평생학습 현주소

덴마크 올보르대학 - 새로운 개념의 대학

4차 산업혁명에 걸맞은 미래인재를 키워내기 위해서는 교육 방법의 혁신이 중요하며, 이와 관련해서 특히 PBL의 도입이 필요하다는 것은 덴마크 올보르대학의 사례를 통해 확인할 수 있다.

1974년에 설립된 덴마크의 올보르(Aalborg) 대학은 현재 약 1만 3천 명의 학생들이 수학 중이다. 올보르대학은 세 개의 단과 대학, 즉 예술 및 인문과학(Arts and Humanities)대학, 사회과학(Social Sciences)대학, 공과(Engineering Science)대학으로 이루어져 있으며 그 산하에는 20개의 학부가 존재한다.

덴마크에는 모두 5개의 대학이 있으며 이들 모두 국립대학교이다. 올보르대학은 이중 가장 역사가 짧다. 짧은 역사에도 불구하고 올보르대학은 설립 당시부터 전통적인 기존 대학과는 완전히 다른 혁신적인 교육 방법을 통해 주위의 이목을 집중시켰으며, 그 새로운 교육 방법의 경쟁력이 널리 알려졌다. 때문에 최근 청년인구의 감소로 기존의 대학들이 정원확보에 어려움을 겪기 시작하고 있음에도 불구하고 올보르대학만큼은 여전히 건재함을 과시하고 있다.

올보르대학은 크게 세 가지 점에서 기존의 전통적인 대학과는 다르다. 첫째, 전통적인 강의 위주의 교육 방법 대신 프로젝트 중심으로 실제적인 문제의 해결 과정을 중시하는 교육 방법(project based and problem centred learning)을 채택하고 있다. 둘째, 이런 과정이 전통적인 대학에서처럼 개별 학생 단위로 이루어지는 것이 아니라 4~5명의 학생으로 구성된 그룹 차원에서 진행된다는 것이다. 셋째, 좁게 설정된 학문영역에만 천착하는 것이 아니라 학제적인 접근(inter-disciplinarity)을 추구한다는 점이다.

이런 교육 방법을 통해 단지 학위 취득자가 양성되는 것이 아니라 끊임없이 학습할 수 있는 사람(lifelong learners)이 길러진다는 것은 두말할 필요도 없다. 이렇게 양성된 인력은 스스로 문제를 설정하며 그 문제를 풀기 위해 기존의 지식을 집약적으로 활용한다. 그뿐만 아니라 다양한 학습 및 토론 등의 방법을 동원하게 되고, 문제의 궁극적인 해결 여부를 떠나 이러한 과정을 통해 결국 살아있는 새로운 지식의 축적이 가능한 사람이 되는 것이다.

올보르대학의 프로젝트 위주 교육(Project-Organized Education)

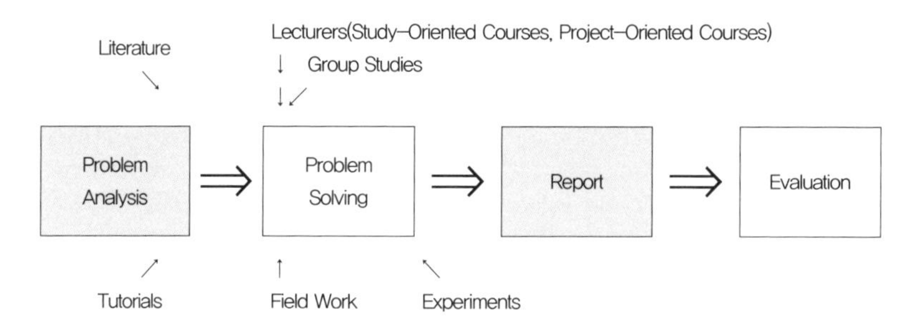

올보르대학의 교육 방법은 교수(professor)의 부담을 높인다. 몇 년 동안 동일한 교재로 수업을 진행한다는 것은 상상하기 어렵다. 끊임없이 새로운 문제를 발굴하고 이를 풀어나가야 한다. 연구(Research)와 강의(Teaching)가 아주 밀접히 연관될 수밖에 없다. 우리처럼 '강의 따로 연구 따로'는 생각하기 어렵다.

올보르대학의 교육 방법에 대한 시장의 반응은 긍정적이다. 많은 기업체에서 올보르대학 졸업생의 강점으로 더불어 일할 수 있는 능력이 있다는 점을 우선적으로 지적하고 있다. 팀 작업(Team-Work)이 점점 중요해져 가는 시대의 요구에 적절히 부합하고 있는 것이다. 또 올보르대학 졸업생들은 현장에서 문제점을 찾아내고 이를 해결해가는 능력을 갖추고 있다고 평가된다. 나아가 의사소통능력이 우수하다고 인정받고 있다. 문제 설정 및 해결과 이를 발표하는 과정으로 이루어지는 프로젝트 위주 교육의 당연한 결과라 할 것이다.

미국 애리조나주립대학 - 융합 교육의 활성화와 에듀테크 활용

애리조나주립대학은 2015년, 2016년, 2017년 연속으로 미국 내 가장 혁신적인 대학 1위로 뽑혔다. 융합 교육의 활성화와 에듀테크의 활용 때문이다.

애리조나주립대학에서는 인공지능(AI)이 학생 개개인의 소질과 잠재력에 맞춰 개별화된 학습 경로를 제공하는 '적응학습(adaptive learning)'을 기초학문에서 도입하고 있다. AI는 학생들의 수학 학습 능력을 평가하고, 장점과 약점을 찾아내 각각에 맞는 학습 방법을 제공해 수학을 마스터하게 한다. 적응학습의 결과는 충격적이었다. 2016년 이 시스템이 도입된 이후 기초수학 역량을 갖추지 못한 학생들의 성적이 평균 28% 향상됐다. 이처럼 애리조나주립대학의 적응학습은 특히 기초과목에서 뒤처지는 학생들을 끌어올려 주는 데 탁월한 성과를 보이고 있다.

창조적 인간이 육성되기 위해서는 경계 넘기(border crossing) 교육이 필요하다. 그러나 우리나라의 대학 교육은 한 마디로 칸막이 교육이다. 이러한 칸막이 교육으로는 학생의 창의력을 계발하는 데 한계가 있다. 애리조나주립대학에서는 2006년~2016년 동안 69개의 학과를 없애 이러한 칸막이를 해소하고자 했다. 또한 전통적인 단과대 개념에서 벗어나 새로운 학제 간 교육을 위한 단과 대학을 신설했다. '사회변화 대학(School of Social Transformation)', '지속가능한 발전 대학(School of Sustainability)' 등이 그 예이다.

우리나라 대학의 현주소

몇 년 전 방영된 EBS 다큐프라임, '왜 우리는 대학에 가는가'의 한 장면이다.

한 대학교의 강의실.

학생들은 교수의 말을 열심히 듣고, 열심히 받아 적는다. 강의실에는 교수의 목소리와 필기 소리만이 존재할 뿐이다. 질문이 있느냐는 교수의 물음에는 아무도 손을 들지 않는다. 마치 당연한 것처럼.

몇 년 전의 이 강의실 풍경은 지금도 필자의 강의실에서 그대로 되풀이되고 있다. 한 학기 강의 중 수업내용과 관련된 질문을 공개적으로 받아 본 적이 단 한 차례도 없다. 수업내용에 대해 질문을 하더라도 수업 시간이 끝난 후 혼자 조용히 교탁 앞으로 나와서 물어본다. 공개적으로 손을 들고 하는 질문은 수업내용과 무관한 과제물 기한, 시험 범위, 시험 문제 유형, 출석 재확인 등에 관한 것뿐이다. '침

묵의 강의실'에서 4차 산업혁명을 이끌고 갈 역량 있는 인재를 길러낼 수 있을까? 그것은 절대 불가능하다.

우리나라 평생학습의 현실

앞서 언급했던 것처럼 4차 산업혁명의 가속화에 따른 숙련의 진부화와 요구 숙련의 변화가 일상화되면서 생애에 걸친 지속적 스킬 업그레이드와 새로운 스킬 습득이 필요해졌다. 그만큼 평생학습이 중요해졌다.

그런데 우리나라의 인적자원개발 시스템은 초중등 단계에서 지나치게 과도한 교육투자가 이루어지는 반면, 고등교육 및 직업 세계 단계에서의 학습에 대한 투자가 부족한 것이 특징이다('대학 진학형' 학습곡선). 선진국들은 우리와 비교 시 초중등 단계에서 교육에 투자하는 시간이 상대적으로 적은 반면, 고등교육 단계와 직업 세계로 이행한 이후 학습에 상대적으로 많은 투자가 이루어지고 있다('평생 직업형' 학습곡선).

생애주기별 학습량[114]

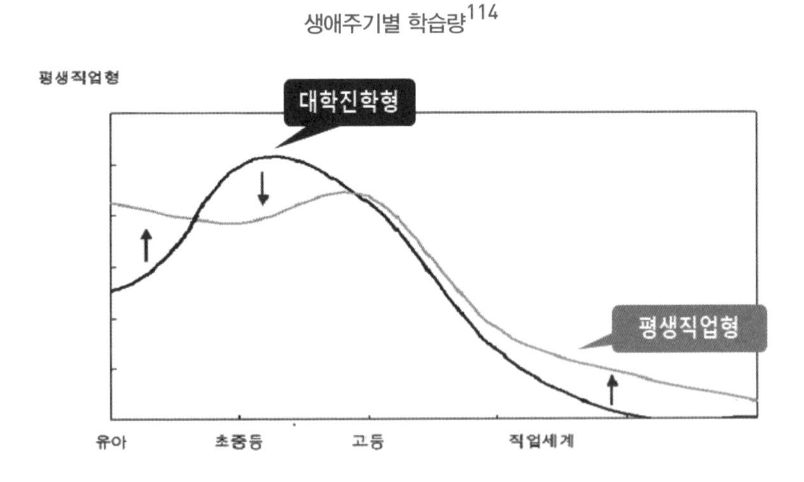

114 평생직업형 학습곡선은 미래의 패러다임으로서 스웨덴의 지표들을 기준으로 형상화함. 채창균 외(2017)에서 재인용

스웨덴과 우리나라의 상황을 비교해 보면, 이러한 차이가 뚜렷이 확인된다. 스웨덴의 경우 15세의 주당 학업 시간이 39.7시간에 불과한 반면 우리나라의 경우 스웨덴보다 10시간 이상 더 많은 50.6시간에 달한다. 그러나 평생학습 참여율이나 직업 관련 평생학습 참여율은 우리나라보다 스웨덴이 더 높다. 우리나라의 재원 투자를 보면, 스웨덴에 비해 상대적으로 초중고에 투자가 집중되어 있는 반면, 대학 교육에 대한 투자는 크게 미흡하다. 초중등 단계에 과도하게 투자하는 상황에서 벗어나 고등교육 단계와 직업 세계로 이행한 이후에도 학습에 대한 투자가 활발히 이루어지는 '평생 직업형' 학습곡선(선진국형)으로의 변화가 필요하다. 특정 시기에 학습이 과도하게 이루어지고 또 다른 시기에는 학습이 너무 과소한 상황에서 벗어나서, 생애에 걸쳐 균형 잡힌 학습이 이루어져야만 하는 것이다.

대학 진학형과 평생직업 형의 비교

구분	대학 진학형 〈현재: 한국〉	평생 직업형 〈미래: 스웨덴〉
1인당 GDP(PPP$, 2021)	46,731	60,150
IMD 국가경쟁력(2022)	27위	4위
학생 1인당 연간 공교육비(PPP$, 초등학교, 2018)	12,535	12,911
학생 1인당 연간 공교육비(PPP$, 중학교, 2018)	13,775	13,358
학생 1인당 연간 공교육비(PPP$, 고등학교, 2018)	16,024	13,616
학생 1인당 연간 공교육비(PPP$, 대학교, 2018)	11,290	26,147
15세 주당 학업 시간(2015)	50.6	39.7
평생학습 참여율(25~64세, %)	50(2012년)	64(2016년)
직업 관련 평생학습 참여율(25~64세, %)	38(2012년)	49(2016년)
삶의 만족도(10점 척도, 2018년)	5.9	7.3

OECD, IMD

OECD 국가들과 비교해 보면, 우리나라의 평생학습 참여율이 높지 않다는 사실을 재차 확인할 수 있다. 우리나라의 평생학습 참여율(25~64세)은 50%로 다른 OECD 국가들과 비교 시 중간 수준이다. 통계가 이용 가능한 34개 국가 중 17위에 해당된다. 스위스가 69%로 가장 높고 뉴질랜드, 네덜란드, 스웨덴, 오스트리아, 노르웨이 등이 60%를 상회하는 높은 수준을 보이고 있다. 미국, 캐나다, 헝가리, 핀란드, 아일랜드, 이스라엘, 독일, 영국, 프랑스, 덴마크 등도 우리보다 높은 참여율을 나타내고 있다.

직업 관련 평생학습 참여율을 보면 우리나라의 순위가 20위로 더욱 낮아진다. 우리나라의 직업 관련 평생학습 참여율은 38% 수준으로, 50%를 상회하는 스위스, 뉴질랜드, 네덜란드, 노르웨이 등에 비해 크게 낮은 편이다.

평생학습 참여율 국제 비교

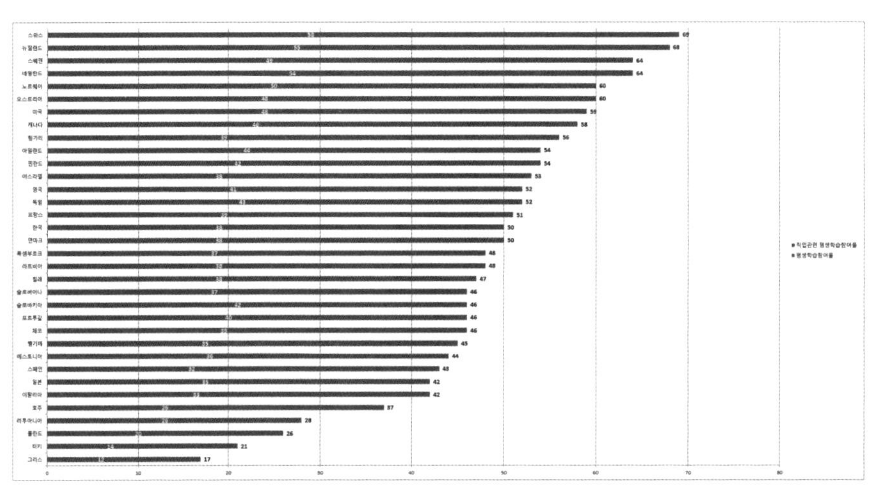

OECD. Stat-Adult education and learning,
https://stats.oecd.org/Index.aspx?DataSetCode=EAG_AL, (2021.7.7 접근)
주: 국가마다 조사 시점이 다소 상이함(2012년 또는 2015년 또는 2016년).

평생학습이 활성화되지 못한 결과, 중·고등학교 교육기까지 우리나라는 다른 OECD 국가들에 비해 높은 인적자본 수준을 보여주지만, 이런 상황이 성인기에 들어서도 계속 유지되고 있지는 못하다. 성인의 능력이 30대 이후 급속히 하락하기 시작하여 OECD 평균 수준을 하회하게 되고 OECD 평균 수준과의 격차가 연령 증가에 따라 계속 확대되는 양상을 보인다. 이런 측면에서도 평생학습의 활성화가 국가적인 과제로 강조되어야만 하는 함을 재차 확인할 수 있다.

한편, 평생학습이 활성화된 나라의 경우 시차를 두고 확인한 1인당 GDP가 더 높게 나타날 뿐만 아니라, 지니계수는 더 낮아지는 것으로 나타난다. 즉, 평생학습의 활성화가 인적자본의 축적을 통한 소득증대에 기여하고, 나아가 인적자본의 격차를 줄여 소득격차를 완화시키는 방향으로도 작용하고 있는 것이다.

연령별 역량 수준 국제 비교

채창균 외(2019)에서 재인용.
주: 역량은 언어능력(literacy)으로 측정하였으며, 단순한 문해력이 아닌 개인의 핵심 정보처리 능력임.

직업 관련 평생학습 참여율과 1인당 GDP 및 지니계수의 관계

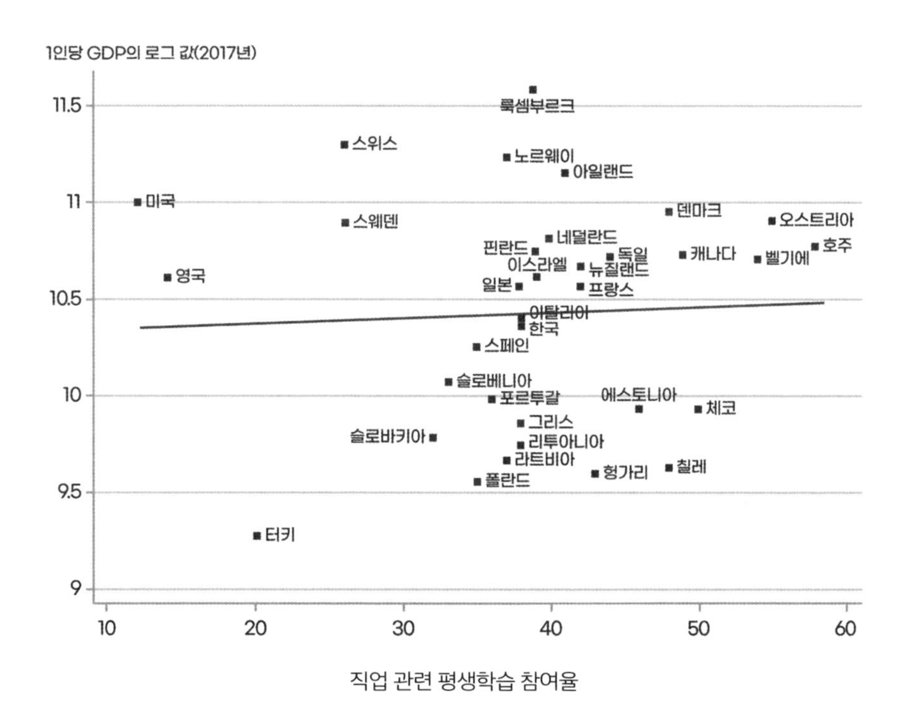

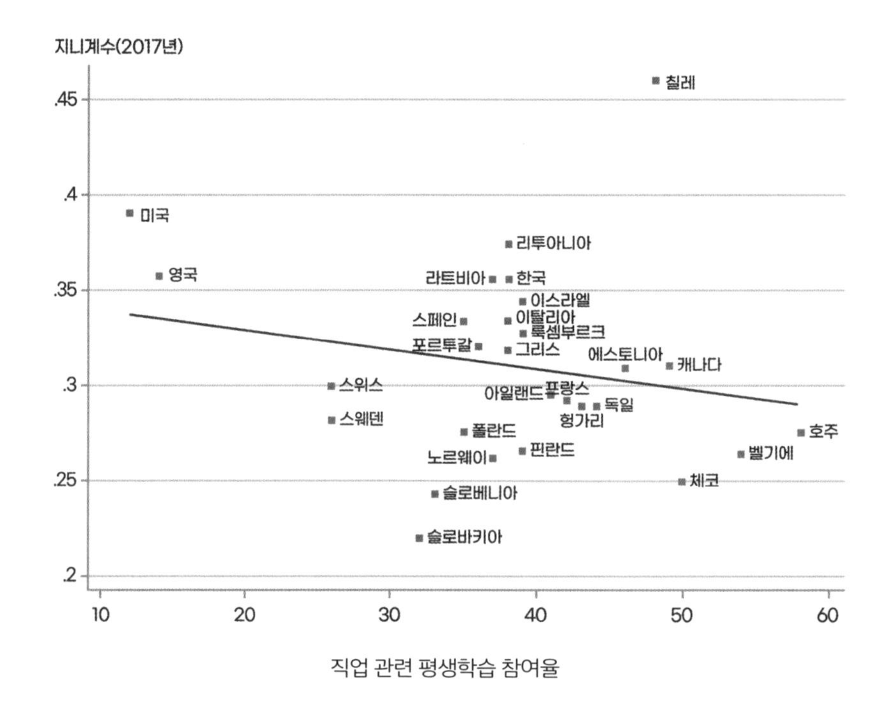

OECD

평생학습이 활성화되지 못한 것은 정부가 학령기 학생 위주의 교육정책을 펼쳐 온 점이 중요한 영향을 미쳤다. 또한 시간 제약과 평생학습 공급체계의 접근성 및 품질 관련 문제, 비용 제약 등이 평생학습의 활성화를 저해하는 주요 요인으로 확인된다. 취업자의 경우 평생학습에 참여하지 않은 이유로 시간 부족 때문이라는 응답이 압도적인 반면, 실업자의 경우 평생학습에 참여하지 않는 가장 큰 이유로 평생학습 공급체계의 접근성 및 품질 관련 문제, 비용 문제 등을 거론하고 있고 비경제활동인구의 경우 가족부양에 따른 시간 부족 문제와 평생학습 공급체계의 접근성 및 품질 관련 문제가 비슷한 비중으로 나타나고 있다. 평생학습의 활성화를 위해서는 이러한 제약요인을 완화할 방안에 대한 고민이 요구된다고 할 것이다

25~79세 성인의 평생학습 불참 요인

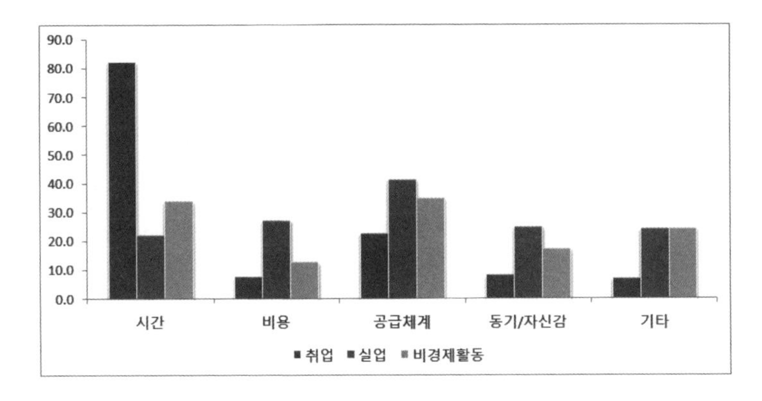

자료: 한국교육개발원(2019). 「평생학습 개인 실태조사」 (https://kosis.kr/statHtml/statHtml.do?orgId=334&tblId=DT_33409N_008)에서 저자가 재분류. 최종접속일: 2020-12-02.

핀란드와 미국의 평생학습

핀란드에서는 시민권으로 평생학습권이 확립되어 있다. 학습할 권리가 모든 국민에게 주어지고 학습 기간 동안 재정적 어려움 없이 학습에만 집중할 수 있도록 지원해 주고 있는 것이다.

핀란드에서는 임금근로자의 권리로서 학습 휴가(Study Leave)가 주어진다. 임금근로자들은 개인적으로 학습 휴가를 신청할 권리가 있다. 만약 적어도 1년 이상 동일 고용주와 고용관계가 지속된다면, 5년 내 최대 2년간 학습 휴가의 사용이 가능하다. 학습 휴가의 대상이 되는 학습은 공공의 감시, 감독하에 있는 교육기관에서의 풀타임 교육훈련이다. 원칙적으로 고용주는 종업원이 신청한 학습 휴가를 거부할 수 없다.

학습 휴가는 기본적으로 무급이다. 등록금이나 교육비를 회사가 특별히 지원해 주지는 않지만, 핀란드 대학 등 교육기관은 대게 무료 과정이기 때문에 회사 지원이 없더라도 딱히 교육비 부담은 없다. 학습 휴가 참가자들은 교육기금(the education fund)을 통해 성인교육 수당(adult education allowance)을 요청할 수 있다. 성인교육 수당의 최대 지급 기간은 15개월이다. 15개월을 다 소진하면, 사회보험청 등에 다른 보조금을 신청하거나 정부 보증 학생 대부를 받을 수 있다. 이런 제도적 뒷받침을 통해 교육 기간에 생계비를 벌어야 하는 부담은 별로 없다.

미국에서는 지역 주민들에게 도움이 되는 형태로 다양한 평생학습 콘텐츠가 제공되고 있다. 그 역할은 미국의 커뮤니티칼리지(Community College)가 주로 담당하고 있다. 지역마다 커뮤니티칼리지가 설치되어 있어 지역 주민들이 접근하기에 매우 용이하다. 전체 커뮤니티칼리지 1,051개 중 주립이 941개로 89.5%에 달하는 등 공적 재원에 대한 의존도가 커서 공공성도 높은 편이다.

커뮤니티칼리지가 전문학사를 배출하기는 하지만(48.5%), 2년 미만의 과정에서 자격증(certificates)을 받는 학생의 비중도 적지 않다(42.1%). 자격증 과정은 학위과정에 비해 비용 대비 효과적이고 종종 전문학사 수여자보다 보수가 높은 중산층 직업으로 연결되기도 한다. 또한 이미 학위를 가진 근로자들의 재훈련프로그램으로 활용되기도 하면서 그 중요성이 더욱 커지고 있다. 커뮤니티칼리지 학생들 중 상당수가 일하면서 공부하고 있기도 하다.

커뮤니티칼리지가 지역의 평생학습 수요에 효과적으로 대응하고 있음은 학생의 구성에서도 확인된다. 우선 학생의 평균연령이 28세로 학령기 학생만이 아닌 성인 학생의 비중이 높을 것임을 짐작할 수 있다. 실제 학생의 연령별 구성을 보면 학령기라고 할 수 있는 22세 이하는 54%에 불과하다. 22~39세가 38%에 달하며, 40세 이상도 9%로 그 비중이 작지 않다. 또한 풀타임 학생(37%, 260만)보다 파트타임 학생(63%, 440만)의 비중이 훨씬 더 높다.

◆ ◆ ◆

평생학습 활성화를 위한 제언

4차 산업혁명으로 대변되는 지속적인 기술 혁신과 노동시장의 변화는 다른 무엇보다 두 가지 측면에서 우리 교육의 대전환을 요구한다. 첫째, 4차 산업혁명의 진전에 따라 미래의 핵심역량으로 Critical Thinking(비판적 사고력), Communication(소통능력), Collaboration(협업능력), Creativity(창의력)의 4C가 강조되고 있다. 4C를 갖춘 인재를 길러내기 위해서는 교육내용보다 교육 방법이 더 중요하다. 올보르대학이나 애리조나주립대학의 사례는 교육 방법 혁신의 중요성을 잘 보여주고 있다.

둘째, 4차 산업혁명에 따른 급속한 기술 혁신은 생애에 걸친 기존 스킬의 업그레이드와 새로운 스킬의 습득을 계속 요구하고 있다. 학령기 제도 교육만으로는 이러한 요구에 잘 대처할 수 없다. 생애에 걸친 지속적 학습을 지원하는 평생학습체제의 구축과 강화가 필요하다.

평생학습의 활성화를 위해서는 평생학습이 모든 시민의 권리라는 대원칙의 선언이 필요하다. 최근 들어 이와 관련해서 의미 있는 법령의 개정이 있었다. 2021년 6월 개정된 평생교육법 제1조에 따르면, 해당 법의 목적으로 '모든 국민이 평생에 걸쳐 학습하고 교육받을 수 있는 권리를 보장'한다는 내용이 추가되었다. 또한 근로자직업능력개발법이 국민평생직업능력개발법으로 개정됨으로써 모든 국민에게 평생에 걸친 직업능력 개발을 지원할 수 있는 길이 열렸다.

시민권으로 평생학습권이 보장되기 위해서는 평생학습에 대한 접근성이 높아지도록 적절한 비용지원이 요구된다. 비용지원을 위해 현재 '국민 내일배움카드제'와 '평생교육 바우처'와 같은 제도가 구축되어 있지만 두 제도 모두 여러 한계가 있어 적극적 보완이 요구된다.

고용노동부의 '국민 내일배움카드제'는 일정 연령 이상의 전 국민을 대상으로 하고 있고 1인당 300~500만 원까지 지원하지만 계좌 유효기간은 발급일로부터 5년으로 설정되어 있어 전 생애에 걸친 대응이 곤란하다. 또한 '직업 관련성'에 국한되어 있으며 소득 요건에 따른 대상 제한이 존재한다. 예산 규모를 책정하고 소진 시 더 이상 지원이 이루어지지 않는 방식이기 때문에 사실상 전 국민 대상이 아니며 전 생애에 걸친 다양한 학습 수요에 대응하기에는 한계가 있다. 교육부의 '평생교육 바우처'는 19세 이상의 기초생활 수급자, 차상위계층, 기타 저소득층 중 만 명

내외를 선정하여 1인당 연간 35만 원 이내에서 평생교육 강좌 수강료를 지원한다. 지원 대상의 범위가 좁고 지원 수준도 낮으며, 평생교육법에 따른 평생교육기관의 프로그램에 대해서만 사용이 가능하다는 한계가 있다.

고용노동부의 '국민 내일배움카드제'와 교육부의 '평생교육 바우처'를 통합하고, 실질적으로 모든 국민 대상, 전 생애 대상, 다양한 교육프로그램의 참여에 대한 지원 등이 가능하도록 대폭 확장할 필요가 있다.

현재의 고용보험을 소득 중심 고용보험으로 전환하겠다는 정부의 최근 방침은 적절하지만, 평생학습의 활성화와 연결 짓기 위해서는 부분 실업급여의 도입이나 자발적 실업에 대한 제한 완화 등과 같은 제도 보완이 요구된다. 교육훈련 참여에 따른 소득감소를 일정 정도 보전해 주는 것이 가능해짐으로써 평생학습의 활성화에 기여할 것으로 기대되기 때문이다.

충실한 교육훈련이 가능하도록 충분한 시간을 들여 교육훈련 받도록 하는 것도 중요하다. 취업자의 경우 시간 부족으로 인해 평생교육에 참여하지 못하고 있다는 응답이 압도적이다. 현재 제도화되어 있지만 활성화되고 있지는 못한 장기 유급휴가 훈련제도를 적극 활용해야 한다. 장기 유급휴가 훈련제도는 재직근로자에게 유급으로 비교적 장기의 휴가를 부여하여 훈련을 실시하는 사업주에게 임금과 훈련비를 지원하는 제도이다. 이런 장기 유급휴가훈련이 적극 활용되지 못한 것은 근로자의 권리로 인식되기보다 사용자가 제공하는 시혜의 성격이 컸던 때문인 만큼, 이제는 근로자가 자신의 권리로서 장기 유급휴가훈련을 당당하게 요구할 수 있도록 해야 한다.

장기간 교육훈련을 떠난 재직자의 빈자리를 실업자로 대체하도록 하면 그 자체가 훌륭한 실업자 교육일 뿐만 아니라 일자리 창출의 기회이기도 할 것이다. 특히 재직자의 빈자리를 차하위 재직자가 메우는 식으로 해서 입직구의 일자리를 비워놓고 청년층이 대체 고용되도록 할 경우, 현재 우리 사회가 당면한 청년고용 문제의 새로운 해법이 될 수도 있다는 점에 주목해야 한다.

실업자훈련과 재직자훈련에 대학의 역할을 강화하여 제공되는 교육훈련 프로그램의 질을 제고하는 것도 중요하다. 현재와 같은 민간의 영세 직업훈련기관이 디지털 전환에 부응하는 직업훈련 기회를 노동시장의 상황에 맞게 충분히 제공할 역량을 갖추고 있다고 보기는 어렵다. 때문에 대학이 가진 인프라와 인적자원, 잠재력을 최대한 활용할 필요가 있다. 고등교육의 보편화와 대중화에 따라 평생교육이 대학 수준으로 상향될 수밖에 없는 상황임도 고려해야 한다. 외국의 경우에도 평생학습 공급기관으로서 대학의 역할이 중요함을 확인할 수 있다. 유럽의 응용과학대학이나 미국의 커뮤니티칼리지와 같은 역할을 우리 대학들도 수행할 수 있어야 한다. 이는 학령인구의 감소로 대학이 직면하고 있는 위기 탈출의 해법이기도 하다.

글로벌 교육거버넌스

교육을 통한 협력과 연대, 사회변혁

김은영 (한국교육개발원 글로벌협력실장)

◆ ◆ ◆

양극화와 불평등, 그리고 인류의 지속가능성

인류사회가 불평등, 양극화의 문제에 심각하게 직면하고 있다는 것은 부정할 수 없는 사실이다. OECD 자료를 보면 부의 쏠림 현상은 심각하다. 상위 10%의 부자들이 전 세계 반 이상의 부를 차지하는 것으로 나타났고, 이는 전체 OECD 회원국의 2/3 정도의 국가에서 2010년 이후 지속적으로 증가했다. 이와는 대조적으로 50% 정도의 가구는 아예 없거나 매우 낮은 수준의 부를 차지하고 있어, 그 격차가 극심한 것으로 나타났고 가구소득, 가계부채 등으로 판단할 수 있는 격차는 코로나19의 영향으로 더욱 심화될 것으로 예상된다(OECD WISE, 2021).[115] 실제로 우리나라의 경우도 부의 쏠림현상이나 기회불평등의 문제가 심각해지고 있다.

다음 그림에 제시된 2010년대 분위별 소득 점유율 추세를 보면, 5분위의 점유율

---

115 OECD WISE. (July 2021). Inequalities in Household Wealth and Financial insecurity of Households. Policy Insights.https://www.oecd.org/wise/Inequalities-in-Household-Wealth-and-Financial-Insecurity-of-Households-Policy-Brief-July-2021.pdf. 2022.8.10. 접속

이 전체의 40% 이상으로 가장 높아 중산층 이상 고소득층에 상당한 소득이 집중되어 있다. 그에 반해, 소득 수준이 낮은 1분위의 점유율은 2011년 4.1%에서 2019년 3.8%로 다소 감소한 것을 알 수 있다.

2011~2019년 분위별 가구소득 점유율[116]

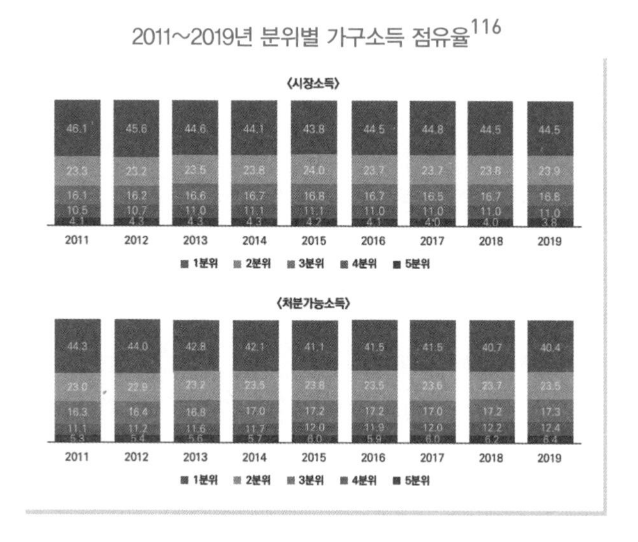

한국노동패널(KLIPS)와 가계동향조사(HIES)의 데이터를 바탕으로 기회불평등의 장기추세를 분석하여 기회불평등이 우리 사회에 존재하는가를 살펴본 결과, 1990년대 초중반까지 비교적 낮은 수준을 유지하던 기회불평등 수준은 외환위기를 거치면서 1997년부터 2016년의 조사 기간 동안 지속적으로 증가하였고 최근까지 더욱 짙어지는 추세를 보였다. 이 연구에 따르면 기회불평등도 분석을 시작한 전 기간에 걸쳐 전문대졸 이상의 가구에서 큰 폭으로 하락하는 것으로 나타나 교육이 소득기회불평등을 줄이는 데 중요한 역할을 하고 있다는 것을 알 수 있다(신지섭 · 주병기, 2021).[117]

---

116 김성아. (2021). 불평등, 지표로 보는 10년. 보건복지 Issues & Focus. 409호. 한국보건사회연구원.

117 신지섭 · 주병기. (2021). 한국노동패널과 가계동향 조사를 이용한 소득기회불평등의 장기추세에 대한 연구. 경제학연구 제 69 집, 제 1 호 pp. 51-95

양극화의 심화는 사회계층 이동이 어렵다는 기본적인 문제를 넘어서 사회전반에 걸쳐 불평등을 경험하게 한다는 점에서 그 여파가 더욱 심각하다. 양극화와 더불어 인류가 당면한 다른 공동의 문제로 기후, 환경 문제를 예로 들 수 있다. 빈곤층을 포함한 사회의 취약계층이 기후변화와 환경오염에 따른 부정적 영향에 더욱 많이 노출되고 있고, 가구소득이 낮은 경우 이러한 문제에 적극적으로 대처할 수 있는 재원부족으로 더욱 취약해질 수밖에 없는 악순환이 지적되고 있다 (OECD, 2022).[118]

국제사회에서 양극화와 환경문제는 교육을 포함한 사회, 경제 문제의 주요 담론을 이끌어 가는 주요 논의의 장에서 코로나19 팬데믹 이후 특히 지속적으로 언급되는 주요 관심 영역이다. OECD에서 개최되는 다양한 회의에서 양극화, 환경문제가 지속적으로 언급되거나, UNESCO에서 학습성과의 양극화와 학습회복(Learning Recovery)에 관심을 기울이는 배경에는 사회의 안정과 인류의 건강한 삶을 위협하는 문제에 대한 세계의 공통된 위기의식이 작용하고 있다고 볼 수 있다.

성격과 시기는 조금 다르지만 비즈니스 영역에서 시작된 ESG(Environment, Society, Governance ; 환경, 사회, 거버넌스) 경영모델에 대한 정책적 관심이 높은 것 역시 같은 맥락에서 이해될 수 있을 것이다. 기업이나 조직 운영에 있어서 사회적, 환경적 책무성을 염두에 둔 운영 모델이 부상하는 것은 현재 세계 사회가 추구하는 지속가능성과 맞닿아 있다.

팬데믹으로 인한 인적 · 물적 교류의 제한은 국내 · 외를 막론하고 세계 경제에 엄청난 여파를 가져왔다. UN보고서[119]에 의하면, 2020년에 전 세계의 3천4백만 명이 극빈층으로 내몰렸고, 이 시기 전 세계 GDP가 3.4% 감소하였다고 보고하고 있다. 이와 같은 세계 경제의 침체는 국내 산업계에도 영향을 미치고 있음은 말할

---

118 Ensuring a Resilient & Healthy Environment for All. OECD Environmental Ministerial Summit Key Issues Paper. 2022.3.30.-31. OECD.

119 UN. Department of Economic and Social Affairs (2020). COVID-19 to slash global economic output by $8.5 trillion over next two years. https://www.un.org/en/desa/covid-19-slash-global-economic-output-85-trillion-over-next-two-years. 2022.9.2. 접속

것도 없다. 글로벌 수준에서 움직이는 경제체제는 미국 자산운용 기업의 도산이, 중동지역의 내전이, 중국이나 남미의 가뭄이 모두 우리의 경제와 일상에 크고 작은 영향을 미치는 상황을 만들었다.

또한 러시아와 우크라이나 간의 전쟁은 전쟁에 참여하지 않은 지역이나 국가의 사회 경제에 적지 않은 영향을 미치고 있다. 이 두 국가의 주요 수출품인 곡물의 국제가격 상승과 천연가스 공급 제한 및 중단은 아프리카의 국가들과 천연가스 의존도가 높은 유럽 국가의 불안 요소로 작용하고 있고, 자국의 식량 수급 안정을 위해 적지 않은 식량 수출국들이 수출을 제한하고 있다(조영관, 2022).[120] 무엇보다도 전쟁으로 인한 난민의 증가는 전쟁에 참여하지 않은 유럽 사회에 적지 않은 여파를 미칠 것으로 전망되는데, UN난민고등판무관(UNHCR)에 따르면 우크라이나를 탈출해 다른 지역으로 이동한 난민은 2022년 8월 말 현재 700만 명을 넘어서고 있다(UNHCR data portal).[121] 전쟁이 장기화됨에 따라 이들 난민을 위해 에스토니아 교육부는 난민교육을 위한 교육과정의 변화와 교원연수를 진행하는 등 다양한 노력이 진행되고 있다(한국교육개발원 50주년 기념 국제세미나, 8월 25일).

최근 들어 인류사회의 지속가능성을 위협하는 긴장과 갈등의 심화, 환경의 변화에 대처하기 위한 국제사회의 노력이 눈에 띈다. 서로 다른 영역의 정책이 공동의 목적 달성을 위해 일관되고 통합적인 접근 방식을 취해야 한다는 인식의 제고와 다양한 분야 및 조직 간의 협력과 연대가 강조된다는 것이다. 이 장에서는 OECD와 UNESCO의 최근 발간물과 동향을 통해 이러한 특징이 어떻게 이해 · 제시되고 있는지 살펴보고자 한다. 그리고 이와 같은 외부의 환경적 변화가 교육계에 주는 시사점에 대해서 논의해보고자 한다.

---

120 조영관. (2022). 우크라이나 전쟁과 세계 경제의 변동: 미 · 중 · 러를 중심으로. 다양성+Asia 17호. 서울대학교 아시아연구소. http://diverseasia.snu.ac.kr/?p=5781. 2022.9.2. 접속

121 UNHCR. https://data.unhcr.org/en/situations/ukraine 2022.9.2. 접속

◆ ◆ ◆

OECD학습나침반, 교육을 통한 사회 변혁

OECD의 교육본부는 개인과 국가가 보다 나은 삶을 영위하고 경제성장을 하는 데에 필요한 지식과 역량을 파악하고 이를 개발할 수 있도록 도움을 주는 것을 목적으로 하고 있다. 국가의 경제성장을 주요 목적으로 구축된 기구이니만큼, 교육을 인적자원 개발 측면에서 파악하는 경향이 있다.[122] 교육의 경제적 가치와 효용성에 의미를 둔 OECD의 교육프로젝트나 보고서는 국가 경제 발전을 이끌어 나갈 추진동력으로서 교육을 인식하는 시각이 강하기 때문에 격차, 불평등, 형평성에 대한 관심이 UNESCO나 저개발 국가를 주요 대상으로 활동하는 국제기구에 비해 상대적으로 높지 않았던 것이 사실이다. 실제로 OECD에서 성차별, 저소득층의 학업 격차 등을 본격적으로 다룬 보고서는 2017년에 나왔고, 연구의 개요를 설명하는 회의 당시 다수의 회원국 대표는 OECD에서 교육과 연구를 주관하는 부서에서 이와 같은 주제를 다룬 프로젝트를 수행하는 것에 환영 의사를 표하기도 했었다. 그러나 최근 OECD는 교육을 통한 격차 해소, 사회통합에 대한 이슈에 관심을 높아진 관심을 보이고 있다.

교육을 통한 포용적이고 평등한 사회 재건

2022년 12월에 OECD 교육부 장관회의가 파리에서 개최된다. OECD 회원국과 가입 예비 후보 국가의 교육부 장관과 정책담당자, 전문가가 참여하는 이 회의에는 '교육을 통한 포용적이고 평등한 사회 재건'이라는 주제 아래, 이를 실현하기 위한 교육의 역할, 정책과 실행전략 등이 논의된다. OECD 국가의 교육 수장들이 모이는 회의에서 논의가 필요한 주제 설정을 위해 다양한 영역이 제시되었는데,

---

122 OECD 웹사이트 https://www.oecd.org/education/).

교육과 직접적으로 관련이 있는 영역과 이슈를 제외한 주요 키워드는 디지털, 환경, 공공정책, 지역사회와의 연계, 학습자 수요, 노동시장 수요 등이다(OECD 교육부 장관 회의 준비를 위한 OECD 내부 자료). '교육을 통한 포용적이고 평등한 사회 재건'이라는 회의의 대주제에서 알 수 있듯이, 이 회의에서는 교육을 통해 '모든 학생들의 필요한 지식과 역량 함양', '평등한 경제, 사회적 성과 도출'을 유도할 수 있는 교육의 역할을 강조할 예정이다. 무엇보다 눈에 띄는 것은 '교육정책, 연구, 실행의 시너지 효과 유도', '교육, 기업가, 지역 간 파트너십 강화' 등을 통해 객관적 정보를 바탕으로 한 정책과 실행의 일관성과 교육의 직간접 이해당사자와 주체 간의 협력을 강조하고 있다는 점이다.

2022 교육부 장관 회의에서 논의를 위한 아젠다에 포함된 영역들은 현재 세계가 당면한 문제와 정책 환경을 보여주는 것이지만, 교육이 학교를 벗어나 사회문제에 깊은 관심을 갖고 타 분야와 긴밀한 연계 · 협력을 통해 공존이 가능한 세계를 만들어가는 역할을 요구받고 있다는 것을 보여준다. 실제로 2022년 3월에 있었던 OECD 환경부 장관 회의에서도 교육 분야와의 협력의 중요성이 논의되기도 했다.[123]

또한 OECD, ILO, UNESCO가 참여하여 작성된 2022년 G20회의 Background paper 「Update of the G20 Skills Strategy」에도 국민의 역량과 관련된 국가 정책은 교육, 노동시장, 이주, 산업, 혁신, 경제발전 정책과도 밀접하게 연결되어 있음을 언급하며 정부 부처 간 협력, 사회적 파트너와 이해당사자 등이 정책과 관련 체계 구축 과정에 의미 있는 참여가 필요함을 강조하고 있다. 따라서 G20 노동부 장관 회의에 국민의 역량 개발과 관련된 정책 업무 과정에서 국제사회, 전 정부 부처, 사회 전체가 협력과 조정을 통한 접근법이 필요함을 강조하고 있다.[124] 교육이 개인과 사회의 건전성과 발전을 위한 핵심적인 역할을 담당하고 있고 직간접적으로 장기적 영향력을 가지고 있다는 것을 의미한다. 그리고 교육 역시 사회이슈에 관심을

---

123 OECD 2022. Chair's Summary for Ensuring a Resilient & Healthy Environment for all. OECD Environment Ministerial

124 OECD, ILO, UNESCO. 2022. Update for the G20 Skills Strategy: Background paper and Annex.

높이고 문제를 개선하는 데에 적극적으로 동참할 것을 요구받고 있다고 하겠다.

OECD교육2030프로젝트: 교육을 통한 사회변혁

OECD교육2030프로젝트는 교육을 학생과 교사만의 상호작용뿐만 아니라 학교와 학생이 속한 크고 작은 사회의 구성원이 교육을 이끌어 가는 공동의 주체로 교육을 통해 사회의 긍정적 변혁을 강조한다. OECD DeSeCo 프로젝트를 통해 21세기에 필요한 역량에 대한 관심과 논의가 확산되었다면, 2015년에 출범한 OECD교육2030프로젝트는 아직 창출되지 않은 미래사회의 직업을 수행하기 위해서 학생들을 어떻게 준비시키고, 우리가 상상할 수 없는 미래사회의 문제에 올바르게 대처하게 할 것인가에 대한 고민으로부터 시작되었다. 2015년 사업 출범 당시 중등교육을 이수하고 있는 학생이 노동시장에 진입할 시기를 2030년이라고 보았다. 사업이 출범할 무렵 세계는 종교와 인종 갈등으로 인한 테러와 지역분쟁이 심화되던 시기이다. 따라서 중등학교에 재학 중인 학생들이 성년이 되는 가까운 미래에 다양한 사회문화적 배경을 가진 사람들과 평화롭게 공존하고 책임 있는 행동과 의사결정을 통해 개인과 인류사회의 지속 가능한 웰빙을 추구할 수 있는 역량을 학교 교육을 통해 갖출 수 있도록 할 수 있는 방안을 탐색하는 것을 이 프로젝트의 목적으로 삼았다.

2015년부터 2019년까지의 1주기에서는 미래사회가 요구하는 역량의 개념과 학생의 주체성이 강조되었다면, 2019년부터 시작된 2주기는 학습 현장에서 교육과정의 실행을 담당하는 교사의 주체성에 대한 논의를 이어오고 있고, 2023년 무렵에 교사의 주체성에 대한 구체적인 개념과 사례를 담은 보고서가 출간될 것으로 예상된다.[125]

OECD교육2030프로젝트는 다른 교육 관련 프로젝트와 차별화되는 두 가지 특

125 OECD (2019). OECD Future of Education and Skills 2030 project background. https://www.oecd.org/education/2030-project/about/E2030%20Introduction_FINAL_rev.pdf

성이 있다. 하나는 학습 과정에서 학생, 교사, 커뮤니티의 참여와 상호작용을 강조하고 있다는 것이다. 30여 개국 이상의 참여와 4년에 걸친 연구를 바탕으로 역량 기반의 새로운 학습프레임워크인 'OECD 교육 2030 학습나침반'을 2019년에 발표하였다. 이 학습나침반은 학생이 자신의 잠재력과 가능성을 최대한 발휘하고 개인과 지역사회, 크게는 인류사회 전체가 미래에도 건강한 삶을 유지하기 위해 필요한 지식, 기술, 태도, 가치관을 개념적으로 설명한 것이다. 이 학습나침반은 잘 알려진 학생의 주체성과 함께, 'Co-agency' 개념을 제시하고 있다. 이는 학생의 학습과 성장 과정에서 학생의 주체적인 역할과 함께 학생의 성장과 발전을 위한 동료학생, 교사, 학부모, 지역사회의 협력과 참여를 강조한 것이다. 이는 최근 국제사회에서 강조하고 있는 다양한 주체의 참여와 파트너십에 교육이 공헌할 수 있는 바를 제시한 개념이라고 할 수 있을 것이다.

이 프로젝트의 또 다른 특징은 '변혁적 역량'의 개념을 도입한 것이다. 변혁적 역량(Transformative Competencies)은 이 나침반의 푸른 원 내부에 제시된 것처럼 새로운 가치 창조하기, 긴장과 딜레마에 대처하기, 책임감 갖기 등의 세 가지 요소를 아우르는 개념이다. 특히 '긴장과 딜레마에 대처'는 개인부터 국가, 종교 문화적 배경의 차이에서 오는 가치관의 갈등, 이해관계의 충돌 등의 상황에서 이를 합리적이고 균형 잡힌 방식으로 해결해 나갈 수 있는 역량을 의미한다는 점에서 2030년대의 새로운 사회에서 새로운 가치를 창조할 수 있는 역량, 즉 창의적인 아이디어를 통한 경제활동과 새로운 생활방식, 사회적 모델 등을 개발할 수 있는 능력을 강조한 것으로 볼 수 있다.

OECD 교육 2030에서 역량은 지식, 태도, 가치가 서로 연결되어 있고 상호의존적으로 학습되는 것으로 보고 있다. 특히 지식은 전통적인 학과목으로 분류되는 학문지식, 학문영역을 아우르는 융 · 복합, 또는 간학문지식, 학문영역별 전문가들이 사고하고 일하는 방식과 관련된 인식론적 지식, 목적한 바를 달성하기 위해 필요한 절차를 이해하는 절차적 지식으로 유형 지어 구분하고 있다. 이러한 지식의 유형화는 역량교육에서의 지식이 학생으로 하여금 단순한 학문지식을 습득하도록 하는 교육과는 차별되는 특징을 보여준다(OECD, 2019).[126] OECD 교육 2030 프로젝트가 지닌 다양한 특성 가운데 두드러진 측면 중 하나는 통합적인 시각을 강조하는 데에 있다. 즉 역량을 구성하는 지식, 태도, 가치가 서로 연결되어 있고 상호작용을 통해 향상되는 것으로 보고, 유형화된 지식 역시 균형 있게 학습되었을 때 역량이 발휘됨을 제시하고 있는 것이 그것이다.

OECD 교육 2030 학습나침반[127]

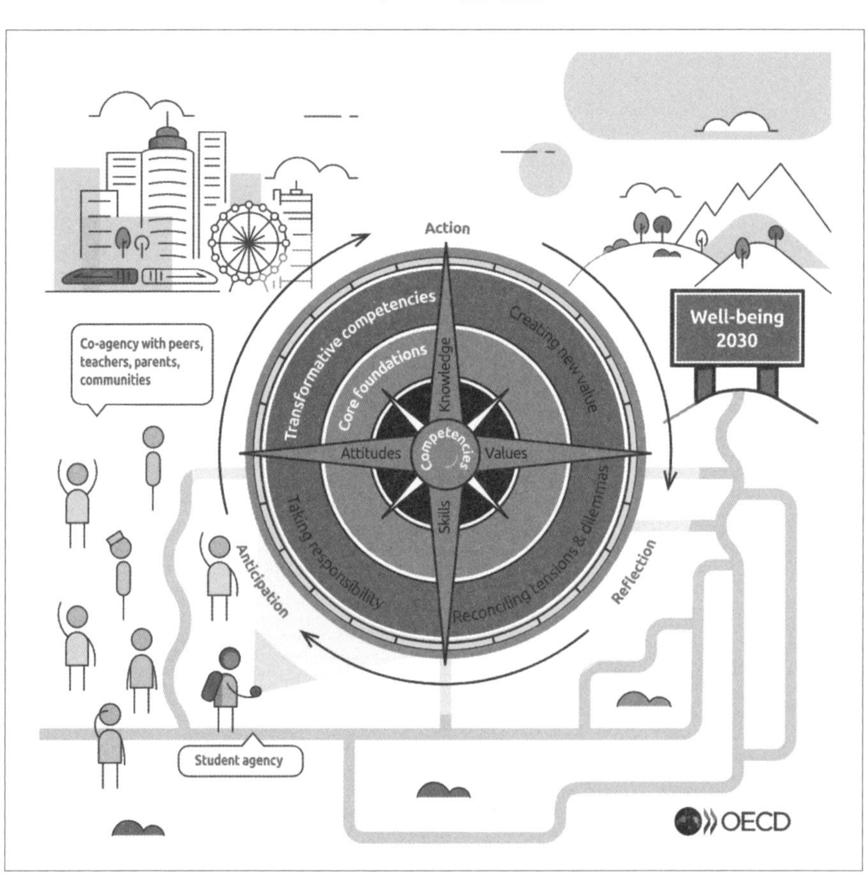

126 OECD Future of Education and Skills 2030 Concept Note. https://www.oecd.org/education/2030-project/teaching-and-learning/learning/knowledge/Knowledge_for_2030_concept_note.pdf 2022.9.3. 접속

127 OECD 교육 2030 웹사이트. https://www.oecd.org/education/2030-project/.

◆ ◆ ◆

UNESCO 『미래교육 보고서』의 협력과 연대

UNESCO의 국제미래교육위원회는 2021년에 「함께 그려보는 우리의 미래: 교육을 위한 새로운 사회계약」이라는 보고서를 발간하였다. 세 개의 파트로 나누어진 이 보고서는 1) 과거의 약속과 불확실한 미래 사이에서, 2) 교육혁신을 위한 제안, 3) 교육을 위한 새로운 사회계약의 촉진을 개별 파트의 주제로 논의를 진행하였다.

1부 '과거의 약속과 불확실한 미래 사이'는 사회경제적 불평등의 증가, 기후변화, 자원남용과 같은 문제들을 인류가 처한 세계의 특징으로 규정하고 있다. 또한 탈탄소화, 보다 적극적인 시민 참여, 디지털 기술, 고용환경 변화에 따른 혼란과 대처방안 모색 노력 등이 시도되고 있다는 점도 기술하고 있다. 이와 같은 문제를 해결하기 위해서는 기존의 교육방식으로는 부족하기 때문에 혁신의 필요성을 주장한다. 2부 '교육혁신을 위한 제안'에서는 다섯 가지의 원칙을 제시하였다.

> 교육은 협력, 협동, 연대의 원칙을 기반으로 조직되어야 함
> 교육과정은 생태적, 상호문화적, 학제적 학습에 중점을 두어 학생들이 지식에 접근하고 이를 생산하는 동시에 이를 비판하고 적응하는 역량을 기르도록 지원해야 함
> 교수활동은 협력적 행위로 보다 전문화되어야 하며, 교사들의 역할은 지식생산자 이자 교육과 사회변혁의 핵심 주체로 인식되어야 함
> 학교는 포용, 형평성, 개인과 집단의 웰빙을 지원하는 교육 장소로서 보호되어야 하고, 보다 정의롭고 평등하고, 지속 가능한 미래를 향한 세상의 변혁을 잘 촉진하도록 해야 함
> 우리는 평생에 걸쳐 다양한 문화적 · 사회적 공간에서 펼쳐지는 교육 기회를 향유하고 확대해야 함

UNESCO 국제미래교육위원회 · 유네스코한국위원회, 2022, pp.4-5

교육과 혁신에 관련된 UNESCO의 이 보고서에서 제시한 위 다섯 가지 원칙들은 교육실행과 사회변혁에 있어서 학생과 교사의 주체성 강조, 개인과 사회의 웰빙 지향, 협력과 연대를 지향한다는 점에서 OECD의 교육 2030 프로젝트에서 논의되었던 개념이나 교육실행의 방향성과 공통된 성격을 지니고 있다. 이는 국제사회가 인식하는 사회문제와 이를 개선하기 위한 교육의 역할에 대한 방향성이 크게 다르지 않다는 것을 알 수 있다.

3부 '교육을 위한 사회계약의 촉진'에서는 교육이 새로운 사회를 "공유되고 상호의존적인 미래를 만들기 위해 함께 협력"을 해야 함을 주장하며, 연구와 혁신, 세계적 연대와 국제협력, 고등교육 기관의 적극적 역할 등을 강조하고 있다. 3장에서 제시한 '협력과 연대의 교육학'은 세상의 변혁을 위해 함께 협력하는 능력 함양이라는 교육의 역할을 강조하고 있다. 이 장에서 강조하는 협력과 연대의 대상은 세대 간, 민족 간, 학문 간 연대를 아우르는 것으로 이해할 수 있다.

◆ ◆ ◆

미래의 교육기관과 교육의 형태: OECD의 4가지 시나리오

얼마 전까지 4차 산업혁명 시대의 특성을 대변하는 말로 'VUCA'라는 용어가 많이 쓰였다. 변화의 속도가 빠르면서 다각적으로 진행되어 변동적(Volatile)이고, 서로 복잡하게 연결된 사회에서 미래에 대한 예측이 어려운 불확실성(Uncertain)과 복잡성(Complex), 그리고 판단이 쉽지 않은 모호함(Ambiguous) 등이 우리가 살고 있는 사회의 특징이라는 것이다. VUCA월드에서는 단일한 교육시스템이나 학교유형이 존재하지 않는다는 전제하에 OECD는 2020년에 "Back to the Future of Education: Four OECD Scenarios for Schooling"이라는 보고서를 2019년에 발간하였다. 2001년에 발간된 OECD 보고서의 미래 학교교육 시나리오를 기초로 구성된 이 보고서는 전략적 추측이라는 방법론을 활용하여 미래학교를 구상한 것이다. 미래학교에 대한 4가지 시나리오는 아래와 같다.

OECD 미래학교 4가지 시나리오별 특징

구분	목적과 기능	조직과 구조	교사 인력	거버넌스	공교육의 도전과제
시나리오 1: 학교 교육의 확대	사회화, 습득된 지식과 역량에 대한 인증 및 자격 부여, 돌봄	교육기관이 도전적으로 학교 교육의 전통적인 기능을 담당함	규모의 경제와 기능분화의 가능성이 있으나, 학교 교육을 교사가 독점함	전통적인 행정부가 강력한 역할을 담당하면서, 국제협력이 강조됨	공통의 교육체제 내에서 다양성과 질을 보장하는 것; 협의와 혁신 간 균형이 필요함
시나리오 2: 교육의 아웃소싱	유연한 서비스를 찾는 '교육소비자' 들의 요구에 따라 다양해짐	구조의 다각화: 다양한 조직적 구조가 개인학습자에게 제공됨	학교 안팎을 운영하는 교사의 역할과 지위가 다양해짐	더 큰 교육시장 (지역, 국가, 국제 수준의) 내에서 학교 교육 시스템이 기능함	시장실패를 해결하기 위해 접근성과 질을 보장. 다른 교육공급자들과 경쟁하고, 정보 공유
시나리오 3: 학습 허브로서의 학교	유연한 학교구조를 통해 학습개별화와 지역사회의 참여가 활성화됨	학습 허브로서 학교가 다양한 지역적, 국제적 자원을 조직함	교사전문직인 광범위하고 유연한 전문가 네트워크의 연결점으로 기능함	지역의 의사결정에 중점을 둠, 다양한 파트너십을 구축함	다양한 관심사와 권력관계의 역동성, 지역적 목적과 제도적 목적의 잠재적 갈등, 지역 간 역량 차이
시나리오 4: 시 · 공간이 자유로운 학습	테크놀로지가 기존 학교의 목적과 기능을 재구성	사회적 제도로서의 학교 교육이 사라짐	프로슈머들이 중심적인 역할을 담당하는 개방형 시장	데이터와 디지털 테크놀로지에 대한 글로벌 거버넌스	정부 혹은 기업의 강력한 개입이 민주적 통제와 개인의 권리에 영향을 미칠 수 있음 사회가 분열될 위험이 있음

박은경, 2020, p.9[128]

이 보고서에 제시했듯이 한 가지의 미래교육 유형이 압도적인 우위를 차지하기보다는 이들 네 가지 시나리오가 혼재하는 방식일 것이라고 생각된다. 실제로 개별 시나리오에서 묘사되는 교육기관의 유형과 특성들이 현재 우리 사회의 공공과 민간 영역에서 일반학교, 대안학교, 마을교육공동체, 사교육 서비스 등을 통해 실행되고 있기도 하다. 위 시나리오는 교육의 대상, 내용, 목표 등이 교육 관련 수요가 다양해짐에 따라 다양한 유형과 특성을 지닌 교육 서비스 제공이 필요할 것이

128 제시된 출처의 표에서 이해를 돕기 위해 부분 수정함

라는 것을 제시하고 있다. 이는 현재 우리 공교육이 향후에 학교 조직, 구성원 간의 사회적 구조, 다양한 양태를 지니는 거버넌스 체제의 변화 등이 필요할 수 있음을 시사한다.

일반적으로 변화에는 갈등이 따를 수 있고, 이를 해결하기 위해서는 타협과 협력의 과정이 필요하다. 타협과 협력이 가능하기 위해서는 교육을 둘러싼 환경변화로 인해 발생할 수 있는 문제점이나 과제에 적절하게 대처하기 위해서는 학교교육 시스템, 거버넌스 구조, 교육과정과 학습법, 교원교육 및 선발 방식 등 교육의 전 영역에서 다양성을 수용하고 경계를 허무는 유연화가 필요하다.

◆ ◆ ◆

우리 교육에서의 협력과 연대

협력과 연대는 두 가지 측면에서 생각해 볼 수 있다. 하나는 교육이 행해지는 조직간 혹은 구성원 간의 협력이고, 다른 하나는 흔히 융·복합, 간학문으로 표현되는 교육내용, 교육과정에서의 연계이다. 학과목의 지식을 넘어서 교육의 간학문적(interdisciplinary) 접근법, 융·복합의 강조는 진부하다고 느껴질 정도로 초·중등과 대학 교육 관련 정책과 혁신의 다양한 영역에서 지속적으로 강조되어 온 주제이다. 창의인재 육성, 교육과정 개정, 대학혁신을 위한 추진전략으로 간학문적 교육의 중요성이 언급되었다. 그럼에도 불구하고 간학문적 교육은 여전히 활용되기 어려운 접근 방식으로 인식되고 있어서 교과목의 높은 벽을 허물어 내지 못하고 있는 현실이다.

2022년 UNESCO 『미래교육 보고서』에서 언급한 '학문 간 연계'는 간학문적 접근법이 단순한 지식의 통합이 아닌, 문제해결 방식으로서의 실천이 이전보다 더 강조되고 있다는 것이다. 즉 이전의 단순한 지식습득이나 이해를 넘어서는 역량이 강조되고, 또 역량 자체가 학교에서 가르치는 지식이 아니라 사회문제에 대한 안목과 시각을 길러내어 사회발전에 공헌할 수 있도록 하자는 측면에서 보다 적극적이고 높은 수준에서의 사회참여와 연계를 요구하고 있다.

현재 개발 중에 있는 2022 교육과정은 사회의 환경적 변화에 적절하게 대처하고 삶을 잘 이끌어 나갈 수 있도록 기본역량과 변화대응력을 키워주는 교육체제 구현을 교육과정 개정 배경으로 설명하고 있다(교육부, 2021).[129] 특히 역량 함양 교과 교육과정 개발을 위해 '깊이 있는 학습' '교과 간 연계와 통합', '삶과 연계한 학습', '학습 과정에 대한 성찰'을 강조하고 있다. 이는 보다 건강한 사회를 만들어 나가기 위한 교육의 역할을 고려할 때 적절하게 설정된 개정 방향이라고 보여진다. 공조와 연대, 적극적인 사회참여를 촉진시키는 교육이 가능하게 하기 위해서는 교육과정의 변화만으로는 불충분하다. 교육과정을 해석하고, 수업을 설계하여 실행하는 교원의 역할이 무엇보다 중요하다. 따라서 이러한 변화 요구에 걸맞은 교원의 자질을 파악하고 교원양성과 선발 방식에 대한 근본적인 혁신노력을 펼쳐야 한다.

지난10여 년간 우리 교육계는 학교와 지역사회 간 협력이 시도되어 2020년 현재 전체 기초지자체 중 190개가 혁신교육지구에 참여할 정도의 확산된 결과를 가져왔다. 그리고 혁신교육지구는 마을교육공동체의 실현을 통해 질적인 변화를 시도하고 있다고 평가받고 있다(김태정, 2021).[130] 혁신교육은 경쟁적이고 비교육적인 학력주의 중심의 국내 교육 현실을 개선하고자 등장하였고, 교육 문제가 학교 내부에서만의 것이 아닌 지역사회가 공동으로 해결해나가야 하는 것으로 인식하여 지역과 교육의 연계가 강조되었다(양병찬 외, 2019).[131] 그러나 마을교육공동체가 "마을과 학교를 양자 대립적 관계로 인식"한다거나 "학교를 중심으로 지역교육을 도구화"한다는 지적이 일부 있는 것도 사실이다.[132] 무엇보다, 마을교육공동체가 지향하는 학교와 지역사회의 연대가 우리 사회전반에 뿌리내렸다고 보기에는 여전

129 교육부 교육과정정책과 (2021.11.24.). 더 나은 미래, 모두를 위한 교육, 2022 개정교육과정 총론 주요 사항

130 김태정. (2021). 진화하는 교육 거버넌스: 혁신교육지구와 마을공동체. 대한민국 교육트렌드 2022. 에듀니티.

131 양병찬 외(2019). 혁신교육지구 사례분석을 통한 마을교육공동체 체제 구축방안 연구. 교육부.

132 양병찬 (2018). 한국 마을교육공동체 운동과 정책의 상호작용. 평생교육학 연구. 제24권 제3호 125-152. 이러한 비판은 저자(양병찬)의 의견이 아니라, 마을교육공동체에 대한 일반적인 비평을 본 연구에서 제시한 것임.

히 한계가 있다.

혁신학교와 마을교육공동체를 통한 지난 10여 년의 노력과 양적 확산이 지속가능성과 질적 성장으로 이어지기 위해 제도마련이나 거버넌스 구축 등 정책 수준에서의 노력은 중요한 출발점이다. 하지만 학교와 지역의 연계와 협력이 지속적으로 발전하기 위해서는 몇 가지 사안에 대한 구체적인 고민이 필요하다고 본다. 누구와 무엇을 위한 협력인가에 대한 고민과, 다른 시각을 가지고 있는 주체와의 관계를 어떻게 설정할 것인가가 그것이다. 일반적인 목표를 가진 학생과 부모, 교사 등 교육의 주요 주체가 공감하며 참여할 수 있는 연대와 협력 활동의 개발이 무엇보다 절실하다. 이는 실행단계에서 이해당사자의 수요에 기반한 교육활동과 경험의 실용성, 다른 곳을 바라보는 주체에 대한 포용성, 협상과 타협이 가능한 개방성과 유연성을 가진 협력 방식이 전제되어야 가능하다고 본다. 또한 우리가 인식하는 '지역'의 범위와 수준은 복합적일 수 있다. 다양한 SNS플랫폼에서 이루어지는 정보와 견해의 공유는 우리가 인식하는 '지역'의 범위를 확대시켰다. 따라서 협력활동을 개발할 때 지역에 대한 인식과 이해는 개인이 가지는 관심과 상황에 따라 유동적일 수 있다는 점도 염두에 둘 필요가 있다.

OECD, UNESCO와 같은 대표적 국제기구가 교육을 통한 사회문제 해결과 세계 변혁에 주목하게 된 배경에는 복잡하게 얽히고 심화된 사회문제가 있다. UNESCO는 사회경제적 불평등의 증가, 급격한 기후변화, 생태계의 파괴, 지구가 견뎌낼 수 있는 수준을 넘어선 자원남용, 민주주의의 후퇴, 기술자동화에 따른 혼란 등을 현재 인류가 처한 사회의 특징으로 규정하고 있다. 21세기 들어 인류사회는 심화되어 가는 국가와 지역 간 빈부 격차, 가속화되는 환경위기와 기후변화 등 공동으로 대처해야 하는 문제가 산재해 있다.

이에 더하여 우리사회는 지역 소멸의 우려까지 낳고 있는 인구감소 문제와 세대 간 갈등 상황에 놓여있고, ICT 영역의 급격한 발전으로 인한 산업구조와 노동시장의 변화과정에서 다양한 이해관계가 분출되고 있다. 또한 지난 20여 년 동안 세계 어느 나라보다 불평등 현상이 가속화 되고 있어서 양극화는 21세기 우리 사회의 지속가능성을 위협하는 문제로 대두되고 있다(김윤태, 2019).

이와 같이 다양한 영역에서 분출되는 사회문제는 교육과 무관한 영역의 것으로 인식될 수 있다. 그렇지만 세계는 교육이 우리가 살고 있는 사회 속으로 더욱 깊숙이 뛰어들어 교육 외 분야와 긴밀한 협력을 통해 사회문제 해결에 공조할 것을 강하게 요구하고 있다. 앞에서 기술한 바와 같이 코로나19의 전 세계적 확산, 러시아와 우크라이나의 전쟁은 세계가 인터넷 세상만이 아닌 현실 세계에서도 서로 복잡하게 얽혀 있다는 것을 다시 한번 인식시켜주었다. 이는 기존 교육방식이나 내용의 변화와 함께 문제해결 방법을 찾고, 추진할 수 있는 역량을 길러주는 기반(foundation)으로써 교육에 대한 기대를 다시 한번 강조하고 있다.

2부

2023 학교의 과제

정치하는 청소년, 정치 못 하는 교사

기본권 보장인가, 교실의 정치화인가?

정성식 (실천교육교사모임 고문)

◆ ◆ ◆

기본권 보장인가, 교실의 정치화인가?

청소년과 교원은 정치와 떨어져 있어야 한다. 우리나라에서 오랜 불문율이었다. 청소년은 미성숙하다는 이유로, 교원은 중립을 지켜야 한다는 이유로 정치를 거론하는 것조차 금기시되어 왔다. 아리스토텔레스는 "인간은 정치적 동물이다"라는 말을 했는데 청소년과 교원은 이와 같은 이유로 탈정치적 동물로 살아야만 했다. 이 상황을 벗어나려고 간혹 정치를 말하는 청소년과 교원이 있다면 징계나 형사처벌 등의 혹독한 대가를 치러야 했다. 그런데 최근에 청소년이 먼저 이 금기를 깼다.

"청소년 기본권 보장" vs "교실의 정치화 우려"

선거 연령을 만 18세로 하향 조정하자는 말이 나왔을 때 정치권에서는 찬반 의견이 팽팽했다. 찬성하는 쪽은 더불어민주당, 정의당 등의 진보정당과 진보 시민단체들이었다. 이들은 만 18세는 결혼, 군입대, 공무원 시험, 운전면허 시험 등이 가능한 나이임에도 선거권만큼은 보장받지 못하고 있어 형평성에 어긋난다고 주장했다. 당시 더불어민주당 우상호 원내대표가 했던 말에서 찬성 쪽 분위기를 읽을 수 있다.

"미국이 여성들에게 투표권을 준 것이 1920년대였다. 그전까지만 해도 여성들은 미개하기 때문에 투표권을 주면 안 된다는 것이 지배적이었다. 민주주의 역사는 참정권 확대의 역사다. 자기 국민을 미개하다면서 참정권을 주지 않는 이런 정치권이 21세기 대한민국의 정치권이어서는 안 된다."

반면에 반대하는 쪽은 자유한국당을 중심으로 보수진영이었다. 이들은 고3 학생들에게 투표권이 생기면 학교 현장이 정치판이 되어 교육의 정치적 중립성이 훼손되고 학교에서 공직선거법 위반 사례가 숱하게 벌어질 것이라는 의견이었다. 당시 자유한국당 권성동 의원이 했던 말에서 반대쪽 분위기를 읽을 수 있다.

"고3을 무슨 선거판에 끌어들이나. 공부를 열심히 해야지. 대체로 우리나라 고3 학생은 부모와 선생님에 대한 의존이 심하고, 독자적 판단 능력이 부족하기 때문에 투표권을 주어서는 안 된다."

만 18세 선거권 부여, 만 16세 정당 가입 허용

이 논란은 2019년 12월 27일, 공직선거법이 개정되어 기존 만 19세에서 만 18세로 선거 연령이 1년 하향 조정되면서 정치권에서는 종지부를 찍었다. 그로부터 2년 뒤인 2021년 12월 31일, 다시 공직선거법이 일부 개정되어 기존 만 25세이던 피선거권이 만 18세로 하향 조정되었다. 이로써 선거권과 피선거권이 모두 만 18세로 하향 조정됨에 따라 고등학교 3학년 학생은 생일이 지나면 투표권을 갖게 되었고, 공직에 출마할 수 있는 길도 열렸다. 나아가 2022년 1월 11일, 정당법이 개정되어 정당 가입 연령이 기존 만 18세에서 만 16세로 하향 조정되었다. 이로써 만 16세 고등학교 1학년 학생은 정당에 가입할 수 있는 길도 열렸다.

공직선거법과 정당법이 개정됨에 따라 만 18세 청소년 유권자들은 2020년 4월

15일, 제21대 국회의원 총선에 처음으로 투표를 할 수 있었다. 생애 첫 투표를 하게 된 만 18세 청소년 유권자들의 투표율에도 관심이 많았는데 중앙선거관리위원회의 〈제21대 총선 투표율 최종 분석 보고서〉에 따르면 만 18세 유권자 투표율은 67.4%로 전체 투표율 66.2%보다 높았다. 청소년의 정치참여 열기가 일반 국민들 못지않다는 것을 알 수 있었다.

공직선거법 개정으로 피선거권이 만 18세로 하향 조정되면서 2022년 6월 1일 치러진 제8회 전국동시지방선거에는 처음으로 10대 후보 7명이 참여했다. 10대 후보 7명 중 당선자는 천승아 의원(국민의힘 · 고양시의회 의원 비례대표)이 유일하다. 비록 당선자는 1명에 그쳤지만 10대 후보가 출마하고, 10대 기초의원이 탄생한 것은 기성세대 중심의 한국 정치사에 의미 있는 한 걸음이라 할 수 있다.

청소년 모의투표

이렇게 청소년에게 정치참여의 길이 열렸지만, 여기에서 제외된 청소년들이 훨씬 많았다. 만 18세의 나이면 고등학교 3학년 생일이 지난 학생에 해당하기 때문이다. 만 18세 이하 청소년들은 청소년모의투표운동에 적극적으로 참여하면서 자신들의 정치적인 의사를 표현하기 시작했다. 청소년모의투표운동은 선거권이 없는 만 18세 미만의 청소년들에게도 투표의 중요성과 투표 참여 경험의 기회를 제공하고자 청소년 기관단체와 한국 YMCA, 청소년참정권확대운동본부가 협력하여 진행한 청소년 정치참여 운동의 하나였다.

◆ ◆ ◆

청소년 참정권 확대의 배경과 의미

모든 권리는 저절로 얻어지지 않는다. 특정 세력이나 집단이 향유하던 권리를 모든 사람이 누리도록 하려면 기존 질서에 대한 저항이 필연적이다. 기득권 또한 순순히 허락하지 않는다. 그렇기에 지난한 투쟁의 역사가 있을 수밖에 없다. 청소년 참정권 확대의 과정도 마찬가지다.

대한민국 선거권 연령 변천사

국가법령정보센터가 제공하는 법령 연혁을 통해 선거권 연령이 그동안 어떻게 변화했는지 살펴보았다.

1948~1960 : 선거권 21세, 피선거권 25세, 성년 20세

1947년 9월 3일 시행된 입법의원선거법은 선거권 연령을 23세 이상으로 규정하고 있었다. 그러나 이듬해 UN한국위원회가 개입하여 1948년 7월 17일 제헌 국회의원선거법이 제정되면서 선거 연령도 바뀌게 된다. 국회의원선거법 제1조는 "국민으로서 만 21세에 달한 자는 성별, 재산, 교육, 종교의 구별이 없이 국회의원의 선거권이 있음. 국민으로서 만 25세에 달한 자는 성별, 재산, 교육, 종교의 구별이 없이 국회의원의 피선거권이 있음. 연령의 산정은 선거일 현재로 함."으로 밝힌다. 이로써 대한민국의 선거권은 만 21세 이상, 피선거권은 만 25세 이상으로 출발한다. 당시 민법상 성년의 연령은 만 20세였으니 성년이 되어도 만 21세 이상이 되기 전까지는 선거권을 가질 수 없었다.

1960~2005 : 선거권 20세, 피선거권 25세, 성년 20세

1960년 6월 15일, 4 · 19혁명 이후 헌법이 3차 개정되면서 헌법 제25조는 "모든 국민은 20세에 달하면 법률이 정하는 바에 의해 공무원을 선거할 권리가 있다"로 개정되었다. 이로써 민법 규정상 성년의 나이와 선거권이 일치하게 되었다. 1962년 12월 21일 헌법 제5차 개정에 따라 선거권 규정이 헌법 제25조에서 제21조로 "모든 국민은 20세가 되면 법률이 정하는 바에 의해 공무원 선거권을 가진다"로 개정되었다.

1972년 12월 27일 헌법 제7차 개정으로 선거권 규정이 헌법 제21조 "모든 국민은 20세가 되면 법률이 정하는 바에 의해 선거권을 가진다"가 제23조로 변경되었다. 조의 변경이었고 내용상의 변화는 없었으므로 선거 연령의 변화는 없었다.

1987년 10월 29일 헌법 제9차 개정으로 헌법 제24조 "모든 국민은 법률이 정하는 바에 의해 선거권을 가진다"로 개정되면서 헌법에 직접 명시하던 선거권 연령을 법률에 위임하게 된다. 다만 공직선거법 제정 전까지 개별 선거법에서 선거권 연령을 20세로 규정한다. 1980년 12월 31일 대통령선거법 제정 당시 대통령 선거권은 만 20세 이상, 피선거권은 30세 이상이었는데 1987년 11월 7일 대통령선거법이 개정되면서 선거권은 만 20세 이상으로 변동이 없는데, 피선거권은 만 40세 이상으로 10년 늘어나게 되었다.

1994년 3월 16일 공직선거 및 선거부정방지법 제정되면서 만 18세 선거권은 본격적으로 논의되었다. 법 제정 당시 여당인 민주자유당은 20세를 주장하였고, 야당인 민주당은 18세를 주장했으나 민법상 성년 연령인 20세로 합의하게 되었다.

2005~2019 : 선거권 19세, 피선거권 25세, 성년 19세

2005년 8월 4일, 공직선거 및 선거부정방지법을 폐지하고 공직선거법으로 개정할 때 여당인 열린우리당은 18세를 주장하였고, 야당인 한나라당은 19세를 주장하였으나 최종 만 19세가 채택되었다. 이로써 선거권 연령 하향은 헌법 제3차 개정 이후 45년 만에 만 20세에서 만 19세로 하향되었다. 그러나 성년 연령은 기존과 동일한 20세였다. 2011년 3월 7일, 민법이 개정되면서 성인 연령이 20세에서 19세로 하향 조정되었다.

2020~현재 : 선거권 18세, 피선거권 18세, 성년 19세

2019년 12월 27일, 공직선거법 개정되면서 선거권이 만 18세로 선거 연령이 1년 하향 조정되었다. 2021년 12월 31일 공직선거법이 일부 개정되면서 피선거권도 만 25세에서 만 18세로 하향 조정되었다.

결과만 놓고 보면 선거 연령 하향은 1960년 4 · 19 혁명 이후에 만 21세에서 만 20세로(12년 소요), 2005년 만 20세에서 만 19세로(45년 소요), 2019년에 만 19세에서 만 18세로(14년 소요) 세 번에 걸쳐서 점차 이루어졌다는 것을 알 수 있다. 이상의 내용을 표로 정리하면 다음과 같다.

선거권 연령 변천사

일자	법령	선거권 연령	피선거권 연령	성인연령
1948. 7. 17.	제헌 국회 선거법	만 21세	만 25세	
1960. 1. 1.	민법 제정			만 20세
1960. 6. 15.	헌법 3차 개정	만 20세	만 25세	
2005. 8. 4.	공직선거법 제정	만 19세	만 25세	
2011. 3. 7.	민법 개정			만 19세
2019. 12. 27.	공직선거법 개정	만 18세	만 25세	
2021. 12. 31.	공직선거법 개정		만 18세	

만 18세 선거권의 의미

만 18세 청소년 선거권은 오래전부터 있어왔던 주장이었다. 만 18세가 세계적으로 가장 일반적인 선거권 연령 기준이었기 때문이다. 1987년 개헌안을 논의할 때도 18세 선거권은 핵심 쟁점 가운데 하나였으나 결실을 이루지 못했다. 2004년 이후에 민주당이 18세로 선거권 연령을 낮추는 것을 당론으로 채택했지만 이를 중요하게 여기고 우선시하는 정당은 적었기 때문에 18세 선거권 실현은 지지부진할 수밖에 없었다. 2005년 선거법 개정 때도 열린우리당이 18세를 주장했으나 협상 끝에 19세로 결정될 수밖에 없었다.

2016년 박근혜 대통령 퇴진 운동과 탄핵은 선거 연령 하향 조정의 전환점이 되었다. 청소년들이 박근혜 대통령 퇴진 운동에 활발하게 참여하면서 청소년 참정권 문제가 시민들의 관심을 받게 된 것이다. 그것이 청소년에게 정치를 금지해야 한다는 사회적 인식을 바꾼 큰 힘이 되었다. 만 18세가 선거권을 갖는 데 오랜 시간이 걸렸던 것은 청소년에 해당하는 시기이기 때문이다. 18세 선거권을 반대하는 사람들은 청소년이 정치를 해서는 안 된다는 주장을 펼치면서 그 이유로 "청소년은 미성숙해서 정치를 제대로 할 수 없고, 청소년에게 정치를 할 수 있게 하면 학교 교육이 정치에 휘말리게 된다"는 근거를 오랫동안 펼쳐왔었다. 이와 같은 주장에 반박하기 위해서라도 18세 선거권은 청소년 참정권의 핵심 과제가 되었다. 2000년대에 18세 선거권을 주장하며 나섰던 청소년운동 활동가들은 "청소년은 미성숙하지 않다"라고 말하면서 "18세 선거권은 청소년이 사회의 일원으로 긍정받기 위한 운동이며, 18세만의 문제가 아니라 청소년의 문제이다."라고 이야기했다.[133]

◆ ◆ ◆

청소년의 정치참여 실태

2019년 12월, 공직선거법 개정으로 선거 연령이 하향되면서 청소년의 정치참여 기회가 확대되었고 제도적 틀 속에서 정치적 의사결정 과정에 주체적으로 참여할 수 있는 중요한 전환점이 마련되었다. 이제 청소년은 자신과 관련된 주요 문제를 직접 정치에 참여하면서 해결하고, 자신을 둘러싼 정치적 현안과 사회적 이슈에 직접적으로 참여하여 제안하고 이를 공론화할 수 있는 길이 열린 것이다. 그러나 만 18세 선거권은 청소년 정치참여의 출발일 뿐이지 여전히 많은 한계와 과제를 안고 있다. 이를 어떻게 극복하고 해결하느냐에 따라 청소년이 정치적 주체로 자리매김하는 중요한 분수령이 될 것이다. 때를 맞추어 한국청소년정책연구원은 2021년 12월 〈청소년 정치참여 실태와 활성화방안 연구〉 보고서를 펴냈다. 보고서는 청소년의 정치참여 현안과 실태를 파악하여 정치참여에 영향을 미칠 수 있는

133 공현 · 둠코(2016), 《인물로 만나는 청소년운동사》, 교육공동체 벗, 60~64쪽.

요인을 살펴보고, 청소년의 정치참여를 활성화하기 위한 지원 방안을 도출하기 위한 전망을 내포하고 있다는 점에서 아주 의미 있는 연구라 할 수 있다. 보고서 내용을 토대로 청소년의 정치참여 실태를 살펴보았다.

법적 기준과 청소년 정치참여 현황

청소년의 법적 개념은 연령이 기준이고 법령에 따라 연령도 다르다. 청소년기본법은 9세 이상 24세 이하로, 청소년보호법은 만 19세 미만을 청소년으로 정의하고 있다. 청소년과 비슷한 범주로 쓰이는 미성년자는 민법상 법률행위를 하는 데 있어서 법정대리인의 동의를 필요로 하는 사람으로 규정하고 있다. 청소년과 관계된 법령에서 정하고 있는 청소년 연령은 다음 표와 같다.

법령에 따른 청소년 연령[134]

법적개념	연령범주	관계법률
청소년	9세 이상 24세 이하인 자	청소년기본법 제2조 청소년복지지원법 제2조 청소년활동진흥법 제2조 학교밖청소년 지원에 관한 법률 제2조 건강검진기본법 제3조
	만 19세 미만인 자	아동청소년의 성보호에 관한 법률 제2조 사행행위 등 규제처벌에 관한 특례법
	18세 미만의 자 (초 · 중등교육법 제2조의 규정에 의한 고등학교에 재학 중인 학생을 포함한다)	게임산업 진흥에 관한 법률 음악산업 진흥에 관한 법률 영화 및 비디오물의 진흥에 관한 법률
미성년자	19세가 되지 않은 자	민법 제4조

이와 같이 연령을 기준으로 청소년을 정의하면서 법령에 따라 연령이 다르다 보

134 전민경, 장미(2021). 경기도청소년 기본권 보장을 위한 정책방안 연구. p. 36.

니 청소년의 개념이 상황에 따라 모호해지는 경향이 있다. 특히 청소년을 미성년자와 동일시하는 경향도 많은데 이 경우 청소년은 보호해야 할 대상으로 인식되면서 청소년의 기본권을 제한하는 수단으로 작용해 왔다.

청소년기본법은 청소년이 기본권을 보장받고 건강한 민주시민으로 성장하는 것을 기본 이념으로 삼고 있으며, 이와 같은 기본 이념을 구현하기 위하여 청소년이 사회구성원으로서 자신과 관련된 의사결정에 참여할 권리를 보장하고 있다. 나아가 정부가 위원회, 협의회에 청소년을 포함하여 운영하고 청소년참여위원회 등의 운영과 같은 청소년의 참여를 보장하는 기구를 운영하도록 하고 있다.

청소년진흥법은 다양한 청소년 활동을 지원하기 위한 법률로 청소년운영위원회를 운영하여 청소년의 참여를 보장하도록 하고 있으며, 국가와 지방자치단체는 청소년이 다양한 활동에 주체적이고 자발적으로 참여할 수 있도록 적극적으로 청소년활동을 지원하도록 하고 있다. 이렇듯 청소년기본법에서 청소년의 기본권을 보장하도록 하고, 청소년진흥법에서 국가와 지방자치단체가 다양한 청소년 활동을 지원하도록 하고 있으나 청소년의 정치참여에 대해서는 제한적이다.

초 · 중등교육법도 마찬가지다. 학생의 자치활동을 보장하도록 하고 있으나 학생의 학교생활에 대한 세부적인 사항은 학칙으로 정하도록 하고 있다. 즉 학생의 자치활동은 학교가 정해놓은 틀 안에서만 권리가 주어지는 것이다. 결국 학생의 자치활동에 대한 권리는 온전히 보장받지 못하고 제한적일 수밖에 없다.

학생은 자치활동뿐만 아니라 학교운영에도 참여가 제한적이다. 교육기본법은 교직원, 학부모, 학생, 지역주민은 법령이 정하는 바에 따라 학교운영에 참여할 수 있도록 하고 있다. 그러나 초 · 중등교육법에 따라 설치 · 운영되는 학교운영위원회에 교원, 학부모, 지역주민은 참여하고 있지만 학생은 참여할 수 없다. 학생은 학교운영에 관하여 교원이나 학부모와 동등한 지위를 가지고 참여하지 못하고 단순히 의견을 수렴하는 수준에 머물러 있다.

학생인권조례를 통해 양심 · 종교의 자유, 표현의 자유, 자치활동의 권리, 학칙

등 학교규정의 제 · 개정에 참여할 권리, 정책 결정에 참여할 권리 등으로 학생의 정치참여 기회를 보장하고 있지만 이마저도 지역별 편차가 크다. 2022년 9월 1일을 기준으로 학생인권조례는 경기, 광주, 서울, 전북, 제주, 충남의 6개 지역에서만 시행되고 있다. 경기, 대전, 서울, 세종, 충남의 5개 지역은 학생자치활동지원조례를 제정하여 학생의 자치활동에 필요한 사항을 규정하고 있다. 경기, 강원, 전북, 광주, 부산, 인천, 전남의 7개 지역은 학교자치조례를 제정하여 학부모회, 교사회, 직원회, 교직원회, 학생회 등을 두도록 하여 학교 구성원이 학교 운영에 참여하도록 하고 있다.

청소년 정치참여 보장 조례 현황

조례	목적	지역
학생인권조례	학생의 인권이 학교교육과정에서 실현될 수 있도록 함으로써 인간으로서의 존엄과 가치 및 자유와 권리 보장	경기, 광주, 서울, 전북, 제주, 충남
학생자치활동지원조례	학생의 기본적 권리로서의 학생자치활동 보장 및 활성화	경기, 대전, 서울, 세종, 충남
학교자치조례	학교교육의 주체들에게 학교운영에 참여할 수 있는 권리와 권한 보장	경기, 강원, 전북, 광주, 부산, 인천, 전남

이와 같이 법에서 불분명한 학생의 정치참여 권리를 확대하고 보장하려는 노력은 대부분 조례를 통해서 이루어지고 있다. 그러나 조례는 구속력이 약하고 지역별 편차도 크기 때문에 학생의 정치참여는 제한적일 수밖에 없는 상황이다.

청소년 참여기구

여성가족부와 한국청소년활동진흥원(KYWA)은 청소년 및 청소년지도자들이 자유롭게 소통하고 참여 활동과 관련된 내용을 공유할 수 있도록 정보를 제공하기 위해 온라인 플랫폼 '청소년참여포털'(https://www.youth.go.kr/ywith/index.do)과 청소년

참여기구를 운영하고 있다. 청소년 참여기구에는 청소년특별의회, 청소년참여위원회, 청소년운영위원회가 있는데 이들 기구의 특징을 요약하면 다음과 같다.

청소년 참여기구 현황

	청소년특별의회	청소년참여위원회	청소년운영위원회
운영 목적	• 청소년과 청소년 전문가가 함께 참여하여 범정부적 차원의 청소년 정책 설정 및 추진 점검 • 청소년 참여를 통한 청소년의 잠재 역량 개발 및 청소년 정책의 중요성에 대한 사회적 인식과 공감대 확산	• 청소년들을 정부 및 지방자치단체의 정책 및 사업과정에 주체적으로 참여토록 함으로써, 청소년 시책의 실효성 제고 및 권익증진 도모	• 생활권 청소년수련시설의 운영 및 프로그램 등을 청소년들이 직접 자문 · 평가토록 함으로써 청소년의 수요와 의견을 반영하는 청소년이 주인이 되는 시설 운영
추진 배경	• 청소년의 정책 참여에 대한 UN 등 국제기구의 권고 • 2002년 월드컵을 계기로 청소년들의 사회참여 확대	• 정부 및 지방자치단체의 청소년 정책을 만들고 추진해가는 과정에 주체적으로 참여할 수 있도록 마련된 제도적 기구	• 생활권 청소년수련시설의 운영관련 자문평가를 통해 청소년이 주인이 되는 시설이 되도록 마련된 제도적 기구
법적 근거	• 청소년기본법 제12조 (청소년특별회의의 개최)1항	• 「청소년 기본법」 제5조의 2(청소년의 자치권 확대)3항, 4항, 5항	• 「청소년활동 진흥법」 제4조 (청소년운영위원회)1항

청소년 참여기구는 법적으로 청소년의 참여를 보장한다는 점에서 의미가 있다. 그러나 청소년에게 실질적인 정책 집행 권한이 없고, 지역의 청소년을 대표하는 대표성이 부족하여 정책 제안 수준의 활동에 머물고 있다는 한계를 드러내고 있기도 하다.

청소년의회

청소년의회는 청소년을 모집해 선거인단을 구성하고 그 선거인단이 선출한 청소년의원으로 구성된 모의의회이다. 2000년 초반에 서울, 광주와 같은 지방자치단체에서 지방의회 산하에 청소년의회를 시험적으로 운영한 것이 대한민국 최초의 청소년 의정활동인데 전국적인 조직으로는 여성가족부 소속 법인 한국청소년단체

협의회에서 운영하는 한국청소년단체협의회 청소년회의가 있고, 청소년의회 가운데 가장 높은 투표 인원을 기록한 대한민국청소년의회가 있다. 최근에는 유니세프로부터 아동친화도시를 인증받기 위한 과정의 일환으로 기초자치단체에서 청소년의회가 설립 운영되고 있다.

초기 청소년의회는 운영 주관 단체의 잦은 변경과 형식주의 그리고 학생이라는 위치와 전국 규모의 조직운영으로 인한 문제점을 노출했다. 이후 청소년들이 독자적인 대한민국청소년의회를 구성했으나 현실 정치참여보다는 관련 프로그램 중심의 운영에 대한 한계를 보였다(정건희, 2021).

외국의 청소년 정치참여 상황

우리나라 청소년의 정치참여를 활성화하기 위해서는 외국의 상황을 살펴볼 필요가 있다. 2021년 한국청소년정책연구원이 발간한 「청소년 정치참여 실태와 활성화방안 연구」 보고서를 토대로 청소년의 정치참여가 활발하게 논의되었던 영국, 독일, 미국의 청소년 정치참여 상황을 살펴보면 아래와 같다.

영국은 청소년 참여기구가 법으로 규정되어 있지 않지만 지난 20년간 청소년의회를 운영해오면서 청소년의 체계적인 정치참여구조를 마련하였다. 중앙정부, 지방정부, 의회, 학교, 청소년단체와 청소년이 적극적으로 서로 연계되는 시스템을 구현하고 있으며 이를 통해 청소년 권한 강화에 기여하고 있다. 국가와 주 단위의 청소년의회 이외에 지역단위로 운영되는 지방청소년위원회(LYC)는 청소년의 의견 전달과 사회운동 캠페인을 넘어 정책 결정에 직접 참여하고 있다. 정부는 다각적인 지원을 통해 안정적이며 적극적으로 청소년의 정치참여 기회를 확산하고 있다.

독일은 1970년에 선거 연령이 21세에서 18세로 바뀌었고 16세부터 정당 가입이 가능했다. 우리나라보다 반세기가 빨랐던 셈이다. 그랬던 만큼 청소년의 정치참여가 법에 의한 규범으로 구속력을 갖고 작용하고 있다. 그러나 최근 독일에서도 청소년들 사이에 '정치적 거리감'(Politikdeistanz)이나 '참여싫증'(Partizipationsverdrossenheit)

현상이 나타나고 있다. 청소년의 정치참여는 우려할 만한 수준으로 감소하고 있는데 그 근본적인 원인은 전통적인 정치참여가 청소년들에게 효능감을 주지 못하기 때문이라는 분석이다. 독일 청소년의 정치참여 기회는 주로 지역사회 수준에서 많이 주어진다. 이는 청소년 정책이 연방이나 주 수준보다는 지역사회 수준의 임무이기 때문이기도 하고 지역사회 수준의 참여가 더 가시적인 성과를 얻을 수 있기 때문이기도 하다.[135]

미국의 경우 학교와 학교 밖의 청소년단체와 사회교육 및 시민단체 등을 중심으로 다양한 시민성 함양 프로그램을 실시하고 있다. 주 정부는 청소년 정치참여 활성화를 위해 시민교육을 강화하고 지방정부와 협의기구들은 공공 네트워크 구축을 통해 다양한 입법과정에 참여하게 하는 노력을 하고 있다. 우리나라의 참여기구와 유사한 청소년위원회가 자문형과 정부제도형으로 구성되어 있다.

◆ ◆ ◆

청소년의 정치참여 과제와 전망

청소년 정치참여의 법적 근거 마련

만 18세 선거권이 부여되었을 뿐 청소년의 정치참여는 여전히 많은 제약을 받고 있다. 선거권을 제외하고는 청소년이 정치에 참여할 수 있는 법적 근거가 없기 때문이다. 따라서 청소년의 정치참여를 활성화하기 위해서는 입법을 통해 법적 토대를 갖추는 것이 선결 과제이다. 이를 해결하기 위해서는 청소년기본법과 청소년활동진흥법을 개정하여 청소년의 정치참여와 관련한 법적 근거를 마련할 필요가 있다. 청소년기본법은 청소년 정책과 관련한 기본적인 사항을 명시하고 있고 청소년활동진흥법에는 청소년활동 활성화를 위한 사항을 명시하고 있으므로 두 법에 청

135 조철민(2017). 독일의 청소년 정치참여를 통한 민주시민교육. p. 8.

소년 정치참여 활성화를 위한 내용이 추가되어야 한다. 이를 위해서는 청소년기본법 제2조 제1항과 제3조 제3항을 개정해야 한다. 나아가 청소년활동진흥법은 제7장을 신설하여 청소년 정치참여 활성화를 명문화할 필요가 있다.

청소년의 정치참여 활성화를 위한 법률 개정 과제

청소년기본법	제2조 제1항	청소년의 정치 · 경제 · 사회 · 문화 등 모든 분야에 대한 참여 보장
	제3조 제3항	"청소년활동"이란 청소년의 균형 있는 성장을 위하여 필요한 활동과 이러한 활동을 소재로 하는 수련활동 · 교류활동 · 문화활동 · 정치참여활동 등 다양한 형태의 활동
청소년활동진흥법	제7장	제7장 청소년 정치참여의 활성화 제66조(청소년 정치참여의 기반 구축 등) 제67조(청소년 정치참여 활동의 지원 등)

이와 같은 내용으로 청소년기본법과 청소년활동진흥법이 개정되어 청소년의 정치참여 활성화를 위한 입법적 근거가 마련된다면 국가와 지방자치단체는 관련 정책을 실행하기 위한 종합적인 계획을 마련하게 될 것이다. 이에 따라 청소년 정치참여 정책은 체계성, 지속성을 띠고 유지될 수 있을 것이다.

청소년 모의투표 활성화

청소년 모의투표는 2017년 제19대 대통령 선거 때부터 시작되었다. 당시 전국에서 6만 명이 넘는 청소년들이 선거인단으로 등록하였고 86%인 51,715명이 대통령 선거 모의투표에 참여하였다. 두 번째 청소년 모의투표는 2018년 6월 13일에 치러진 6.13지방선거 때였다. 이때는 전국 17개 광역시도 도지사와 교육감을 뽑는 모의투표로 진행되었다. 세 번째 청소년 모의투표는 2020년 4.15 국회의원 총선거 때 실시되었는데 코로나19 여파와 선거관리위원회의 유권해석으로 위축되었다.

다른 나라에서도 모의투표는 이미 청소년의 정치참여의 한 방법으로 자리를 잡고 있다. 미국은 키즈보팅(Kids Voting) 프로그램을 통해 투표권이 없는 청소년을 대상으로 모의투표를 제공하고 있으며, 독일은 유니오발 프로그램(Juniorwahl education program)을 통해 선거권이 없는 청소년들이 실제 선거와 유사한 모의투표를 실시하고 있다. 세계적인 추세를 보더라도 청소년 모의투표는 제도적으로 보장받고 있기 때문이다.

모의투표는 청소년 선거권 확대와 궤를 같이할 수밖에 없다. 모의투표 자체가 청소년 참정권 확대의 의미에 부합하기 때문이다. 모의투표를 통해 청소년의 정치에 대한 관심도는 높아질 것이며 청소년의 정치참여 동기도 높아질 것이다. 이는 청소년의 투표율로 나타날 것이며 결과적으로 청소년의 민주시민의식 함양에 기여하게 될 것이다. 모의투표는 이와 같은 순기능을 갖고 있으므로 선거관리위원회가 제기한 위법성 소지를 잘 가려내야 하고, 청소년 모의투표가 원활하게 진행되도록 하려면 체계적인 준비가 필요하다.

학칙 개정

2022년 4월 4일, 국가인권위원회 앞에서 진보당 청년특별위원회는 기자회견을 열고 "학교 안의 인권 걸림돌이 된 구시대 학칙을 개정하라"고 주장했다. 이들은 공직선거법과 정당법 개정 이후 경기도 전체 고등학교 학생생활인권규정을 전수조사하고 그 결과를 발표했는데 "경기도 내 486개 학교 중 201개교에서 정치기본권 침해와 관련된 내용이 포함되어 있다"고 지적하며, 법으로 확대된 청소년 참정권을 학칙이 가로막고 있으니 학생의 참정권을 가로막는 학칙을 개정하고 전국 학교의 학칙을 전수조사할 것을 촉구하였다.

경향신문도 2022년 3월 6일 자 보도를 통해 〈'고교생 유권자 시대' 왔지만…학칙엔 정치활동하면 '퇴학'〉이라는 제목의 기사를 통해 시대착오적인 학내 규정이 여전하다는 것을 지적했다. 기사에서 제시한 학교 사례를 보면 서울의 한 고등학교는 "학생회의 회원은 정당 또는 정치적 목적의 사회단체에 가입하거나 정치활동을 할 수 없다"고 규정하고 있었다. 전북 전주의 한 고등학교는 징계기준에서 "정치

관여 행위나 학생 신분에 어긋나는 행위를 한 학생"에게 최소 '특별교육 이수'부터 최대 '퇴학'까지 징계하도록 규정하고 있었다. 모호하고 시대착오적인 규정으로 학생의 정치활동을 가로막는 경우도 있었다. 경북 구미의 한 고등학교는 "외부의 불순 세력에 가입 또는 연계되어 불순 행위나 정치성을 띤 활동을 한 자"는 퇴학에 처할 수 있다고 하면서 "단 만 18세 이상이면서 정당한 활동은 가능하다"고 규정하고 있었다. 이처럼 공직선거법과 정당법 개정으로 만 18세 청소년이 선거권을 얻고 만 16세 이상이 정당 가입도 가능해졌지만 여전히 많은 학교에서 여전히 시대착오적 규정들이 곳곳에 남아있는 상황이다.

현행 초 · 중등교육법 제8조(학교 규칙) 1항은 "학교의 장(학교를 설립하는 경우에는 그 학교를 설립하려는 자를 말한다)은 법령의 범위에서 학교 규칙(이하 "학칙"이라 한다)을 제정 또는 개정할 수 있다."고 밝히고 있고, 같은 법 제18조(학생의 징계) 1항은 "학교의 장은 교육을 위하여 필요한 경우에는 법령과 학칙으로 정하는 바에 따라 학생을 징계하거나 그 밖의 방법으로 지도할 수 있다. 다만, 의무교육을 받고 있는 학생은 퇴학시킬 수 없다."고 밝히고 있다.

만약 위에서 예로 든 경우처럼 학칙에 정치참여를 금지하는 내용을 담고 있으면 개정된 공직선거법에 따라 학생이 정치참여를 하게 될 경우라 하더라도 해당 학생의 징계 여부를 놓고 논란이 벌어질 수 있다. 학교에서는 이 상황을 감안하여 학칙(학칙에서 학교생활규정으로 위임하도록 한 학교도 있다.) 또는 학교생활규정을 면밀히 검토하고 문제의 소지가 있으면 반드시 개정해야 한다.

교육부와 교육청은 학교의 학칙(학교생활규정 포함)에 대한 전수조사를 실시하고, 청소년의 정치참여를 제한하고 있는 규정을 담고 있는 학칙이 있다면 반드시 개정하도록 지도 · 감독을 강화해야 한다.

만 16세 선거권

2019년에 공직선거법이 개정되기 전까지 경제협력개발기구(OECD) 회원국에서

만 18세에 선거권을 부여하지 않는 나라는 우리나라가 유일했다. 만 18세로 선거 연령이 하향되었지만, 그 대상은 고등학교 3학년 학생 가운데 생일이 지난 일부 청소년에 국한된다. 2022년 3월 9일 실시한 20대 대통령 선거에서 고등학교 3학년 학생 가운데 만 18세가 되지 못한 청소년들은 선거권을 행사할 수 없었으므로 투표에 참여할 수 있는 청소년 유권자는 훨씬 제한적일 수밖에 없었다. 만 16세로 정당 가입 연령이 낮아졌지만 설령 정당에 가입했다 하더라도 선거운동은 만 18세가 되어야 할 수 있으므로 청소년의 정치참여는 여전히 많은 제약을 받고 있다. 이에 고등학생이면 투표에 참여할 수 있도록 청소년의 선거 연령을 오스트리아처럼 만 16세 이상으로 하자는 주장도 힘을 얻고 있다.

만 16세 선거권 하향 조정이 어렵다면 교육감 선거에서만큼이라도 청소년의 선거권을 더 폭넓게 보장해야 한다는 목소리가 나오고 있다. 적어도 고등학생이라면 교육감 선거에서 투표할 수 있도록 하자는 주장이다. 각 지역 YMCA, 청소년연합회 등은 '청소년참정권확대운동본부'를 만들고 만 18세 이상인 참정권을 교육감 선거에 한해 만 16세 이상으로 확대하고, 청소년 모의투표를 법제화할 것을 촉구하기도 했다. 이렇게 주장하는 이들은 교육정책과 사실상 무관하게 살아가는 성인은 교육감을 선출할 수 있는 반면에 누구보다 교육정책의 직접적 영향을 받는 청소년들이 교육감을 뽑을 수 없는 현실은 부조리하다고 지적한다. 이 같은 문제의식을 바탕으로 2021년에 국회에도 관련 법안이 제출된 상태다. 강민정 의원은 교육감 선거에서 선거권을 가지는 연령을 만 16세로 하향하는 '지방교육자치에 관한 법률 일부개정법률안'을 대표 발의했다. 법안은 정당 가입 연령이 16세로 낮아졌지만 참정권의 핵심인 선거권은 18세 이상만 주어져서 청소년에게 상당한 영향을 줄 수 있는 교육감 선거에서는 만 16세 이상으로 선거 연령을 조정하여 고등학생이라면 교육감 선거를 할 수 있도록 하자는 내용을 담고 있다.

이와 같은 주장에 대해 만 16세로 투표권이 확대되면 편 가르기와 갈등이 만연한 기성 정치가 학교 현장으로 그대로 옮겨질 수 있다는 우려의 목소리도 있다. 이들은 학생들의 정치활동에 대한 제도적 대책이 제대로 마련되지 않은 상태에서 선거권 하향 논의는 시기상조라며 사회적 논의와 합의가 더 필요하다는 입장을 밝히고 있다.

만 16세 선거권 부여를 두고 벌어지는 논란은 돌이켜 보면 불과 2년 전만 해도 만 18세 선거권을 두고 벌어지던 논란이다. 오스트리아도 이와 같은 논란 끝에 만 16세에 선거권이 주어졌듯이 우리나라도 만 16세 선거권 확보를 위한 움직임은 계속될 것이다.

청소년의회 활성화

청소년의회 운영은 관련 전문가들이 지속적으로 운영할 수 있는 시스템 확립이 중요하다. 이렇게 하자면 현재 조례 수준으로 일부 지방자치단체에서 보장하고 있는 학생의 참여가 초 · 중등교육법에 명시되도록 해서 제도적으로 시행되도록 해야 한다. 국가교육위원회 설치 및 운영에 관한 법률에 따라 학생위원을 구성해야 하는데 대표성을 가진 학생위원을 선정하는 절차도 현재 어려운 상황이다.

청소년의 정치참여를 활성화하고 학생의 자치활동을 적극 보장하기 위해서라도 청소년의회는 꼭 필요하다. 청소년의회를 활성화하기 위해서는 제도적인 보완뿐만 아니라 청소년들이 학생이라는 특수성을 존중하면서도 청소년의회에 실질적인 권한을 주고 청소년의원들이 의욕을 갖고 활동할 수 있는 동기를 부여해야 한다. 이때 어른들이 명심해야 할 말이 있다. '지원하되 간섭하지 말아야 한다.'

'학생인권법' 제정

2010년 경기도 학생인권조례가 제정된 이래 학교 현장에 많은 변화가 있었음에도 불구하고 조례의 특성상 끊임없이 상위법 위반 시비에 휘말려 왔다. 실제로 교육부는 초 · 중등교육법 시행령 개정을 통해 학생인권조례를 무력화하려는 시도를 하였고 이는 학생인권조례가 학교 현장에 안착하지 못한 주요한 원인이 되어 왔다. 또한 학생인권조례는 가장 기본적인 학생인권을 보장하는 규범임에도 불구하고 조례 제정 여부와 그 내용의 충실성 등에 의해 지역별로 큰 편차가 발생하고 있다. 이에 2021년 11월 3일, 학생의 날을 맞아 박주민 의원은 초 · 중등교육법 일부개정법률안(일명 '학생인권법')을 대표발의했다. 법률안에는 "학생인권조례의 한계를 극복하고, 학생인권을 명실상부한 보편적 인권 보장 규범으로 자리매김할 수 있게 한다"는 내용을 담고 있었다. 개정안의 주요 내용은 다음과 같다.

초 · 중등교육법 일부개정법률안('학생인권법') 주요 내용

가. 학교의 장은 학칙을 제정 또는 개정하려고 하는 때에는 사전에 학교 구성원의 의견을 충분히 수렴하여야 하며, 학칙이 제정 또는 개정된 때에는 이를 지도 · 감독기관에게 신고하도록 함(안 제8조).

나. 학교에서는 학생에 대하여 모욕을 주거나 신체적 고통을 가하는 행위 등 학생인권을 침해하는 행위를 할 수 없도록 함(안 제17조의2 신설).

다. 학생은 자치활동을 할 권리를 가지며, 학교는 학생자치활동의 활성화를 위하여 행정적 · 재정적 지원을 하도록 함(안 제17조의3 신설).

라. 학교에 학생의 보통 · 평등 · 직접 · 비밀선거에 의하여 구성되는 총학생회를 두도록 하고, 학생회칙에 관한 사항 등을 심의 · 의결하도록 함(안 제17조의4 신설).

마. 학생인권 침해 사안에 대한 조사 및 구제, 학생인권 증진 및 인권친화적 교육문화 조성의 업무를 집행하기 위하여 시 · 도교육청에 학생인권옹호관을 두도록 함(안 제18조의5 신설).

바. 국립 · 공립학교에 두는 학교운영위원회의 구성원으로서 학생대표를 포함하도록 함(안 제31조).

21대 국회에서 발의된 '학생인권법'은 17대, 18대 국회에 이어 세 번째로 발의된 법안이지만 아직 국회 본회의를 통과하지 못하고 있다. 학생인권조례 제정 당시 지역에서 논란이 되었던 찬반 의견이 대립하는 진통을 여전히 겪고 있기 때문이다. '학생인권법'은 학생인권을 보장해야 할 교육감의 책임을 분명히 하고 모든 교육청에 인권침해 시정 기구를 설치함으로써 지역마다 다른 학생인권 정책의 한계를 보완할 수 있다는 점에서 의미가 있으므로 사회적 합의를 통해 법률로 제정되는 것이 바람직하다.

청소년 유권자가 참여하는 정치

만 18세로 선거 연령이 바뀌고 나서 대한민국의 청소년 유권자들은 21대 국회의원 선거(2020.4.15.), 20대 대통령 선거(2022.3.9.), 제8회 동시지방선거(2022.6.9.)에서 투표권을 행사했다. 세 번의 선거에서 청소년의 투표참여율은 전체 유권자의 투표참여율을 웃돌았다. 피선거권도 만 18세로 하향되면서 청소년의 정치참여는 더 활발해질 것이다. 제8회 동시지방선거에서 만 18세 후보자가 출마한 것만 보아도 알 수 있다. 앞으로 치러질 선거에서 각 정당들은 청소년 유권자의 표심을 잡기 위해 청소년 후보자를 공천할 것이다. 정당이 청소년 후보자를 비례대표로 당선권에 우선 배치한다면 2024년 4월 10일 치러지는 제22대 국회의원 선거에서 청소년 국회의원을 보게 될 수도 있다.

청소년의 정치참여가 활발해질수록 청소년 유권자의 표심도 주요 관심사이다. 최근 2년 동안 치러진 세 번의 선거 결과를 보면 청소년 유권자라고 해서 꼭 진보적인 성향을 보인 것은 아니었다. 청소년 유권자들은 보수와 진보로 구분하는 기성세대의 사고를 넘어서고 있다. 이들은 공정과 합리를 중시하는 경향이 뚜렷하고 세월호 참사를 계기로 국가권력의 중요성도 경험한 세대라 정치참여에 대한 욕구도 높다. 청소년 유권자의 향배에 따라 앞으로 대한민국의 정치 지형도 많이 달라질 것으로 보인다.

◆ ◆ ◆

교사도 정치를 말해야 한다

지금까지 청소년의 정치참여 실태를 살펴보고 앞으로의 과제와 전망을 살펴보았다. 청소년이 민주시민으로 성장하기 위해서는 학생 때부터 민주적 절차에 참여하는 경험을 하는 게 중요하다. 적극적으로 정치적 권한을 행사하는 과정이야말로 민주시민의 역량을 키우는 과정이기 때문이다. 그런 의미에서 공직선거법 개정에 따른 18세 선거권 부여, 정당법 개정에 따른 16세 정당 가입은 청소년의 정치참여를 위한 발판을 마련했다고 할 것이다.

앞으로 학교 안팎에서 청소년의 정치참여는 더욱 활발해질 것이다. 청소년의 정치참여 실태를 살펴보고 앞으로의 과제를 전망하면서 청소년을 가르치는 교사의 처지를 생각해 보지 않을 수 없다. 청소년은 고등학교 1학년부터 정당 가입이 가능하고, 고등학교 3학년부터는 선거에 입후보도 가능한데 교사의 처지는 참으로 딱하기만 하다.

정치하는 청소년, 정치 못 하는 교사

현행법상 공무원과 초중고 교사는 정치적 중립을 이유로 표현의 자유, 정당 가입의 자유, 피선거권 등 정치적 기본권을 모두 부정당하고 있다. 교사는 정당에 가입할 수도 없고 지지하는 정당에 후원금조차 내지 못한다. 교사의 정치기본권이 이렇게 제약을 받고 있다 보니 정권에 의해 탄압을 받은 사례도 많았다. 2004년에는 '노무현 대통령 탄핵 무효 선언'을 한 교사에 대해 당연퇴직(3명), 징계처분(15명)이 있었다. 2009년에는 '이명박 정부 주요 정책 반대 시국선언'을 한 공무원 · 교원에 대해 국가공무원법, 교원노조법 위반 혐의로 해고(17명), 정직(45명), 감봉처분(5명)이 있었다. 2014년에는 '세월호 참사 박근혜 퇴진 현장교사 선언'을 한 교원에게 벌금형 처분(33명)을 내렸다가 2019년 교육부에서 고발을 취하하면서 마무리되었다. 2020년에는 광주지역 공무원노조 교육수련회에서 공무원의 정치기본권 보장에 대해 이야기했다는 이유로 광주지역 간부 2명이 구속되는 사건도 있었다.[136]

이렇듯 대한민국의 교사는 교사라는 이유만으로 학생들도 누리는 최소한의 기본권을 가지지 못한다. 교사도 퇴근하고 나면 누군가의 자녀로, 부모로, 배우자로, 개인으로 살아가는데 교사라는 이유로 정치기본권을 행사하지 못하고 있는 것이다. 교육감 선거 때가 되면 주변에서 어떤 교육감을 뽑아야 하는지 교사에게 묻는 이들이 많은데 교사는 그 질문에 대한 대답도 망설여야 하는 처지이다.

지금처럼 교사의 정치기본권을 제한하면 교사의 민주시민교육 역량은 현저히 떨어질 수밖에 없다. 우리의 삶이 정치와 무관한 것은 없는데 교사는 교육활동을 하면서 그 내용을 학생들에게 가르쳐도 되는지 자기검열을 하며 소극적으로 임하게 된다. 정치하는 학생을 정치 못 하는 교사가 가르치는 상황이 계속되면 결국 교육활동은 축소되고 제한될 수밖에 없다.

교사 정치기본권에 대한 나라 안팎의 움직임

현재 OECD에 속한 대부분의 나라에서는 교사의 정치활동이 허용된다. 영국, 미국, 일본에서는 공무원의 특정 정치활동에 대해 법적인 제한을 하고 있지만 정당 가입은 허용되고 있다. 유럽의 많은 나라들은 교원의 정당 가입뿐만 아니라 정치활동에 대해서 제한하는 규정을 따로 두고 있지 않다. 미국은 교사의 정치활동이 근무 중인 경우를 제외하고는 일반시민과 마찬가지로 인정된다. 독일도 공무수행과 연관되지 않는다면 자유로운 정치참여를 보장받는다. 그러나 대한민국의 교사는 정치적 중립성을 이유로 시민이 누려야 할 정치기본권을 모두 제한받고 있다.

교사의 근무 시간 밖 정치활동까지 전면 금지하는 반인권적, 반정치적, 반교육

136 민형배(2022). 교원의 정치기본권 보장을 위한 국회 토론회 자료집.

적인 제도는 국제사회로부터도 질타를 받고 있다. 2019년 2월, ILO(국제노동기구) 전문가위원회는 공무원이 정당 등 정치단체 결정에 관여하거나 가입하지 못하도록 규정한 국가공무원법 제65조(정치운동의 금지)에 대해 ILO 111호 협약(고용과 직업 영역에서의 기회와 처우의 균등대우) 위반이라고 판단하고 법률 개정을 권고했다.

국가인권위원회도 공무원 · 교원의 시민으로서의 정치적 자유를 과도하게 제한하고 있다고 4번에 걸쳐 지적하며, 국가공무원법 등 관련 법률 조항의 개정추진을 권고했다. 2018년 문재인 전 대통령이 발의한 헌법 개정안에는 직무와 관련 없는 사항에 대해서는 공무원의 정치적 기본권을 보장하자는 내용을 담고 있다.

교사도 시민이다

청소년과 교사의 정치기본권 차별 못지않게 교수와 교사의 차별도 문제이다. 교수는 근무시간 외 공무와 관계없는 정치기본권을 행사하는 것이 모두 인정되는데 교사는 모두 제한된다. 교수집단이 정치적 견해를 표현하면 '지성의 표출'이 되지만, 교사집단이 같은 행위를 하면 '징계의 표적'이 된다. 교수는 정당 가입이 허용되지만 교사는 안 된다. 공직선거에 출마할 때도 교수는 휴직 상태에서 출마할 수 있지만, 교사는 사표를 내어야만 출마할 수 있다. 국공립대학의 교원이라면 교수나 교사나 교육공무원인데 이는 명백한 차별이다. 청소년의 정치기본권 확대와 발맞추어 교수와 교사의 정치기본권 차별도 반드시 해결해야 할 과제이다.

"청소년은 교복 입은 시민이다"

학생 인권 및 청소년의 참정권 확대를 위해 노력하던 사람들이 했던 말이다. 이들의 바람대로 최근 청소년에게 정치참여가 확대되고 있는 것은 청소년이 시민으로서의 권리를 찾아간다는 점에 있어서 분명 바람직한 변화이다.

이제 청소년의 참정권 확대를 넘어 교사의 정치기본권을 해결해야 한다. 교사에게 정치기본권이 보장될 때 청소년의 참정권도 더 확대될 것이다. 교사의 정치기본권 보장은 민주국가의 척도이자 거스를 수 없는 시대적 과제이다. 청소년이 시민이듯 교사도 시민이다.

학부모

교육의 파트너가 될까?

박재원 (에듀니티랩 학습과학연구소장)

학교에 모여 있는 교사, 학생과는 달리 각 가정에 뿔뿔이 흩어져 있는 학부모들을 파악할 때 개별성(특수성)과 일반성(보편성)을 구분하기 위한 노력을 의식적으로 하지 않으면 편향이나 오류를 피하기 어렵다. 학부모 집단의 구성은 이질적이다. 소득 수준, 학력, 거주지역 등등에 따라 다른 인식과 태도를 보인다. 부분을 전체로 확대하여 해석하거나 자신이 만나는 학부모 집단의 대표성을 과도하게 인정하는 것을 경계해야 하는 이유이다. 우리나라 공교육에 학부모 집단은 과연 어떤 영향을 미치고 있을까? 교육 개혁의 걸림돌이 아니라 파트너로서 역할을 할 수 있도록 하기 위해서는 학부모 집단을 어떻게 이해하고 어떤 관계를 맺어야 하는지, 주관적 경험의 한계를 뛰어넘어 보편타당한 논의를 위해 한국교육개발원에서 1999년부터 실시하고 있는 국민교육여론조사(KEDI POLL)[137] 결과를 중심으로 살펴보자.

137 국민교육여론조사 2021은 만 19세 이상 75세 미만의 전국 성인남녀 4,000명을 대상으로 하여 온라인 방식으로 이루어졌다. 조사 내용은 ①교육정책, ②학교, ③교사, ④학생, ⑤교육과정 및 교육 방법, ⑥교육재정 및 교육복지,

◆ ◆ ◆

학부모는 누구인가?

우리나라 국민 모두가 교육전문가라는 말을 흔히 한다. 다양한 의미를 내포하지만 그만큼 교육에 대한 불만이 많다는 반증이 아닐까. 많은 국민들의 주관적인 공교육 경험이 부정적으로 기울어있기에 할 말들이 많은 것 같다. 정당한 비판보다는 비난에 가까운 목소리가 거부반응을 일으킨다고 내칠 것이 아니라 '주관'에 숨어있는 '객관', '특수'로 드러나는 '보편'을 읽을 수 있어야 학부모 집단과 소통할 수 있을 것이다.

교육 현안에 대한 국민 판단

평소 공교육 안에서 중요하게 부각되어 왔던 이슈에 대한 국민 여론조사 결과를 보며 교육계 내부의 인식과 국민여론의 차이점 몇 가지를 정리해 보자.

〈질문〉 다음 현재의 '유 · 초 · 중등 교육정책 중 향후 지속적으로 강조되어야 할 정책은 무엇이라고 생각하십니까? 2가지를 순위대로 선택해주십시오.

1	국공립유치원 확대 등 유치원 공공성 강화	23.5%
2	온종일 돌봄 정책 확대 및 서비스 강화	15.5%
3	창의성과 융합적 사고를 키워주는 학교 공간혁신 추진	12.1%
4	고교 서열화 해소 및 일반고 역량 강화	8.5%
5	학교 민주시민교육 활성화	7.0%
6	국가 차원의 기초학력 보장 체제 구축	7.0%
7	지방교육자치 강화 및 학교자치 활성화	1.3%

⑦대학 교육, ⑧교육 현안 및 미래교육, ⑨교육관 등 9개 영역으로 교육 전반에 걸쳐있다. 응답자의 범위를 국민 전체와 현재 학부모로 구분하여 결과를 볼 수 있는데 본 글에서는 따로 설명하지 않는 경우의 응답자 범위는 국민 전체로 한다. 또한 인용된 조사 결과 각각의 출처를 따로 밝히지 않는다.

지난 10여 년 동안 교육계에서 중요 의제가 되었던 것들을 설문의 보기에서 찾아보면 '고교 서열화와 일반고 문제', '민주시민교육', '기초학력 보장', '학교자치 활성화' 등이었다. 최근 국민적인 요구가 거세지면서 돌봄 문제가 부각되었지만 교육계에서는 여전히 '계륵'처럼 인식하는 경향이 강했고 학교의 공간혁신도 일부는 적극적이었으나 다수는 교육 본질의 문제는 아니라는 인식이 많았다. 하지만 여론조사 결과에 따르면 교육의 내용적인 측면도 중요하지만, 학교라는 공공기관과 시설에 바라는 국민들의 요구를 확인할 수 있다.

〈질문〉 국민들로부터 학교가 '잘하고 있다'는 평가를 받기 위해 가장 우선적으로 해야 할 일은 무엇이라고 생각하십니까? 학교 급별로 한 가지씩 선택해 주십시오(학교 급별로 동일 항목 선택 가능).

1	학생을 위한 맞춤형 상담 및 학생 지도(인성, 안전 등)	28.7%
2	수업 내용과 방법의 질 개선	25.8%
3	학생 성장 중심으로 평가 방법 개선	16.1%
4	진로교육(진학 및 취업지도 포함) 강화	8.1%
5	우수한 교사 확보 및 배치	7.4%
6	안전하고 쾌적한 학교 환경 조성	7.3%
7	좋은 교육 시설	4.2%
8	학부모 및 지역사회와의 협력적 관계 형성	2.2%

초 · 중 · 고 전체를 기준으로 했을 때의 결과이다. 학교혁신의 핵심과제로 늘 언급되는 '수업혁신'보다 '맞춤형 상담 및 학생지도'에 대한 요구가 높다는 사실이 눈에 띈다. 물론 '수업내용과 방법의 질 개선'과 '학생 성장 중심으로 평가 방법 개선'을 합치면 41.9%로 교실수업의 혁신에 대한 국민적 요구를 확인할 수 있지만 혁신교육지구, 마을교육공동체 정책과 관련된 것으로 볼 수 있는 '학부모 및 지역사

회와의 협력적 관계 형성'은 2.2%에 불과해 주목하게 된다. 여러 교육청에서 추진했던 역점사업이지만 국민들은 크게 관심이 없는 것 같다. 해당 교육청에서는 공교육이 나아가야 할 방향을 실험하는 교육적 의미를 강조하지만 그 성과가 학교교육과 교실수업으로 환류하지 않고 다수 교사들도 관심을 보이지 않으며 일반 학부모들은 사업 자체를 인지하기 어려운 점 등 여러 한계를 확인한 것 같다. 교육청이 동원할 수 있는 각종 자원의 효과적인 배분이라는 측면에서도 충분한 검토가 필요해 보인다.

〈질문〉 초 · 중 · 고등학교에서 현재보다 더 강화되어야 할 교육내용은 무엇인지 보기 중 학교 급별로 한 가지씩을 선택하여 주십시오(학교 급별 동일 항목 선택 가능).

초등학교		중학교		고등학교	
인성교육	43.3%	인성교육	35.6%	진로교육	24.0%
창의성교육	17.3%	민주시민교육	10.4%	인성교육	20.6%
민주시민교육	5.9%	창의성교육	10.0%	특기 · 적성교육	9.5%
안전교육	5.7%	성교육	9.4%	민주시민교육	8.7%
성교육	5.6%	특기 · 적성교육	8.2%	직업교육	7.4%
직업교육	4.6%	진로교육	8.0%	성교육	5.5%
특기 · 적성교육	4.5%	직업교육	4.6%	창의성교육	5.0%
진로교육	4.2%	세계시민교육(예: 다문화 존중 등)	4.6%	세계시민교육(예: 다문화 존중 등)	4.7%
환경교육	1.8%	정보소양교육(예: SW, 코딩, AI 교육 등)	2.9%	정보소양교육(예: SW, 코딩, AI 교육 등)	4.7%
정보소양교육(예: SW, 코딩, AI 교육 등)	1.3%	환경교육	2.2%	융합교육	3.3%
융합교육	0.7%	안전교육	1.6%	환경교육	2.3%
평화통일교육	0.4%	융합교육	1.2%	안전교육	2.0%
미디어 리터러시 교육	0.4%	평화통일교육	0.7%	평화통일교육,	1.2%
기타	0.3%	미디어 리터러시 교육	0.5%	미디어 리터러시 교육	1.0%

우선 학교 급별로 의미 있는 차이가 확인된다. 한편 교과교육이 보기에서 빠졌다는 점과 학부모들이 공교육과 사교육을 넘나들고 있는 현실에서 이중적인 태도를 보이기 십상이라는 점을 제대로 고려해야 해석상의 오류를 피할 수 있다. 또한 대중적인 요구가 교육적으로 항상 바람직한 것만도 아니다. 하지만 우선 신뢰 회복이 필요한 공교육계에서는 수요자의 요구에 민감할 필요가 있다. 단위 학교보다는 교육청 차원에서 수요에 맞게 공급이 이루어지고 있는지, 혹시 수요자의 실용적 요구보다는 공급자의 교육적 가치가 우선되고 있는 것은 아닌지 점검할 필요가 있다. '민주시민교육'보다는 '인성교육'에 대한 요구가 전체적으로 훨씬 크다. 특히 진로교육에 대한 요구가 초등학교 4.2%에서 중학교 8.0%로 증가하다가 고등학교에서 24%로 껑충 뛴다. 앞선 질문의 세부 항목인 고등학교가 '잘하고 있다'는 평가를 받기 위해서는 전체 응답자의 37.2%[138]가 진로교육(진학 및 취업지도 포함) 강화를 선택했다는 사실과 맥을 같이 한다. 우리나라 고등학교 정책 전반의 재조정이 필요하지만, 현행 체제에서 수요자의 요구에 응답할 수 있는 방안의 마련이 시급하다. 특히 대학 진학이라는 현실의 벽에 막혀있는 인문계 고등학교에서 실행 가능한, 실효성 있는 진로교육 방안을 찾아야 한다. 진로전담교사 제도가 도입됐지만 실제 학교 교육과정 운영에 어느 정도 영향을 미치는지, 다수 교과 교사들에게 진로교육은 공교육의 핵심 영역이 아니라 부산물 정도로 인식하는 경향은 없는지 점검이 필요하다.

〈질문〉 현재 초 · 중 · 고등학교에서 학생 및 학생의 보호자(부모 등)에 의한 교원의 교육 활동 침해행위가 어느 정도라고 생각하십니까?

1	대체로 심각하다(매우 심각하다+심각하다)	44.5%
2	보통이다	41.8%
3	대체로 심각하지 않다(심각하지 않다+전혀 심각하지 않다)	13.7%

138 앞의 '진로교육(진학 및 취업지도 포함) 강화 8.1%'는 초 · 중 · 고 전체 학교에 해당하는 비율이다.

‘대체로 심각하다’가 ‘심각하지 않다’보다 3배 이상 많은데 그 이유에 대한 인식이 관심을 끈다.

〈질문〉 학생 및 학생의 보호자(부모 등)에 의한 교원의 교육 활동 침해행위가 심각해지는 이유는 무엇이라고 생각하십니까?

1	학생 인권의 지나친 강조	36.2%
2	학교교육이나 교원에 대한 학생 및 보호자(부모 등)의 불신	26.2%
3	교육 활동 보호에 대한 학생 및 보호자(부모 등)의 인식 부족	17.5%
4	교육 활동 침해 사안에 대한 법적 제재의 미흡	10.2%
5	교원의 역할과 지위에 대한 인식 변화	8.9%

가장 높은 비율로 꼽은 것은 ‘학생 인권의 지나친 강조’(36.2%)인데 이미 여러 교육청에서 만든 ‘학생인권조례’가 학교 교육 전반에 미치는 영향에 대한 종합적인 평가가 필요해 보인다. 학생을 존중하는 교육 개혁의 방향성 자체를 흔들어서는 안 되겠지만 속도 조절은 물론 학생 인권과 교사의 인권 및 교육권의 조화와 균형 발전을 위한 노력이 필요해 보인다.

교육에 대한 국민 여론의 현주소

정치권은 그 속성상 여론에 민감할 수밖에 없다. 정치적 판단은 종종 교육계를 혼란에 빠뜨린다. 국민 여론이 공교육 개혁에 부담이 되는 것이 아니라 긍정적으로 작용할 수 있도록 하기 위해 고려해야 할 점들을 살펴보자.

〈질문〉 다음은 미래 우리나라 초 · 중등학교 교육체제와 관련하여 요구되어지는 과제들을 나열한 것입니다. 이중 미래 환경변화에 대응하기 위해 가장 중요하다고 생각하는 과제는 무엇입니까? 2가지를 선택하여 주십시오.

1	학습자 관리시스템(학습 관리, 생활지도, 건강관리, 진로지도 등) 구축 및 운영	18.1%
2	온라인-오프라인 학습 병행	13.9%
3	유연한 학교제도(학제) 구축	12.0%
4	진학 진급제도의 탄력적 운영	11.6%
5	교과 교사, 학습컨설턴트, 특별전문강사 등 교원 다양화	11.3%
6	단위학교의 교육과정 편성 자율성 확대	9.9%
7	교육과정 내용량 축소	9.2%
8	학교 밖 학습경험 인정	8.7%
9	지역사회(마을) 공동체의 구심점 등 학교의 역할 확대	0.8%
10	잘 모르겠다	2.5%

국가 수준 교육과정의 부정적 영향력에 대한 대안이라고 볼 수 있는 '교육과정 편성 자율성', '교육과정 내용량 축소'라는 거시적인 접근보다 학생 개인의 관리를 강화해야 한다는 응답이 많은 것을 확인할 수 있다. 국가교육회의가 조사[139]한 희망하는 교사상으로, 압도적 다수인 84.6%가 '개별 학생들에게 관심을 쏟으며 이해와 소통을 하는 교사를 선택했다는 사실과 연결된다.

〈질문〉 '초 · 중 · 고등학교의 교육을 내실화하기 위해서 가장 필요한 것은 무엇이라고 생각하십니까?

1	학벌 위주의 사회체제 개선	21.4%
2	교육내용의 선택권 확대	17.5%
3	교원의 전문성 제고	15.6%
4	수업방식의 다양화	13.7%
5	진로교육 강화	13.1%
6	대입 선발 방식 개선	12.5%
7	학급당 학생 수 감축 등 교육여건 개선	5.8%
8	기타	0.6%

139 미래교육체제 탐색을 위한 조사(2020) 국가교육회의

'학벌 위주 사회체제 개선'을 가장 많이 선택했다는 점에서 고무적이다. 그러나 '학급당 학생 수 감축 등 교육여건 개선'을 선택한 비율이 5.8%에 불과하다. 개별화 · 맞춤형 교육을 요구하면서 선결과제라고 할 수 있는 요인은 경시하는 구조적 이해의 부족을 확인한다. 조사 대상의 범위를 초 · 중 · 고 학부모로 좁히면 교원의 전문성 제고(18.5%)를 가장 많이 선택해 여건 개선보다는 교사들의 분발을 촉구하는 여론을 확인할 수 있다. 현재의 여건을 개선해야 잘 할 수 있다는 생각과 더 잘하기 위해 우선 노력하라는 인식의 차이가 확인된다.

'현재 우리나라 초 · 중 · 고등학교의 학교폭력 심각성은 어느 정도라고 생각하십니까?', 라는 질문에 전체 응답자는 '심각하다'(매우 심각하다+심각하다)가 55.0%로, '심각하지 않다'(심각하지 않다+전혀 심각하지 않다) 7.5%보다 압도적으로 많았다. '학교폭력의 가장 중요한 원인'으로 전체 응답자는 '가정교육의 부재'(36.7%)를 가장 많이 골랐으며, 이어서 '대중매체(영화, 드라마, 인터넷, 게임 등)의 폭력성'(20.8%), '학교의 학생지도 부족'(18.7%), '학생 개인의 인성 문제'(15.0%), '경쟁적 교육제도(입시 경쟁 등)'(5.7%), '잘 모르겠다'(3.2%) 순으로 응답했다. 이어서 '학교폭력과 관련하여 가해 학생에 대한 조치는 어디에 더 강조점을 주는 것이 타당하다고 생각하십니까?', 라는 질문에 전체 응답자는 '엄격한 처벌' 중시(59.1%)를 과반 이상이 선택해 화해와 선도' 중시(20.5%)보다 두 배 이상 많았다.

학교폭력의 심각성을 인식하고 있지만 근본적인 원인이라고 할 수 있는 경쟁적 교육제도(입시 경쟁 등)(5.7%)의 문제점보다는 가정교육과 학교의 학생지도 그리고 대중매체 요인과 함께 학생 개인의 인성 문제(15.0%)를 중시한다는 점에서 아쉬움이 있다. 결국 가해 학생에 대한 조치 방안으로 교육기관에서 지향해야 할 '화해와 선도'(20.5%)보다 지양해야 할 '엄격한 처벌'(59.1%)을 2배 이상 많이 선택했다. 지역교육청으로 일부 이관되기는 했지만, 여전히 학교폭력 사안 처리 자체가 학교의 교육력을 크게 훼손하고 있는 상황에서 교육기관을 사법기관으로 변질시켜 교육의 본질을 크게 침해하고 있다는 점에서 관련법의 개정 필요성이 제기되는데 국민여론은 큰 부담으로 작용할 것 같다.

공교육에 대한 신뢰와 기대는?

이번 조사 결과를 종합적으로 분석하면서 우리 공교육이 학부모들의 지지를 얻는 데 필요하다고 판단하는 지점을 몇 가지 정리해 보고자 한다.

〈질문〉 학업성취에 가장 큰 영향을 미치는 요인은 무엇이라고 생각하십니까?

1	학생의 노력과 열의	33.1%
2	학교나 학급의 학습 분위기	28.9%
3	교사의 지도	15.1%
4	가정의 학습 환경	10.5%
5	가정의 경제적 뒷받침	6.3%
6	학생의 타고난 능력	5.9%

조사 연도에 따른 결과의 차이가 별로 없는 대표적인 항목인데 두 번째와 세 번째를 학교요인(44.0%)으로, 첫 번째와 여섯 번째를 학생요인(39.0%)으로, 네 번째와 다섯 번째를 가정요인(16.8%)으로 묶어보자. 얼핏 학교요인을 가장 많이 선택한 것처럼 보이지만 가정요인과 학생 요인을 다시 합쳐 부모요인이라고 보면 학교요인보다는 부모요인을 중시하는 응답이 많다. 민주시민교육보다는 개인의 인성교육에 대한 요구(초등학교 5.9%:43.3%, 중학교 10.4%:35.6%, 고등학교 8.7%:20.6%)가 훨씬 많다는 사실과 연결해 생각해 볼 필요가 있다.

공교육에 기대기보다는 부모가 직접 아이 교육에 적극 나서야 한다는 생각은 곳곳에서 발견된다. 학교가 '잘하고 있다'는 평가를 받기 위해 가장 우선적으로 해야 할 일의 1순위로 꼽은 '학생을 위한 맞춤형 상담 및 학생지도(인성, 안전 등)(28.7%)', 초·중등학교 교육체제가 미래 환경변화에 대응하기 위해 가장 중요하다고 생각하는 과제 1순위로 선택한 '학습자 관리시스템(학습 관리, 생활지도, 건강관리, 진로지도 등) 구축 및 운영(18.1%)', 앞으로 학생들에게 우선적으로 길러주어야 할 미래역량의 1순위로 판단한 '자기관리 역량(36.4%)'이라는 응답은 모두 '내' 아이에게 필요한 것을 우선적으로 요구하는 경향이다. 교육을 '우리 사회의 학생 교육'이라는 공공영역으로 인식하기보다 '우리 가정의 자녀교육'이라는 사적영역으로 받아들이고 있는 현실을 인정할 필요가 있다.

한 연구[140]에서 표현한 것처럼 '학부모 조직 활동 시 학부모들이 자녀의 성취에 대해 경쟁적인 마인드를 가지기보다 공동체적 마인드를 가져야 한다.'는 인식은 위험해 보인다. 우리의 교육 현실에 적응하기 위해 노력한 결과라는 사회적인 맥락을 충분히 고려할 필요가 있다. 현상적인 측면에만 초점을 맞춰 이기적이라고 진단하기보다, 경쟁사회에서 고군분투하고 있음을 이해하고 함께 개선해나가기 위한 노력이 필요하다.

'현재를 기준으로 귀하께서는 우리나라 교육의 질에 대한 인식 및 기대에 대해 어떻게 생각하십니까?', 라는 질문에 어떻게 응답했을지 궁금했다.
'5년 후에는 현재보다 교육의 질이 더 좋아질 것으로 생각하는지'에 대한 질문에 '긍정적'(41.6%)이라고 답한 비율이 '부정적'(21.1%)보다 두 배 가까이 높다는 사실이 고무적이다. 초 · 중 · 고 학부모로 한정했을 때도 '긍정적' 42.9%, '부정적' 19.7%로 긍정적이라는 응답률이 높아 5년 전과 비교한 현재보다 5년 후 교육의 질이 더 좋아질 것이라고 기대하고 있다.

하지만 '초 · 중 · 고등학교 교사들의 능력과 자질에 대한 신뢰 정도'를 묻는 질문에 전체 응답자는 '신뢰한다'(22.2%), '보통이다'(53.2%), '신뢰하지 못한다'(24.6%)로 응답했다. '신뢰하지 못한다'가 조금 높다. 응답자를 초 · 중 · 고 학부모로 한정했을 때도 별 차이가 없었는데 학교 급별 신뢰수준에는 뚜렷한 차이가 확인된다.

---

140 류방란 외(2015). 학부모의 학교 참여 실태 및 정책 방안. 217쪽. 한국교육개발원

학교급이 올라갈수록 신뢰수준이 적지 않게 떨어지는 것을 확인할 수 있다.

	신뢰한다	신뢰하지 못한다
초등학교 교사	32.0%	22.6%
중학교 교사	23.0%	26.3%
고등학교 교사	22.0%	31.4%

이번에는 '학교의 여러 문제들(성적 위주의 교육, 학교폭력(왕따 등), 학교에 대한 불만족 등)로 귀하의 자녀가 학교에 다니는 것을 거부하는 경우에 어떻게 하시겠습니까?', 라는 질문의 응답을 알아보자.

1	꼭 정규학교를 졸업해야 하는 것은 아니므로 다른 대안을 찾겠다	50.6%
2	그 학교가 아니더라도 정규학교는 꼭 다니게 하겠다	41.8%
3	잘 모르겠다	7.7%

이제 앞의 세 가지 조사 결과를 연결해보자. 우리나라 교육의 질이 개선될 것이라는 기대를 하면서도 교사는 신뢰하지 못하고 학교를 떠날 수 있다는 인식이 혼란을 준다. 개혁을 희망하고 기대하지만 개혁의 주체, 그러니까 학교와 교사는 신뢰할 수 없다는 해석이 가능하다. 개혁을 위한 시도가 국민적 저항에 직면하지 않으려면 정치권과 같은 대외적인 영역보다 우선 교육계 내부에서 학부모들에게 신뢰를 회복하기 위한 노력이 필요하다는 판단에 이른다.

'교육국민여론조사'의 장점은, 다른 곳에서 쉽게 찾아볼 수 없는 국가 수준 교육 관련 문제에 대한 대중들의 전반적인 인식 지형을 확인할 수 있다는 점에서 아래 질문들을 주목하여 보자

〈질문〉 현재 교육 분야에서 가장 중요하게 다루어야 할 정책 이슈는 무엇이라고 생각하십니까?

1	학교의 일상 회복 등 코로나19 장기화에 따른 대응	32.7%
2	수도권 집중에 따른 지역의 교육 경쟁력 제고	22.0%
3	디지털 전환 가속, 인구 구조 변화 등에 따른 미래교육체제로의 전환 대응	20.2%
4	취약계층 학습격차 해소 등 교육안전망 구축	19.3%
5	새로운 정책(고교학점제, 그린스마트 미래학교 등)의 현장체감도 제고	5.1%

〈질문〉 코로나19 사태와 같은 국가 위기 상황에서 정부가 교육영역에서 가장 우선해야 할 일은 무엇이라고 생각하십니까?

1	학생들의 학습격차 해소	36.3%
2	학생들의 배움 및 학습 유지	27.0%
3	급식 등 취약계층 학생들에 대한 지원	17.1%
4	긴급 돌봄 등 보육/돌봄	15.0%
5	방역 등 학교 지원	4.4%

〈질문〉 미래사회 변화 중 우리 교육에 가장 큰 영향을 끼칠 변화는 무엇이라고 생각하십니까?

1	저출산 고령화	38.2%
2	지능정보사회(4차 산업혁명 등)의 도래	12.6%
3	글로벌 경쟁 확대	12.2%
4	사회 양극화	10.3%
5	다인종 다문화로의 진전	8.8%
6	장기적인 저성장 추세	8.5%
7	코로나19 등 팬데믹 상황	5.9%
8	통일시대/남북관계	3.6%

물론 평소 공교육을 대하는 태도를 좌우하는 문제의식과 설문의 선택지를 통해 걸러진 결과가 같을 수는 없다. 하지만 우리나라의 국민 의식이, 최소한 교육 관련해서는 결코 후진적이지 않다는 사실만큼은 확인할 수 있다.

국민들은 '초 · 중 · 고등학교의 교육을 내실화하기 위해서 가장 필요한 것'으로 '학벌 위주의 사회체제 개선'(21.4%)을 1순위로 꼽았다. 하지만 안타깝게도 진취적인 지향 이면에 숨어 있는 비관적인 판단도 확인할 수 있다. '우리나라의 학벌주의는 앞으로 어떻게 변화할 것으로 생각하느냐'는 질문에 '심화될 것이다'(26.4%)가 '약화될 것이다'(11.4%)보다 2배 이상 많으며 과반 이상이 '큰 변화 없을 것이다'(56.5%)라고 응답했는데 2011년 6차부터 이번 조사까지 '큰 변화 없을 것'이라는 의견이 지속적으로 과반을 넘었다. 또한 '흔히 대학을 일류대학, 이류대학 등으로 분류하는 우리나라의 대학 서열화'도 '심화될 것이다'(26.7%)라는 판단이 '약화될 것이다'(11.3%)보다 훨씬 많으며 '큰 변화 없을 것이다'(57.4%)는 응답이 지속적으로 가장 높은 응답률을 보이고 있다.

〈질문〉 다음 중 대학 입학전형에서 가장 많이 반영되어야 하는 것은 무엇이라고 생각하십니까?

1	대학수학능력시험	30.9%
2	인성 및 봉사활동	26.6%
3	특기 · 적성	20.1%
4	고교 내신	13.9%
5	글쓰기 · 논술	4.6%
6	면접	2.7%
7	동아리 활동 등 교내활동	1.1%

고교 내신과 교내활동과 같이 학교에서 발생하는 대입 전형자료에 대한 불신을 확인할 수 있다. 한편 공교육 전반에 부정적으로 작용하는 수능을 선택한 비율(30.9%)보다 인성 및 봉사활동과 특기 · 적성을 합친 비율이 46.7%로 높다는 사실에 주목해야 한다. 경쟁을 조장하는 내신평가가 교육과정은 물론 학교생활과 학생의 전인적인 성장에 미치는 부정적인 영향을 끼치고 있다는 것을 대중들이 이해한 결과는 아닌지 기대가 되는 대목이다. 언론을 통하면 정시(수능 중심 전형) 확대 여론이 압도적이지만 여론조사 결과는 사뭇 다르다. 그간 공교육 정상화의 질곡으로 작용했던 대학입시도 교육적으로 개선할 수 있다는 가능성이 엿보인다.

◆ ◆ ◆

교육 파트너로서 학부모

〈질문〉 학생 수 감소, 미래 대응 등 교육환경 변화에 따라 유치원, 초등학교, 중학교, 고등학교 운영에 필요한 교육재정이 앞으로 어떻게 변화되어야 한다고 생각하십니까?

1	교육여건을 선진국 수준으로 개선한 이후 교육재정을 축소해 나가야 한다	35.8%
2	교육서비스 질을 지속적으로 높이기 위해 교육재정을 증가해 나가야 한다	28.8%
3	교육재정을 축소하지 말고 현 수준을 유지하여야 한다	16.7%
4	학생 수 감소비율에 따라 교육재정을 축소해 나가야 한다	12.1%
5	잘 모르겠다	6.7%

국민여론이 교육계의 의견과 다르지 않은 여론조사 결과이다. 우리나라 공교육 전반에 충격을 가하는 기획재정부의 교육재정 축소 주장을 지지하는 비율은 12.1%에 불과하다. 국민여론 형성에 핵심적인 영향력으로 작용하는 초 · 중 · 고 학부모들의 공교육 사용경험을 크게 개선할 수 있는 방안을 꾸준히 실천하면 단순한 경제논리를 극복할 수 있을 것이라는 희망을 갖게 된다.

사교육 문제와 학부모의 공교육 신뢰

우선 학부모들이 공교육에 기대하는 역할에 대한 혼란부터 정리할 필요가 있다. 국민여론조사 결과에 나오는 내용이다.

"더 이상 학교는 단순히 지식습득이나 학습능력 증진을 위한 곳만이 아니며, 불확실성과 다원성이 심화되고 상호의존적인 미래사회를 살아가는데 필요한 사회성 · 인간관계, 도덕성 등을 길러주어야 한다는 점에 상당한 사회적 동의가 있음을 보여준다."[141]

그렇다면 학생들의 사회성 · 인간관계, 도덕성 등을 길러주는 데 성공하면 과연 학부모들은 공교육을 신뢰할까?

"중산층 학부모들은 학교교육에 자녀의 학업성취를 기대하기 어렵다고 인식하고 있었다. 이들의 학교교육에 대한 인식을 요약하면, 공부에 도움이 안 되는 학교, 소명의식 없는 교사, 형식적으로 운영되는 교육과정, 불신하지만 수용할 수밖에 없는 평가 등이다."[142]

'공부에 도움이 안 되는 학교'라고 단정하기 때문에 '사회성 · 인간관계, 도덕성'이라도 챙기라고 요구하는 것은 아닌지 깊이 고민해봐야 한다. 자녀의 학력에 관련해서는 공교육에 대한 기대를 포기하고 사교육으로 각자도생하고 있는 학부모들의 처지를 외면하면 곤란하다. '공부에 도움이 안 되는 학교'라는 인식이 달라지지 않으면 공교육과 학부모 집단의 관계 개선은 불가능하다.

"사교육에 대한 인식을 요약하면, 입시 경쟁에서 유리한 사교육, 민감하게 반응하고 빠르게 대처하는 사교육 교사, 개별 맞춤형 선택성이 높은 프로그램 등이다."[143]

사교육이 공교육의 보완재가 아니라 대체재로 인식된 게 이미 오래전이다. 공교에 부정적이고 사교육에 우호적인 학부모 문화[144]를 변화시킬 수 있는 대안[145]을 찾아야 한다. 2021년 조사에는 빠졌지만 '2020 교육여론조사' 결과를 보면 초 · 중 · 고 학부모의 46.5%가 '사교육이 심해졌다'고 응답했다.(다소 심화됐다 35%, 매우 심

141 국민교육 여론조사(2021) 227쪽

142 경기도교육연구원의 '학부모의 공교육 신뢰 제공 방안'(2020) 연구보고서 16쪽에서 황성희(2016) '중산층의 학부모의 학교교육 인식과 사교육 선택' 연구 결과 요약 인용.

143 앞과 같음.

144 '학부모 문화 연구'(이두휴 외. 2007. 한국교육개발원)에서는 '사교육 지향성', '엄마 주도성', '성적 지향성', '정보의존성', 네 가지로 규명했다.

145 구체적인 방안은 '사교육을 이기는 공교육 효과'라는 부제가 달린 〈공부를 공부하다〉를 참고하기 바란다.

화됐다 11.5%) 또한 '사교육비에 부담을 느낀다'고 답한 비율은 90%를 '넘었다('다소 부담된다' 41.9%, '매우 부담된다' 52.5%). 만약 공교육이 적극 나서서 학부모로서 감내하고 있는 불안감과 사교육비 부담을 어느 정도라도 덜어내는 데 성공한다면 많은 변화가 나타날 것이다.

학부모의 세대 변화와 학부모 정책

1995년 5 · 31교육조치에 따라 학교운영위원회가 만들어졌다. 2013년 경기도를 시작으로 지금까지 15개 교육청에서 학부모회 조례가 제정됐다. 2009년 교육부에 학부모 정책 전담부서가 신설되었다. 2010년에는 교육지원청과 학교의 학부모 정책을 지원하기 위한 학부모지원센터가 만들어져 2021년 기준 전국학부모지원센터 1곳과 지역학부모지원센터 102곳이 운영되고 있다. 지역교육청에 학부모지원 전문가라는 직책이 운영되는 곳도 있으며 서울대 학부모 정책연구센터에서 관련 연구도 했었다.

학부모 정책은 크게 학부모의 학교 참여, 학부모 교육, 학부모 지원 기반 조성 영역으로 구성된다. 전국학부모지원센터에서 운영하는 학부모 교육(학부모 On누리)의 운영 현황[146]을 잠시 살펴봤다. 한 코너의 최신 게시물 10개를 골랐다.

제목	작성일	조회수
나우미래 TALK 1 – 19학번 위원들이 이야기하는 미래교육 [나우미래+]	2020-01-23	8
나우미래 TALK 2 – 현직 교사들이 이야기하는 미래교육 [나우미래+]	2020-01-23	14
나우미래 TALK 3 – 1020 미래교육위원들이 이야기하는 진로 [나우미래+]	2020-01-23	12
나우미래 TALK 4 – 미래교육위원들이 이야기하는 청년창업 [나우미래+]	2020-01-23	15
특성화고에 대해 알아보자! ft.서울영상고 [교육부 국민 서포터즈]	2020-09-07	1341

146 2022년 8월 12일 기준

대학진학이냐 취업이냐 그것이 문제로다! [교육부X무엇이든물어보살]	2020-10-15	787
코로나가 바꿔놓은 우리 직업의 미래_나우미래 시즌2	2020-11-11	172
비대면 시대, 학교가 대면할 변화는?_나우미래 시즌2	2020-11-11	182
[S/I/M 교육관] 어린이 연구소 반도체편	2021-01-26	670
교육부 수능 담당자에게 묻다! 2022 수능 주요 개편사항	2021-03-22	5894

출처 : 학부모On누리(전국학부모지원센터 홈페이지) 〉 영상마당 〉 교육영상 〉 진로 · 진학 지도

전국에 있는 학부모들을 대상으로 하는 서비스인데 조회 수가 너무 빈약하다. 요즘 학부모들에게 인기가 있는 유튜브 채널의 최신 게시물의 조회 수[147]와 비교해보자.

제목	작성일	조회수
서울대 의대 수석합격생이 말하는 '성적 올리는 비결'(서울대 의대생 김규민)	2022-07-26	4.8만회
서울대 의대 합격 부른 과목별 공부법!!(서울대 의대 수석합격생 김규민)	2022-07-29	2.6만회
[하정훈 풀버전]아이 키우기 힘드신 분들은 보세요!!(삐뽀삐뽀119 하정훈)	2022-08-01	1.4만회
[핫이슈] 7살 초등학교 입학, 어떻게 생각하십니까?(대기자 이슈분석)	2022-08-03	1.8만회
초등 여름방학 이렇게 보내야 2학기 달라진다!!(해피이선생 이상학 초등교사)	2022-08-05	1.7만회

이번에는 교육지원청의 학부모 사업 현황 파악을 위해 한 곳을 골라 몇 가지 정보를 모아봤다.

해당 지역청의 초등학생 수	지역 맘 카페		지역교육청의 2022년 목표	
	회원수	즐겨찾는 멤버	학부모 교육	밴드 가입자 수
50,105명(2022.1.1. 기준)	93,455	15,638	18회, 200명	300명

정책이 있고 기구와 인력, 예산이 투입되고 있는 공공영역은 빈약하지만 시장영

147 2022년 8월 12일 기준

역은 번창한다. 사교육의 시장 논리가 지배하는 영역에 학부모들이 계속 머물면 공교육 신뢰 회복은 사실상 불가능하다. 공교육에 만족하지 못하면 사교육으로 발길을 돌리는 현실에 근거하여 학부모 정책의 전면적인 재조정이 필요하다.

이미 많은 연구가 진행되었고 다양한 제안들이 있다. 학부모지위향상특별법 제정, '학부모의 날' 지정 및 운영 등을 대안으로 제시한 연구[148]도 있다. 다소 차이는 있지만 학부모 관련 정책은 물론 추진에 있어서도 발전보다 정체나 퇴행을 걱정하는 지적들이 더 많다. 교육부-교육청-교육지원청 중심의 학부모 지원정책에서 학부모들이 직접 공교육을 만나는 학교 현장에서 주체적인 역할을 할 수 있는 방향으로 정책의 기조를 전환해야 한다.

많은 학교가 학부모를 학교 운영의 공동 주체, 파트너로 인식하지 않는다. 학부모 교육은 학부모를 계몽해야 할 대상으로 상정하기 일쑤이며 자신들이 필요할 때 동원하는 자원봉사자 정도로 인식하기도 한다. 이처럼 '불려 나오는' 학부모는 주체적인 역할을 할 수 없고, 단지 호명한 주체의 요구에 따라 움직일 수 있을 뿐이다. 실제로 학교에서 주문하는 일만 하는 학부모들은 수동적으로 참여하지만, 학부모회에서 자율적으로 결정하고 추진하는 일에는 학부모들이 재미있게 참여한다.[149]

밀레니얼 세대 교사들이 많아지면서 공교육에 다양한 변화를 일으키고 있는 것처럼 학부모 집단도 큰 변화를 겪고 있다. '각종 연구에서 학부모들의 인식에 변화가 일어나는 주된 이유는 새로운 세대가 학부모로 편입되고, 기성세대가 학부모에서 벗어나고 있다는 데서 찾을 수 있다. 개인의 성향은 잘 변하지 않는 데 반해, 사회적 배경이 다른 새로운 인구의 유입과 유출은 집단의 변화를 더 쉽게 일으키기 때문이다(김기수 외: 2020).'[150] '1980년대생 학부모들은 자녀에 대한 12년 계획을 구상할 정도로 자녀교육과 학교교육에 관심이 높으나, 실제로 학교에 참여하여 활동하는 비율은 낮은데 학교가 학부모를 참여시키거나 학부모회의 운영을 지원하는

148 학부모 주체화 방안 연구(2016) 오재길 외, 경기도교육연구원
149 1980년대생 초등학교 학부모의 특성(2020) 30-31 김기수 외, 경기도교육연구원
150 학부모의 공교육 신뢰 제공 방안(2020) 28 김기수 외, 경기도교육연구원

방식에 문제가 있기 때문'[151]이라는 연구 결과가 있다.

관련 연구를 두루 확인하면 학부모회 활동을 오래 할수록 실망감만 커진다는 기성세대들의 진술은 안타깝게도 특수하지 않고 보편적이다. 기성세대는 부정적이고 신규세대는 소극적인 상황에서 학부모회 활동이 고사 위기에 있다는 지적들이 많다. 국민여론조사 결과 곳곳에서 확인한 것처럼 우리나라 학부모들은 여전히 '내 아이'에게 집중하고 있다는 사실에 착안할 필요가 있다. 국가의 교육정책보다는 내 아이가 다니는 학교가 중요하며, 그 어떤 교육전문가보다 내 아이를 가르치는 선생님이 소중하다. 관련 연구에서 정책 제언한 '담임교사 중심의 학부모 서비스 시스템 구축'[152]에 대한 설명을 정리했다.

어떤 교육정책이든 학교현장에 성공적으로 정착하려면 학부모의 이해와 협조가 반드시 필요한데 기존 교육부와 교육(지원)청 중심의 학부모 서비스는 일반 학부모들로부터 너무 먼 곳에 있어 제대로 작동하지 못하고 있다. 학부모들에게 가장 중요한 교육자는 담임교사이며 평소 깊이 있는 대화를 나누고 싶어 한다. 코로나 국면에서 활성화된 담임교사와 학부모들의 소통 채널을 적극적으로 활용할 필요가 있다.

'이제는 학교알리미 수준의 정보공시로 그칠 것이 아니라, 학부모의 교육관 정립과 자녀교육지원 행위에 도움을 줄 수 있는 검증된 교육정보를 상시 제공할 필요가 있으며, 이를 위해 학부모가 원하는 정보가 무엇인지, 그것을 어떻게 제공할 수 있는지 검토해야 한다. 또한 학부모들 사이에 퍼져있는 교육에 대한 속설을 바로잡는 노력도 해야 한다(김기수 외; 2020).'[153] 여기서 핵심은 '검증된 교육정보'인데 시장의 논리에 오염되지 않은 공공기관이 아니면 기대할 수 없는, 하지만 학부모들은 간절히 원하는 정보인 것이다. 정보는 획득보다는 활용이 중요한데 학교와 담임교사가 정보 제공자라면 언제든지 질의할 수 있고 실행과정에서의 어려움도 상의하면서 협력적으로 문제를 해결할 수 있기에 금상첨화라 할 것이다.

---

151 학부모의 공교육 신뢰 제공 방안(2020) 94 김기수 외, 경기도교육연구원

152 공교육 강화를 위한 학부모 역할 연구(2019) 91. 김기수 외. 경기도교육연구원

153 1980년대생 초등학교 학부모의 특성(2020) 33 김기수 외, 경기도교육연구원

◆ ◆ ◆

비공식 교육자, 학부모

학부모 관련 논의의 장에서 학부모 정책의 변화 필요성을 부정하는 경우를 거의 보지 못했다. 문제는 실현 가능성인데 단위 학교가 감당할 수 있는 역할인지, 담임교사가 추가 업무를 수용할 것인지 회의적이다. 하지만 공교육 자원을 활용한 시스템 구축과 콘텐츠 개발은 얼마든지 가능하다. 학교가 오히려 적극 환영하도록 만들면 된다. 새로운 업무 부담이 없지는 않겠지만 담임교사들도 학부모들에게 교육전문가로 존경받을 수 있는 기회가 되도록 만들면 된다. 학부모 민원 때문에 공교육이 심한 몸살을 앓고 있는 현실에서 이대로는 안 된다. 우선은 학부모 집단을 시대 상황에 맞게 새롭게 이해할 필요가 있다.

공교육의 미래를 결정하는 영향력, 학부모

학부모들이 공교육에 대한 기대를 접고 사교육을 중심으로 자녀교육을 지원할 경우, 공교육은 사교육을 이용하기 어려운 사람들을 위한 교육기관으로 축소될 위험이 있다. OECD의 미래학교 시나리오에서 보듯이 어떤 시나리오로 가든지 관계없이 점점 더 학부모들의 교육 참여와 영향력이 강화되는 방향으로 진행될 것으로 예상된다.(김기수 외: 2019)[154]

국가를 공교육의 공급주체, 교원을 실행주체, 학부모를 사용주체라고 할 때 사용주체의 영향력은 갈수록 커지고 있다. 공교육의 사용주체로서 더욱 강화되는 학부모 집단의 영향력이 독이 될 것인지 약이 될 것인지 생각해보면 현재로서는 독일 가능성이 훨씬 커 보인다. 대책 마련이 시급하다.

154 공교육 강화를 위한 학부모 역할 연구(2019) 84~85. 김기수 외. 경기도교육연구원

공교육의 효과를 좌우하는 비공식 교육자

학생이 학교에서 수업을 받은 후 사교육을 이어서 받게 되면 학교의 수업 효과는 상당히 소실된다. 학부모가 학습에 대한 올바른 이해를 바탕으로 학교 수업에서 배운 것(학)을 내면화시킬(습) 기회를 갖게 하는 것이 바람직하다. 학생이 학교 안과 밖에서 어떤 활동을 하는가에 따라 공교육의 효과가 달라진다. 자녀가 가정에서 보내는 동안에 한 활동이나 심리적 상태가 학교 학습에 영향을 미치기 때문이다. 가정과 학교에서의 활동이 상승작용을 할 수 있도록 환경을 조성하는 것도 중요하다. 코로나19 국면을 거치면서 기초학력 부진, 교육 격차 심화 등의 문제가 여러 곳에서 제기되고 있다. 이것은 학교의 노력만으로 해결할 수 없는 문제이다. 학생이 머무는 공간으로서 학교와 가정은 상호 연관성 속에서 파악되어야 한다. 학교에서 가르치는 교사와 가정에서 양육하는 부모의 역할은 학생을 중심으로 상호 연결되어야 한다. 학부모는 공교육의 효과를 증진시키거나 약화시키는 존재로 큰 영향을 미친다. 이제 학부모는 비공식적 교육자로 역할을 하고 있다.(김기수 외: 2019)[155]

지금까지 학부모 집단이 공교육의 파트너 역할을 할 수 있는 방안을 알아보았다. '공식적 교육자' 집단인 공교육이 학부모를 '비공식적 교육자'로 존중하고 서로 협력하는 만큼 우리나라 교육은 학생 중심의 교육으로 발전할 것이다. 학생에게 교육적으로 가장 중요한 사람은 학교에서는 교사, 가정에서는 부모임이 분명하다. 아이를 낳아 기르는 부모와 가르치는 교사는 어떻게 해서든 연결된다. 부모와 교사의 상호 신뢰와 협력이 아이들에게 가장 좋은 교육환경이다.

155 공교육 강화를 위한 학부모 역할 연구(2019) 85~86. 김기수 외. 경기도교육연구원

에듀테크

AI 교육, 메타버스는 교육의 미래인가?

정훈 (러닝스파크 대표)

◆ ◆ ◆

디지털교육과 에듀테크

2022년 6월에 치러진 시 · 도교육청 교육감 선거의 당선인 공약 중 디지털 교육 분야 키워드를 분석해보면 개인별 맞춤형 교육, 소프트웨어 교육, 인공지능 교육, 메타버스, 에듀테크, 기초학력, 학습관리시스템을 공통적으로 발견할 수 있다. 그렇다면 미래교육 추진에 지렛대가 될 수 있는 에듀테크를 성공적으로 활용하기 위해서는 어떤 접근을 해야 하는지 살펴보자.

대전환적 변화

인류 문명은 과학기술의 역사다. 교육은 과학기술을 발전시켜 산업혁명을 일으켰고, 그 기술은 직업을 소멸시키기도 생성시키기도 했다. 세계는 과학기술을 기반으로 여러 산업화 단계를 거쳐 지식정보화 사회, 인공지능 사회로 진화 발전해왔다.

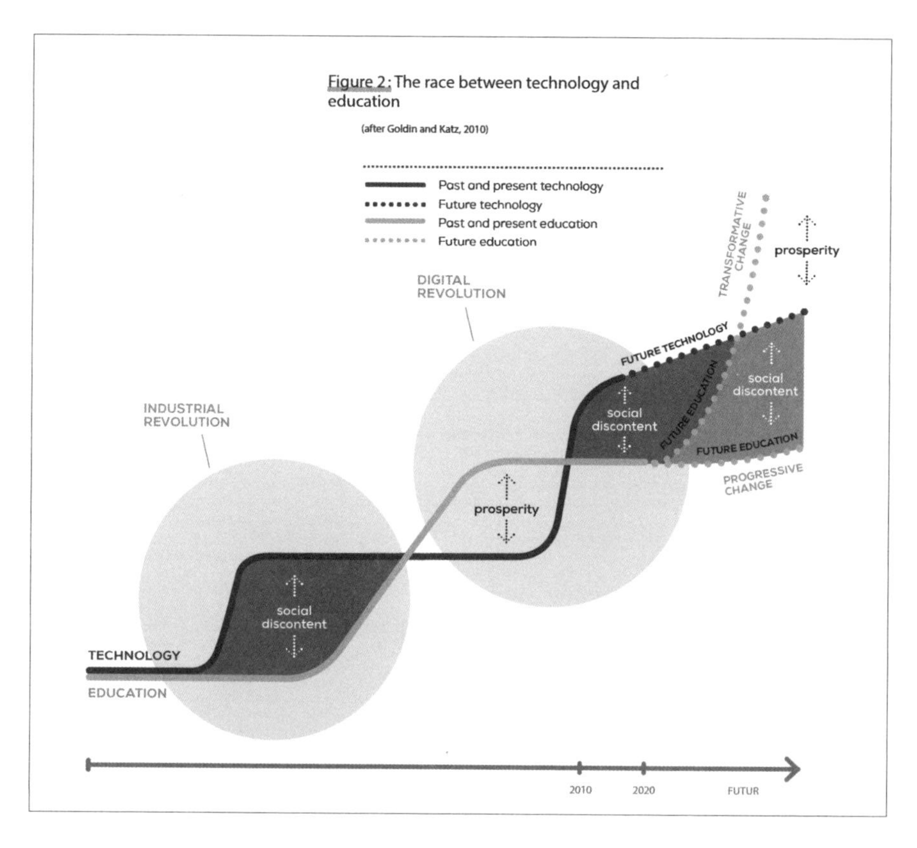

Goldin, Katz, The race between technology and Education

미국 하버드대학교 경제학자 클라우디아 골딘과 캣츠는 「교육과 기술의 경주」(The Race Between Education and Technology, Harvard University Press, 2009)에서 지식정보 기술 기반의 4차 산업혁명은 이전의 점진적인 변화와는 다른 대전환적 변화를 야기하고 있다고 말하며, 대전환적 변화에 대응하는 교육의 혁신을 성공적으로 이루어낸 국가와 그렇지 못한 국가의 격차는 더 심각해질 것이라 주장했다. 불과 2007년 1월 9일 출시한 아이폰이 가져온 파괴적 혁신을 생각해보면 기술로 인한 대전환적 변화 주장을 부인할 수 없다. 이러한 급격한 정보 기술의 변화는 교육에 있어서도 혁신적이고 전환적인 변화를 촉구하고, 이 변화를 주도할 창의적 인재를 필요로 하고 있다.

에듀테크의 범주

에듀테크와 직접적으로 관련된 학문인 교육공학을 에드테크(EdTech) 또는 에듀테크(EduTech)로 부른다. 1994년에는 교수공학(Instructional Technology)으로 불렀으며 "학습을 위하여 과정과 지원을 설계, 개발, 활용, 관리, 평가하는 이론과 실천"으로 정의했다. 2008년에 이르러 교육공학(Educational Technology)으로 재정의하고, "적절한 기술공학적인 과정과 자원을 창조, 활용, 관리해서 학습을 촉진하고 수행을 증진시키기 위한 연구 및 윤리적 실천"으로 개념을 잡았다.[156] 1994년에 비해 2008년에는 교육공학의 목표 영역이 학습의 촉진뿐 아니라 수행을 향상시키는 것으로 확장되었다는 데 그 차이가 있다.

한편 국외에서는 교육 기술(미국, 일본), 교육에서 기술(영국), 디지털 교육(EU), 교육정보화(중국 및 일본) 등의 다양한 의미로 사용되며 교사의 업무경감, 교수의 효율성, 학습공간 재설계, 디지털 보안 등 교육 전반으로 그 영역을 확대하고 있다.

이러한 흐름에도 불구하고 교육의 디지털 대전환을 체계적으로 지원해야 할 국내의 에듀테크 관련 법체계는 미비한 상태이다. 이러닝산업발전법에서는 "'이러닝'이란 전자적 수단, 정보통신 및 전파 · 방송 기술을 활용하여 이루어지는 학습을 말한다"로 정의하여 학습으로 그 범위를 제한하고 있으며 초 · 중 · 고등학교부터 대학까지 교육기관의 정보화 자원과 인프라를 체계적으로 관리할 근거가 되는 '교육정보화기본법' 제정 역시 표류 중이다(문보경, 2021).

코로나19, 에듀테크 활용실태

지난 2년이 넘는 기간의 코로나19 펜데믹은 학교 현장의 디지털 기술을 활용한 교육혁신 가능성과 한계를 탐색할 수 있는 시간이었다. 학습관리시스템(LMS, Learning Management System), 학생정보시스템(SIS. Student Information System), 학교 정보관

156 Januszewski & Molenda (2008)

리시스템(MIS, Management Information System) 외에도 4차 산업기술에 기반을 둔 에듀테크 활용의 기회와 폭이 넓어졌으나, 과연 이 시기가 교육의 디지털 전환에 얼마나 기여했는지는 생각해야 봐야 할 대목이다. 그럼에도 불구하고 펜데믹 기간 동안 에듀테크의 활용은 수업을 지속가능하게 하고 수업의 질을 유지하는 중요한 역할을 담당했던 것은 사실이다. 일상회복이 되더라도 에듀테크를 활용한 교수학습의 유용성과 편의성에 대한 경험은 수업의 질 향상뿐만 아니라 교사 업무경감, 격차 해소 등의 다양한 영역에서 활용될 것으로 기대된다.

김상운, 이윤정, 이애숙(2022)은 교육현장 종사자를 대상으로 학교 현장에서의 에듀테크 활용 경험과 에듀테크 수요조사를 수행했다.[157] 학교 현장에서 많이 활용되고 있는 에듀테크 제품 조사 결과, 교과수업용 에듀테크의 경우 원격수업 도구로는 줌(Zoom), 구글(Google), 유튜브(YOUTUBE), 구글미트(GoogleMeet), 카카오톡 등으로 조사되었는데, 주로 교육 목적으로 개발된 제품이 활용되었다기보다는 범용적 제품들이 교육에 활용된 것이었다. 에듀테크 제품 공급자 분포를 보면 코로나19 동안 글로벌 제품의 국내시장 점유율이 기하급수적으로 성장했고, 공공 서비스가 뒷받침하면서 특화된 영역의 민간 에듀테크 서비스가 점진적으로 발전하고 있다.

이렇게 다양해지는 에듀테크 서비스를 혁신의 기폭제로 활용하기 위해서는 에듀테크 제품의 정보접근성을 개선하고 신뢰할 만한 타당한 증거기반의 에듀테크 생태계를 구축해 기술에 대한 기대와 실망의 반복을 방지해야 한다. 미국 ISTE(International Society for Technology in Education)에서는 EdSurge를 인수해(Jeffrey & Stephen, 2019) 에듀테크 제품의 평가를 중심으로 한 Product Index를 제공하고 있고, 1EdTech(구, IMS Global Consortium)에서는 TrustEd App 프로그램을 통해 품질이 보증된 제품을 인증하고 있다. 영국은 EdTech Impact[158]에서 사용자평가와 유사제

157 조사내용은 크게 학교 현장에서의 에듀테크 활용 경험 조사와 학교 현장에 필요한 에듀테크 수요, 에듀테크 개발 아이디어 제안으로 구성되어 있다. 조사는 2022년 3월 8일(화)부터 4월 4일(월)까지 총 28일간 온라인 설문조사 방식으로 시행되었고, 전국 초 · 중 · 고 교사 2,114명이 조사에 참여하였다.

158 https://www.edtechimpact.com/

구분	상위 5개 제품명					
교과수업 (방과후, 돌봄교실 포함)	원격수업도구	Zoom	Google	Youtube	Google Meet	카카오톡
	교과수업(방과후, 돌봄교실 포함) 수업자료(콘텐츠 등) 제작/공유	이학습터	디지털교과서	인디스쿨	아이스크림	EBS강의
	교과수업(방과후, 돌봄교실 포함) 콘텐츠 제작도구	미리캔버스	MSOffice	파워포인트	한글	구글문서
	교과수업(방과후, 돌봄교실 포함) 과제 제시 및 평가 피드백 도구	클래스카드	구글클래스룸	패들릿	AI펭톡	클래스팅
	교과수업(방과후, 돌봄교실 포함) 협업도구	띵커벨	패들릿	구글문서	구글클래스룸	구글
	교과수업(방과후, 돌봄교실 포함) 학습이력관리	네이버웨일	이학습터	구글클래스룸	칸아카데미	리로스쿨
학생지원	학습관리(생활계획, 학습계획관리)	이학습터	구글클래스룸	클래스팅	위두랑	MS 팀즈
	학생지원학습도구 (마인드맵, 온라인노트)	마인드 마이스터	패들릿	마인드맵	멘티미터	이드로우 마인드
	학생지원진로/상담	마플	카카오톡	구글 클래스룸	리로스쿨	커리어넷
학교/학급관리	학생 안전관리 (건강, 환경)	키즈콜	자가진단앱	구글클래스룸	하이클래스	네이버밴드
	학교/학급관리 학부모 상담관리	클래스팅	에듀넷	네이버밴드	아이엠스쿨	하이클래스
	학교/학급관리교무 행정업무(학급관리, 생활기록부 작성 등)	네이버밴드	클래스팅	클래스123	카카오톡	하이클래스

활용한 경험이 있는 에듀테크 제품(김상운 2022, p16)

품 비교 서비스를 하고 있으며, Education Alliance Finland[159]에서는 전문가 평가를 통해 인증서를 발급하고 있다. 비록 시작 단계이긴 하지만 국내에서도 에듀테크 리서치 스타트업 러닝스파크가 디지털테스트베드 기반의 에듀테크 제품정보 서비스 애스크에듀테크[160]를 통해 증거기반의 에듀테크 정보접근성을 높이기 위한 도전을 하고 있다.

◆ ◆ ◆

에듀테크 거버넌스 체계의 변화

영국 정부의 에듀테크 도입 효과를 높이기 위한 노력

영국 정부는 민간 교육기업들이 학교와의 협력을 통해 다양한 교육 수요자의 욕구와 수준을 맞출 수 있도록 재정적, 환경적 지원을 하고 있다. 2019년 교육부 장관 Damina Hinds가 발표한 「교육에서 기술의 잠재력 실현(Realising the potential of technology in education) 보고서」에서 에듀테크의 활용 목표를 업무경감, 평가 효율성 강화, 특수교육 지원, 교사 역량 강화, 평생교육을 지향하며 이를 통해 학교의 교육성과를 달성하는 데 있다고 밝혔다. 이러한 목적을 달성하기 위해 에듀테크 산업계에서 검증된 높은 품질의 제품을 개발할 수 있도록 지원하고, 학교에서 직접 구매할 수 있도록 하는 「에듀테크 산업 육성 전략을 보고서」에 명시함으로써 다양한 에듀테크 관계자들과 투자자들이 참여할 수 있도록 했다(Department for Education of the UK, 2019). 여기서 우리가 주목할 부분은 에듀테크 기술을 활용해 혁신하고자 하는 대상을 명확하게 정의하고, 오픈이노베이션을 통해 문제를 해결하며, 지속가능한 성장을 위해 산업으로 육성하고자 하는 정부의 역할이다.

각 국가들은 에듀테크 활성화를 위해 공공-민간 협력의 범위를 확대하는 정책을

159 https://educationalliancefinland.com/
160 https://www.askedtech.com/

펴고 있다(HolonIQ. 2021). 국가별 협력 수준을 절대적으로 판단하기는 어려우나, 상대적으로 영국과 에스토니아에서 민간의 역할이 더욱 강조되는 것을 볼 수 있다. 영국은 에듀테크 생태계에서 민간의 역할을 촉진하는 한편, 증거와 평가, 정책 개선에 국가적 역할을 규정하고 있으며, 에스토니아는 스타트업을 통해 혁신의 동력을 얻고 디지털테스트베드를 전 세계에 개방함으로써 그 혁신을 가속화하고 있다(Education Estonia, 2021).

에듀테크 산업 동향

세계 교육시장은 2025년까지 7조 8천억 달러(연평균성장률 4.8%) 수준으로 지속적인 성장을 보일 것으로 예상되었으나, 코로나19로 오프라인 교육이 위축됨에 따라 2020년에 5조 4천억 달러로 2019년 대비(5조 9천억 달러) 하락하였으며 2025년까지 연평균성장률도 3.6%로 하향 조정되었다(HolonIQ, 2021).[161]

성장세 하락의 원인으로는 코로나19 영향 외에도 정부와 소비자의 고등교육 접근성 향상과 경제성 및 ROI 강화의 요구로 인한 등록금 인플레이션 해소, 역량 중심의 학위 대체 프로그램 확산, 디지털 전환의 확대 등의 요인이 복합적으로 영향을 미쳤을 것으로 조사되었다. 반면, 에듀테크 산업시장은 연평균 16.3% 성장률을 기록하고 있으며 2019년 1,830억 달러에서 2025년 4,040억 달러로 성장할 전망된다. 전체 교육시장 대비 에듀테크가 차지하는 비중은 2019년 기준 3.1%에 불과했으나 2025년에는 5.5%에 이를 것으로 전망되며 이는 코로나19로 인해 교육의 디지털 전환이 가속화되었다는 것으로 해석할 수 있다.

「이러닝 산업 실태조사(정보통신진흥원, 2021)」에 의하면 2021년까지 연평균 4% 수준의 완만한 성장을 이어갈 것으로 예상되던 국내시장 규모가 코로나19로 인해 2020년부터 가파른 상승세를 보인다. 소비 주체별로 구분했을 때 개인이 2.6조

161 HolonIQ[Website].(2020. August 6). Retrieved from https://www.holoniq.com/notes/global-education-technology-market-to-reach-404b-by-2025/

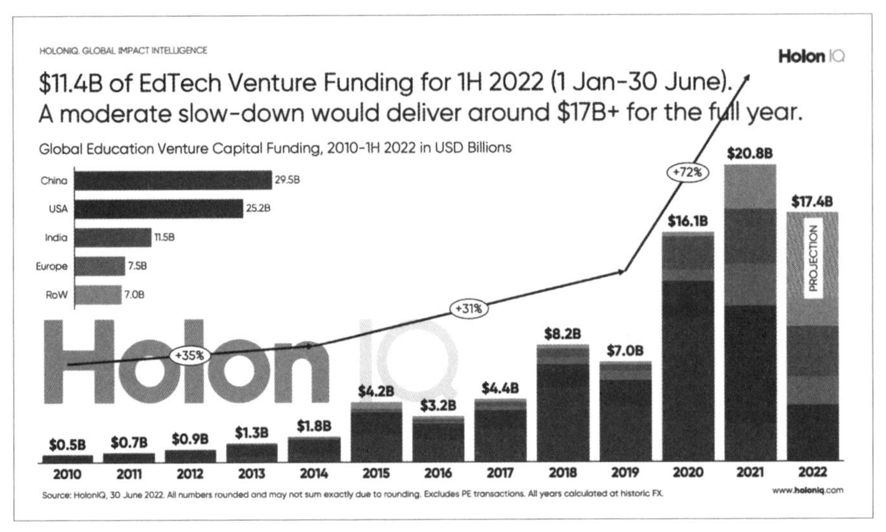

HolonIQ

(51.7%), 기업 1.8조(35.8%), 교육기관 3천억(6.1%), 공공기관 3.1천억(6.3%)의 수요를 나타냈다.

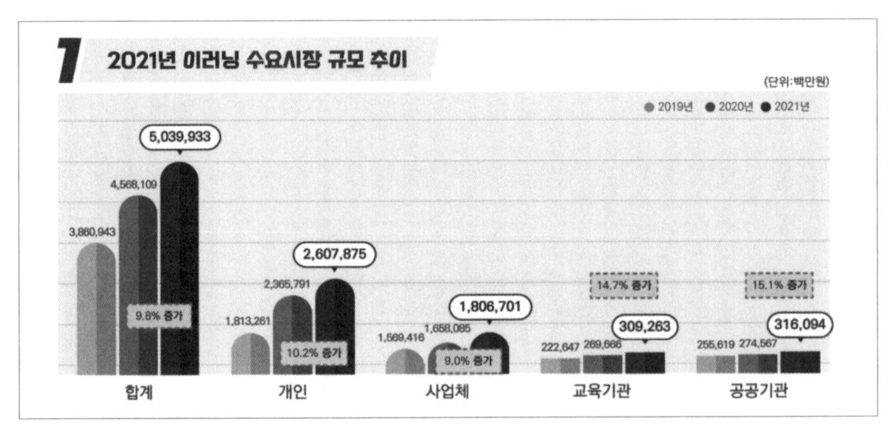

2021년 이러닝 수요시장 규모 추이. 정보통신진흥원. 2021.

개인 이러닝 수요는 코로나19가 확산된 2020년에 2.3조로 급격히 증가했고, 2021년에는 전년 대비 10.2% 증가하면서 가파른 성장세를 이어갔다. 코로나19 이전 59% 수준에서 머물다가 2020년 62.5%, 2021년 65.9%로 2021년 조사 대상

가운데 3분의 2가량이 이러닝을 활용한 것이다. 코로나19로 가파른 상승세를 보인 우리나라 이러닝 산업 성장 규모가 8.5%인데 반해 글로벌 에듀테크 산업성장률은 16%로 우리나라 대비 2배 이상의 성장률을 예측하고 있다(HolonIQ, 2021).

우리나라 공교육에서의 디지털 활용은 1987년 국가 차원의 '학교 컴퓨터교육 강화 방안'이 수립되면서 시작되었다. 이후 교육정보화 5개년 기본계획을 중심으로 대규모의 재정 투자가 이루어져 왔다. 2006년도에 마련된 '이러닝 활성화' 계획은 교육부 내에 독립적인 추진체제를 가지면서 교육과정과의 접목, 사교육비 경감 등 교육 현안을 해결하기 위한 중점과제로 추진되었다. 그러나 2010년 이후 교육정보화 사업은 정책 환경의 변화로 추진동력이 약화되어 기술의 교육적 활용 확산이 답보 상태가 되었다. 이는 입시 중심의 전통적인 학교교육 체제에 대한 문제이고 이를 둘러싼 교육정책의 지속성과 투자의 문제이며 직접적으로는 기술을 활용한 교육혁신에 대한 기대와 실망의 반복, 디지털 환경과 교원의 전문성 개발, 교수학습 개선과의 엇박자 문제였다고 할 수 있다. 그러나 코로나19는 학교 현장이 수업에 기술의 적용에 대해 익숙함을 가지게 되는 계기가 되었고 기술의 교육적 적용 가능성을 확산하게 되었다. 코로나19 대응 과정에서 원격교육의 실현은 수업 시간과 장소의 한계 극복뿐 아니라 수업방식과 콘텐츠 활용의 다양성을 가져온 것으로 나타났다. 이러한 원격수업 경험이 온·오프라인 융합 수업혁신의 가능성과 학생의 자기주도적 학습역량을 강화하는 기회로 긍정적인 영향을 끼칠 것이라는 응답은 실제 경험에서 나온 인식의 전환이다(KERIS, 2020; 김혜숙 외, 2021 pp26-31).

에듀테크 기술 동향

에듀테크는 4차 산업혁명의 주요 기술로 불리는 인공지능(AI), 빅데이터, 증강·가상현실, 사물인터넷 등의 기술과 교육의 융합을 통해 미래 역량 기반의 맞춤화된 교육을 도모하고 있으며, 교실에서 교육 전반으로 혁신의 범위를 확장하고 있다. 그러나 김상운(2022)의 보고서에서 주지하다시피 국내 교육시장에서 에듀테크는 여전히 제한적으로 활용되고 있고 국내 학교교육에서 교수학습의 질을 높이기 위한 에듀테크 활용 수준은 OECD 평균의 53% 이하인 30%에 머물러 있어(OECD 국제 교수-학습 조사, 2018) 에듀테크 활용 준비도는 아직 낮은 것으로 평가된다.

또한 한국의 에듀테크 시장은 여전히 입시, 외국어 중심 사교육과 정부가 발주하는 시스템 구축 시장으로 편중되어 있다. 기술의 올바른 활용 확대를 위해서는 우리나라도 영국의 사례에서 보듯이 국가 차원의 전략과 관련 정책을 마련하고 지속적이고 체계적으로 지원할 수 있는 체계를 만들어야 한다(문보경, 2021).

반면, 글로벌 IT 기업들은 성공적인 디지털 전환의 과정에서 축적한 경험과 긴밀한 파트너십을 통해 가치 독점적 생태계 구축과 플랫폼 전쟁의 우위 확보를 위해 경쟁하고 있으며, 코로나19를 기점으로 초중등, 대학 및 기업교육 영역에서도 공고한 위치를 점유했다.

가상현실(VR), 증강현실(AR) 그리고 메타버스

코로나19로 AR · VR과 같이 시공간의 제약을 벗어나 직접 체험하며 교육할 수 있는 기술에 대한 수요가 급증하고 있다. AR · VR 기술은 의학, 우주 · 항공, 산업안전, 재해 · 재난과 같은 지속적인 실습이나 체험이 필요한 분야와 고비용, 고위험 분야에서 이미 유용하게 활용되고 있다. HolonIQ에 의하면 교육 분야의 AR · VR 시장은 2025년까지 126억 달러에 이를 것으로 예상된다. 2020년에는 이 영역에서 1,000만 달러 이상의 벤처캐피털 투자가 있었는데 이는 AR · VR 기술의 교육적 활용이 확대되고 있음을 시사한다.

AR · VR 기술은 주로 직업교육에서 많이 활용된다. 또한 재난 상황이나 TransfrVR의 사전실습 프로그램과 같이 절차적 학습에 활용되는 시뮬레이션 외에도 정서지능(EQ) 역량 개발을 위한 VR Mursin 등 디지털휴먼과 결합한 사례들이 확대되고 있다.

지난 2021년 7월 14일 문재인 정부의 한국판 뉴딜 2.0 추진 계획의 〈메타버스 등

초연결 신산업 육성〉 정책과 코로나19로 인한 비대면 상황이 지속되면서 교육현장에서도 메타버스의 활용이 확대되고 있다. 우리 교육현장은 제페토, 잽, 게더타운, 이프랜드, 로블록스, 마인크래프트, VRWare, 디토랜드와 같은 상용 가상 세계 메타버스 플랫폼을 기반으로 교수학습 현장에 활용되기도 하고, 직접 교수학습 목적에 특화된 메타버스 환경을 구축도 하고 있다.

인천시교육청은 메타버스 개발 기업과 인천 사이버 진로교육 메타버스 플랫폼 구축 사업을 통해 진로교육 실감 콘텐츠 미션 12개, 협력 미션 4개 등을 메타버스 내에서 각자의 아바타를 통해 구축하고 있으며(임영택, 2022), 울산광역시 교육청은 학생의 진로상담 지원을 위한 온 · 오프라인 '학업 설계 개방교실'을 운영하고 있다(이민석, 2022). 부산시교육청은 메타버스 플랫폼을 활용한 수업 역량강화 연수를 운영하고 있으며(박은주, 2022), 충남교육청은 네이버 ZEP 기반의 에듀테크 가상 상설박람회 인수레(인공지능 수업 레시피)를 구축해 인공지능 교육 수업을 지원한다. 특히 메타버스를 통해 교사와 기업이 상시적으로 만날 수 있도록 장을 제공하여 현장의 요구가 제품 개선에 반영될 수 있는 테스트베드를 제공하고 있다. 한국고등직업교육학회에서는 60여 개 전문대학의 협력을 통해 메타버스의 운영기술과 노하우를 공유하고 있다(박종민. 2021).

한편 김상균(2021)은 메타버스를 통해 다양한 교수학습 모형들이 실험되고 있으나 증강현실 콘텐츠와 가상현실 플랫폼이 학생들의 무한한 창의력을 제약시킬 수 있다는 지적을 하고 있다. 학생 자신의 인지능력과 상상력보다 콘텐츠 개발자 혹은 서비스 설계자의 의도를 비판 없이 수용할 여지가 있기 때문이다. 따라서 메타버스를 교육에 활용하고자 하는 교수자는 메타버스의 유형별 기술적 특징을 이해하고, 교과의 특수성에 적절한 어플리케이션과 플랫폼을 선택하는 안목을 가져야 한다. 즉 무엇보다 잘 설계된 수업과 교사의 역량이 중요하다(계보경, 2020).

인공지능

전 세계 교육 당국은 교육혁신에서 중요한 요소로 인공지능을 고려하고 있다. 인공지능은 학습 과정 전반에 걸쳐 개인별 맞춤형 학습을 폭넓게 지원하며, 출결 관리 자동화, 지능형 좌석 배치 및 팀 배정 기능을 활용해 교사의 업무를 경감할 수 있고, 학습 과정에서 획득한 데이터를 활용해 학습하는 과정에서 자연스러운 평가를 가능하게 한다. 또한 교사와 학습자의 누적된 데이터를 기반으로 학습분석을 통해 학습자의 특성을 반영한 데이터의 패턴을 인식할 수 있고, 학습자의 중도 포기 가능성이나 학습의 성공 여부에 대한 예측도 가능하다.

지금까지 교육영역에서 인공지능은 학습자의 학습패턴과 성취도를 진단하고 이를 바탕으로 개인화 학습을 위한 콘텐츠 제공과 학습경로 추천에 중점을 두었다. 이는 교육시장의 수요를 중심으로 기술이 개발되었음을 시사한다. 일부 전문가들은 인공지능의 학습 촉진 효과에 대한 연구가 여전히 미비하고, 인공지능에 활용할만한 데이터가 충분하지 않으며, 데이터보호 및 윤리성에 대한 문제가 해결되지 않은 점을 지적한다.

홍선주(2020)는 「학교 교육에서의 인공지능(AI) 활용방안 탐색 연구」를 통해 학교 교육에 AI 및 에듀테크가 도입됨으로써 학생과 교사의 교수학습 활동에 어떤 도움을 줄 수 있는지에 대한 프레임워크를 구안해서 제시하고 있다. 보고서에서는 AI 및 에듀테크 기반의 학교 교육체계 구축을 위해서는 다양한 주체 간의 명료한 역할에 기반한 협업이 도모되어야 하고 빅데이터와 인공지능을 기반으로 한 교육 서비스의 특징인 대규모 데이터 축적과 지속적인 기술개발이 필요하다는 점에서 관련 주체의 일관되고 지속적인 참여가 요구된다고 주장했다.

로보틱스

국내에서 산업용 로봇 시대를 벗어나 본격적으로 서비스 로봇에 대해 연구가 시작된 것은 2000년대에 들어서다. 교육용 로봇은 교과목에 흥미와 재미를 부여하거나 창의적인 교육을 수행하도록 교사를 보조하는 교구재 역할을 하는 로봇을 의미한다. 교육용 로봇은 사용자의 상호작용을 기반으로 주변 환경을 인식하고 자율적인 동작을 수행하면서 물리적인 위치 이동이 가능하기 때문에 다수의 사용자에게 적합한 맞춤형 교육서비스를 제공하거나 교과목에 로봇을 직접 활용하는 교육도 가능하다.

HolonIQ에서는 교육용 로봇 시장을 2025년까지 30억 달러 규모로 예측하고 있다. 특히, 초중등에서 로보틱스 기술은 STEAM 영역에 주로 활용되고 있는데 중국의 DFRobot은 STEAM 교육을 위한 오픈소스 하드웨어 및 로보틱스 키트를 생산하고 있으며 현재 전 세계 8천여 개 학교에서 2만여 명의 교사가 활용하고 있다. 일본은 영어 800단어를 암기하고 악수, 인사, 가위바위보 게임 등이 가능한 Robovie를 1학년과 6학년 교실에 투입했다. 고등교육에서는 특히 의학 분야에서 로봇 공학이 많이 활용되고 있으며 복잡한 의료 절차를 수행할 때와 각종 실습 환경에서 유용하게 활용하고 있다. 로봇은 자폐아를 위한 교육, 심각한 육체적 장애를 위한 교육에서도 활용되며 각종 모니터링시스템 등의 특수교육 분야에서도 활용된다(Purdue University).

블록체인과 디지털배지

에듀코스(Educause)[162]는 고등교육을 급격하게 변화시킬 기술로 인공지능, MOOC, 가상현실을 제치고 블록체인 기술을 주목하고 있다. 블록체인은 네트워크에 참여하는 모든 사용자가 데이터를 분산, 저장하는 데이터 위변조 방지 기술이다. 소규모 데이터의 무수히 많은 사슬로 연결된 이루어진 블록이라는 분산 데이터로 저장하여 그 누구도 임의로 수정할 수 없고 누구나 활용할 수 있도록 하는

162 Educause는 1998년 Educom과 CAUSE가 합병을 통해 정보기술을 활용해 고등교육을 발전시키는 것을 핵심 가치로 하는 미국의 비영리 협회로 대학기관과 기업이 참여하고 있음

기술이다. 블록에는 사용자에게 전송된 모든 거래 내역이 기록되며 이는 P2P[163] 방식으로 모든 사용자에게 동일하게 전송되기 때문에 거래 내역을 임의로 수정하거나 생략할 수 없다. 이러한 블록체인 기술을 이용하면 정부, 기업, 교육기관, 의료기관에서 발급한 각종 문서를 위변조 없이 안전하게 관리할 수 있다. 개별 문서의 내용을 해시로 변환하여 블록체인에 저장한 후 여러 곳에 분산 저장하면 문서의 위변조가 거의 불가능하다(원종운, 2022).

MIT Media Lab과 Learning Machine이 블록체인 기반의 증명서 발급을 위해 공동으로 개발한 서비스 블록써츠(Blockcerts)는 MIT 학위 증명서 발급에 활용되고, 오픈배지 모질라와의 협업을 통해 블록써츠 기반의 마이크로 크리덴셜 오픈배지(Open Badge)를 추진하고 있다. 이어서 콜롬비아대학과 스탠포드대학에서도 블록체인 리서치센터가 설립되었다(Lindsay McKenzie, 2018).

유럽연합은 2024년을 목표로 참여국 차원의 마이크로크리덴셜 표준과 실행계획을 수립하고 있다(European Commission, 2020). 오픈뱃지 기반의 마이크로크리덴셜은 고등교육에서 직업교육, 평생교육에 이르기까지 유연하고 모듈화된 학습 기회를 제공하고 기존 학위 중심 교육을 보완할 수 있을 것으로 기대하고 있다. 오픈배지가 주목받는 이유는 최소단위의 자격증명(Micro-Credential)을 표현하는 데 최적화되어 있기 때문이다. 4차 산업혁명으로 인해 학력보다는 상시적으로 요구되는 역량의 증명이 더욱 중요해짐에 따라 마이크로 단위의 자격증명이 활용되었다.

이렇게 블록체인과 디지털배지를 통해 세상의 많은 배움과 지식이 교육과정 안으로 들어올 수 있는 여지가 커졌다. 4차 산업혁명은 일의 방식을 변화시켰고, 인재의 역량과 학습의 방법을 변화시켰다. 교육에서 오픈배지를 도입한다는 것은 단순히 기존 자격체계에 디지털 배지 기술을 붙이는 것이 아니라 기존 전통적인 교육체계의 파괴적 혁신을 고려해야 한다.

163 P2P(Peer to Peer)는 중앙 서버를 거치지 않고 클라이언트 컴퓨터끼리 직접 통신하는 방식을 통칭

◆ ◆ ◆

기술혁신이 곧 교육혁신은 아니다.

기대와 실망의 반복

저스틴 라이시는 "대부분의 사람들은 자신이 배운 대로 가르치려는 경향이 있다. 이로 인해 교육에 도입되는 신기술은 시스템을 혁신해내기보다는 기존 시스템에 맞추는 방향으로 기울 가능성이 높다. 신기술을 도입해야 할 상황에 직면하게 되면 교육자는 신기술에 대한 불안과 기술을 활용해 수업을 진행하는데 필요한 막대한 업무량에서 생기는 스트레스가 결합하면서 저항감부터 생기게 된다(2021, p11)"라고 주장했다. 새로운 기술은 당면한 교육의 문제를 획기적으로 해결하고 교육의 모습 전체를 바꿔놓을 것이라는 기대로 시작했다가 기술의 교육에 대한 이해 부족과 신기술 도입에 대한 교육자들의 저항으로 이내 실망과 실패가 반복되고 있다.

코로나19와 같은 특수한 상황이 학교 현장의 기술 활용을 한 단계 더 발전시키기도 했지만, 결국 새로운 기술에 대한 학습의 기회와 지원 체계 마련 그리고 인프라가 갖춰졌을 때 교수 · 학습에 대한 새로운 접근방식을 시도할 수 있다. 교육은 광범위한 사회적 맥락이 서로 맞물려 예상하지 못하는 결과를 산출하는 복잡한 시스템이기 때문에 신중하게 설계한 기술만이 저항을 줄이면서 유용하게 활용될 수 있다.

증거기반의 에듀테크 생태계

에듀테크 임팩트[164]의 설문조사에서 79%의 학교가 검증된 에듀테크 도구 도입이 필요하다고 응답했다. 이에 반해 8%의 학교만이 공급기업이 제시하는 증거

---

164 EdTech Impact는 2018년 설립된 영국 기반의 에듀테크에 특화된 독립적 리뷰플랫폼으로 교육자들에게 제품 정보 접근성을 강화하고 에듀테크 제품 활용 활성화를 목적으로 설립된 기업

를 신뢰한다고 밝혔다. 최소의 예산으로 효과적인 에듀테크 제품을 사용할 수 있으려면 신뢰도와 타당도가 담보된 증거(evidence)가 필요하다(EdTech Impact, 2021. p4). 이 증거는 에듀테크가 사용자에게 실제로 영향을 미치고 효과를 창출할 수 있는가에 대해 과학적인 절차와 방법을 통해 확보된다. 증거는 엄격한 실험, 현장 연구, 교육자의 전문적 경험과 평가 그리고 사용자의 가치 판단을 통해서 만들어진다(Cukurova & Luckin, 2021). 이렇게 만들어진 신뢰할 만한 타당한 증거는 에듀테크의 도입과 활용에 대한 올바른 의사결정에 기여할 수 있다(윤성혜, 2022).

학교 구성원들은 코로나19를 통해 에듀테크의 도전과 실패 경험이 축적되었을 것임이 분명하지만, 이러한 경험을 명시화하고 공유할 방법은 매우 제한적이다. 대학 연구자들은 새로운 에듀테크 원형을 개발하거나 특정 에듀테크를 활용한 교실 수업의 효과성을 연구하고 있다. 그렇지만 실험실에서 개발된 프로토타입이 제품화되거나 연구의 결과를 현장에서 증거로 활용하는 경우는 흔치 않다(윤성혜, 2022). 에듀테크 제품은 타제품과는 달리 교육적 맥락과 사용자에 대한 이해가 기본이어야 함에도 불구하고 기술을 중심에 놓고 제품을 설계하는 경우가 비일비재하다.

증거기반 에듀테크 실천 사례

영국은 여러 주체들이 참여하는 증거기반의 개방형 에듀테크 생태계를 만들어 나가는 좋은 실천 사례를 보여준다. Rose Luckin 교수가 이끄는 UCL EDUCATE, 영국교육산업협회 BESA(British Educational Suppliers Association), 스타트업 액셀러레이터 F6S, 그리고 사회혁신 재단 NESTA가 참여하는 에듀테크 테스트베드는 에듀테크 기업이 연구 결과(증거)에 기반하여 새로운 제품과 서비스를 개발하도록 돕는 시험대이자 중개 플랫폼이다(윤태영, 김승진, 2020). 공급자, 연구자, 교사, 학생이 함께 교육현장의 문제를 식별하고 기술을 활용한 에듀테크 서비스를 공동 디자인하기도 하며(co-design), 학교와 에듀테크 기업이 협력적으로 에듀테크 제품을 테스트하여 개선하기도 한다(test & learn). 또한 학교와 정책 결정자가 공급자 및 연구자와 함께 만든 제품 효과성 증거를 축적하고(evidence hub) 이를 공유한다(EdTech network) (Batty, Wong, Florescu, & Sharples, 2019).

미국에서는 "교육자가 테크놀로지에 대해 증거기반의 더 나은 결정을 내릴 수 있도록 돕는다"를 미션을 가진 버지니아대학교 교육 및 인재 개발 학부를 중심으로 하는 EdTech Evidence Exchange가 EdTech Genome Project(2021)를 통해 에듀테크의 성공과 실패에 영향을 끼치는 10가지의 맥락적 변수를 도출하기도 했다.

핀란드의 Education Alliance Finland는 에듀테크 제품과 서비스의 영향에 대한 증거를 제공하고, 학습 목표, 페다고지, 사용성을 기준으로 품질 인증을 실시한다. 110여 명의 훈련된 평가자 풀을 확보하고 있으며, 총 4명의 평가자(외부 평가자 3명, 내부 평가자 1명)가 기준에 근거하여 평가하여 그 결과를 인증서와 리포트로 모아서 제공하고 있다(Education Alliance Finland, n.d.).

교육적으로 의미 있고 지속가능한 에듀테크 생태계를 만들기 위해서는 학교 수

증거기반 에듀테크 생태계 프레임워크

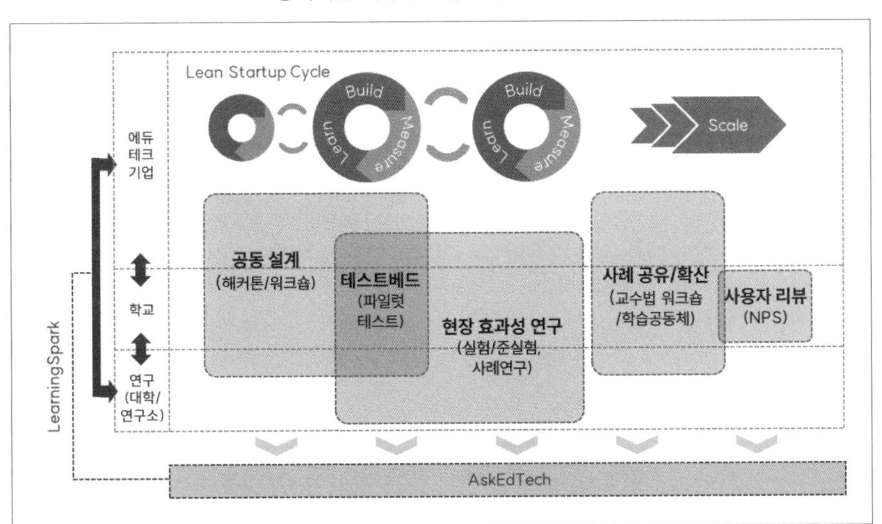

증거기반 에듀테크 생태계 구축을 위한 탐색적 연구. 윤성혜 정훈 (2022) 재인용

요자의 실패하지 않는 의사결정을 지원하고 에듀테크 공급기업의 사용자 중심 설계를 지원할 수 있도록 에듀테크 기업, 학교, 그리고 연구소 사이에서 증거를 매개하는 메타-에듀테크 역할이 필요하다. 그러한 메타-에듀테크 조직은 영국, 미국, 핀란드 등 에듀테크에서 선도적인 역할을 하고 있는 주요 국가들에서 발견된다.

우리나라의 증거기반 에듀테크 생태계를 위한 노력은 주요 선진국들에 비해 초기 단계에 있다. 에듀테크 생태계의 여러 주체들 사이에 증거의 중요성에 대한 공감대가 형성되고 있으며, 공공과 민간에서 증거기반 에듀테크 생태계를 만들기 위한 여러 시도들이 이뤄지고 있다. 2021년 「에듀테크소프트랩 적용방안」(한국교육학술정보원, 2021)에 대한 연구를 시작으로 경기, 대구, 광주 3개 권역에 에듀테크소프트랩이 구축되었고, 에듀테크 제품에 대한 실증을 위한 교육도 이루어지고 있으며, 충남교육청에서는 러닝스파크의 디지털테스트베드 '애스크에듀테크'와 메타버스를 연계해 디지털 테스트베드를 운영하고 있다.

이제는 공공과 민간의 경계를 넘어, 공급자, 수요자, 연구자 간의 긴밀한 소통과 협력관계를 통해 신뢰할 만한 타당한 증거를 기반으로 한 에듀테크 생태계 조성이 필요하다.

◆ ◆ ◆

에듀테크, 피할 수 없는 미래

호모 파베르는 흔히 '도구의 인간'이라고 번역된다. '만드는(혹은 창조하는) 사람인 인간(Man the Creator)'이라는 뜻이다. 기술철학자 베르그손은 "인공적으로 만들어진 도구는 제작자의 본성에 역으로 영향을 미친다. 도구는 제조한 사람에게 새로운 기능을 행사하도록 요구하면서 타고난 신체 조직을 연장시켜주는 유기 조직을 발달시켜주기 때문이다."(손화철, 2022, 재인용)라고 주장했다. 즉, 인간이 도구를 만들지만 도구가 다시 인간을 만드는 것이다. 4차 산업혁명을 동인하는 지식정보 기술이라는 도구는 과거와는 다른 인간의 역량을 요구하고 있다.

2022년 OECD에서 발간한 보고서 「Back to the Future of Education: Four OECD Scenarios for Schooling」에서 미래 학교교육 시나리오를 다음의 네 가지로 제시했다.

① 학교교육의 확대(Schooling Extended)

② 교육 아웃소싱(Education Outsourced)

③ 학습허브로서의 학교(School as Learning Hub)

④ 삶의 일부로서의 학습(Learning as you go)

보고서에서 제시하는 시나리오는 더 이상 학교가 기존 학교체제를 유지하기 어렵다는 것을 시사한다. 공공기관과 사기업 간의 협력이 디지털 학습환경을 발전시킨다. 또한 다양한 형태의 민간 혹은 지역사회가 학교교육의 대안으로 제기된다. 홈스쿨링, 튜터링, 온라인 학습, 지역사회 교수학습 활동 등 교육 형태도 더욱 다양한 실험이 이루어진다. 전통적인 학교교육의 경직된 구조가 사라지면서 학습자들은 자신의 학습 수준 및 속도에 맞추어 교육의 형식과 다양한 활동을 선택하고 학습한다.

그러나 앞서 여러 사례에서 주지하다시피 변화에 대한 저항이라는 인간의 본능은 기술 기반의 혁신을 퇴보시킨다. 특히 교육의 기술 수용도는 전 산업 영역에서 가장 낮은 편에 속한다. 저스틴 라이시의 "기술만으로는 교육을 혁신할 수 없는가?"라는 화두를 통해 알 수 있듯이 이러한 낮은 기술 수용도 문제의 해결방안은 기술 전문가와 회의론자 간의 초월적 협력 관계만이 베르그손이 말하는 도구를 통한 변화를 가능하게 할 것이다.

결론적으로 '에듀테크와 AI 교육, 메타버스는 교육의 미래인가?'라는 질문에 이렇게 이야기하고 싶다. 코로나19로 가속화된 디지털 교육 경험은 장기적으로는 뉴노멀이 될 것이다. 다만 핵심은 교수-학습 방법의 혁신이다. 잘 만들어진 기술은 교육을 도울 뿐이다. 가르치는 방법과 배우는 방법, 상호작용하는 방법의 변화를 통해 더 큰 가치를 창출한다. 하지만 혁신은 쉽지 않다. 오래된 가죽의 껍질을 벗겨내는 아픔과 오랜 무두질이 있어야 전혀 다른 가죽이 탄생하기에 기존의 낡은 방식, 가보지 않은 길에 대한 두려움과 저항을 과감히 버리고 변화의 흐름에 몸을 맡기는 담대한 결정이 필요하다.

학교문화예술교육

산업화 성공을 위한 도구인가?

한승모 (홍천 남산초등학교 교사)

◆ ◆ ◆

학교문화예술교육, 어떻게 진행되어 왔는가?

예술은 인간을 풍요롭게 하고, 사회의 가치를 높인다. 개인의 행복, 인격, 공동체에 영향을 주는 예술이 이제는 산업과 결합하여 사회의 중요한 콘텐츠가 되었다. 음악이 쓰이지 않는 산업을 찾기는 매우 드물며, 삶의 풍요로움에도 음악의 역할은 매우 크다. 많은 사람들은 팬데믹 상황에서 음악을 듣고, 영화나 영상 콘텐츠를 즐겼으며, 책을 만나고 그림을 만나며 예술로 삶의 위안을 찾기도 한다.

이렇게 예술은 넓고 강력하게 사회에 자리를 잡고 있으나 지금의 학교에서 예술교육은 어떠한가? 음악시간, 미술시간에 아이들은 무엇을 배우고 무엇을 하고 있는가? 학교에서 이뤄지는 다양한 부서 활동과 방과 후 활동은 어떻게 진행되고 있고, 2023년 이후에는 어떤 일이 벌어질 것인가?

교사 연수를 통해 만난 선생님들은 늘 여러 가지 문제점과 어려움을 이야기하며 하소연한다. 미술 수업에서는 조금 덜하지만 국어시간에 이뤄지는 연극, 체육시간에 이뤄지는 무용수업까지 예술 교과 수업에 대해 대부분의 교사는 어려워한다.

학교문화예술교육에 대한 이야기에 앞서, 문화예술교육의 개념과 의미를 살펴보자.

예술교육? 문화예술교육?

'문화예술교육'이라는 말이 우리나라에서 쓰인 자는 약 20여 년밖에 되지 않았다. 그전에는 '예술교육'이 주로 쓰였다. 학교에서도, 교육과정상으로도 예술교육이라고 말하는 것이 어색한 일이 아니었다.

학교에서 배우는 음악, 미술, 체육 교과의 무용이 주로 예술교과에 해당하였으며 예술교육이라 말하면 학교에서 운영하는 오케스트라, 합창부, 취주악대, 밴드부, 중창단 등의 활동이었다. 혹은 학교마다 관리자나 담당 교사의 계획으로 이뤄지는 학급별 합창대회나 학교 행사로서 학예회, 학생축제를 학교예술교육이라고 말한 것이다. 이로 인해 학생들은 교과 시간, 학교 행사에서 다양한 예술 활동을 했고, 부서 및 동아리, 행사에서 여러 예술 주제들도 더 경험할 수 있었다.

예술대학, 예술고의 지속적인 운영 및 발전 외에 대중음악이 급속도로 발전하면서 실용음악 학원, 공연장, 연습실 등의 공간이 학교와 학교 밖에서 생겨났다.[165] 이로 인해 초중고등학교에는 예술 영재를 위한 교육과정과 학교가 생기고 사교육에도 입시를 위한 학원 및 과외 교육이 급속도로 발전하게 된다.

한편, 전 세계적으로 국가와 사회의 중요한 이슈로 복지가 등장하면서, 많은 나라가 예술을 '복지적 관점'에서 접근하고 있다. 예술 활동은 사회의 범죄율을 낮추고, 학생들의 학업 성취도를 높였으며, 창의적이고 생산적인 산업화라는 결과에 영향을 주었다.[166]

이렇게 예술이 사회변화의 도구로 쓰이게 되면서 일반화된 용어가 '문화예술교육'이다. 2004년 문화예술교육 정책이 등장하면서 문화예술교육에 대한 논의가 시작되었다. 예술교육만 존재하던 사회에서 문화예술교육의 등장은 학문적, 실천적

165 한류스타 양성할 케이팝 아카데미 추진, 연합뉴스(정천기), 2011.

166 문화예술교육 정책 분석을 통한 문화예술교육의 발전 방향, 홍애령, 송미숙, 한국무용 연구, 33권 1호, p.171

논의들을 만들어냈다.[167] '문화예술교육'은 기존 예술교육의 의미에 문화가 더해진 것을 말한다. 기능을 배우고 익숙하게 만들어 감정과 생각을 표현하는 활동, 배우는 활동과 표현하는 활동 중에 집중력, 창의성, 표현력, 자존감 등을 높이는 데 목적을 두는 것도 해당한다. 또한, 예술 활동을 통해 공동체, 사회변화에 목적을 두기도 한다. 그러므로 문화예술교육은 예술을 통해 마음과 신체에 생기는 변화를 바라보고 느끼며 성찰할 수 있어야 한다. 또한, 개인에게만 머무르지 않고 공동체 안에서 다시 예술을 활용한 활동으로 발현되고 그 과정에서 사회의 성숙이 이뤄지는 것을 목표로 해야 한다. 예술교육의 목표가 예술 자체였던 시대에서 과감하게 수단으로도 적극 사용되는 시대로 바뀌고 있는 것이다.

학교문화예술교육 정책

사회의 요구와 더불어 교육부와 한국문화예술교육진흥원의 다양한 사업으로 학교문화예술교육의 범위는 넓어지고 관련 활동과 결과물도 많아지고 있다.

'학교문화예술교육'이라는 말은 2005년 「문화예술교육 지원법」이 제정되고 문화체육관광부가 문화예술교육 일을 담당할 기관을 만들면서 생겨났다. 2005년 만들어진 한국문화예술교육진흥원(이하 진흥원)은 점차 사업의 틀을 잡아가면서 학교와 사회로 구분하여 여러 교육 대상에게 문화예술교육이라는 이름으로 다양한 교육의 기회를 제공하였다. 이 구분에 따라 각 사업은 '학교문화예술교육 사업', '사회 문화예술교육 사업'으로 불리게 되었다. 이후 교육부에서 예술교과를 중심으로 학교 예술교육을 주로 사용하였고, 진흥원은 학교에 예술강사 지원 사업, 예술꽃 씨앗학교 사업,[168] 고3 상상 만개[169] 등의 사업을 지원하게 된다.

---

167 문화예술교육의 학문적 정체성에 관한 연구, 정연희, 예술교육 연구, 2014, 제12권, 제4호, p.88~89

168 한국문화예술교육진흥원의 지원 사업으로 4년간 연 1억씩 학교에 예술교육을 위해 지원하였다가 지금은 학교 규모와 주제에 맞게 비용을 차등 지급한다. 전교생 대상, 교육과정 연계, 지역 연계 등을 중요한 원칙으로 한다.

169 한국문화예술교육진흥원의 사업으로 수능이 끝난 11월~12월 사이 고등학교 3학년 학생들을 대상으로 문화예술 교육 경험 기회를 제공하였다.

사업의 주체 및 내용으로 구분해 교육부, 한국문화예술교육진흥원의 사업을 정리해보면 다음과 같다.

교육부에서 주관하는 문화예술교육 사업[170]

정책, 사업명	특징
예술교육과정 운영 지원	• 교육과정 기반 예술 수업 내실화 • 수직적, 수평적 연계성 강화를 위한 지원
예술교육 원격 연수 및 콘텐츠 지원	• EBS와 협력한 반응형 실기 앱-웹 개발 • 기보급된 미술, 리코더, 단소온 교실 보완 관리
1학생 1 예술	• 학생예술동아리 지원 다각화 • 학생 대면 · 비대면 예술 활동 공유 기회 확대
예술중점학교	• 일반 중 · 고 내에 예술 교과 관련 과목 개설 운영 • 거점학교, 위탁교육 전담학교 등 운영
예술드림거점학교	• 문화소외지역 학생 격차, 정서 회복 지원 • 인근 학교 · 지역기관과의 연계 강화
교육기부거점대학	• 권역별 거점대학을 중심으로 지역 협력망 운영 • 맞춤형 프로그램 운영
지역예술자원지도	• 지역 예술자원에 대한 교육공동체의 정보 접근성 • 기능 개선, 유사 서비스와의 연계

한국문화예술교육진흥원의 문화예술교육 사업[171]

정책, 사업명	특징
예술강사지원사업	• 예술 현장과 학교의 연계 • 예술가의 학교 방문, 교육과정 연계 교육
예술 꽃 씨앗학교	• 학교 단위 전교생 대상, 4년 지속 지원 사업 • 3,000만 원~8,000만 원의 지속 집중 지원
예술로 탐구생활	• 예술가와 교사가 협업하는 교육프로그램 • 예술 주제를 탐색, 확장 운영
상상만개	• 기존 고3 대상 문화예술교육 프로그램 • 청년 대상 프로그램 변경 운영

교육부에서는 꾸준히 관련 사업의 종류와 예산을 늘려가고 있다. 규모로 보면

170 교육부, 2022 학교예술교육 활성화 기본 계획

171 한국문화예술교육진흥원 홈페이지, https://www.arte.or.kr/business/school

교과 중심 지원보다 학생별 예술 체험 지원이 더 많고 다양하다. 예술중점학교나 예술드림거점학교는 주제별 예술 활동을 잘하는 학생들이나 도움이 필요한 학생들을 위한 보완형 정책인데 그 숫자가 많지 않다.

한국문화예술교육진흥원의 사업 중 가장 큰 것은 예술강사 지원이다. 예술꽃씨앗학교는 그 숫자는 많지 않으나 4년 지속 지원, 연 3,000만 원에서 8,000만 원까지 지원, 전교생 대상 사업 등 주요 이슈를 만든 사업으로 의미가 있다.

다양한 문화예술교육 정책과 사업 속에서 일부 지역에서는 문화예술교육을 강조하면서도 공감, 보편성, 민주성 등을 중요한 방향과 가치로 설정하였다. 이는 기존의 학교 예술교육의 관점과 실천을 바꾸는 계기가 되었다. 경쟁하고 순위를 정하는 많은 대회가 모두 참여하고 박수받는 페스티벌의 형태로 변화하였다. 심지어 어떤 경연대회들은 축소하거나 폐지되기도 하였으며, 학생들이 민주적 절차를 거쳐 스스로 계획하고 만드는 참여형 행사들이 늘어나기도 하였다. 마치 일부 엘리트를 육성하는 것이 중요하다는 사회적 가치관에서 무상급식, 무상교육처럼 모두에게 기회의 균등을 주어야 한다는 가치관으로 전환되기 시작한 것이다.

교육부와 한국문화예술교육진흥원의 여러 정책과 사업들이 학교로 들어오면 학교 구성원들의 능동적이고 자발적인 교육과정 수립, 실천으로 교육이 이뤄진다. 이러한 실천을 가능하게 하는 것은 학교 교육과정이 잘 계획되고 운영될 때 가능하다.

정규 교육과정 내 문화예술교육 범위 속에 음악, 미술, 국어(연극), 체육(무용)이 교과에 사용되고, 각종 지원 사업과 학교 행사는 정규 교육과정 내 창의적 체험 활동, 자유학기제 등이 포함된다. 정규 교육과정 외 활동에는 자율 동아리, 방과후 학교가 해당하며 학교 행사 및 방과 후 외부 사업 등도 포함된다.

학교문화예술교육의 구분 [172]

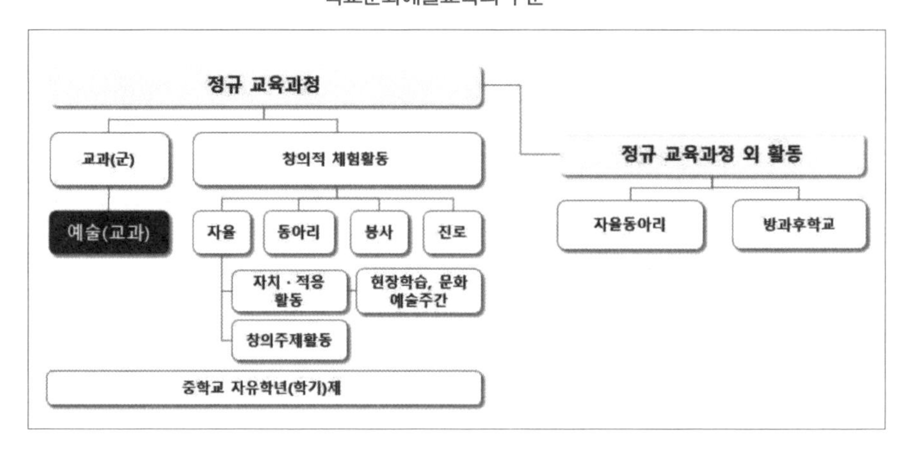

◆ ◆ ◆

학교문화예술교육, 무엇이 문제인가?

급속도로 산업화와 정보화된 사회 속에서 기술은 예술을 필요로 하게 되었다. 사람의 마음을 움직이는 것은 단순히 좋은 기술과 비싼 물건이 아니었다. 아이폰과 갤럭시 폰을 결정하는 이유는 기능과 운영체제뿐만이 아니다. 아이폰 특유의 디자인과 아이폰 카메라의 감성이 좋아서이고,[173] 보라색을 입은 갤럭시와 BTS 문화는 전 세계에 퍼지고 있다.[174]

대한민국도 민주화, 산업화, 정보화 이후 국민의 정치, 경제, 사회, 문화에 대한 관심이 높아졌다. 세상의 변화 속에 예술의 다양한 가치를 자신의 삶 속에 스스로 정의하고 녹여 살아가는 시대가 되었다.

경쟁 중심의 자본주의 사회에서는 모든 것이 경쟁 안에 포함되어 있다. 그러나

172 2021 학교문화예술교육 실태조사, 한국문화예술교육진흥원, 2022.1
173 이어폰vs갤럭시, 20대는 뭐를 더 선호할까?, 뉴스포스트(조유라), 2021. 9. 27.
174 "아미를 추앙한다". 삼성, 갤럭시 감성에 '보라퍼플'입힌다. 매일경제(이재철), 2022. 7. 27.

문화예술은 본래 경쟁을 필요로 하지 않는다. 내가 만든 노래와 내가 그린 그림은 경쟁과는 무관하고, 나의 감정과 생각을 온전히 잘 담아 작품으로 만들고 사람들에게 전하면 그만이다. 누구는 온전히 받아들일 것이고 누구는 10년 후가 되어서야 떠오를지도 모른다. 그래도 되는 것이 문화예술이다.

그러나 이 시대의 문화예술은 어느 순간 경쟁의 한복판에 들어와 있다. 오디션 없이는 전문가가 될 수 없고,[175] 대학교의 문턱은 여느 전공에 비해 낮지 않다. 이미 문화예술은 본래의 가치를 잃어가는 환경에 노출되기 시작했다. 이러한 시기에 학교문화예술교육을 위한 환경은 어떠한가? 지금 학교문화예술교육은 어떤 문제를 갖고 있는가?

채워지기 어려운 문화 격차

정보와 네트워크 사회에서 문화예술을 간접적으로 접할 기회는 많아졌다. 교육부, 문화체육관광부, 한국문화예술교육진흥원의 다양한 사업이 학교, 학교 밖에서 늘어나고 있으나 문화예술교육 경험에 대한 격차는 쉽게 개선되지 못하고 있다.[176] 지역 차이, 소득양극화로 인한 교육 기회의 불평등이 문화예술교육에도 영향을 주는 것으로 보인다.

대극장 뮤지컬을 영상으로만 보는 것과 실제로 보는 것은 큰 차이가 있고, 합창 경험을 학교에서 하는 것과 중극장 이상의 공연장에서 관객 앞에 서보는 것은 큰 차이가 있을 것이다. 친구들끼리 춤을 만들고 나누는 것과 전문가와 함께 만드는 경험을 해보고 무대나 영상을 통해 정리해서 발표하는 것은 또 다를 것이다.

문화예술교육의 교육적 가치를 '뛰어난 한 명'에게서 찾으려는 경향이 사회, 학교에 퍼져있다. 사회에서는 손흥민, 김연아, 임윤찬, BTS를 만드는 것이 중요하다고 너무 쉽게 말한다. 소수를 위한 교육이 물론 중요하나, 소수를 위한 교육만이

175 "30년 전 더 나은 세상 꿈꾼 이들에게 들려주고 싶어요", 한겨레(정혁준), 2022. 8. 25.

176 문화예술 기반 시설의 지역 간 격차 및 영향요인에 관한 연구, 홍성우, 대진대학교 석사, 2021. p. 44~46.

문화예술교육 공급 분야 지표의 17개 시 · 도별 구분[176]

지역	인구 1백만 명 당 문화기반시설 수*								인구 1만 명당 수**	지난 1년간 문화예술교육 활동 종사자 수***		
	문화 시설 총합	공공 도서관	박물관	미술관	생활문화 센터	문예 회관	지방 문화원	문화의 집	문화 예술 교육사	A. 총 예술인 수	B.교육 종사 경험 (%)	교육종사 경험자 (추산: A×B/100)
서울	42.14	18.50	13.16	4.73	0.31	2.16	2.57	0.51	3.28	71,391	36.8	26,271.9
부산	36.32	12.89	9.08	2.34	4.39	3.22	4.39	0.00	2.13	8,504	33.1	2,814.8
대구	36.50	17.64	6.56	1.64	2.87	4.51	3.28	0.00	2.88	6,163	39.1	2,409.7
인천	38.89	17.92	9.47	1.69	2.71	3.38	3.38	0.34	2.12	6,094	37.5	2,285.3
광주	49.43	15.79	8.24	9.61	4.81	4.81	3.43	2.75	5.77	5,222	19.4	1,013.1
대전	42.04	17.63	10.17	3.39	2.03	3.39	3.39	2.03	3.18	4,148	32.5	1,348.1
울산	40.07	16.55	8.71	0.00	2.61	4.36	4.36	3.48	1.95	1,842	24.9	458.7
세종	64.60	32.30	20.55	0.00	5.87	2.94	2.94	0.00	2.75	-	-	-
경기	42.83	20.92	10.27	4.00	1.13	3.32	2.34	0.76	2.02	35,928	41.9	15,053.8
강원	150.50	37.63	64.22	12.33	7.14	13.62	11.68	3.89	2.01	3,820	60.9	2,326.4
충북	85.00	30.00	27.50	6.87	1.87	7.50	6.87	4.37	1.98	2,466	38.4	946.9
충남	82.87	29.67	26.84	4.24	3.77	8.48	7.06	2.83	2.08	3,935	24.7	971.9
전북	95.66	32.44	22.54	9.90	7.15	9.35	7.70	6.60	4.83	5,829	22.1	1,288.2
전남	118.80	37.46	33.71	17.12	5.35	11.24	11.77	2.14	2.83	3,718	19.1	710.1
경북	79.15	24.76	26.26	4.13	3.00	10.13	8.63	2.25	2.06	4,316	38.1	1,644.4
경남	65.72	21.41	22.30	2.97	2.38	6.54	5.95	4.16	1.88	6,150	33.1	2,035.7
제주	205.67	32.79	96.87	32.79	7.45	4.47	2.98	28.32	2.16	1,983	35.9	711.9
전체	**58.19**	**21.87**	**17.3**	**5.15**	**2.49**	**4.94**	**4.44**	**1.95**	**2.58**	(총합) 171,509	(평균) 36.1	-
지역평균의 표준편차	**45.28**	**7.90**	**22.72**	**7.85**	**2.12**	**3.29**	**2.96**	**6.40**	**1.06**			

* 출처) 2020 전국 문화기반시설 총람
** 출처) 2017 지역문화현황통계
*** 출처) 2018 예술인실태조사

문화예술교육 전체여서도 안 되고, 최우선이어서도 안 된다. 모두의 문화예술교육이 있었기에 뛰어난 재능을 보이는 친구들도 발굴된다. 모두의 문화예술교육으로 모든 학생에게 행복을 줄 수 있어야 한다.

177 통계로 살펴보는 지역의 문화예술교육, 조현성, 임승희, 박근명, 정경은, 한국문화예술교육진흥원, 2021, p. 20

모든 교육이 교사와 학생의 상호작용으로 일어나기에 무엇이 좋고 나쁘다고만 말할 수는 없지만, 경험의 차이는 분명할 것이며 이런 경험의 차이가 십수 년 이상 쌓이면 그 격차는 훨씬 커질 것이다.

문화예술, 산업화 성공을 위한 도구 전략

2020년 이후 한국의 문화 위상이 더 높아졌다. 높아진 문화 위상은 수천 년간 쌓여온 고유의 문화유산과 근대시대에 어려움을 극복한 노력의 결정체일 것이다. 그러나 이러한 문화 위상의 결과를 단지 산업화와 연결하는 사회적 해석이 많다.[178] 경제적 효과가 몇억이라고 하거나 창업 효과가 몇 명이라고 말한다. 이러한 접근이 많아지면 문화예술교육이 산업의 도구로서 의미를 찾아야 할 것처럼 느껴진다. 학교문화예술교육마저도 얼마나 돈을 벌 수 있는가에 초점이 맞춰지게 되는 것이다.

콘텐츠와 플랫폼 사회가 되면서 학생들도 수많은 콘텐츠를 쉽게 접할 수 있게 되었다. 콘텐츠를 만들어진 결과물로 만나게 된다. 그 안에 담겨진 과정을 담은 콘텐츠도 나오고 있지만 대부분은 가수의 노래와 춤, 잘 만들어진 영상과 영화를 만난다. 아이들은 손안의 스마트폰으로 음악을 듣고 그림을 감상한다. 하루에 몇 번씩(혹은 몇 시간씩) 문화예술을 접하지만, 오직 보거나 듣는 것 외에 따라 하거나, 일부 바꾸거나, 새로 만들거나 등 예술로 할 수 있는 다른 활동을 하지 않는다.

유튜브 이후 영상이나 작품을 보고, 감상하는 모든 것을 혼자 하는 일이 더 많아졌다. 친구와 약속하고 만나서 영화를 보는 것보다 각자가 편한 시간에 TV나 컴퓨터로 넷플릭스를 본다. 예술을 소비하는 것이 공동체 협력의 수단, 가치였던 것에서 완벽한 개인의 취미 생활로 자리를 잡아간다.

문화예술에 대한 사회적 관심과 필요성이 높아져 사회 곳곳에서 문화예술교육을 통한 여러 효과를 근거로 교육을 강화해야 한다고 한다. 그러나 문화예술은 위

178 문화예술 분야, 일자리 창출 및 경제적 파급효과 우수, 독서신문(이정윤), 2016. 4. 7.

의 설명처럼 경쟁과 성공을 위한 도구로 쓰이거나 소비와 연결된 취미로 연결되는 경우가 많다. 지혜롭고 바른 성품과 사회성을 가진 인격체로 성장하기 위해서 학교에서 꼭 배워야 하는 예술교과로서의 관심은 부족해 보인다.

더욱이, 예술을 진로로 선택하는 경우는 학교 밖 학원이나 과외 교육을 통해 입시를 준비하는 것이 당연시되어있다. 예술고등학교 학생들의 예술대학교 진학을 위한 강사 선발을 위해서도 유명 학원 경험이 있는 전문 실기강사를 찾게 된다.[179]

교과교육과정 중심 문화예술교육의 어려움

학생들은 학교에서 매일 다양한 배움의 기회를 갖는다. 교사들은 수업하는 일 외에도 학생들의 생활을 살피며 학급을 운영하고 학생의 마음을 들여다보며 상담을 한다. 주 혹은 일 단위로 수업 세부 내용을 준비하고, 중장기적으로 자신에게 부족한 것을 배우는 연수까지 참여한다. 여기에 '방과후 학교', '돌봄교실'이 학교로 들어오면서 교육청과 교사들의 부담은 늘어났다.[180] 교사들은 교과 시간 외에 학생들과 특별한 문화예술 활동을 하고 싶어도 할 여유가 없다.

교과 교육에도 어려움이 있다. 예술교과 음악, 미술, 국어(연극), 체육(무용)의 교과서 내용이 교사들이 배우지 않았던 내용들이 더 많아지고 있다. 2009개정 이후에 검인정 교과서의 종수가 매우 많아졌고, 그만큼 수록곡이나 주요 활동 소재들이 새로운 것들이 들어왔다. 반면 교사 연수도 매우 부족하여 바뀐 교육과정에 따른 교과서의 주제, 활동을 교사가 알아서 해결해야 한다. 교과 시간 외에 문화예술교육을 할 시간은 부족하고 교과 시간의 내용은 점점 가르치기 어렵다.

학생들은 예술 교과 시간에 충분한 문화예술교육을 받을 수 있어야 한다. 학교의 수업 시간에 모든 학생들에게 고루 문화예술교육의 기회를 주어야 한다. 음악 시간에 소리, 음악 요소를 가지고 규칙과 반복, 긴장과 이완의 소리 예술을 경험할

179 광주예술고교 전공 실기강사 모집 미달 사태, 교육청이 책임져야, 뉴스워커(조준성), 2021. 2. 23.

180 양적 확대를 넘어 양질을 도모하다. 정성식, 『대한민국 교육트렌드 2022』, 2021. p. 166~170.

수 있어야 한다. 목소리, 나무, 가죽, 쇠로 만들어진 다양한 악기를 두드리고 연주하면서 음악으로 내 마음과 생각을 표현하는 연습을 충분히 해야 한다. 미술 시간에는 세상의 많은 작품을 감상하고, 여러 소재의 쓰임을 경험하면서 세상의 펼쳐진 미술 요소를 발견하게 된다. 세상의 펼쳐진 수많은 요소들에 익숙해지며 내 생각과 마음을 표현한다. 연극과 무용도 마찬가지일 것이다.

그런데 이런 교과 교육은 교사의 역량에 영향을 받을 수밖에 없다. 초등은 담임교사 시스템으로 인해, 중등의 전공 교사들도 세부 전공으로 인해 예술교육의 높은 전문성을 처음부터 갖기 어렵다. 발령 이후 지속적인 연수 및 자료 제공이 필요함에도 불구하고 바뀌는 교육과정, 교과서에 자료가 충분하지 않다. 교사들에게 효율적이고 의미 있는 예술 수업 지원이 이뤄지고 있다고 보기 어렵다.

초등 예술교과 연계수업 활성화를 위한 필요사항[181]

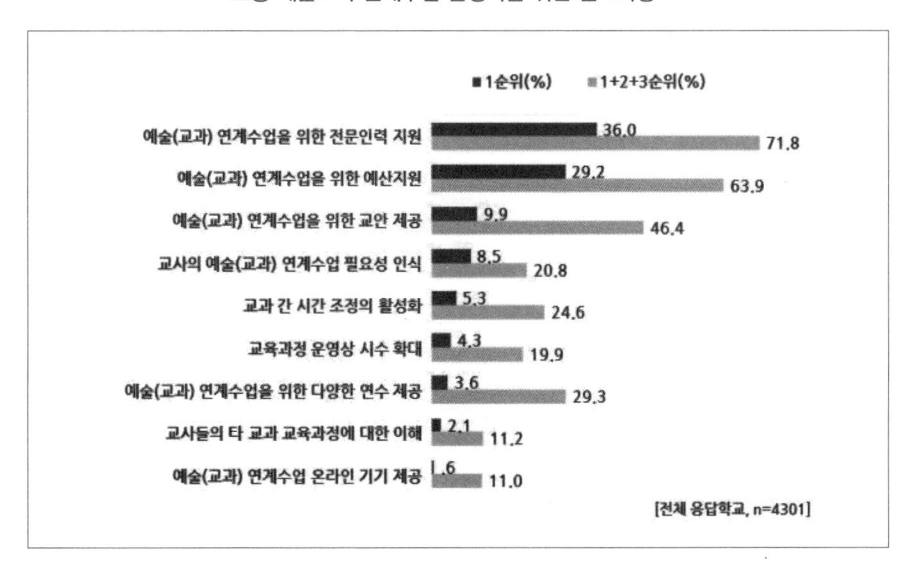

이처럼 많은 교사들은 학교예술교육 안에서 전문인력, 예산지원, 교안 등 전문

181 문화예술교육의 학문적 정체성에 관한 연구, 정연희, 예술교육 연구, 2014, 제12권, 제4호, p.88~89

인력과 내용 지원을 원하고 있다.

◆ ◆ ◆

해외 사례 살펴보기

다양한 문화예술교육을 먼저 시도한 두 나라를 살펴보자. 각 나라의 시스템, 지원 사업을 나열하여 먼저 어떤 사업들이 어떤 대상에게 어떤 목적으로 적용되는지 알 수 있다. 그리고 각 나라별 문화예술교육 하위 정책 및 사업을 학교 안, 학교 밖 사업으로 구분하고, 예술을 목적으로 하는 교육과 예술을 도구로 하는 교육을 구분하여 각 나라 문화예술교육의 특징을 살펴보고 시사점을 도출하고자 한다.

지역과 함께 창의 예술교육에 집중하는 '영국'

영국은 예술교육의 목표를 사회정의의 실현과 경제성장으로 정하고 창의적 인력을 양성하는 것이 그 방향이라 생각하였다. 이에 학교 교육과정과 학교 교육과정 외에 여러 분야에서 예술교육을 강화하게 되었다.[182]

초등학교의 학교교육과정 안에 문화예술교육은 기본적으로 일반교사가 음악과 미술 · 디자인을 직접 지도하고 학교의 자율에 따라 전문교사를 고용할 수 있다. 중등학교에서는 전문 석사학위를 보유한 과목 담당 교사가 있으나 뮤직서비스(Music Services)라는 프로그램에 소규모 학생을 대상으로 점심시간이나 방과 후 학교 프로그램을 운영하며 이때는 강사를 단기간 고용한다. 연극은 영어 교과에 일부 포함하고 무용은 체육교과에 일부 포함하여 강사를 채용하기도 한다.[183]

학교교육과정 외 문화예술 교육프로그램은 학교에서 재량으로 진행하는 경우가 많다. 또한 이런 교육과정 외 프로그램의 운영 시 지역의 박물관, 미술관, 공연

182 존 소렐 · 폴 로버츠 · 대런 핸리, 오수원 역(2015). 문화예술교육은 왜 중요한가. 경기 : 열린책들
183 주영국한국문화원(2016). 정규 교육과정 내외 문화예술교육정책. 주영국한국문화원

장과 연결된 다양한 프로그램이 있다. 창의성 계발을 목적으로 국가 전방위적 프로그램인 크리에이티브 파트너십(CP: Creative Partnerships) 프로그램을 지원받을 수도 있다. 이 사업은 세 가지 프로그램을 진행한다. 첫 번째 창의성학교는 우수한 학교를 선정하여 예술을 활용한 창의적 프로그램을 개발하고 운영한다. 두 번째 개혁학교는 문제가 있는 지역의 학교에 효과적인 프로그램을 투입하여 공교육을 개선하는 데 목적이 있다. 마지막으로 탐구학교는 예술을 활용한 창의적 교수 · 학습 방법을 통해 기존 학교 수업을 돕는 데 목적이 있다.[184]

이 밖에 뮤직에듀케이션 허브나 국립 미술 · 디자인 토요클럽에서는 청소년들을 위한 지역사회의 다양한 음악교육, 미술교육 서비스에 관한 네트워킹과 정보를 제공한다. 이밖에 전문 무용인, 영화인을 기르기 위한 국립 유소년무용아카데미, 국립 청소년영화아카데미가 있다.

영국의 학교문화예술교육정책 및 프로그램 분석표

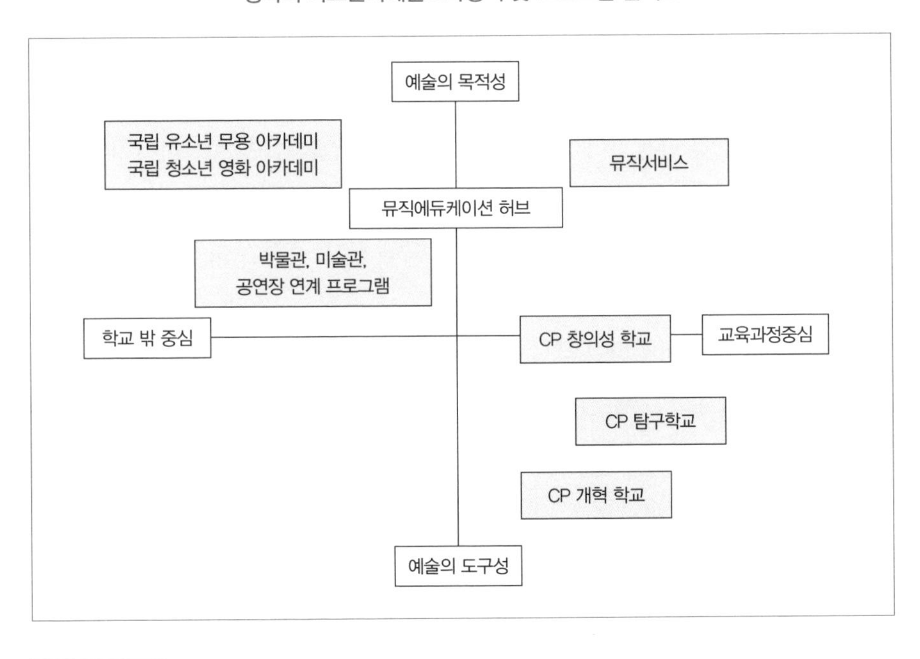

184 한국문화예술교육진흥원(2013). 국가별 학교문화예술교육 정책 자료집. 서울 : 한국문화예술교육진흥원

이 내용을 바탕으로 영국 학교문화예술교육 정책을 도식화하면 위 그림과 같다. 영국 문화예술교육의 특징을 살펴보면 예술 활동에 목적을 두고 지역과 연계한 프로그램이 잘 발달되어 있다. 예술 영재를 위한 프로그램에서부터 지역 음악교육의 네트워크 방식의 협력을 주관하는 뮤직에듀케이션 허브를 널리 이용한다.[185]

학교 교육과정 지원에 집중하는 '프랑스'

프랑스는 예술교육이 감성과 이성이 조화와 균형을 이루는 데 도움이 되는 것이며 공동체로서 살아가는 법을 배우는 데 도움이 된다고 하였다. 또한 학교는 예술의 민주화를 실현하기 가장 좋은 곳이라 하여 예술 실기 활동을 보편화하고 접근 기회를 확대하는 데 노력하였다.

교육부에서는 지방 학군마다 '문화예술교육 학군 대표부'를 두어 학교문화예술교육 업무를 지원하고 있고 국립교육자료센터 사이트에서는 문화예술교육을 위한 자료를 제공한다. 문화부에서 운영하는 지역의 드락(DRAC:Directions regionales des affaires culturelles)은 문화예술교육 전담 위원이 상주하여 교육자, 예술가, 문화 기관을 소개하고 도움을 제공한다. 또한 학교에 나가는 예술가들을 심사하여 학교에서의 교육의 질을 책임지려 노력한다.[186]

초등에서는 음악, 미술이 예술교과로 지정되어 있고, 중학교 고등학교에서는 다양한 예술 활동이 선택 교과로 지정되어 있다. 예술 교과 수업은 기본적으로 일반 교사가 지도하나 필요에 따라 예술가의 참여를 추가 결정할 수 있다. 심화 교육을 위한 특별편성반 등 다양한 교과 예술 수업 프로젝트를 진행하며 이 수업을 위하여 강사 소개, 자원 연결, 교사 연수까지 드락(DRAC)의 도움을 받는다.

교과 시간의 문화예술교육을 강화하기 위하여 음악과 미술, 디자인 시간의 수업

---

185 최보연, 김병주(2013). 학교문화예술교육 활성화를 위한 방향성과 과제 : 영국의 사례를 통한 시사점. 서울교육대학교. 5-10.

186 한국문화예술교육진흥원(2013). 국가별 학교문화예술교육 정책 자료집. 서울 : 한국문화예술교육진흥원

프랑스의 학교문화예술교육 정책 및 프로그램 분석표

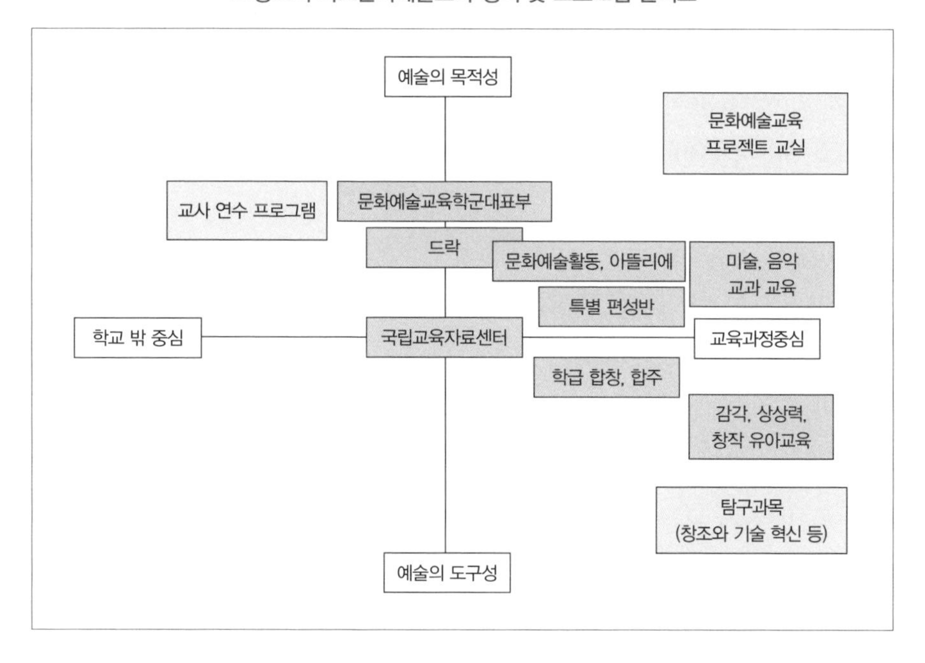

을 질을 높이기 위해 노력한다. 학교 음악교육의 목표는 '모든 학생이 일상생활에서 노래하는 습관을 지니게 하는 것이 중요하다'고 강조한다. 이에 합창을 장려하여 기억력 강화, 협동심, 공통문화유산에 대한 지식 제공의 목표를 달성하고자 한다. 또한 교사가 희망할 경우 음악 시간과 학급 자율시간을 활용하여 학급을 오케스트라로 만들 수 있다.[187] 일주일 동안 집중적으로 초등 대상 문화예술 활동과 중등을 대상으로 하는 예술 아틀리에를 운영할 수 있다.

특히, 유치원부터 고등학교까지 일관된 맥락으로 문화예술교육 교과 내용을 구성한다. 유치원에서는 감각, 상상력, 창작에 집중하여 시선과 몸짓, 발성과 듣기라는 내용을 운영한다. 초등 미술(시각예술) 교과에서는 데생, 조형적 구성, 이미지, 미술 작품의 접근과 이해를 운영한다. 음악 교과에서는 음성과 가창(음성문화, 레파토

187 곽덕주, 남인우, 임미혜(2017). 유럽에서 만난 예술교육. 서울 : 커뮤니케이션북스

리), 듣기(음감 문화, 레파토리), 악기 실습, 프로젝트를 운영한다. 중학교부터 선택과목이 늘어나며 고등학교 2년 과정에는 학생들이 학교 문화생활의 주체가 되기를 장려하고 이러한 목적으로 선택 교과 형태의 프로젝트교실을 운영한다. 이 과정에는 미술, 사진 등을 비롯하여, 창작 글쓰기, 일러스트레이션, 편집, 음악 실기, 음악극이 포함되어 있다.[188]

이 내용을 바탕으로 프랑스의 학교문화예술교육 정책을 도식화하면 위 그림과 같다. 프랑스의 경우 학교 안 교육과정과 연계한 문화예술교육이 매우 강하게 보인다. 문화예술교육학군대표부나 드락에서 하는 역할도 학교문화예술교육을 지원하는 일의 비중이 더 크다. 학급합창의 경우 예술 자체에 대한 목적보다는 문화에 대한 이해, 사회성 향상 등이 커서 도구적 목적이 크다고 할 수 있겠다. 고등학교 이후에 선택하게 되는 탐구과목은 종류마다 다르나 예술이 도구로도 목적으로도 쓰일 수 있는 다양함에 매우 허용적이라는 데 의미가 있겠다.

예술을 온전히 경험하는 '노르웨이'

노르웨이는 사회민주주의 이념 기반의 정치 제도를 구축하고 있다. 전 세계적으로도 매우 발전된 복지제도를 가지고 있으며, 사회보험제도가 발전하면서 문화예술교육에도 많은 투자가 이뤄졌다.

교육부는 각 개인의 표현에 대한 자유를 보장하고 문화시설의 특정 지역 또는 특정 계층 편중을 방지하기 위한 지방 분산의 문화정책을 수립하고 있다. 문화부와 교육부가 긴밀한 협업으로 문화 배낭, 찾아가는 학교 콘서트 등의 프로그램을 기획 진행한다. 또한, 문화예술 자원을 활용한 교육적 연계를 통해 전인적이고 창의적인 교육을 운영하고 있다.

학교에서 문화예술교육은 교사가 담당하고 있으나 특히 국가에서 운영하는 문

188 프랑스한국문화원(2016), 프랑스 학교 정규교육과정 내 문화예술교육 제도, 프랑스한국문화원

화배낭 프로그램을 적극적으로 활용하고 있다. 문화배낭은 일반 학교에 전문 예술가를 파견하여 학생들에게 양질의 예술교육을 제공하는 프로그램이다. 주 정부의 문화 및 교육부서가 해당 지역 내 프로그램 조정을 담당하고 지역 자치단체(예술단체)에서 개별 프로그램을 고안하는 역할을 맡아 예술가와 함께 학교에 투입될 예술 프로그램을 기획한다. 학교와 예술 프로그램을 진행하게 되면 교사 및 학생들과 역할 분담을 통한 참여당사자 모두 주인의식과 열의를 갖게 한다. 이는 예술가, 교사, 학생, 지역 주민들의 참여로 지역적 다양성을 드러낼 수 있다.[189]

학교로 예술가가 찾아가는 학교 콘서트 프로그램은 학생들이 있는 학교로 연간 2회의 음악공연을 경험할 수 있게 한 프로그램이다. 1968년에 시작되어 오페라, 바로크 음악, 포크뮤직, 힙합 등 다양한 음악 장르의 콘서트를 학교에서 진행하고 있다. 노르웨이 내 전체 초등학교 중 99.7%가 이 사업의 혜택을 받고 있으며 매년

노르웨이의 학교문화예술교육 정책 및 프로그램 분석표

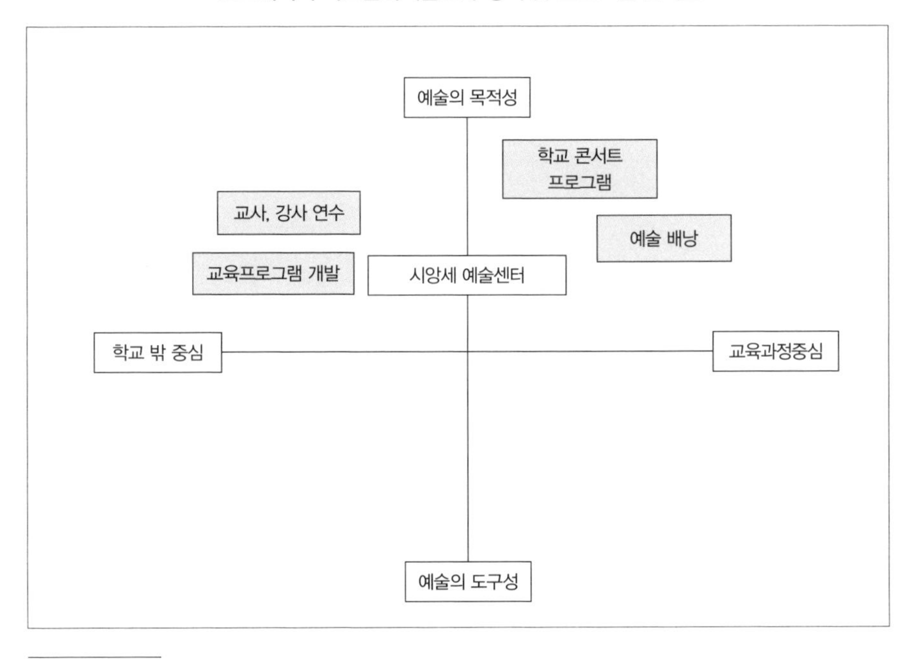

189 한국교육개발원(2017). 노르웨이 및 네덜란드의 문화예술교육사례가 한국에 주는 시사점. 충청북도 : 한국교육개발원

800명의 예술인들이 10,000번의 찾아가는 학교 콘서트를 공연한다.

노르웨이에는 이러한 프로그램을 진행하는 시앙세(Seanse) 예술센터가 있다. 예술가들은 본인의 예술 작업에 필요한 정보와 기회를 이 예술센터에서 얻을 수 있다. 이곳에서는 예술가들이 자신의 역량을 계속 개발하고 발전시킬 수 있도록 돕고자 한다. 학교 또한 이곳에서 학교문화예술교육에 필요한 정보를 다양하게 얻을 수 있다.[190]

위 내용을 바탕으로 노르웨이의 학교문화예술교육정책을 도식화하면 위 그림과 같다. 노르웨이의 경우 예술에 목적을 둔 교육 사례들이 눈에 띈다. 예술 강사들과 학교를 연결하는 시앙세 예술센터를 중심에 두고 학교로 찾아가는 프로그램과 예술센터 자체 프로그램이 균형을 이루고 있다. 학교 콘서트 프로그램은 예술을 체험하는 수준으로 예술배낭과 학생들의 교육과정에 개입하는 정도가 다르다고 볼 수 있다.

◆ ◆ ◆

2023년 학교문화예술교육 전망

지금까지 학교문화예술교육, 사회문화예술교육에 대해 우리나라와 해외 사례까지 두루 살펴보았다. 2023년에는 어떠한 변화가 생길까? 개선되는 것과 더 심화되어질 문제에는 어떤 것이 있을지 하나씩 살펴보자.

교육감 공약과 지역에 따른 문화 격차 심화

2022년은 새로운 대통령과 새로운 교육감이 선출된 해이다. 2023년에는 새로운

190 한국문화예술교육진흥원(2013). 국가별 학교문화예술교육 정책 자료집. 서울 : 한국문화예술교육진흥원

대통령과 교육감의 교육정책을 본격적으로 볼 수 있게 되었다. 당선 교육감의 후보 시절 공약을 살펴보았다. 경기, 경남, 제주 교육감의 5대 공약에는 문화예술교육 정책이 포함되지 않았고, 광주, 울산, 충북, 전북, 전남 교육감은 5대 공약의 하위 공약으로 1~2가지가 있었다. 부산, 대구, 대전, 경북 지역 교육감은 인성교육과 연계한 문화예술교육 정책을 언급하였다.[191] 대략의 내용은 아래와 같다.

교육감 공약 중 문화예술교육 관련 내용 분석표

	교과연계	전문교육	공간	행사	동아리	지원금	기타
서울	악기1 운동1 협력종합예술	예체능 중점 학교	공간 혁신		고등 예체능 자치동아리		스마트기기
부산	인성교육연계				댄스, 연극, 노래 등	문화복지 포인트제	학교문화예술 지원다
대구	예술1 운동1		배움 쉼 놀이 미래형 공간				인문소양교육
인천		예술멘토멘티 예술중학교					
광주		학생 글로벌 리더 지원				꿈드리미 지원금	청소년 무상교통
대전	인성교육연계 융합교육	예드림 홀 설치	미래교실 공간 혁신		어린이 놀이 한마당		마을교육 공동체
울산				청소년영상제	영상 동아리 멘토 지원		미디어 교실
세종			교육문화원		자율동아리	활동 바우처	1인1디지털
경기							1인1스마트
강원		특성화고	미래창작소	발표행사개최			마을 동아리
충북		노벨20	공간 혁신				온마을배움터
충남	1인1전통악기			연극, 국악[191] 예술대회			마을학교
전북			특성화고				스마트기기
전남			그린스마트				생태교육
경북	인성교육측면	융합진로센터					

191 18개 교육감의 5대 공약을 선거관리위원회 홈페이지에서 다운받아 분석하였다.

192 충남은 학생예술제, 영화제, 문학제, 연극대회 등 충남 학생들을 대상으로 한 사업을 가장 많이 하고 있다.

경남							행복마을교육
제주							노트북
비고	6	7	8	3	5	3	

교육감 공약으로 살펴본 내용에는 문화예술교육에 대한 언급이 약 10%를 차지하였다. 문화예술교육과 연계될만한 공간, 스마트기기, 동아리 지원, 교육공동체에 대한 항목을 추가 하였음에도 교육감별로 내용의 차이가 컸다. 2023년 이후 교육감의 정책을 본격적으로 추진할 때 시도 교육청의 문화예술교육 정책을 다시 비교해 볼 필요가 있겠다.

전반적으로 예술교과 운영의 강화를 언급한 교육감은 없었으며, 일부 언급된 경우에도 '사업'으로서 문화예술교육의 기회와 비중을 높이겠다고 하거나, 1인 1 악기, 1인 1 예술 등 교육과정 연계가 어려운 공약이 많았다. 심지어 전문교육 관련 부분은 뛰어난 능력을 가진 학생들 중심으로 지원하는 사업이다.

이러한 내용이라면 학생들의 문화격차는 더 커지게 될 것이다. 교과 교육이 강화되지 않는 상황에서는 예술 영재를 위한 교육의 비중이 커지고, 지원 사업을 신청하여 선발될 수 있는 교사와 학생들만 경험의 폭이 넓어진다. 1인 1 악기(예술)도 학교장이나 담당 교사의 의지에 따라 바이올린이나 클라리넷처럼 학급 단위로 하기 어려운 악기를 전교생에게 시킨다고 할 수도 있으며 이때 의미 있는 경험과 결과를 만들 수 있는 학생은 매우 적을 것이다.

문화예술교육의 산업 도구 인식 강화

교육부 장관의 업무보고 이후 열흘도 안 되어 취소한 만 5세 입학은 전 국민의 관심을 일으키며 준비되지 않은 교육정책의 말로를 보여주었다.[193] 이 과정에서 교육부에서 말한 만 5세 조기입학 필요성의 첫 번째 목표는 '산업 인원으로서의 빠

193 '만5세 입학' 철회 수순, 교육차관 "현실적으로 추진 어렵다", 중앙일보(홍지유), 2022. 8. 9.

른 참여'였다. 새 정부는 국가 운영에서 교육정책의 핵심이 기업의 신성장 동력을 위한 일꾼이라고 오해하게 하였다.

새로운 교육감들의 5대 정책 중 우선 제시된 2가지의 공약에 기초학력, 직업교육, SW 교육 등이 주를 이루고 있다.[194]

교육감 후보 시기 공약 비교표[195]

	1순위 공약	2순위 공약	3순위 공약	4순위 공약	5순위 공약
서울	맞춤형 학력	공감, 복지, 인성	세계화	건강, 안전	회복, 기초학력
부산	학력신장	인성교육	스마트, AI	혁신소통	교육복지
대구	학력신장	인성교육	교육복지	건강, 안전	교육공동체, 행정
인천	안전, 돌봄, 기초	진로교육	디지털, 생태	교육복지	세계화
광주	맞춤형 학력	스마트, AI	교육복지	시민교육	지역(광주)
대전	창의융합(인성,AI)	혁신(학력, 소통,)	교육복지	건강, 안전	공정 행정
울산	기초학력, AI	교육복지	학교자치	진로교육	교육환경개선
세종	맞춤형 학력	교육환경개선	교육복지	시민교육	세종시 특례
경기	급식 전환	(유)방과후 간식	미래연구원	교육지원서비스	스마트기기 지급
강원	학력신장	진로교육	시민교육	교육복지	교육공동체, 행정
충북	교육환경개선	인성, 시민교육	창의 인재 양성	교육복지	환경, 공동체
충남	AI, IB교육과정	학력신장	인성교육	건강, 안전	마을, 어르신
전북	스마트, AI	학력신장	교육환경(학교급)	학생자치, 공간	지역협력
전남	학력신장	교육행정개선	일자리 창출	AI, 그린스마트	교육복지
경북	인성교육	수업환경개선	안전교육	교육복지	교육공동체, 행정
경남	AI, 빅데이터, IB	교육격차해소	민주시민, 안전	교육공동체	교육환경, 행정

194 18개 교육감의 5대 공약을 선거관리위원회 홈페이지에서 다운받아 주요 키워드를 적었다.

195 주요 키워드로 정리 요약하면서 생긴 약간의 오해들이 있을 수 있다. 세부 내용 확인이 필요한 경우 중앙선거관리위원회의 정책 모음 자료를 보기 바란다(https://policy.nec.go.kr).

후보 공약집의 내용이 상대적으로 적었던 경기, 경북의 경우를 제외하고는 거의 모든 지역이 학력을 최우선으로 뽑았다. 그다음 1, 2순위 공약으로 많았던 것이 AI, 스마트 교육, IB 교육과정 등의 내용이다. 그다음으로 보이는 것이 인성교육과 진로 교육, 일자리 교육 등이 보인다. 학력평가형 일제고사가 다시 시 · 도교육청별로 시작되면 모든 교육의 방향이 성과와 결과를 만드는 데 집중될 것이 매우 우려된다.

대부분의 교육청에서 문화예술교육 그 자체가 갖는 의미보다 예술을 도구로 하여 어떻게 산업에 적용할 것인가가 강조될 것 같다. 어쩌면 학교에서 직업교육이라는 이유로 영상 플랫폼에 영상을 올리고 광고 수익을 올리는 법을 알려주는 일이 생길지도 모르겠다.

학교문화예술교육 소극적 운용

경쟁 위주의 교육부 및 시 · 도교육청 교육정책이 자리를 잡게 되면 학교에서 예술 교과 수업도 더 소홀해질 가능성이 매우 크다. 앞서 교육감의 정책을 살펴보아도 AI, 스마트기기, 기초기본학력이 정책의 중심이 되고 있어서 문화예술교육 활동은 뒷순위로 밀릴 것이 예상된다.

교사들의 업무와 학교 상황에 따라 교과 외 문화예술교육으로 진행할 수 있는 학생 자율 동아리, 부서 활동도 매우 줄어들 것이다. 학교 업무 정상화가 제대로 구현되지 못하는 상황에서 MZ세대 교사들의 학교 업무와 생활을 바라보는 관점도 변화하고 있다.[196] 여전히 문화예술교육 업무는 개개인 교사들의 수고와 노력

196 김차명(2021), MZ세대 교사. 『대한민국 교육트렌드 2022』, p.73~85

이 어느 정도 필요하여 기피하려는 업무이다. 교육부, 한국문화예술교육진흥원, 지역문화재단 등 학교에 지원 사업들이 내려오고 있으나 관련 교사들의 적극적인 참여를 끌어낼 수 있는 유인 전략은 부족한 형편이다. 또한 교육부나 교육청에서 교사들의 문화예술교육 활동 참여의 기회를 확대하고 인식을 바꾸는 노력이 매우 적어서 예술 활동을 취미로 하는 교사들도 학교 밖에서 그 활로를 모색한다.

최근 새로 생겨난 문제는 코로나 펜데믹 이후의 교실 방역이다. 코로나 이전 수업 외에도 업무와 생활지도로 교사들은 매우 힘들었다. 그러나 코로나 이후에는 교실 방역이라는 책임까지 감수하며 학교에서 아이들과 생활해야 하는 어려움에 직면했다.[197] '거리두기', '부는 악기 활동의 최소화', '접촉 후 손 소독' 등 문화예술 활동을 하기에 신경써야 하는 것이 매우 많다.

◆ ◆ ◆

삶과 연계한 문화예술교육

삶과 연계한 교육과정으로서 문화예술교육

2015 교육과정의 변화 이후, 2022 개정교육과정에서는 삶과 연계한 교육을 강조하고 있다. 개정 7차 교육과정에서부터 학교문화예술교육은 사회, 국가, 인류를 위한 보편교육의 목적을 갖고 있다. 이 목적을 달성하기 위해서는 학교문화예술교육이 학생 개개인의 삶과 밀접하게 연계 운영되어야 한다. 우선, 학교문화예술교육에서 가장 큰 비중을 차지하는 음악, 미술, 체육(무용), 국어(연극) 등의 교과를 강화하는 것이 중요하다. 이는 학급 단위 교과 연계 예술 활동의 지원이라 말할 수 있다. 프랑스는 학급 단위의 음악교과 시간을 통한 실기 활동을 장려하고 있다. 그래서 수업시간 외 창의적 체험활동 시간 등을 포함하여 학급 단위의 오케스트라

197 최병호(2021), 변화와 도전의 방아쇠가 당겨졌다. 『대한민국 교육트렌드 2022』, p.96~103

운영을 권장한다. 이는 부서 형태나 선발된 아이 중심으로 오케스트라가 이루어지는 우리의 상황과는 차이가 매우 크다. 즉 모든 학생이 고르게 예술 활동에 참여할 수 있도록, 예산 및 제도적 지원이 필요할 것으로 보인다.

음악, 미술, 국어(연극), 체육(무용) 외 다른 교과 시간에도 예술중심 융합수업을 시도해보자. 2015 개정교육과정부터 창의적 인재 육성을 위하여 다양한 융합인재 교육을 강조한다. 구체적으로는 자주인, 창의인, 문화인, 세계인을 기초로 한 지식정보사회가 요구하는 핵심역량을 갖춘 창의 · 융합형 인재상을 제시하였다. 예술교육은 학생들의 인격 형성에 긍정적 영향을 미칠 뿐만 아니라 학업성취도 향상에도 유의미한 영향을 미친다. 또한 인문학적 감성과 상상력을 바탕으로 과학 · 기술을 접목하여 이를 실현시키고, 예술적 감각을 더하여 만들어낸 창조물이 새로운 시대를 창조하고 있다고 해도 과언이 아니듯, 예술적 창의성은 융합인재 양성에 기여할 수 있다.

교육과정을 가능한 한 넓게 해석하고 교과서를 참고하여 교사가 학생들의 흥미, 관심, 상황, 수준에 맞는 삶과 연계된 활동을 제안하고 함께 만들어가야 한다. 책상 자리를 바꿔보고, 교실 외에 여러 공간을 써보고, 교과서 밖 소재를 찾아보자. 학생의 삶과 관계된 모든 것이 문화예술교육이 된다.

온·오프 연계 문화예술교육 프로그램 지원

2022년 9월 초 힌남노가 제주, 부산, 포항을 강타하고 지나갔다. 정부와 지자체는 태풍 피해를 막기 위해 여러 노력을 기울이고 있었고, 교육부와 교육청에서도 학교 교육과정 운영에 대한 대안을 짜느라 바빴다. 그리고 어떤 학교는 휴업을 하고 어떤 학교는 온라인 수업을 진행했다. 코로나19 이후 집에서도 학교 공부를 할 수 있다는 인식이 생겨난 것이다.

2020년, 2021년 2년의 온라인수업 기간 동안 예술 교과 교육 및 학교 예술 활동은 많은 어려움을 겪었다. 그럼에도 교육 주체들의 노력으로 온라인 예술교육과

온 · 오프 연계 예술교육의 활로를 찾아왔다. 집과 학교가 모두 교육을 위한 공간이 될 수 있는 환경을 열었다고 볼 수 있으며 이제 이 흐름은 거부할 수 없는 미래로 찾아온다.

온 · 오프 연계 문화예술교육은 온라인과 오프라인의 예술 수업의 특징을 포함한다. 단순하게 어떤 영상을 보고 지식을 외우고, 이해하는 수준의 활동은 온 · 오프라인 연계 예술 수업이라 말하기에 부족하다. 예술 교과의 온 · 오프라인 연계수업은 몸을 적극적으로 움직이는 활동, 특별한 공간, 특별한 협력 활동을 포함한다. 다른 교과는 지식을 체계화하고, 생활과 연관지어 기억하거나 참여하면서 내면화한다. 지식의 체계화, 구조화를 통해 삶의 가치관을 갖게 되고 본인만의 삶의 태도를 갖게 하는데 더 적합하다. 문화예술교육도 위와 같은 역할과 목적을 가지고 있지만 조금 더 다양한 감각을 사용하고 온몸으로 깊게 반응하며 보이지 않는 가치를 경험하게 한다. 문화예술교육에서도 지식의 체계화와 구조화가 필요하지만, 그것은 감각의 체험보다 우선한다고 볼 수 없으며 감각과 상호 작용하며 내면화하는 데 영향을 준다.

온오프라인 연계가 성공적으로 이뤄진다면 문화예술 격차를 줄이고, 질 높은 문화예술 경험을 만들 수 있다. 수업의 많은 과정에 학생들의 성장과 배움이 잘 기록되고 교사와 효율적인 피드백을 할 수 있게 된다.

교사 전문적학습공동체와 연수를 통한 전문성 강화

다양한 교사들의 전문적학습공동체가 활동하고 있다. 문화예술교육의 여러 영역에서 예술 활동을 하는 교사들이 있어왔고, 여러 단체들이 젊은 교사들의 욕구를 긍정적으로 반영하여 사회에 좋은 영향을 끼치고 있다.

참쌤스쿨은 2015년 20여 명의 교사들이 모여 디지털교육콘텐츠를 제작하였고, 매년 30명의 교사를 선발, 디지털 콘텐츠 관련 교육과 콘텐츠 제작을 진행했다. '교사가 최고의 콘텐츠다'라는 슬로건으로 다양한 매체와 기업을 통해 교육 활동을 알리고 있는데 1,000만 명 이상의 블로그 방문자, 1,100만 이상의 유튜브 조회수를 기록한다.[198] 어느덧 온라인을 넘어 콘텐츠 축제를 기획하여 수천 명이 참여하는 큰 행사를 운영하고 있다.

전국교육연극모임은 2002년에 시작한 단체이다.[199] 해마다 여름 겨울 연수를 계획하고 수십 명의 교사들이 모여서 연극을 배우고 작품을 만든다. 배움과 작품 만드는 과정에서 나온 이야기를 엮어 책으로 만들어 선생님들에게 나누기도 한다. 2009 개정교육과정으로 연극이 국어(연극) 교과로 들어오기 십수 년 전부터 선생님들의 자발적인 공부와 노력으로 학생들을 위한 연극교육 자료들이 개발해 왔다.

전국초등음악수업연구회는 2016년에 시작한 단체이다. 오프라인, 온라인 회원 숫자가 400여명에 달한다. 매달 선생님들을 위한 '음바시'연수를 열고 있다. 10개의 지역모임에서는 월 1~2회 자발적으로 모여 각자의 음악수업 경험을 나누고 더 나은 음악수업을 위해 고민하고 개선점을 찾는다. '우리들의 음악수업 축제', '전국 음악수업 축제', '찾아가는 음악수업 축제'등 전국의 선생님들에게 도움이 될 음악수업 연수와 콘텐츠 개발에 애쓰고 있다. 2021년부터는 연구팀을 별도로 운영하여 현재 4개의 연구팀이 공부한 연구 결과를 선생님들과 나눌 수 있는 자료로 만들고자 한다.

교육부와 교육청, 연수원에서 진행하는 연수에는 한계가 있을 수밖에 없다. 다양한 교육 주체의 요구를 반영하여야 하는데 세부 주제가 매우 다양하고 실습이 꼭 필요한 문화예술교육에서는 아무래도 어려움이 많다.

교사들의 학교 업무부담에 의한 정해진 시간 확보의 어려움, 예술 주제에 맞춘 개별 실습 공간 필요, 문화 트렌드에 맞춘 문화예술 연수 개발도 쉽지 않다. 교사들에게는 문화예술 체험의 기회, 지도법을 학습하고 연습하는 기회, 학교 문화예술과 문화예술교육을 설계하고 평가한 사례들을 통해 간접 경험하는 기회가 필요

198 MZ세대 교사. 김차명, 『대한민국 교육트렌드 2022』, p. 91~93.
199 우리교육(2014), 꿈과 삶 펼치는 연극쟁이 교사들, 우리교육

하다.[200]

활발하게 활동하고 있는 문화예술교사공동체(연구회)가 이에 많은 부분을 보완할 수 있다. MZ세대 교사들에게는 새로운 에너지를 긍정적으로 활용하는 좋은 수단이 될 수도 있다.

마을이 함께하는 거점센터 중심의 문화예술교육 기반 조성

앞서 해외 사례에서 살펴본 영국의 뮤직에듀케이션 허브나 프랑스의 드락 같은 지역 공동체 거점센터도 그 대안이 될 것이다. 거점센터에서는 오케스트라, 방과 후 활동을 위한 프로그램 지원이 이루어지고, 학교에 지원되는 학교 예술 강사의 등록, 섭외, 파견, 관리, 시설 대관 등 문화예술교육과 관련한 종합적인 영역이 다루어질 수 있다. 이처럼 문화예술교육이라는 전문성 · 특수성을 고려할 때 지역 공동체를 기반으로 한 거점센터 내 전문가나 연계 기관을 통해서 내실 있는 지원을 기대할 수 있으며, 또한 이것의 실현을 위하여 지역 연계와의 당위성도 확보된다. 이미 서울시교육청, 광주시교육청에서는 유사한 거점센터를 운영하고 있다.

여기에, 확산되고 있는 마을교육공동체, 마을공동체 등과 연계하여 마을 또는 교육지원청이 주체가 되는 적절한 문화예술교육 거점센터가 존재할 수 있다. 문화예술이 중심이 된 거점센터가 역할을 할 수도 있고, 마을교육지원센터의 여러 역할 중 문화예술교육이 있을 수도 있다. 전북, 강원, 충남, 경기 등 지자체의 마을교육 운영 및 성공 사례에서도 거점센터의 가능성을 볼 수 있다.

운영 측면에서는 지역 거점 기반의 전문 예술가의 파견 프로그램이 다양하고 체계적으로 이뤄질 수 있다. 프랑스와 독일에서는 교사와 강사에게 문화예술교육 수업을 위한 프로그램을 다양하게 제공하고 있다. 또한 프랑스, 독일, 노르웨이에서는 예술 강사 외에도 일반 예술가가 학교로 찾아가 예술 작품을 만들거나 공연을

200 문화예술교육의 학문적 정체성에 관한 연구, 정연희, 예술교육 연구, 2014, 제12권, 제4호, p.88~89

하는 프로젝트를 진행하여 수업 형태가 아닌 공동 예술 참여의 프로그램도 시행하고 있다. 한국문화예술교육진흥원에서도 주제 중심 수업을 예술가와 교사가 함께 구상하고 시행하는 '예술로 탐구생활' 사업을 2021년부터 지원하고 있다.

이러한 협력적 활동을 중앙단위에서만 시행하는 것이 아니라 시군 기초단위에 적절한 거점센터가 조성되어 지역의 예술가, 예술교육자, 교사가 모두 참여하기를 바란다. 지역 거점센터는 지역의 공동체성을 살리고 학교와 연계하여 부족한 것을 채울 수 있는 따뜻한 문화예술교육을 만들어 갈 것이다.

혁신학교와 혁신교육

성과와 과제는 무엇인가?

김성천 (한국교원대학교 교수)

◆ ◆ ◆

혁신학교의 3가지 시나리오

2022년 6월 교육감 선거 결과, 당선하리라 예측했던 일부 진보교육감들이 현역 프리미엄을 가졌음에도 불구하고 낙선하였다. 교육감의 교체에 따라서 가장 큰 어려움을 겪는 영역이 바로 혁신교육이 아닐까? 선거 이후 인수위원회가 발표한 교육감 백서를 보면 혁신교육을 실행했던 곳에서도, 그렇지 않은 곳에서도 혁신학교를 어떻게 해야 할 것인가에 관한 고민이 묻어있다. 내심 없애고 싶은데 갈등이 예상되니 없애겠다고 명문화는 하지 않는 교육감도 있고 폐지를 공언한 교육감도 있다.

당선된 교육감들이 혁신학교를 어떻게 할 것인가? 몇 가지의 시나리오가 가능하다. 1안은 질적 고도화 방안이다. 서울시교육청은(2022) 서울형 혁신학교 운영 전략의 네 가지 변화를 발표하였다. 생태전환교육, AI 교육, 기초 · 기본학력교육, 독서 기반 토론교육 등 미래지향적 요소를 대폭 강화하였다. 또한, 혁신학교 지정을 위한 교원과 학부모 동의율을 공히 50% 이상으로 강화했다. 초등학교 초빙 비율을 50%에서 30%로 낮추었고 혁신학교의 플랫폼 역할을 강조하였다.

경기도교육청 혁신학교 재구조화 방안

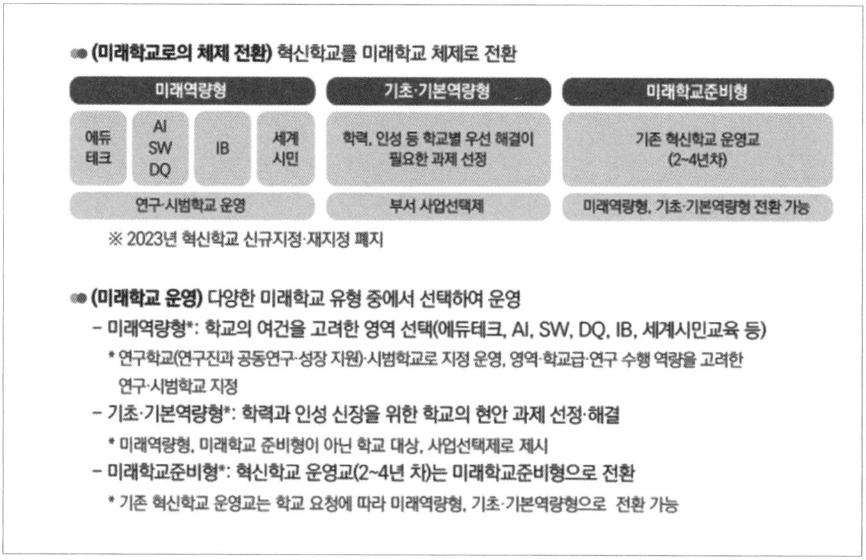

(미래학교로의 체제 전환) 혁신학교를 미래학교 체제로 전환

미래역량형				기초·기본역량형	미래학교준비형
에듀테크	AI SW DQ	IB	세계시민	학력, 인성 등 학교별 우선 해결이 필요한 과제 선정	기존 혁신학교 운영교 (2~4년차)
연구·시범학교 운영				부서 사업선택제	미래역량형, 기초·기본역량형 전환 가능

※ 2023년 혁신학교 신규지정·재지정 폐지

(미래학교 운영) 다양한 미래학교 유형 중에서 선택하여 운영

- 미래역량형*: 학교의 여건을 고려한 영역 선택(에듀테크, AI, SW, DQ, IB, 세계시민교육 등)
  * 연구학교(연구진과 공동연구·성장 지원)·시범학교로 지정 운영, 영역·학교급·연구 수행 역량을 고려한 연구·시범학교 지정
- 기초·기본역량형*: 학력과 인성 신장을 위한 학교의 현안 과제 선정·해결
  * 미래역량형, 미래학교 준비형이 아닌 학교 대상, 사업선택제로 제시
- 미래학교준비형*: 혁신학교 운영교(2~4년 차)는 미래학교준비형으로 전환
  * 기존 혁신학교 운영교는 학교 요청에 따라 미래역량형, 기초·기본역량형으로 전환 가능

경기도교육감직인수위원회(2022), p. 109 인용

2안은 혁신교육 축소 방안이다. 경기도교육감직인수위원회(2022)는 혁신학교 재구조화를 선언하였다. 신규 지정이나 재지정을 하지 않는다. 미래학교를 미래역량형, 기초 · 기본역량형, 미래학교 준비형으로 나누었는데, 혁신학교는 미래학교 준비형에 해당한다. 혁신학교가 미래역량형이나 기초 · 기본역량형 전환을 할 수 있도록 열어 두었다. 추후 예산이나 지원 방식을 줄이게 되면 자연스럽게 혁신학교 정책은 사라질 수 있다.

3안은 혁신교육 폐기이다. 충북교육청이나 강원교육청의 백서에는 혁신학교라는 용어 자체가 없다. 정책적 무관심 내지는 사실상 폐기를 원하는 것으로 해석될 수 있다. 엄밀히 말해, 혁신학교 축소나 폐기는 크게 다른 것은 아니고 전략의 문제로 볼 수 있다. 부서 개편을 통해 혁신학교를 다루는 부서의 사람을 교체하고,

부서의 역할과 기능을 바꾸면서 지원 전략을 세우지 않는다. 명시적으로 폐기를 선언할 수도 있고, 묵시적으로 알아서 학교 스스로 지정 취소를 할 수 있도록 유도할 수도 있을 것이다.

혁신학교를 무력화하려는 교육감들이 후보 시절부터 감행한 혁신학교에 대한 공격 지점은 몇 가지가 있다. 하나는 특혜론이다. 소수의 학교에 예산이나 인사 등에 특혜를 주었다는 프레임을 씌운다. 하윤수 부산교육감직인수위원회는 혁신학교(다행복학교)에 편중된 예산과 인력을 모든 학교로 일반화하겠다고 밝힌 바 있다. 예산과 인력의 편중 지원을 문제 삼았다(교육플러스, 2022.7.7.).

임태희 경기도육감직인수위원회 백서(2022)에서는 다음과 같은 입장을 밝히고 있다.

"현재 경기교육은 혁신교육으로 치우쳐 기초 · 기본학습에 소홀하고, 급변하는 미래사회의 변화와 지구촌 세계의 변화에 대응하는 교육에는 미흡한 경향이 있다. 특히 수업과 평가 개선 등에는 한계가 있었고 평가에 대한 객관성과 공정성에 대한 우려가 항시 제기되어 왔다. 따라서 학생 주도적 수업과 평가의 객관성과 공정성을 확보한 국제공인 교육과정인 IB 프로그램을 도입하여 공교육의 질을 개선하는 노력이 필요하다."

위 문장에서 혁신교육이 학생들의 학력을 떨어뜨렸다는 학력저하론이라든지 미래사회의 변화와 지구촌 세계의 변화에 미흡하게 대응했다는 시대변화론을 읽을 수 있다. 바둑뿐만 아니라 인생도, 정책도, 운동도 복기가 필요하다. 누가, 왜, 무엇을 시도했고, 그 성과와 한계는 무엇이었는가? 앞으로 어떤 방향으로 나아가야 하는가?

혁신학교의 성과와 과제는 무엇인가?

우선 용어부터 정리해보자. 혁신학교는 제도상으로는 자율학교로 볼 수 있다. "학교의 철학, 문화, 교육과정-수업-평가, 생활지도와 학급운영 등을 교원들의 자발성과 주체성에 의해 총체적인 변화를 도모하는 학교"로 정의가 가능하다. 학교혁신은 혁신학교뿐만 아니라 일반학교를 포함하여 혁신학교의 실천 원리와 내용을 다른 학교로 확산 내지는 일반화하려는 일련의 노력을 의미한다. 교육혁신은 학교를 포함하여 교육청과 교육부의 조직, 인사, 감사, 행정 등의 변화를 도모하는 상위 개념이다. 교육혁신보다 상위 개념이 있다면 사회 혁신이 될 것이다.

혁신학교를 중심으로 한 교육혁신은 어떤 성과가 있었을까? 한국연구정보서비스(RISS)에서 2009년부터 2022년 상반기까지 '혁신학교'를 검색하면 총 259편의 논문이 나온다. 국내 석사 213편, 국내 박사 46편을 확인할 수 있다. 학술지 논문을 보면 KCI 등재지 1,415건, 등재후보지 215건 이상에 달한다. 단행본은 1,969권, 연구보고서는 331건에 달한다. 내용 중복이라든지 제목과 내용의 불일치 등을 감안한다고 해도 혁신학교에 관한 엄청난 연구와 기록물이 축적되고 있음을 시사한다. 예컨대, 김성천(2020)의 연구에서는 15명의 학교혁신 리더 교원을 대상으로 심층 면담을 진행하여, 그들이 학교에서 혁신을 도모했을 때, 누가 왜 어떤 방식으로 저항했고, 그러한 저항을 극복하기 위한 나름의 실천 전략에 대해 분석했다. 삶의 안위를 위해 또는 철학과 가치에 동의하지 않기 때문에 저항하는 이들을 리더 교원들은 어떻게 설득하는가? 마음을 얻고, 학습공동체를 통해 동력을 형성하고 주체들을 세워나간다. 문화와 시스템을 구축하기 위해 노력한다. 무엇보다 말이 아닌 삶으로 본인의 진정성을 입증하기 위해 노력한다. 이러한 눈물겨운 과정은 삶으로 써 내려간 소중한 실천 전략이 아닐 수 없다.

혁신학교에 관한 연구물

학술연구정보서비스 사이트: 통합검색에서 혁신학교로 입력한 결과, 2022년 8월 22일

교육자치의 관점에서 바라보자. 그동안 교육청은 교육부 하위기관의 속성을 지녔기 때문에 고유의 업무를 추진하기 어려웠다. 하지만, 1991년 지방교육자치에 관한 법률이 제정되었고, 이후 주민직선 교육감제도가 도입되면서 교육청의 자율성이 보장되기 시작했다. 교육감이 누구를 바라보면서 일하게 될 것인가? 교육감을 교육부 장관이 임명하는 시스템과 주민이 직접 선거를 통해 선출하는 시스템은 큰 차이를 나타낼 수밖에 없다. 자주성, 자율성, 전문성, 지역성의 보장은 국가위임사무보다 지역 고유의 자치사무가 많아질 때 가능해진다. 혁신학교, 혁신교육지구 사업, 마을교육공동체는 자치사무의 대표적인 사례로 볼 수 있다. 이러한 정책들은 교육청 스스로 정책을 기획하고, 만든 사례로서 그 의미를 부여할 수 있다.

그렇다면 혁신학교는 어디에서 출발한 것인가? 남한산초, 조현초, 덕양중 등 초창기 혁신학교의 사례를 보면 폐교가 될 수 있겠다는 위기의식이 있었고, 학부모와 교사가 연대하여 학교를 살려보고자 실천하였다는 공통점을 확인할 수 있다. 혁신학교에서 강조한 내용을 보면 학습공동체, 학교민주주의, 배움중심수업, 교육과정 재구성, 학교의 비전과 철학 수립 등의 용어를 확인할 수 있는데 이는 학교를 바꾸기 위한 여러 시도를 경험적으로 종합한 사례로 볼 수 있다. 즉, 관료들이 책상머리에 앉아서 그린 것이 아니라 현장의 시행착오를 거쳐 학교가 갖추어야 할 기본적인 실천 원리를 몸으로 정리한 것이다.

학교를 바꾸려면, 먼저 교직문화에 변화가 필요하다. 고립적이고, 폐쇄적인 교직 문화를 협력과 개방, 소통과 나눔의 문화로 바꾸어야 한다. 서로의 수업을 개방하고, 나누고, 질적 발전을 도모하는 모습을 강조한다. 교원 학습공동체 없이는 양질의 수업 구현이 어렵다고 인식한다. 무엇보다 학교의 목적과 비전을 구성원들이 함께 세우고 공유하는 과정을 거친다. 각자도생하는 수업 내지는 교사 개인기에 의존한 수업이 아니라 우리 학교가 지향하는 교육과정과 수업, 평가의 목표와 비전을 세우고 공동으로 실천한다. 3주체의 참여와 소통이 중요하다. 한 학기 내지 1년을 마칠 무렵, 학교 구성원들이 함께 모여 우리 학교가 무엇을 실천했고 그 성과와 한계는 무엇인지, 다음 학기에는 무엇을 바꾸어야 하는가에 관한 논의한다(김성천, 2011). 이처럼 혁신학교는 학교라면 운영해야 할 최소원리를 제시했다고 볼 수 있다. 이는 기초적인 학교 운영의 원리를 실천적으로 종합하여 정리했다는 점에서 그 성과를 확인할 수 있다.

박수정 · 박정우(2020)는 전국의 혁신학교 정책을 비교 · 분석하였는데 비전과 개념, 가치에서 유사한 동형화 현상이 나타나고 있음을 밝혀냈다. 예컨대, 각 교육청의 혁신학교 기본문서에서 가치를 기준으로 보면 공공성(16개 시 · 도교육청), 민주성(13개 시 · 도교육청), 창의성(11개 시 · 도교육청), 지역성(8개 시 · 도교육청)을 서로 강조하고 있음을 확인할 수 있다. 그러면서도 혁신학교 정책의 도입 시기라든지 교육감의 성향에 따라서 행 · 재정 지원 방식과 규모 등 운영방식에 차이가 있다고 분석하였다. 이는 동형화와 이형화 현상이 동시에 나타나고 있음을 시사하고 있는데, 교육감의 의지, 지역 환경, 교원의 준비 정도 등이 복합적으로 작용한 결과로 볼 수 있다.

김성천 외(2021)는 혁신학교의 성과를 크게 가치적 성과, 인지적 성과로 나누어 제시하였다. 가치적 성과는 자주성, 공공성, 민주성, 지역성 차원에서 볼 수 있는데, 자주성은 교육청 스스로 기획하고 정책과 사업을 만든 사례 축적을 의미한다. 공공성은 학교가 소수를 위한 목표를 제시하지 않고 공적 자아를 지닌 시민을 길러내는데 두었다는 점을 의미한다. 민주성은 과거의 권위주의 풍토와 다른 민주주의 학교로 그 속성을 제시했다는 점이다. 그 외 지역의 고유한 속성을 고려하여 혁신교육지구 사업이라든지 마을교육공동체를 통해 혁신의 가치를 지역으로 확장한 점을 들 수 있다. 인지적 성과로는 양질의 교육과정-수업-평가를 구현하기 위한 담론과 실천이 이루어졌다는 점이다. 혁신학교의 중요한 목적은 질 높은 교육과정과 수업의 구현을 통한 학생의 성장에 있기 때문이다. 학습공동체 역시 질 높은 수업과 교육과정을 위해 교사들의 협력을 도모하는 과정으로 볼 수 있다. 교육과정과 수업, 평가에 대한 재개념화 내지는 재해석이 이루어졌고 이 과정에서 교육과정 재구성 내지는 개발, 교사교육과정, 배움중심수업, 교육과정-수업-평가-기록 일체화, 지역연계교육과정, 과정중심평가, 참학력 등의 담론이 형성되었다. 이는 국가수준의 교육과정에서 다루기 힘든 담론과 실천이 지역과 학교, 교사 차원에서 활발하게 이루어졌음을 시사한다.

혁신학교를 둘러싼 학업성취도 논란은 도입 초기부터 지속되었다. 서울시교육청이 강남 3구 지역에서 경원중, 배명중, 강동고를 마을결합 혁신학교로 결정하자 학부모들이 강력하게 반대하였다. 강동고도 철회하였는데 여러 부정적인 목소리가 있었기 때문이다(서울신문, 2020.12.3). 2016년 국가수준 학업성취도 평가 자료에서 혁신 고등학교의 기초학력 미달 비율이 11.9%로 전국 고교평균 4.5%보다 약 3배가 높았다는 기사(이데일리, 2017.10.12.) 등이 영향을 미친 것으로 보인다.

학생이나 학교의 학업성취도를 정확하게 측정하려면 몇 가지 전제조건이 필요하다. 우선은 비교 대상 학교 간에 출발 지점을 맞추어야 한다. 동일 조건에서 비교해야 한다. 부모의 가정 배경 변수를 통제해야 한다. 학업성취도에 영향을 미치는 중요한 변수 중 하나가 부모의 학력이나 소득 등이다. 이러한 변인의 영향력을 최소화하거나 제거를 한 상태에서 학생이 특정 학교에 들어와서 어떤 향상 정도를 보였는가를 살펴봐야 한다. 학생들의 수준을 상, 중, 하로 나누어 그들의 향상 정도를 장기적으로 추적해야 한다. 가급적 횡단연구보다는 종단연구를 통해 적어도 3시점 이상을 추적해야 한다. 초등학교, 중학교, 고등학교의 성적 추이에 어떤 변화가 나타났는가를 확인해야 한다. 이러한 연구 방법을 적용하면 혁신학교가 일반학교에 비해 학업성취도가 떨어진다고 보기 어렵고(서민희 외, 2018), 오히려 성적이 향상된 연구 결과를 확인할 수 있다(안영은 · 박세진, 2019). 하지만, 이러한 연구 결과는 거의 소개가 되지 않고 있으며 지속적인 학력 저하 프레임의 공세를 받아왔다.

이는 교육과정과 교과서, 지식을 바라보는 관점에서 기인한다. 교육과정과 교과서를 인류의 지적 유산으로 보고 이를 학생들에게 촘촘하게 가르치고 성실히 배움에 임한 학생에게는 그에 합당한 보상을 주는 체계가 전통적으로 교육을 바라보는 관점이다. 지식의 구조를 제대로 가르쳐야 한다는 학문중심 교육과정이 기능론적 관점, 사회화의 관점, 메리토크라시의 관점과 만나게 된다. 반면에, 학문중심 교육과정은 아동과 학생의 발달단계를 고려하지 않았고 삶과 연계되지 않은 죽은 교육으로서 경험과 의미, 관계가 만나는 교육을 지향한다. 이러한 교육을 진보교육학으로 명명할 수 있는데 혁신학교는 전자보다는 후자의 교육을 더 추구한다(한국교육연구네트워크, 2018). 전자의 시선에서는 후자의 교육이 너무 느슨하고, 가르쳐야 할 것을 제대로 가르치지 못했다고 본다. 이러한 관점이 집요한 학력 저하론으로 이어진 것이다.

나현주 · 김성천 · 임재일(2018)은 혁신교육의 과제로서 ① 교사 간, 학교 간, 지역 간 편차 발생 ② 양적 발전과 질적 심화 간 간극 ③ 비전과 실천 전략 공유의 어려움 ④ 실천과 제도의 지체 현상 발생을 지적하였다. 혁신학교는 여러 성과에도 불구하고, 끊임없는 외부의 이념 공세와 내부의 저항에 봉착했다. 예컨대, 조선일보는 '전교조 혁신학교'라고 명명하면서 좌파 교육감들이 도입했고 전교조가 지지하는 학교로 설명하기도 했다(조선일보, 2019.5.20). 특정 교원단체에 의해서 좌지우

지된다는 프레임으로 혁신학교를 바라보기도 했다. 하지만, 문재인 정부에는 17개 시 · 도교육청으로 혁신학교가 전면 확대되었다.

전국 혁신학교 지정 현황(2022.3.1. 기준)

연번	시도	혁신학교 명칭	2022 지정학교 수				
			초	중	고	기타 (유치원, 특수 등)	합계
1	서울	서울형혁신학교	183	46	17	4	250
2	부산	부산다행복학교	32	21	6	6	65
3	대구	대구미래학교	45	39	0	0	84
4	인천	행복배움학교	73	25	14	0	112
5	광주	빛고을혁신학교	40	19	5	4	68
6	대전	창의인재씨앗학교	2	21	7	0	30
7	울산	서로나눔학교	15	6	1	0	22
8	세종	세종혁신학교	14	3	2	8	27
9	경기	혁신학교	832	390	171	0	1,393
10	강원	강원행복더하기학교	18	15	8	4	45
11	충북	행복씨앗학교	27	21	7	6	61
12	충남	혁신학교	64	43	11	4	122
13	전북	혁신학교	42	24	15	4	85
14	전남	전남혁신학교	100	26	5	8	139
15	경북	경북미래학교	28	27	15	0	70
16	경남	행복학교	69	27	8	14	118
17	제주	다혼디배움학교	39	13	3	0	55
총계			1,623	766	295	62	2,746

교육부, 2022

동시에, 교육 개혁의 길을 제1의 길, 제2의 길, 제3의 길, 제4의 길로 설명했던 앤디 하그리브스는 2017 AERA 학회에서 혁신학교가 본인의 저서에서 밝힌 제3의 길이나 제4의 길과 유사하다고 평가한 바 있다(경인일보, 2017.5.1). 이는 혁신학교가 세계적인 교육 개혁의 흐름과 다르지 않음을 시사한다.

혁신학교에 관한 고민은 지속가능성, 일반화, 질적 심화로 압축된다. 지속가능성은 순환근무체제와 연동되는 문제이다. 훌륭한 교장과 교감, 교사, 학부모의 연대를 통해 의미 있는 성과를 내놓았다고 해도 몇 년이 지나면 누군가는 떠나게 된다. 그 과정에서 비전과 철학, 연대의 힘은 약화되고, 단절적 속성은 강화된다.

일반화는 혁신학교와 일반학교의 괴리 현상을 극복하기 위한 전략을 의미한다. 특정 지역의 어느 혁신학교에서 좋은 성과가 나타났다고 해도 그 학교에 다니지 않는 학부모의 관점에서는 빛 좋은 개살구일 뿐이다. 내 아이가 다니는 학교에서는 전혀 그런 변화가 없기 때문이다. 결국, 혁신학교는 그 자체가 목적이 아니고 그 성과와 실천을 일반학교로 확산해야 하는 과제를 지닌다.

혁신학교에 근무하던 교사가 일반학교에서는 어떻게 살아갈까? 문화의 차이가 실천의 차이로 이어지기도 한다. 혁신학교에서 일반학교로 이동을 한 교사의 경우, 처음에 당혹감을 느끼게 된다. 문화의 차이가 나타나기 때문이다. 동료 교사들의 지지를 얻지 못한 교사는 고립과 좌절을 경험하거나 교실 내 개인 실천의 차원으로 좁혀지거나 변화를 도모하기보다는 기존 학교 시스템에 순응하는 양상을 보이기도 한다(민경용 · 김성천 · 김은수, 2017). 일반화가 쉽지 않은 과제임을 시사한다.

질적 심화 역시 혁신학교의 과제였다. 혁신학교는 운동으로 출발했지만, 교육청의 정책과 사업으로 흡수되었다. 이 과정에서 정책의 문법에 운동이 포획될 수 있다. 내실화보다는 양적 투입 지표를 중시하거나 보여주기식 논리에 사로잡힌다. 예컨대, 혁신학교의 가치와 철학을 구성원들이 충분히 학습하지 않았고 동의하지 않았음에도 불구하고 외부의 압력에 의해 혁신학교를 신청하게 된다. "우리가 하던 것이 혁신이고, 새로운 것을 하지 않아도 된다"는 약속과 메시지로 혁신학교로 지정받는 학교가 많아지게 되면서 일명 '무늬만 혁신학교'가 늘어나게 되었다. 이

과정에서 양적인 확대가 질적인 심화 내지는 고도화로 이어지지 않게 되었다. 여기에 혁신학교에서 나름 성과를 낸 교원들이 교육청으로 발탁되면서 현장의 공동화 현상이 나타나기도 했다. 즉, 현장의 힘이 상대적으로 약화된 것이다. 동시에 교육청으로 들어갔던 활동가 그룹들이 전문성이나 삶의 태도 등에서 기존의 관료 세력들에 비해 뭔가 우위를 보이지 못했거나 실망스러운 모습을 보이기도 했다. 일부 활동가들이 우리가 하는 방식대로 따라오라고 동료 교사들을 다그치면서 동료들의 마음을 잃어버린 사례도 나타났다. "당신이 말하고 살아온 것이 혁신이라면 나는 그 길을 기꺼이 거부하겠다." 혁신학교 활동가에 실망한 어느 신규교사의 절규였다.

◆ ◆ ◆

혁신교육의 시대는 지나가는가?

교육감의 교체는 혁신학교와 혁신교육에 큰 변수임에 틀림없다. 하지만 혁신교육은 그 이상의 의미를 지닌다. 혁신교육은 운동모형과 정책(정치)모형으로 구분된다. 교육감이 바뀌면 혁신교육도 끝이 난다는 관점은 정책(정치)모형이다. 교육감의 권력 교체에 의해 혁신학교가 출발했고 끝이 날 수 있다. 반면에 운동모형은 혁신학교의 출발은 진보교육감 당선 이전으로 본다. 일제강점기와 군부독재 시절에도 좋은 교육을 꿈꾸었던 도산 안창호, 남강 이승훈, 김교신, 이오덕 선생의 뜻을 이어받는 것을 운동 모형으로 볼 수 있지 않을까? 자치와 자율의 가치가 거의 존재하지 않았던 열악한 시대적, 구조적, 정치적 환경에서도 교육과 사회를 새롭게 하기 위해 몸부림을 쳤던 교육의 선배들이 존재했고 그들의 뜻을 이어받는 연장선에서 혁신학교와 혁신교육이 출발했다. 그룬투비, 듀이, 비고츠키는 물론, 도산 안창호, 남강 이승훈 등의 사상과 실천에 그 흔적이 존재한다. 이러한 운동모형은 인간은 구조와 제도의 영향을 받지만, 사람이 그것을 바꿀 수 있다는 주체적이고 능동적인 관점을 지닌다. 이 관점에서는 본다면 교육감의 권력 교체는 변수일 뿐 상수가 되지는 못한다.

그렇다면 혁신교육은 유행가처럼 끝이 나고 이제 미래교육의 시대가 오는 것일까? 모두가 미래교육과 미래사회를 말하는데 그 실체는 여전히 모호하다. 혁신의 과정 없이, 미래교육이 어느 날 갑자기 오는 것은 아니기 때문이다. 미래교육은 주어진 결과가 아니라 만들어가는 과정이기 때문이다(송기상 · 김성천, 2019). 많은 이들이 혁신이라는 용어에 대해 부담감을 느끼거나 이념적 좌표를 찍기도 한다. 혁신학교라는 용어를 에둘러 표현하는 이유도 그런 맥락과 무관하지 않을 것이다.

혁신이란 무엇인가? 혁신은 모든 것을 부정하고, 새로운 것만을 추구하는 개념이 아니다. 혁신은 기존의 장점을 계승하면서 그것을 더욱 발전시키고, 문제를 드러내고, 그것을 바꾸기 위해 노력하는 과정이다. 더하기만 하는 것이 혁신이 아니다. 빼기도 혁신이다. 동시에 누군가와의 연결을 통해 혁신을 만들어낸다. 그것은 결과가 아닌 과정이며 완성이 아닌 진행형이다. 넷플릭스 DP에 유명한 대사가 나온다.

> 한호열: “우리가 바꾸면 되잖아”
> 조석봉: “우리 부대에 있는 수통에 뭐라 적혀 있는지 아십니까? 1953. 6 · 25 때 쓰던 거라고, 수통도 안 바뀌는데 무슨...”

혁신은 ‘무슨’에 머무르지 않고 ‘뭐라도 바꾸려면 뭐라도 해봐야지’하는 마음과 실천으로 연결된다. 모두가 다 바뀌면 그때 움직이는 것이 아니라 모두가 움직이지 않아도 ‘나로부터 실천’을 의미한다. “무엇 때문에 못 한다”가 아니라 “그럼에도 불구하고” 작은 공간에서 실천함을 의미한다. 당연히 무겁고 부담이 가는 용어이고 개념임에 틀림없다. 하지만 이러한 혁신의 과정이 없으면 경로의존과 관행, 관습의 틀에 사로잡힌 채 누군가에게 끊임없는 비판의 대상이 된다. 혁신은 기술과 조직, 문화, 실천, 일하는 방식 등 영역과 범위를 가리지 않으면서 내부의 모순과 한계, 위기에 주목하면서 변화를 스스로 포착하는 과정이다. 이러한 혁신은 확장의 속성을 지닌다. 학교만을 대상으로 하지 않고 교육부와 교육청의 힘 있는 조직을 향한 요구로 이어진다. 혁신은 힘 있는 조직이 힘없는 조직에 강요하는 개념이 아니다. 우리나라에서는 중앙정부에서 이 개념을 먼저 사용하면서 부정적인 이미지가 형성된 면이 있다. 하지만 힘없는 조직의 실천이 힘 있는 조직의 변화를 촉구할 수도 있다. 예컨대, 교육청과 교육부가 학교에는 학습공동체를 강조하면서 교육청과 교육부에 학습공동체가 활성화되어 있지 않았다면? 이러한 꼬리에 꼬리를 무는 질문과 압박이 이어지게 된다.

다만, 혁신은 이 정도면 충분하다는 이야기는 통하지 않는다. 우리 학교만큼 혁신을 잘하는 학교가 어디 있느냐고 반문하는 그 순간 혁신이 멈춘다. 미래교육과 미래사회는 주어진 것이 아니라 만들어가는 과정이다. 미래교육과 미래사회는 현실에 대한 진단에서 시작된다.

UNESCO(2022)의 교육보고서를 보면, 사회적 양극화, 교육불평등, 지구의 생태적 위기를 제시하면서 연대와 협력, 리터러시, 시민성, 변혁적 교육과 교사상을 강조하고 있다. 이 보고서는 미래사회와 미래교육을 단순히 AI의 발전으로 환원하지 않고 있으며, 지속가능성과 행복을 위한 사고와 행동의 대전환을 촉구한다. 이 보고서에서는 혁신이라는 용어가 132번 사용된다. 이러한 보고서의 문제의식과 방향은 경쟁에서 협력으로, 성적에서 성장으로, 폐쇄에서 연대로 교육패러다임의 전환을 위해 몸부림쳤던 혁신교육의 가치와 철학, 전략과 일치한다. 깨어있는 시민을 기르고, 넘나들며 배우기의 가치를 구현하며, 학교에서 민주주의를 자연스럽게 익혀야 한다. 학생들은 학교에서 폭넓은 경험과 체험을 하며, 지식의 소비자가 아닌 생산자로 역할을 할 수 있다. 교사는 관료기구의 말단에 위치한 존재가 아닌 교육과정을 개발하고, 기획하는 주체이며 학생들의 배움을 촉진하는 퍼실리테이터이다. 동시에 교사 개인의 연구가 아닌 동료와의 학습공동체를 통해서 교육을 공공재로 전환한다.

교육은 정치, 경제, 사회, 복지의 하위 주제가 아닌, 전 세계의 지속가능성을 높이기 위한 중핵의 영역이다. 하지만, 여전히 고립과 폐쇄, 반교육, 경쟁의 양상이 지속되고 있다. 이를 극복하기 위한 과정을, 성찰과 실천의 과정을 혁신교육으로 본다면 혁신교육의 과정 없이 미래교육과 미래사회가 올 수는 없다.

◆ ◆ ◆

혁신교육, 어떻게 할 것인가?

혁신교육의 정책과 운동의 방향은 무엇인가? 혁신교육의 가치를 인정하는 교육청과 그렇지 않은 교육청으로 나누어 봐야 한다. 어느 쪽이든지 간에 운동의 가치는 여전히 소중하다. 풀뿌리의 힘과 현장 네트워크를 어떻게 유지하고 발전시킬 것인가의 중요한 과제가 남아 있다.

혁신교육에 대한 성찰과 반성을 토대로 수용할 것은 수용하고 지킬 것은 지킬 필요가 있다. 혁신학교 및 혁신교육의 기본기는 여전히 소중하다. 혁신교육은 책상머리에 앉은 어느 관료의 아이디어가 아니었고 현장의 경험에서 나온 실천 원리이기 때문이다. 학교의 비전과 철학을 함께 세우고, 학습공동체를 통해 교직문화를 바꾸고, 교육과정과 수업, 평가의 질적 고도화를 도모한다. 3주체의 학교 참여는 민주시민을 길러내야 할 학교가 지녀야 할 본질이며 고유한 속성이다. 이러한 실천 원리와 기본기가 없는 상태에서 AI와 IB가 들어오면 성공할까? 그렇지 않을 것이다. 교직문화의 변화 없이, 상호 협력의 문화 없이, 학교의 비전과 철학의 공유 없이는 그 무엇인가를 이루기란 불가능에 가깝지 않을까? 교사 개인기에 의존한 수업 문화, 지시와 통제에 의한 수직적 관료 문화로 회귀할 수 없기 때문이다.

교육감은 두 부류로 구분될 것이다. 혁신교육의 가치를 소중하게 여기는 교육감과 그것을 애써 무시하는 교육감이다. 전자는 기존의 혁신교육을 돌아보면서 무엇을 바꿀 것이며 놓친 점은 무엇인가를 치열하게 돌아볼 필요가 있다. 화려하고 새로운 것을 갈망할 필요도 없다. 다만, 3주체의 목소리에는 분명한 간극이 존재한다. 이를 해소하기 위해서는 학교자체 평가를 통해 3주체의 목소리를 분명히 듣고 차년도 교육과정에 변화를 도모하는 축적의 문화를 구축할 필요가 있다. 교육청에서도 냉정한 정책 평가를 통해서 막힌 지점을 파악하고, 이를 개선할 수 있는 업무 추진 과정을 보장할 필요가 있다.

혁신학교와 혁신교육은 공교육 정상화라는 목표를 벗어나 조금 더 도전적 과제에 도전해 볼 수는 없을까? 예컨대, 사교육비 경감, 완전학습 도전, 기초학력과 기본학력의 보장, 학교와 지역 차원의 교과목 개발 등 학교 차원에서 기본기를 바탕으로 도전할 수 있는 과제로 볼 수 있다. 동시에, 실험학교로서 그 실천의 과정을 공유하되, 증거기반 내지는 데이터를 기반으로 한 성과 제시도 고민해야 한다. 교육 분야는 하루아침에 성과가 나오지 않는 영역이기는 하지만 혁신학교와 혁신교육에 대해 오해하는 시선이 많은 상황에서는 데이터와 증거로 입증할 수밖에 없다. 지금까지의 증거가 질적 사례 중심의 스토리 중심이었는데 그것만으로는 의심과 의혹의 눈길로 보는 이들의 생각을 설득하기 어려워 보인다. 입시 성과가 아니어도 학생의 성장을 확인할 수 있는 증거기반의 영역을 어떻게 설정하고, 어떻게 데이터 수집할 것인가도 고민해야 할 과제가 아닐까?

혁신교육을 애써 무시하는 지역의 경우, 혁신교육 임시본부를 교육청 외부에서 교육 주체들이 꾸려보면 어떨까? 학교 밖 내지는 지역 네트워크를 구축하면서 학부모와 교원, 시민의 연대를 강화하고, 실천 사례를 나누고, 교육청의 정책에 문제가 있다면 강하게 비판하면서 현장에서 교육청을 견인할 수 있는 길을 찾아야 하지 않을까? 특히, 교육자치의 지향점이 학교자치라고 본다면 그 토대는 여전히 소중하다. 교육감의 일방적 지침에 의해 무엇인가를 결정하는 시대는 지났기 때문이다. 학교 주체들이 학습하고 토의하면서 주체적으로 정할 필요가 있는데, 학교자치의 지향점이 보장된다면 교육감의 정책 방향과 상관없이 혁신교육의 가치와 자산을 어느 정도 지켜나갈 수 있다. 교육청의 정책과 사업은 사라져도 그 가치를 구현하고 실천하려는 노력은 지속될 수 있을 것인가? 그 시험대에 혁신교육은 올라서 있다.

3부

2023 교육 전망

대통령, 교육감 선거

2023년 교육은 무엇이 달라질까?

이광호 (전 국가교육회의 기획단장)

◆ ◆ ◆

2022년 교육계의 세 가지 사건

2022년은 교육정책에 지대한 영향을 미치는 대통령 선거(3월 9일)와 전국동시지방선거(6월 1일)가 '거의 동시에' 치러진 해이다. 2010년 이후 전국동시지방선거에는 교육감 선거가 포함되었다. 달리 말하면, 대통령 선거와 교육감 선거가 2022년 상반기에 치러진 셈이다.

2022년 5월 10일, 제20대 윤석열 대통령이 취임했다. 그리고 불과 한 달이 안 된 시점에서 전국동시지방선거가 치러졌다. 흔히 대통령 취임 초기는 '허니문 기간'으로 불리며, 높은 지지율을 기록한다. 2022년 5월 13~14일 진행된 KSOI(한국사회여론조사)의 정례조사에 의하면 '대통령 국정운영 평가'에서 50.1%가 긍정적이라고 답변했다.[201] 이는 전임 대통령의 취임 직후 지지율(박근혜 54.8%, 문재인 81.6%)에 비해 낮지만, 취임 100일을 전후하여 30% 안팎을 기록한 것에 비하면 높은 수준

201 KSOI-TBS 정례조사 결과보고서, 2022년 5월

이라고 할 수 있다.

대통령 선거 취임 직후 '허니문 기간'에 치러진 전국동시지방선거에서 '국민의 힘'은 17개 광역자치단체 중 12개 지역에서 승리했다. 두 선거가 '거의 동시에' 치러졌다는 것은 두 선거 사이의 기간이 짧다는 것 외에도, 한 선거(대통령 선거)의 결과가 다른 선거(전국동시지방선거)에 큰 영향을 미쳤다는 의미를 포함한다. 즉, 대통령 선거와 전국동시지방선거는 '거의 동일한' 결과를 낳았다.

전국동시지방선거와 함께 치러진 교육감 선거에서도 이른바 '보수 교육감'이 대거 당선되었다.[202] 2014년, 2018년에 비해 '보수 교육감'의 약진이 두드러진다. 이로써 지난 10여 년 동안 지속되어 온 '진보 교육감 절대다수의 시대'가 종료된 것이다. 또한 진보 교육감이 중점적으로 추진해 온 혁신학교를 비롯한 혁신교육 정책이 새로운 분기점을 맞게 된 것이라 할 수 있다. 이른바 '권력 교체(진보 → 보수 교육감)'가 이루어진 교육청일수록, 기존 정책의 중단과 새로운 시도가 두드러질 것이다.

두 개의 선거 외에도 올해 교육계 중요한 이슈는 '국가교육위원회' 출범이다. 2021년 7월 국회 본회의를 통과한 국가교육위원회는, 법률 규정에 의하면 2022년 7월 21일까지 출범했어야 한다. 하지만 국가교육위원회 법률 제정에 반대했던 정당(국민의힘)의 후보가 대통령에 당선되면서, '정상적인' 출범이 불가능할 것으로 예견되었다. 고위공직자범죄수사처(공수처)의 전철을 밟을 수 있다는 것이다. 공수처는 법률이 정한 시한(2020년 7월 15일)을 훌쩍 넘겨 2021년 1월 21일에 초대 공수처장이 취임했다.

출범 시기 지연 외에도, 위원 추천 및 사무처 구성과정에 대한 논란도 예상된다. 대통령 추천 5명, 국회 추천 9명의 위원 구성 관련한 논란이 지속될 가능성이 높다. 또한 법령에서 규정한 '교원단체 추천 2명'의 위원 선출을 둘러싸고 3개 교원단체

---

202 교육감 선거 결과에 대해서 언론에서는 '진보 : 보수 = 9 : 8'로 분석한다. 하지만 진보로 분류되는 교육감 당선자 중 일부는 기존 '진보 교육감'의 정책(특히 혁신학교)을 부정하는 경우가 있다. 그래서 일각에서는 그들을 '중도 보수'로 분류하기도 한다. 그래서 '진보 : 중도 : 보수 = 6 : 3 : 8'로 분석되기도 한다.

의 헌법소원이 제기된 바 있다.[203]

사무처의 규모, 전문위원회 구성 등도 논란거리이다. 교육부 조직 개편이 마무리되지 않은 상황에서 국가교육위원회 사무처는 '최소한의 규모'로 출범할 가능성이 높다. 그만큼, 전문위원회 구성과 운영도 부실해질 수밖에 없다. 결국 사회적 합의를 통해 중장기 교육정책을 결정한다는 본래의 설립 취지를 실현하기 어렵다는 우려가 생겨나고 있다.

대학입시, 학제 개편, 유보통합 등 사회적 갈등이 내포된 교육 이슈가 등장할 때마다, '국가교육위원회를 통한 사회적 합의 필요성'이 제기된다. 그만큼, 국가교육위원회에서 처리해야 할 교육의제가 많은 것이다. 그런데 현재까지의 추진 상황을 보면, 국가교육위원회가 그 의제들을 깊이 있게 논의하고 사회적 합의를 이끌어내기에는 한계가 분명해 보인다. 이제라도 교육계에서는 국가교육위원회가 제대로 구성되어 온전하게 제 역할을 담당할 수 있도록, 깊은 관심을 기울여야 할 것이다.

◆ ◆ ◆

윤석열 정부와 교육정책

대통령 선거 공약과 국정과제

2022년 3월의 대통령 선거는 '교육의제'가 실종되었다고 평가된다. 당선을 다투는 두 명의 유력 후보는 모두 선거운동 기간에 학교 현장을 방문한 적이 없다. 2017년 문재인 후보가 혁신학교를 방문한 자리에서 직접 교육공약을 발표했던 것과 비교된다. 이재명 후보는 직접 교육공약을 발표하지 않았다. 2022년 1월 10일 선거대책위원회 정책본부와 교육대전환위원회를 통해 '8대 교육공약'을 발표했다.[204] 윤석열 후보는 2월 14일 직접 교육 · 사법제도 · 자본시장 관련한 공약을 함께 발

203 "국가교육위원 추천 배제는 차별"…교원단체 3곳, 헌법소원, 뉴시스, 2022.7.21.

204 https://youtu.be/6ODPgg9rhhw

표했다. 기자들의 질문은 사법제도 공약에 집중되었다. 당시 '검수완박(검찰 수사권 완전 박탈)'이 최대 이슈였기 때문이다. 후보 간 방송토론에서도 교육의제는 전혀 논의되지 않았다.[205]

윤석열 대통령의 선거공보와 공약집에도 교육공약은 크게 드러나지 않았다. 입시비리 엄단 및 취업비리 근절, 입시제도 단순화 및 정시 비율 확대 조정, 초중고 AI 교육 강화, AI 보조교사 도입, 미래산업 10대 학문분야 세계 10위권으로 육성, 100만 디지털 인재 양성 등이 선거공보에 언급되었다. 공약집에는 어린이집과 유치원 교사 처우 개선 및 단계적 유보통합, 초등전일제 교육 실시 및 초등돌봄 8시까지 확대 등이 포함되었다.[206]

윤석열 대통령이 직접 발표한 교육공약에서는 학업성취도 전수평가, 교육감 직선제 개선, 대학에 대한 규제 완화와 재정 투자 확대 등을 약속했다. 특히 "지역 거점대학 1인당 교육비를 국내 상위 국립대 수준으로 끌어올리겠다"는 약속은 고등교육 관계자들의 관심을 집중시켰다. 지역 거점대학이라면 전국의 9개 국립대학을 의미한다. 그 대학들의 2021년 1인당 교육비는 평균 1,851만 원이다. 반면에 서울대학교는 4,861만 원이다. 만약 지역 거점국립대학의 1인당 교육비를 서울대 수준으로 높이려면 엄청난 재원이 필요한 것이다.

윤석열 대통령의 지역 거점국립대 관련 공약은 2022년 2월 9일 거점국립대총장협의회의 제안[207]을 전격적으로 수용한 것으로 보인다. 선거공보와 공약집에 없던 내용이 2월 14일 윤석열 대통령이 직접 발표한 교육공약에 새롭게 추가된 것이다. 이는 거점국립대 총장들의 제안이었을 뿐 아니라, 오래전부터 교육계 진보진영에서 줄기차게 요구한 것이기도 하다. 20여 년 전 '국립대 통합 네트워크'로 처음 등장한 이 정책은 최근 '서울대 10개 만들기'[208]로 변화했는데, 지역 거점국립대학을 서울대 수준으로 상향 평준화하기 위해 지역 거점국립대에 대한 재정지원을 확대

---

205 '백년지대계' 외면한 대선…토론회서 '교육의제' 아예 실종, 한겨레신문, 2022.3.3.

206 20대 대통령 선거 선거공보 및 선거공약서 참조(중앙선거관리위원회 자료실)

207 10개 국립대 총장들 "전국에 서울대 10개 만들자", 국민일보, 2022.2.10.

208 김종영, 『서울대 10개 만들기』, 살림터, 2021

하자는 것이다.

대통령 선거 직후 구성된 20대 대통령직인수위원회(인수위)에서는 두 달의 활동을 거쳐 2022년 5월 3일 국정과제 110개를 선정 · 발표하였다. 교육 분야의 경우, '100만 디지털 인재 양성', '모두를 인재로 양성하는 학습혁명', '더 큰 대학 자율로 역동적 혁신 허브 구축', '국가교육책임제 강화로 교육 격차 해소', '이제는 지방대학 시대' 등 5개의 국정과제가 "창의적 교육으로 미래 인재를 키워내겠습니다"는 약속에 포함되었다.[209]

대통령 선거 공약 중 가장 관심을 끌었던 '지역 거점국립대 1인당 교육비 국립대 상위 수준 확대'는 제외되고, '지역 소재 연구중심대학 육성 추진'과 '지방대학에 대한 행 · 재정적 권한을 중앙정부에서 지자체로 위임하고, 지자체 · 지역대학 · 지역 산업계 등이 참여하는 (가칭)지역고등위원회 설치'가 포함되었다.

대통령 선거에서부터 인수위 국정과제까지의 과정을 정리한다면, '글로벌 선도국가' 실현을 위한 '기초과학과 원천기술 보유'를 강조하고, '디지털 대전환'을 통한 '디지털 패권국가'를 중요한 국가의 비전으로 설정하고 있다. 교육은 그 국가비전 실현을 위한 하위개념으로 인식되는 듯하다. 또한 초 · 중등교육보다는 국가경쟁력 강화에 직접적으로 영향을 미칠 수 있는 고등교육에 관한 관심이 상대적으로 많은 것처럼 보인다.

또한 공약과 국정과제에 포함된 '교육감 직선제 개선', '단계적 유보통합' '(가칭) 지역고등위원회 설치' 등을 종합하면, 이런 추론도 가능하다. 교육감 제도를 개선해서 교육감이 유아(어린이집 포함)부터 고등교육까지 권한을 갖도록 하는 게 아닐까? 그렇게 되면 지방교부금을 나누어 유보통합과 고등교육 예산으로 사용할 수도 있을 것이다. 다만, 그러한 변화가 실현되려면, 법률 개정이 수반되어야 한다.

---

209 제20대 대통령직인수위원회, 「윤석열 정부 110대 국정과제」

윤석열 정부 100일의 기록

윤석열 정부의 교육정책이 어떤 방향으로 진행될지는 아직 알 수 없다. 다만, 대통령 취임 후 약 100일간의 흐름을 통해 부분적으로 예측할 수 있을 뿐이다. 윤석열 대통령은 초대 교육부 장관으로 김인철 전 한국외국어대학교 총장을 지명했다. 김인철 총장은 한국대학교육협의회 회장을 역임했다는 점에서, 대통령의 고등교육에 대한 관심을 드러낸 것이라 할 수 있다. 하지만 김인철 교육부 장관 내정자는 인사청문회 과정에서 도덕성 논란에 휩싸이면서 자진 사퇴했다.

윤석열 대통령이 취임 후 교육에 대해 처음으로 언급한 것은 2022년 5월 16일 국회 연설이다. 윤 대통령은 소상공인 손실보장을 위한 59조 원의 추가경정예산안을 설명하는 국회 시정 연설에서 연금 · 노동 · 교육 개혁의 필요성을 강조했다. "우리 학생들에게 기술 진보 수준에 맞는 교육을 공정하게 제공하려면 교육 개혁 역시 피할 수 없는 과제"라는 것이다.[210]

그리고 2022년 6월 7일 국무회의에서 윤 대통령은 "반도체는 국가 안보 자산이자 전체 수출액의 20%를 차지하는 우리 경제의 근간"이라며 반도체 인재 양성을 위한 특단의 조치를 요구했다.[211] 동시에 "교육부가 경제부처처럼 생각해야 한다"고 주문했다. 때마침 조 바이든 미국 대통령이 방한(2022년 5월 20~22일)하면서 삼성전자 반도체공장을 방문하고, 미국 주도의 'Chip 4 동맹'[212]이 사회적 이슈가 되면서, 윤 대통령의 발언은 커다란 파장을 낳았다. 교육부뿐만 아니라 전 중앙부처가 바쁘게 움직였다.

2022년 7월 19일, 교육부는 '반도체 관련 인재 양성방안(양성방안)'을 발표했다.[213]양성방안에서는 12만 7천 명의 반도체 인재를 추가로 양성하기 위해, 교원확보율만 충족하면 반도체 등 첨단분야 학과의 신 · 증설을 허용하고 기존의 대학규제

210 "연금 · 노동 · 교육 개혁 초당적 협치 나서달라", 세계일보, 2022.5.17.

211 수도권대 반도체 정원 황급히 확대…교육부 그동안 뭐 하다, 동아일보, 2022.6.9.

212 미국 주도로 한국, 일본, 대만 등 4개국이 안정적인 반도체 생산 · 공급망 형성을 목표로 추진 중인 동맹을 말한다. 'Chip(칩)'은 반도체를, 숫자 '4'는 동맹국의 수를 의미한다.

213 반도체 초격차 이끌 인재 '10년간 15만 명' 양성, 교육부 보도자료, 2022.7.19.

를 대폭 완화하겠다고 밝혔다. 수도권 대학 정원에 대한 규제가 풀린 셈이다. 또한 8월 22일, 교육부는 '디지털 인재 양성 종합방안(종합방안)'을 발표했다.[214] 종합방안에서는 2026년까지 디지털 인재 100만 명을 추가로 양성하기 위한 다양한 정책과 지원방안을 담았다.

교육부의 발표에 대해 다양한 의견이 표출되었다. 전통적인 인문교육의 약화를 우려하는 목소리[215]부터, 필요한 인력 추계가 과장되어 과잉 공급이 우려된다는 의견[216]도 제시되었다. 무엇보다 지방대학의 반발이 거셌다. 교육부의 정책이 수도권 대학의 정원 확대로 귀결되고, 그만큼 학생 수 감축으로 고통 받는 지방대의 상황을 더욱 악화시키고 지방소멸로 이어진다는 것이다.[217] 윤석열 정부가 국정과제로 '이제는 지방대학 시대'를 표방한 만큼 지방대학에 대한 지원이 강화되어야 하는데, 반도체 등 첨단분야 인재 양성 정책이 그 반대로 가고 있다는 주장이다.

지방교육재정교부금(지방교부금) 등 교육재정을 둘러싼 논란도 가열되었다. 사실, 지방교부금 논란은 윤석열 정부에서 처음 불거진 것은 아니다. 이명박 정부와 박근혜 정부에서는 기존에 보건복지부에서 지원하는 어린이집 누리과정 예산을 지방교부금에 떠넘기는 방식으로 지방교부금 개편을 추진했다. 또한 2021년과 2022년 추가경정예산 편성으로 지방교부금이 대폭 늘어나면서,[218] 교육부와 기획재정부(기재부) 사이에서 지방교부금을 둘러싼 치열한 논쟁이 진행되었다.[219]

윤석열 정부 들어 교육재정 논란이 달라진 점은 두 가지이다. 기존에는 기재부 등 경제당국에서 학령인구 감소에 따른 지방교부금 감축을 주장하고 교육부가 그것에 반대하는 형국이었다면, 이제는 지방교부금 감축이 정부 전체의 확고한 의지로 굳어졌다는 것이다. 또 하나는 그렇게 감축된 지방교부금을 이명박 · 박근혜 정

---

214 디지털 시대의 주인공이 될 100만 인재를 양성합니다. 교육부 보도자료, 2022.8.22.
215 교육부 '반도체 관련 학과 증원'에…인문 · 사회 · 예체능 계열 감축 우려, 경향신문, 2022.8.18
216 1년 새 8배 불어난 소요 인력…'고무줄' 반도체 인력 추계에 과잉 공급 우려, 한국일보, 2022.7.20
217 수도권大 1천300명 증원 계획…지방대학 반발 커질 듯, 연합뉴스, 2022.7.19.
218 추가경정예산으로 2021년 6조 3,658억 원, 2022년 11조 원의 지방교부금이 추가 편성되었다.
219 이광호, 『2022년 이후 한국교육을 말하다』, 에듀니티, 2022년, 56~79쪽

부에서는 영 · 유아 누리과정 예산으로 사용했다면, 이제는 고등교육의 부족한 재정을 충당하는 재원으로 사용한다는 점이다.

"지방교부금을 줄여 고등교육(대학) 예산을 늘리겠다"는 논리는 인수위에서 여러 차례 반복되었다. 2022년 4월 27일, 인수위 지역균형발전특별위원회는 지방교부금 중 일부를 대학 지원에 쓰겠다고 밝힌 바 있다. "방만한 교육 예산의 주범으로 지목돼 온 지방교부금을 재정난에 빠진 지방대학 쪽으로 돌려 지역 소멸 위기를 극복하겠다"는 것이다.[220] 또한 2022년 6월 16일 대통령 주재로 열린 '새 정부 경제정책 방향' 보고에서는 "고등교육 재정 확충과 연계한 지방교육재정교부금 제도 개편"이 제시되었다. 마침내 2022년 7월 7일 대통령 주재의 '국가재정전략회의'에서는 지방교부금 중 일부를 떼어 대학에 지원하는 방안이 결정되었다. 내국세의 20.79%와 교육세로 구성되는 지방교부금에서 교육세 일부(3.6조 원)를 떼어 대학교육에 쓰겠다는 것이다.

교육감들은 즉각적으로 반발했다. 특히 그 결정 과정에서 교육감들과 사전 협의가 일체 없었다는 사실에 분개했다. 하지만 국회에서 법률 개정이 필요한 상황에서 그것이 실현 가능할지, 그리고 그 예산을 어떻게 배분할지도 문제가 남아 있다. 일부 언론에서는 지방교부금의 '내국세 연동' 비율은 손도 못 대고 '생색내기' 수준에 그쳤다고 비판했다.[221]

윤석열 정부 100일의 기록 중, 교육계 가장 큰 사건은 '만 5세 입학'을 둘러싼 논란이다. 2022년 7월 5일 뒤늦게 임명된 박순애 교육부 장관은 7월 29일 교육부 업무보고를 통해 '만 5세 초등학교 입학' 추진 계획을 발표했다. 교육계는 일제히 반발했다. 결국, 박순애 장관은 취임 35일 만인 8월 8일 사퇴 기자회견을 했다.[222] 또한 대통령실 교육비서관도 교체되었다.

윤석열 정부의 100일을 되돌아보면, 교육에 대한 윤석열 정부의 인식체계를 대

220 인수위 "교육교부금 지역대학까지 지원", 한국경제, 2022.4.27.
221 '흥청망청 교부금' 찔끔 헐어 생색만 낸 대학 재정 확대안, 동아일보, 2022.7.8.
222 '5세 입학 논란' 박순애 부총리 자진사퇴, 연합뉴스, 2022.8.10.

략 가늠할 수 있다. 그리고 그러한 인식체계가 실제 교육 현장에서 어떻게 구현될지도 일정 부분 예측할 수 있다. 분명한 것은 많은 갈등을 격화시키고, 그 과정에서 정부 정책이 좌초할 가능성이 크다는 점이다.

교육감 선거 후 변화

교육감 선거 직후 언론에서는 진보와 보수 교육감의 정책 갈등과 대결을 예상했다. 실제 혁신학교, 학업성취도평가, 외고 · 자사고 정책 등에서 진보와 보수 교육감은 확연한 입장 차이를 보였다. 특히 교육감이 교체된 지역의 경우, 기존 정책의 대대적인 개편이 예상됐다. 실제 경기, 강원, 충북, 전북, 전남, 부산 등에서 기존 정책의 지속 여부를 둘러싼 논란이 발생했다.

또한 그동안 우리 사회에서 유 · 초 · 중등교육의 입장을 대변하면서, 교육부 등 중앙정부와 때로 갈등하고 때로 협력해온 전국시 · 도교육감협의회(교육감협의회)의 위상과 집행력 약화도 예상되었다. 그동안 진보 교육감이 절대다수인 조건에서, 교육감협의회는 진보 교육감이 돌아가면서 회장을 맡고 사무국을 구성 · 운영했다. 진보와 보수 교육감이 절반씩 차지한 상황에서 교육감협의회가 어떻게 운영될지 우려될 수밖에 없는 상황이다.

2022년 6월 23일 개최된 교육감협의회에서는 조희연 서울시교육감이 회장으로 선출됐다. 7월 7일 국가재정전략회의에서 지방교부금 일부를 떼어 고등교육에 지원한다고 결정되자, 교육감들은 대부분 반대 의사를 피력했다. 또한 7월 29일 '만 5세 입학'에 대해서도 마찬가지였다. 무엇보다 그런 중대한 정책 결정 과정에 교육감협의회와의 소통과 협의가 전혀 없었다는 점에 대해서 모든 교육감은 분개할 수밖에 없었다. 여기에 윤석열 대통령의 공약에 포함된 '교육감 직선제 개선'에 대해서도 교육감들은 공동의 입장을 보이는 듯하다. 특히 보수 교육감들이 대부분 초선인 상황에서, 교육감 직선제 개선에 선뜻 동의하기 어려울 수 있다.

2022년 8월 29일 개최된 교육감협의회 간담회에서는 2개의 특별위원회 설치를 논의했다고 한다.[223] '교육재정'과 '교육감 선거 제도 개선'을 논의하는 특별위원회가 그것이다. 앞으로 교육감협의회 내부의 진보와 보수 갈등보다는 전체적인 국가정책에 대응하기 위한 교육감들의 협력이 강화될 가능성이 크다. 교육감 내부의 이념적 차이보다는 중앙정부의 일방적인 정책 추진(지방교부금 축소, 만 5세 입학 등)에 대해 공동으로 대응할 필요성이 더 큰 것이다. 무엇보다 그런 정책 결정 과정에서 중앙정부로부터 '패싱' 당하지 않기 위해서라도, 교육감협의회의 역할이 중요해졌다.

2023년 이후, 교육계는 무엇이 달라질까?

2022년 두 번의 선거와 국가교육위원회 출범으로 교육계의 많은 변화가 예상된다. 정치 · 경제 · 사회 모든 면에서 윤석열 정부는 기존 문재인 정부 정책을 뒤집거나 수정을 꾀하고 있다. 교육 분야 역시 그럴 것이다. 교육감이 교체된 지역에서도 기존 정책의 대폭적인 수정 요구가 늘어날 것이다.

그런데 교육 현장에 큰 영향을 미치는 사안들은 대부분 법률 개정을 필요로 하는 경우가 많다. 지방교부금 개편, 교육감 직선제 개선, 고등교육 권한의 지방 이양 등이 그것이다. 야당(더불어민주당)이 압도적 다수를 차지하고 있는 국회 상황을 고려할 때, 관련 법률 개정은 쉽지 않을 수 있다.

또한 한국 사회의 민주화 과정에서 형성된 시민 참여 의식, 특히 지난 10여 년 동안 축적된 교육자치와 혁신교육의 경험은 그 어떤 정책도 교육 현장의 동의 없이는 제대로 실현되기 어렵다는 점이 고려되어야 한다. '만 5세 입학' 같은 정부 정책이 하루아침에 무너지는 것도 그 때문이다. 따라서 윤석열 정부는 물론 새롭게 선출된 보수 교육감 역시 애초의 의지대로 정책을 추진하는 데 많은 어려움을 경험

223 교육감협의회, '교육감 선거 개선안 논의' 특위 구성 협의, 뉴시스, 2022.8.29.

할 것이다.

그럼에도 몇 가지 분명한 변화는 예상된다. 우선 2022 국가 교육과정 개정과 함께 고교체제 개편은 물론 대학입시 개편을 둘러싼 논쟁이 확대될 것이다. 외고의 경우 수학능력시험에서 영어 절대평가가 도입된 지 오래고, 또한 이공계 첨단분야 인재 양성이 강조되면서 사실상 수요가 많이 줄어들었다.[224] '외고 폐지' 정책 도입 여부와 상관없이, 일반고 전환을 희망하는 외고가 늘어날 것이다. 반면에 '자사고'는 사정이 다르다. 고교 무상교육 이후 일반고 전환을 희망하는 자사고가 늘어나고 있지만, 여전히 자사고 수요는 일정하게 존재한다. 특히 기업의 재산 출연으로 설립된 학교들은 자사고 유지를 고집할 것이다. 또한 기존 자사고와 다른 '농산어촌 자율고'들도 기존의 전국 단위 선발권 유지를 요구하고 있다.[225] 전체적으로 서울의 외고 · 자사고는 줄어들겠지만, 지방의 경우 새로운 명문 학교들이 늘어날 가능성이 있는 것이다.

2022 개정교육과정은 고교학점제 실현을 중요한 목표로 설정한다. 고교학점제 실현을 위해서는 소규모학교의 통합, 원격교육 활성화, 다양한 학생 선택 교과 운영을 위한 교원 수급 계획 등이 논의될 것이다. 그리고 2025년 고교학점제가 전면 도입되면, 2028학년도 대학입시제도를 학점제에 맞게 개편해야 한다. 2028년 대입 개편을 위해서는 2014년 2월까지 대입 제도를 확정해야 한다.[226] 아마도 국가교육위원회가 출범하면, 가장 먼저 대입 개편안을 다룰 가능성이 크다. 2023년 내내 사회적 합의 과정을 거칠 것이다.

교육청에 따라서는 IB(International Baccalaureate) 도입을 본격적으로 추진할 수도 있다. 이미 제주, 대구 등에서 도입된 IB는 교육감 선거를 거치면서 많은 지역에서 공약으로 제시된 바 있다. IB를 도입하는 경우, 2023년부터 학교 선정, 교사 연수 등이 본격화될 것이다. 현재까지 논의되는 대입 개편안에도 논 · 서술형 평가가 자주

224 "문과는 취직 힘들어"…전국 외고 절반 '정원 미달', 세계일보, 2022.8.29

225 농산어촌 자율高 "자사고처럼 우리도 살려달라", 조선일보, 2022.8.13.

226 고등교육법 제34조에 의하면 대입제도를 개편하기 위해서는 "해당 입학 연도의 4년 전 학년도가 개시되는 날 전까지 공표하여야 한다."고 규정하고 있다. 이른바 '4년 예고제'이다.

언급되고, 거기에 IB 도입까지 결합한다면 평가체제의 상당한 변화가 예상된다.

IB 교육과정의 도입은 국제학교 신설 요구와 연결될 수 있다. 다문화 학생이 급증하고 한국의 첨단분야(반도체, 배터리, 바이오 등) 기업에 근무하는 외국인이 늘어나는 만큼, 그들을 위한 교육제도의 필요성이 증대할 것이다. 자칫, 다문화와 외국인 자녀에 대한 교육 수요는 값비싼 사립 국제학교 설립 요구로 이어질 수도 있다. 이를 어떻게 기존 공교육 내부에서 수용할 것인지가 쟁점으로 떠오를 것이다.

학생 수 감소에 따른 교원제도, 구체적으로 말하면 학급당 학생 수, 신규 교원 채용 규모, 교·사대 통합 및 교원 양성 기관 축소 등이 본격적으로 논의될 것이다. 이는 당장의 학교 현장에 영향을 미치기보다는 교원 양성 기관(교대와 사범대)에 많은 영향을 미칠 것이다.

학업성취도 평가를 둘러싼 논란도 가열될 것이다. 학업성취도를 전수평가로 할 것인지를 둘러싸고 논쟁이 지속되겠지만, 과거 이명박 정부처럼 정부(교육부)가 직접 나서 모든 학교에 강요할 가능성은 크지 않다. 교육청, 학교별로 자유롭게 전수평가를 신청하는 방식으로 진행될 것이다.

2023년에 가장 논란이 커질 것은 '전일제학교'와 '아동 돌봄 8시 연장'이다. 이는 윤석열 정부의 핵심 공약인 만큼, 학교 현장의 반발에도 불구하고 무리하게 추진할 가능성이 크다. 아마도 2023년 내내 학교 현장은 돌봄 문제로 시끄러울 것이다. 재정자립도가 높은 도시지역의 경우 학교시설복합화법을 활용한 돌봄의 지방자치단체 운영 모델(서울 중구에서 실행되었던 모델)이 확산될 가능성이 크지만, 그렇지 못한 지역에서는 고스란히 학교와 교사의 부담을 가중시킬 것이다. 이에 대한 교육청 차원의 현실적인 대책이 빨리 강구되어야 한다.

IB(International Baccalaureate)

뜨거운 감자 IB, 대안인가 유행인가?

최종홍 (문상초등학교 교장)

◆ ◆ ◆

기대 반, 우려 반 IB

IB는 스위스 비영리 공적 교육재단인 '국제바칼로레아 기구(IBO)'[227]에서 주관하는 교육프로그램이다. 토론 수업과 글쓰기 과제 등을 통해 논리적 사고력과 문제해결력을 키우고 비교과 활동을 통해 다양한 경험을 강조하는 교육과정으로 엄정한 질 관리 등이 특징으로 알려져 있다.[228] 현재 전 세계 161개국 5,595교(2022. 8월 기준)에서 운영 중이며 만 3세부터 만 19세까지의 학생들을 위한 교육프로그램을 운영한다. 초등학교 학생들을 위한 IB Primary Years Programme(PYP), 중학교 프로그램인 IB Middle Years Programme(MYP), 고등학교에 해당하는 IB Diploma Programme(DP), 직업 연계 프로그램인 IB Career-related Programme(CP)이 있다.

227 IBO: International Baccalaureate Organization, 1968년에 창설된 비영리 교육재단

228 성기선, 「IB(International Baccalaureate) 교육과정의 접근과 적용 실제 탐색」, 2018

국내 IB 인증학교 현황

순	학교명	PYP	MYP	DP	CP	지역	학교형태
1	브랭섬홀 아시아	○	○	○		제주	국제학교
2	영국 국제 아카데미	○	○	○		경남	국제학교
3	체드윅 국제학교	○	○	○	○	인천	국제학교
4	충남 삼성고등학교			○		충남	사립학교
5	대구 중앙중학교		○			대구	공립학교
6	삼영초등학교	○				대구	공립학교
7	영선초등학교	○				대구	공립학교
8	덜리치컬리지 서울			○		서울	국제학교
9	드와이트스쿨 서울	○	○	○		서울	국제학교
10	경기 외국어고등학교			○		경기	사립학교
11	경기 수원국제학교	○	○	○		경기	국제학교
12	경남 국제외국어학교	○	○	○		경남	국제학교
13	부산 국제학교	○	○	○		부산	국제학교
14	한국 외국어학교	○				서울	국제학교
15	경북대 부설초등학교	○				대구	국립학교
16	경북대 부설고등학교			○		대구	국립학교
17	경북대 부설중학교		○			대구	국립학교
18	북런던대학 제주			○		제주	국제학교
19	포산고등학교			○		대구	공립학교
20	표선고등학교			○		제주	공립학교
21	서동중학교		○			대구	공립학교
22	서울외국어학교	○	○	○		서울	국제학교
23	대구외국어고등학교			○		대구	공립학교
24	태선기독교국제학교	○	○	○		대전	국제학교

www.ibo.org(2022.8.30. 검색)

국내 IB 인증학교는 24교이며 그 중 국제학교가 12교로 우리나라에서는 국제학교를 중심으로 운영되고 있다. 우리나라 공교육에 IB를 도입한 최초의 학교는 경기외국어고등학교이다. 2010년 12월 31일에 IB 학교로 인증을 받아 영어과(국제반)에서 한국어와 일본어를 제외한 모든 수업을 영어로 진행하는 IBDP 과정을 운영하고 있다. 이후 2019년 7월에는 「대구광역시교육청-IB, 제주특별자치도교육청-IB 간 IBDP 한국어화 추진협약」을 체결하여 국제학교와 특목고, 자사고가 아닌 일반고에서도 IB 시대가 열렸다. 그러나 '탄탄대로'라 하기에는 걸림돌이 많다. IB 도입을 추진하는 과정에서 교육청 정책에 이견을 표명하는 학교 현장의 목소리들이 있기 때문이다. IB가 뜨거운 감자가 되었다.

충남교육청이 김지철 교육감의 공약인 '충남형 IB(International Baccalaureate) 교육과정' 도입을 놓고 딜레마를 겪고 있다. 교육과정 도입을 위해선 교육공동체의 동의가 필수적인데, 현재로서는 대대적 변화에 따른 현장 혼란이 예상되는 만큼 참여가 저조할 것으로 예상되기 때문이다.[229]

제주도교육청이 IB 학교 신규 지정을 위한 지역 설명회를 연다. 김광수 교육감이 지난달 1일 취임 회견에서 "현행 IB 학교는 적극 지원하되 더 이상 확대하지는 않겠다"는 취지의 입장을 밝혔지만 초 · 중학교 연계가 필요하다는 학부모 등의 요구가 잇따르는 상황을 반영한 결과다.[230]

IB는 우리나라 공교육의 신토불이 교육과정이 아니다. 그러니 이식 거부반응은 있을 수 있지 않겠는가? IB는 대한민국 공교육의 혁신을 위한 마중물이 될 것인가? 아니면 바람처럼 왔다가 이슬처럼 사라질 것인가? 살펴보고 따져보자.

◆ ◆ ◆

뜨거웠던 공약 대결의 현장, 'IB 학교 뜨고, 혁신학교 지고?'

2022년 6월 1일, 제8회 전국동시지방선거가 대한민국 전 지역에서 실시되었고 17명의 교육감이 선출되었다. 이번 지방선거의 특징 중의 하나는 다수의 교육감

229 "IB도입 놓고 충남교육청 딜레마", 굿모닝충청, 2022.8.7.

230 "확대 않겠다"던 IB 학교… 제주교육청 결국 신규 지정 추진, 한라일보 2022.8.3.

후보들이 IB 학교 도입을[231] 공약으로 채택했다는 것이다. IB 학교 도입을 공약으로 제시한 교육감은 강은희 대구광역시교육감, 김지철 충청남도교육감, 임태희 경기도교육감, 박종훈 경상남도교육감 4명이다. 전국 시 · 도교육청 중에서 가장 적극적으로 IB 교육과정을 도입 운영하고 있던 강은희 대구광역시교육감은 이번 선거에서도 '지역 간 교육격차 해소를 위해 미래학교 및 IB 학교의 우수 교육프로그램을 지역 내 초 · 중 · 고에 공유 · 확산하여 질 높은 공교육을 보장하겠다'는 공약을 앞세워 재선에 성공하였다.

IB 학교 전국현황

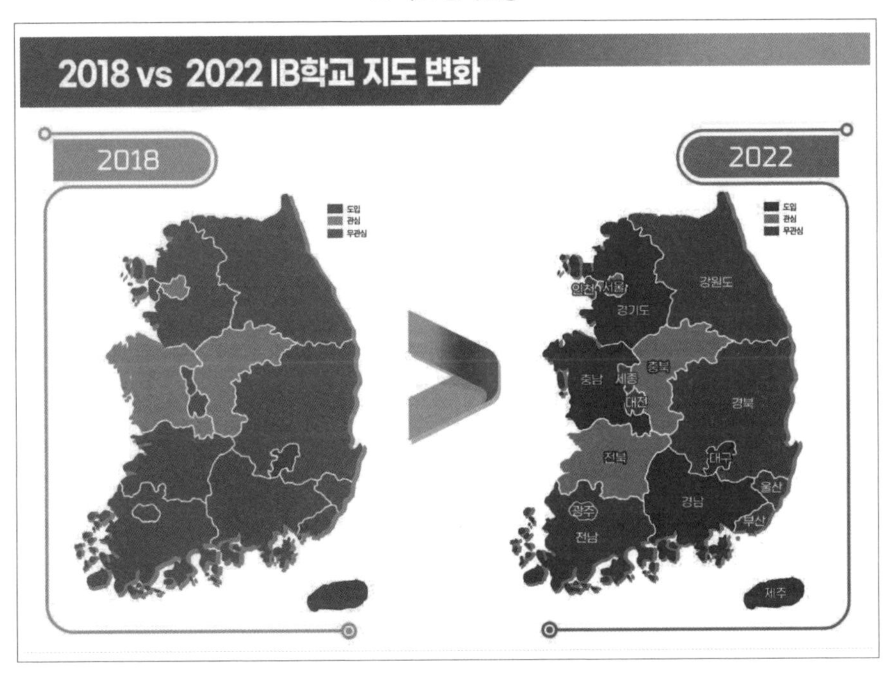

김지철 충청남도교육감은 이번 선거에서 'IB 교육과정 운영 학교 준비'를 공약으로 내걸었다. 수업의 질 향상을 위해 충남형 IB 교육과정을 도입하겠다는 것이

231 교육감 선거 공보서와 언론 기사를 분석하여 정리한 내용임

다.[232] 공약만 두고 보면, IB 교육과정을 이미 운영하고 있는 대구광역시와 제주특별자치도를 제외하고는 가장 적극적으로 IB를 도입하겠다고 밝혔다.

임태희 경기도교육감은 '경기도형 IB 교육프로그램 개발'을 공약으로 내세워 초선에 당선되었다. 경기도는 4,700여 개의 학교에 160만여 명의 학생이 있다. 따라서 앞으로 경기도교육청의 IB 교육 추진이 우리나라 교육에 미치는 영향력은 적지 않을 전망이다. 박종훈 경상남도교육감은 'IB 교육과정 도입으로 미래형 교육과정을 운영하겠다'는 공약으로 3선에 성공했다. 창의력과 비판적 사고력을 갖춘 창의융합형 미래 글로벌 인재를 양성하기 위해서 'IB 교육과정을 시범 운영'하겠다는 것이다.[233]

2023. 혁신학교 전망

혁신학교와 IB 학교는 교육과정이 추구하는 철학 및 방향이 대동소이하다. 제7차 교육과정부터 비롯된 세계 및 국제적 시각의 교육과정의 내용을 반영하고 있으며, 2009 개정교육과정에서 주목하고 2015 개정교육과정에서 제시한 핵심역량과 연계 · 융합 설계를 시도한다는 점에서 IB 교육과정이 추구하는 방향과 우리나라 교육과정의 지향점이 크게 다르지 않은 것이다.[234] IB 교육과정은 '얼마나 알고 있는가?'보다 '무엇을 할 수 있는가?'를 중시한다. 2015 개정교육과정은 문 · 이과 통합교육과정으로 미래사회가 요구하는 역량을 기르는 데 중점을 둔다. 이처럼, IB와 혁신학교에서 운영하는 2015 개정교육과정은 모두 '역량중심 교육과정'이다.

혁신학교는 2009년 경기도 13개 학교로 시작하여, 2011년 서울(서울형 혁신학교), 광주(빛고을 혁신학교), 강원(행복더하기 학교), 전남(무지개 학교) 교육청이 동참하였고, 이후 17개 전국 시 · 도교육청으로 확산되어 오늘에 이르고 있다. 2022 교육부 자료에 따르면 초 · 중 · 고 2,746개 학교가 혁신학교로 운영되고 있으며 이 중

232 김지철 후보, 충남형 IB 교육과정 도입 "모든 아이에게 특별한 교육을", 금산중앙신문, 2022.5.16.
233 "박종훈 교육감 후보 10대 핵심 공약", 거제뉴스아이, 2022.5.22.
234 정영근외, 「IB 교육과정의 접근과 적용 실제 탐색」, IB 교육과정 현황과 쟁점 탐색 세미나 자료집, 2018.

50.7%(1,393개교)가 경기도에 몰려있다. 경기도만 보면 도내 초 · 중 · 고 2,455개교 중 57%가 혁신학교이다. 경기도가 그간 '혁신학교의 메카'로 불렸던 이유이기도 하다. 이런 경기도에서 보수교육감이 당선되면서 혁신학교가 존폐 위기를 맞고 있다. 임태희 경기도교육감은 "혁신학교의 양적 팽창을 지양하고 원점에서 재검토하겠다. 혁신학교 신규 지정을 중단하겠다."라고 선언했다.[235] 임태희 경기도교육감이 IB 도입을 공약으로 내세워 당선된 만큼 경기도의 혁신학교 빈자리를 IB 학교가 자리매김하게 될지 귀추가 주목된다.

공교육 정상화의 담론은 이제 혁신학교에서 IB 학교로 넘어가고 있다. 혁신학교 운동이 이슈의 중심에서 밀리는 양상이다. 인천, 울산, 충남, 경남을 제외하면 혁신학교 신규 지정 및 운영이 축소 · 폐지의 절차를 밟는 것으로 알려지고 있다.[236] 혁신교육의 한계를 어떻게 극복하느냐 여부에 따라 존폐 위기에 직면할 수도 있다. 바야흐로 혁신교육은 새로운 전환점을 모색해야 할 시점인 것이다. 이러한 교육의 대 분수령 앞에 시 · 도교육청에서는 위기를 기회로 삼고 새로운 시대적 과업의 교육 담론으로 나아가기 위해 IB 교육과정 도입을 모색하고 있는 듯하다.

◆ ◆ ◆

왜, 교육감들은 선거공약으로 IB에 관심을 가질까?

교육자치 활성화를 위해

1991년 교육자치에 관한 법률이 제정된 지 31년이 지났다. 교육자치도 청년을 넘어 성년으로 성장하고 있다. 교육자치의 중요한 요소 중 하나가 '교육과정 운영권'이기 때문이다. 지방교육자치에 관한 법률 제20조(관장사무) 6항에 의하면 교육감은 '교육과정의 운영에 관한 사항'의 사무를 관장하도록 명시하고 있다. IB 교육

235 첫 보수 교육수장 경기도 '혁신학교' 존폐 위기, 이데일리 2022.7.6.

236 론 보도자료를 중심으로 분석한 결과이며, 2023년 시도별 주요 업무계획을 확인할 필요는 있다.

과정은 전 세계 여러 나라에서 운영되고 있는 국제 교육과정 중 하나이다. 교육자치의 수장이며 미래교육을 이끌어야 하는 교육감으로서는 더 나은 교육과정 운영에 대한 고민을 하지 않을 수 없는 것이다.

더 새로운 혁신 아젠다를 찾아

선거는 유권자의 마음을 얻는 과정이다. 유권자의 지지가 후보자의 당선 여부와 직접적으로 연결된다. 당연히 후보자는 유권자들이 선호하는 공약을 제시할 수밖에 없다. 선출직으로서의 교육감은 늘 교육혁신 아젠다에 목마르다. 2009년 경기도교육청 김상곤 교육감이 공약으로 내세우면서 등장한 혁신학교는 제8회 전국동시지방선거 전까지 '교육혁신의 아젠다'였다. 10년이 지났다. 선거공약으로서 신선함이 없어진 그 자리를 이제 IB가 채워가고 있다.

수업 혁신과 공정한 입시 체제 개선을 위해

교육감들은 2015 개정교육과정에서 추구하는 핵심역량을 함양하기 위해 수업과 평가의 혁신을 모색해 왔다. 그 일환으로 IB 학교에서 운영하고 있는 '토의 · 토론식 수업 & 서 · 논술형 평가'에 주목하였다. 강은희 대구광역시교육감과 이석문 전)제주특별자치도교육감의 인터뷰에서도 IB 도입 취지를 확인할 수 있다.

"IB 교육과정 도입의 궁극적 목적은 지식을 집어넣는 수업이 아닌 생각을 꺼내는 수업 구현이다. 또한 공정한 평가제도 도입은 이제 더 미룰 수 없는 시대적 과제다. 그간 다양한 외국 교수학습법을 들여와 시행했지만 결국 우리나라의 평가 시스템을 넘지 못해 효과가 반감됐다. IB는 이를 극복할 수 있는 평가 시스템을 갖추고 있다."[237]

---

237 IB 도입 강은희 교육감 "집어넣는 수업 아닌 생각 꺼내는 수업에 최적", 에듀인뉴스, 2019.2.4.

"올해 상반기 IBO-제주-대구 교육청 삼자 간 업무협약을 체결할 예정이다. 한국어 DP 도입의 제1순위는 교원양성이다. 채점관이 1,000명 이상 양성되면, 대입 개편도 가능하다. IB 도입의 궁극적인 목적은 '수능에 집중된 대학 입시체계 개선이다."[238]

◆ ◆ ◆

IB의 평가는 어떻게 공정성을 확보하였을까?

IBDP의 평가는 내부 수행평가(Internal Assessment: IA)와 외부 총괄평가(External Assessment: EA)로 구성된다. 학생이 선택한 정규과목은 각 과목의 IA와 EA 점수를 합산하여 최종 졸업점수를 산출하게 되는데 합산 비율은 과목마다 조금씩 다르다. 과목별 만점은 7점으로 6개 정규과목의 총점은 42점이다. 여기에 필수 핵심 교과에서 취득하는 3점을 더하여 총졸업점수의 만점은 45점이 된다.

내부 수행평가(우리나라의 내신)는 수업 중에 수행된 평가 대상 자료를 담당 교사가 채점하여 평가하는 형태로 구술, 리포트, 포트폴리오 등 다양한 자료를 바탕으로 평가한다. 다만, 담당교사의 평가에 그치지 않고 IBO에서는 평가의 가이드라인을 제시하는 한편 일선 학교의 IA 평가에 대한 주기적인 점검을 통하여 평가의 신뢰성을 높이기 위해 노력하고 있다.[239] 예를 들어 표준화된 45점 중에 내신이 포함되어 있기 때문에 내신 부풀리기 같은 영향이 없도록 내신 평가 중 일부를 무작위 검토하여 부풀리기 등이 발생했다고 판단되면 그 학교 전체 점수를 하향하는 방식으로 내신을 조정한다.[240]

외부 총괄평가는 IBDP를 운영하는 전 세계 학교들이 동시에 실시하는 전체 시

238 IB 도입 1순위는 '교원양성'…"올해 상반기 MOU 체결할 것", 미디어제주, 2019.4.24.

239 류영규 외, 「IBDP 공교육 도입의 선결 조건 탐색」, 교육혁신연구, 28(3), 2018, 195-224.

240 이혜정 외, 「비판적 창의적 역량을 위한 평가체제 혁신 방안: IB 사례를 중심으로」, 서울특별시교육청교육연구정보원 교육정책연구소 위탁연구보고서, 2017.

험으로 IBDP의 최종 수료 시험의 성격을 띤다. 채점은 전 세계에서 차출된 채점관(비공개)들이 블라인드로 채점하며 7등급 절대평가다. 여러 단계의 교차 채점을 하며 등급 점수뿐 아니라 원점수도 제공한다. 점수 공개 후 재채점 신청도 가능하다.[241] 수능처럼 점수가 학생에게 통지된 이후에도 학생이 채점에 이의가 있을 경우 재채점을 신청할 수 있는데 재채점의 경우 점수가 떨어질 우려도 있기 때문에 교사와 학생은 재채점 신청에 신중을 기한다. 이처럼 여러 단계에 걸쳐서 채점의 일관성을 관리하고 있기에 IB 교육과정이 운영된 지난 50년 동안 채점의 공정성 면에서 신뢰를 받아왔다.[242] 또한 IB의 평가는 학생 자신의 생각을 꺼내는 '지적 정직성'을 중요하게 생각한다. IB에서는 보고서에 참고문헌 하나만 빠트려도 디플로마를 박탈한다. 실제로 IB 고득점을 받아 세계 최상위권 대학에 합격한 학생이 지식론 논문에서 인용에 대한 출처 하나를 달지 않았다는 이유로 디플로마가 수여되지 않아 대학 입학이 보류된 사례가 있었다. 그 학생은 결국 이듬해에 다시 시험을 치러야 했다.[243]

그렇다면 IB 평가는 누구에 의해 이루어지는가? IB의 외부 총괄평가는 채점관 선발, 채점관의 질과 평가 결과 등 모든 부분을 IBO가 책임진다. 채점관은 주로 현직 교사들이나 대학교수 중에서 심사를 거쳐 선발한다. 신청을 받은 뒤 테스트를 통과하면 훈련을 거쳐 채점관으로 활동할 수 있다.[244] 평가의 공정성에 문제가 발생한 경우 최종 확인과 처리는 IBO가 담당하며, 특별히 고려해야 할 학생들이 있을 경우 이에 대한 고려의 정도 또한 IBO가 최종 결정한다. 이 같은 채점관 제도 아래에서 IBO는 수십 년간 누적된 교사 및 교수들의 집단 지성으로 평가와 채점의 신뢰성, 타당성을 확보하고 있다. IBO의 채점관 선발 및 양성 과정에서의 노하우, 구체적인 평가 가이드라인 등을 상세하게 밝히는 데에는 한계가 있다. IBO가 공개하지 않기 때문이다. 그러나 다음 사항은 벤치마킹할 필요가 있다. 우리나라 공교

241 이혜정 외, 「국제 바칼로레아(IB) 프로그램 현장 안착 지원 방안 연구」, 대구광역시교육청 위탁연구보고서, 2019.
242 이혜정 외, 앞의 책, 서울특별시교육청교육연구정보원 교육정책연구소 위탁연구보고서, 2017.
243 [IB Q&A-평가시스템에 쏟아진 의문들]①평가 신뢰할만한가?, 에듀인뉴스, 2019.10.7.
244 이혜정 외, 앞의 책, 대구광역시교육청 위탁연구보고서, 2019.

육에 서 · 논술형 평가체제를 도입하는 데에 있어 넘어야 할 과제인 '평가의 공정성' 문제 해결의 실마리를 찾을 수 있을 것으로 보이기 때문이다.

- 체계적인 채점관 관리, 평가자 간의 책임 소재를 명확하게 설정하고 협의를 통해 채점 및 등급을 부여하는 것
- 시험 결과에 대해 학생들이 이의 제기를 할 수 있는 과정을 허용하며, 1개의 시험을 통해 여러 능력을 한꺼번에 측정할 수 있도록 문제의 채점 기준을 여러 개의 평가 요소로 나누어 채점하는 방식
- 상위 채점자와 하위 채점자 간의 점수 차이를 보완할 객관적 방식을 마련해 두는 것

◆ ◆ ◆

IB 학교 공교육 도입의 쟁점

공교육에 IB를 도입하는 문제를 두고 의견이 분분하다. IB 도입이 우리나라 수업과 평가혁신의 마중물일까? 아니면 또 다른 부작용을 양산하는 화약고가 될까? 우리나라 공교육에 IB 교육을 도입하려는 이유와 한계를 따져보자. IB 교육과정을 운영해 본 경험이 있는 국내 학교의 교사와 학생들의 인터뷰를 근거로 정리한다.

수업 개선에 효과적이다.

"(수업 시간이) 전에는 되게 조용했고 자는 애들이 많았어요. 요즘 IB로 바뀌면서 실험하는 분위기나 아니면 같이 협동해서 하는 분위기가 늘어나니까 뭔가 되게 참여하는 애들이 많아진 것 같아요." (**중, A학생)

"저는요. 뭔가 고정돼 있던 틀에서 벗어나서 내 의견을 친구들이나 아니면 선생님이 들어주니까 뭔가 그게 더 뿌듯하기도 하고 그래요." (**초, B학생)

"기존의 공부 방식이 지식, 기능 위주로 흘러갔다면 IB 교육과정에서는 우선 학생이 배운 단계에 머무르지 않고 행동으로 실천하는 탐구가 이뤄진다. 학생들이 탐구 주제를 스스로 찾고 이렇게 하니 재미있다'는 등의 반응을 보일 때 큰 보람을 느낀다."(**초, C 교사)

교사와 학생들이 함께 한 인터뷰를 살펴보면 IB 교육이 수업 개선의 효과가 있음을 알 수 있다. 이야기를 나눈 대부분의 학생들은 '주도적으로 학습에 참여하는 것'에 긍정적인 반응을 보였다. 그러나 IB이기 때문에 수업혁신이 일어난다는 객관적 증거는 찾기 힘들었다. 이러한 반응은 수업혁신을 실천하고 있는 교실에서의 일반적인 반응이기 때문이다. 좀 더 깊은 연구를 통한 IB의 효과성 검증이 필요하다.

우리나라 교육과정 운영의 한계에 대한 대안이다.

"2015 교육과정과 IB 교육과정이 그리는 인간상 및 교육철학이 유사하다. IB 교육과정에서는 정해진 교과서도 없고 창의 · 융합 교육과정이 있을 뿐이다. 교사의 수업 및 평가의 자율성이 보장되어 있다. 그러나 2015 교육과정에서는 교과 종류, 시수, 과목 등이 명확하게 제시되어 있다. 수업 전 교사 간 수업을 협의하고 교육과정을 재구성하여 통합수업을 실시하는 데는 한계가 있다는 것이다. 2015 교육과정의 한계를 IB 교육과정이 채울 수 있다고 생각한다." (**고 F 교사)

"IB 학교는 '어떻게 가르치고, 어떻게 평가할 것인가'에 대해서는 IBO의 정확한 지침과 매뉴얼을 따라야 한다. 그래서 융합수업을 통한 역량함양과 공정한 평가에 장점이 있다. 매뉴얼의 기준을 맞춘다면, IB 교사는 '무엇을 가르칠 것인가'에 대해서는 자율성을 확보받는다. 교사별로 교재 선택이 자유롭고 교재 내용에 대한 자율성을 갖는다." (**중 B교사)

2015 개정교육과정과 IB는 추구하는 교육 방향이 같다. 학생들의 역량을 신장시키는 교육과정이다. 그러나 교육과정 운영 측면에서는 다소 차이가 있다. 고등학교의 주제 통합수업의 예를 들어보자. 우리나라 수업에서는 교사 간 협력을 통한 교육과정 재구성을 실시해야 한다. 그러나 주제통합수업 실시의 강제성은 없다. 수업 방법의 자율성이 교사에게 있기 때문이다. 교사에 따라서 수업의 질이 편차가 있다는 것이다. 반면 IB는 '어떻게 가르칠 것인가? 어떻게 평가할 것인가?'에 대한 지침이 명확하다. 따라서 IB의 매뉴얼을 준수하면 수업의 질과 평가의 공정성이 확보된다는 것이다.

공립학교 IBDP 소수 엘리트 교육이다.

"IBDP는 희망 학생을 대상으로 한다. 희망 학생 중 80%는 중학교에서 IB 교육과정을 이수 한 학생이다. 나머지 20% 학생은 중학교에서 IB 교육과정을 경험하지 못했으나 외국 유학을 목표로 하는 학생이나 일반고등학교와는 좀 다른 교육과정을 경험하고 싶은 학생들이다." (**고 D교사)

"IB 교육과정은 학습 부담이 크다. 경기외고 또는 삼성고 같은 성적 상위학교에서나 가능할 것이다. 국어 외 과목은 영어로 수업하는 것이 기본이다. 우리말로 번역하여 수업을 한다고 해도 높은 학습 부담과 대학입시 부담 준비 때문에 일반 학교 확산은 한계가 있을 것이다." (**고 E교사)

IBDP는 미국이나 우리나라 모두 소수의 희망 학생을 대상으로 한다. 최종 교육과정 이수 난이도가 높기 때문이다. IBDP는 다양한 대입 자격을 위한 과정 중 하나로 희망 학생만을 대상으로 운영되는 것이 타당하다. 그런데 IB 교육은 IB 인증학교에서만 가능하다는 것이 문제이다. 현재와 같이 매우 제한적인 단위학교에서만 운영되는 상황이 지속된다면 일반 공립고등학교에서는 희망하는 학생이 있어도 참여하기 어려운 것이 현실이다.

교육과정 사대주의이며 고비용의 인증 비용이 발생한다.

"IB 교육과정을 운영하기 위해서는 매년 천만 원 상당의 로열티를 IBO에 지불해야 한다. 온전히 IB 인증학교의 이름을 빌리는 예산이다. 일반학교와의 교육과정 공유도 불가하기 때문에 결국 돈을 내고 다른 나라의 교육과정을 운영해주는 셈이다." (**초 D교사)

"IBDP 인증을 받기 전 비용(후보학교 지원 비용, 후보학교 지정 후 연회비, 인증학교 전 교원 전문성 개발 비용 및 학교 시설 개선 비용 등), 인증 이후의 비용(인증학교 연회비, 교원 전문성 신장 비용, 개별 학생 평가 비용 등)에 대한 교육 재정이 소요된다." (**고 C교사)

"IB 학교 인증을 받기 위해서는 IBO가 주관하는 전문성 신장 워크숍에 필수로 참여해야 한다. 관심학교 단계에서는 교장 및 교감이 관리자 워크숍에, 후보학교 단계에서는 코디네이터 워크숍, 교원 대상으로 과목 워크숍에 참가해야 한다. 그리고 인정학교 단계에서는 각 과목 워크숍 이외에 카테고리 2, 3 워크숍에 참여해야 한다. 교사 1인당 연수비용은 75만~80만 원 정도이다." (**고 F교사)

IB 인증학교를 운영하기 위해서는 비용이 발생한다. 교사 연수를 위해 IBO 주관 워크숍에 유료로 참여하는 것은 물론 연회비 및 학생 평가 비용 등이 있다. 단위학교에서 100명의 교사가 연수에 참여한다면 연간 7,500만 원이다. 그리고 1천여만 원의 로얄티가 발생한다. 또한 학생 DP 수험료가 추가로 발생한다. 국가교육과정을 운영하는 나라에서 외국 교육과정을 운영하기 위해 비용을 지불하는 것에 대한 비판의 목소리가 높은 이유이다.

과중한 업무, 교사 부족 등으로 현실성이 부족하다.

"우리 학교는 IB 후보학교다. IB 교사 확보가 힘들다. 관내 내신으로 우리학교를 희망한 교사가 0명이다. 그렇지만 우리학교 교사들은 똘똘 뭉쳐 열심히 하고 있다." (**초 A 교사)

"IB를 감당하기 힘든 교사들은 내보내고, IB를 원하는 교사들을 학교장이 면접을 시행해서 전입을 받는다. 중학교에서 IB를 가르쳐 본 교사들도 선발되어 온다. 연령대를 보면 MZ세대가 주를 이룬다. " (**고 C교사)

"IB 인증학교가 되기 위해서 업무가 엄청나다. 1년 동안 300여 시간 이상 분량의 UOI(Unit of Inquiry)를 작성했다. IBO에서 구체적으로 요구하지는 않았지만 혹시 탈락시킬까 우려되었다." (**초 C교사)

현재까지의 IB 학교는 교사들의 열정으로 운영되고 있는 듯하다. 체계적으로 교육받은 IB 교사가 부족하다고 말한다. IB 학교에 IB 교육을 원치 않은 교사가 발령받을 수 있으니 연수 및 업무 추진에도 수동적일 수밖에 없다. 그러니 교사 간 내부 갈등 소지가 생기는 것이다. 그뿐만 아니라 체계적으로 교육받은 IB 교사가 부족하기에 준비가 부족하다는 비판이 나올만하다. 교육청에서도 더 많은 지원과 준비가 필요해 보인다. 매년 교육과정 사용료로 적지 않은 예산이 해외로 빠져나간다. 이외에도 많은 토론회와 논문에서는 다양한 근거를 들어 IB 도입에 대한 찬성과 반대 의견이 엇갈리고 있다.

◆ ◆ ◆

미국 IB 학교 운영사례[245]

대한민국은 지금 IB 학교 논쟁이 한창이다. 실제 IB 학교를 먼저 운영한 사례를 살펴볼 필요가 있다. IB를 도입한다면 장점을 극대화하고 단점을 최소화해야 하기 때문이다. 설령 IB를 도입하지 않을지라도 교육 현장 개선을 위한 아이디어를 IB에서 찾을 수 있을지도 모른다. 미국의 IB 학교에 다음과 같은 물음을 제시하면서 시작하고자 한다.

- 미국의 IB학교의 교육여건은 우리나라와 어떤 차이가 있을까?
- 공교육을 살리기 위해 IB 학교를 도입한 미국, 우리나라도 과연 가능할까? 그 시사점과 한계는 무엇인가?

지역적, 환경적, 문화적 특징이 서로 다른 두 개의 IB 학교를 살펴본다. 첫 번째 학교는 뉴욕에 위치한 미국 사립 정통파 IB 학교인 드와이트스쿨(Dwight school)이며, 두 번째 학교는 소도시형 공립학교인 쉐이커하이츠스쿨(Shaker heights schools)이다. 실제로 본 두 학교는 각자의 빛깔로 IB 학교를 운영하고 있었다.

미국 사립 정통파 IB, 드와이트스쿨(Dwight school) 이야기

드와이트스쿨은 1880년에 뉴욕 언어학교로 개교하여 뉴욕, 런던, 상하이, 두바이, 서울(2012년 개교) 캠퍼스까지 총 6개의 국제적인 캠퍼스를 가진 거대한 규모의 사립학교이다. 특히 뉴욕 캠퍼스는 초등학교(PYP), 중학교(MYP), 고등학교(DP) 등

245 지역인재 육성을 위해 미래학교 모델 창출은 충청북도교육청의 2019년 가장 큰 화두였다. 2019년 5월 15일부터 5월 25일까지, 8박 11일 동안 미국 IB 학교를 방문했다. 탐방단은 귀국하여 '미래교육 길찾기' 보고서를 발간했다. 그 내용 중 일부와 추가 조사를 통해 미국 IB 학교 이야기를 구성했다.

IB 교육과정을 모두 도입한 미국 최초의 학교이다. 드와이트스쿨의 비전은 '전 세계 어디서나 성공할 수 있는 다음 세대의 글로벌 리더 양성'이다. 드와이트스쿨은 '똑같은 두 명의 학생은 없다'라는 생각으로 모든 학습자의 개성을 존중한다. 이를 위해 개별화 학습 교육여건을 갖추기 위해 노력하고 있다.

2019년 드와이트스쿨의 교사 1인당 학생 수는 6명으로 OECD에 비해 현저히 낮은 수치다.[246] 한 학급당 평균 학생 수도 15명으로 이는 뉴욕시 사립학교 중 가장 낮은 수준이다. 교원 1인당 학생 수는 교육여건을 판단하는 대표적인 지표이다. 일반적으로 교원 1인당 학생 수가 적을수록 교사와 학생 간의 긴밀한 상호작용이 가능하고, 이를 통해 교육이 내실 있게 이루어질 가능성이 높아진다. 따라서 이 수치가 낮을수록 교육여건이 상대적으로 좋다고 볼 수 있다. 드와이트스쿨은 우수한 교사진을 자랑한다. 열정과 전문성을 갖춘 다수의 교사들이 근무를 희망하며, 지원자 중에서 경쟁을 거쳐 선발하고 있다. 또한 IB 교사 교육을 담당하는 '교사의 교사'들도 여러 명이다.

"드와이트스쿨은 대학 입학 관련된 상담을 체계적으로 한다. 전직 입학사정관 출신 전문가를 포함한 대학 상담팀을 운영하고 있다. 상담자들은 1인당 15명 정도를 담당하며 끝까지 책임지고자 노력을 멈추지 않는다. 9학년부터 12학년까지 4년간 개인별 대입 상담을 지원한다."[247]

또한 교사 이외에도 대입 상담을 위한 추가 인력이 학교에 상주하면서 학생을 지원하고 있다. 상담자들은 대학 선택과 입학시험을 포함한 모든 준비 등 대입과 관련하여 학생들이 궁금해하는 모든 내용을 상담하고 지원한다. 우리나라 고등학생들과 학부모들에게 '가장 필요한 서비스'란 생각이 들었다.

---

246 OECD 초 · 중 · 고등학교 교사 1인당 학생 수는 16.6명, 13.1명, 13명이다.

247 엘리자베스 허튼 IBDP 코디네이터 인터뷰 중에서

드와이트스쿨은 IB 교육과정을 운영하는 국제학교이다. 공립학교에 비해 월등한 자본을 바탕으로 국제교류 프로그램 등 다양한 교육과정을 운영한다. IB 인증학교로서 IBO에 지불해야 하는 연회비가 약 1,000여만 원 정도가 되며, 각종 교사연수, 평가 비용 등이 발생한다. 이 모두가 학부모 부담이다.[248] IB 교육이 매 학기 수천만 원의 학비를 지불할 수 있는 경제력을 갖춘 상위계층만을 위한 귀족교육이라는 비판에서 자유롭지 않은 이유다.

IB 교육과정 운영에 있어 비용 때문에 특정 계층을 위한 교육이라는 꼬리표는 아시아의 IB 학교에서 더 도드라진다. 아시아 태평양 지역의 GMC(Global Middle Class)라 불리는 신흥계층[249]은 교육적 욕망과 기호를 효과적으로 충족시키기 위해 IB 국제학교에 자녀들을 입학시키고 있다.[250] 그런데 아태지역의 IB 학교들은 국제학교 또는 사립학교가 월등히 많다. 일본의 IB 학교 57교 중 사립학교가 52교이다. 베트남, 태국 경우는 IB 운영교가 모두 사립학교이다. 그리고 IB 운영교의 사용언어 대부분이 영어이다. 이는 다른 아시아 국가의 IB 학교도 마찬가지이다. 우리나라의 경우도 IB 운영 중인 국제학교들 모두 영어를 공용어로 쓰고 있다. IB 교육과정 자체가 영어를 사용하기 때문에 당연한 이야기이긴 하다. 그러나 비영어권 국가에서 특히 "아태지역에서는 영어가 계급 또는 계층을 구별 짓는 일종의 문화자본으로 기능할 수 있기 때문에"[251] 모국어가 아닌 영어를 사용하는 학교를 다닌다는 것 자체가 학부모의 계층을 미루어 짐작할 수 있게 하는 부분이다. 아태지역의 IB 학교의 특징은 비싼 학비를 부담할 수 있고 영어를 모국어처럼 자유자재로 사용이 가능한 학생들이 입학하여 다니는 학교들이다. 이는 IB 교육이 '특정 계층

---

248 1~12학년 학생들은 5,620 달러(약 6천만원)로 홈페이지에 게시되어 있다.

249 이들 계층의 특징은 대부분 아태지역의 메트로폴리스에 거주하며 서구적 라이프 스타일에 익숙한 고학력 전문직 종사자들로, 자녀 교육에 있어서 초국적 이동자본 transnational mobility capital 에 많은 관심을 가진 계층이다(Kenway & Koh, 2013; Koo, 2016.)

250 이무성, 「새로운 엘리트 학교교육 체제로서 IB(International Baccalaureate) 국제학교의 부상: 아시아태평양 지역을 중심으로」, 다양성+아시아 웹진, 9월호, 서울대학교 아시아연구소, 2019.

251 이무성, 앞의 책, 서울대학교 아시아연구소, 2019.

을 위한 엘리트 교육'이라는 비난의 목소리에 힘을 실어주기에 충분하다.

아시아 태평양 지역의 IB 운영교 현황

국가 (IB운영교)	운영형태		사용언어		국가 (IB운영교)	운영형태		사용언어	
	공립	사립	영어	그 외		공립	사립	영어	그 외
방글라데시 (6개교)	0	6	3	3	한국 (24개교)	10	14	13	11
캄보디아 (6개교)	0	6	4	2	말레이시아 (35개교)	14	21	30	5
중국 (261개교)	30	231	136	125	몽골 (4개교)	0	4	2	2
홍콩 (69개교)	10	59	59	10	미얀마 (6개교)	0	6	4	2
인도 (204개교)	1	203	182	22	네팔 (5개교)	0	5	2	3
인도네시아 (62개교)	1	61	55	7	필리핀 (25개교)	0	25	17	8
이란 (6개교)	1	5	4	2	싱가포르 (40개교)	4	36	35	5
이라크 (6개교)	0	6	4	2	대만 (15개교)	3	12	7	8
이스라엘 (5개교)	2	3	2	3	태국 (33개교)	0	33	27	6
일본 (99개교)	15	84	52	47	베트남 (18개교)	0	18	14	4

IBO(2022) 자료 편집.

드와이트스쿨은 학생과 학부모들에게 만족도 높은 IB 학교를 운영할 수 있는 조건들을 갖추고 있다. 좋은 여건에서 교사들은 교육과정에 대한 자신감이 넘쳤고, 학생들의 만족도도 높았다. 더 좋은 교육을 갈망하는 우리에게 주는 시사점은 다음과 같다.

첫째, 최고 수준의 시설 및 환경이다. 뉴욕의 비싼 물가에도 불구하고 학교 안에 학생들에게 필요한 시설은 모두 갖추고 있다. 좋은 환경에서 좋은 교육이 이루어진다. 둘째, 개별화 교육을 위한 우수한 인프라가 조성되어 있다. OECD 평균보다 좋은 조건으로 교사 1인당 학생 수를 유지하고 있으며, 학생들의 성장을 지원하는 비교과 비담임 교사를 확보하고 있다. 수업을 하지 않는 수업코디가 있어 수업 설계와 평가를 지원하고 교사 연수, 교사 간 협력 체계를 지원한다. 또한 초등 저학년 교실마다 두 명의 교사가 있어 개별 학습을 충실히 진행한다. 이러한 시스템에서는 학습부진아가 생길 수가 없을 것이다. 셋째, 다양성을 몸으로 체득하는 국제교류 프로그램이다. 체험중심, 실천중심 국제교류를 통해 낯선 곳에서의 적응력, 용기, 타문화에 대한 관심과 이해의 폭이 넓어진다. 2009 교육과정 이래로 글로벌 창의인재 육성을 강조하는 이유이다. 넷째, IB 사립학교는 고비용의 학부모 부담 경비로 인하여 귀족 교육이란 비판을 받고 있다. 그러나 다양한 국제교류 및 교사 1인당 학생 수 감축 등은 학생 성장으로 이어지는 교육투자일 것이다. 이런 점은 '공교육에 더 많은 교육투자가 필요하다'는 반증이 되기도 한다. 학생 수 감축으로 지방교육재정을 감소해야 한다는 목소리가 큰 작금의 시점에서 시사하는 바가 크다.

IB 공교육의 모델, 쉐이커하이츠스쿨(Shaker Heights Schools)

국제학교에서 운영하는 IB 교육과정은 전 과목을 영어로 수업하고, 5,000자 이상의 소논문(Extended Essay)을 작성해야 하는 등 고차원적인 사고와 논술 능력을 요구한다. 이러한 특성으로 '엘리트 학교'라는 인식이 존재한다. 그러나 2022년 8월 기준 IBO에 정식 인증을 받은 약 5,593개의 IB 월드스쿨(IB 초등, 중등, 고등과정을 모두 운영) 중 절반에 가까운 2,663개의 학교가 국 · 공립 학교이다.[252] 미국의 경우 대부분(약 89%)이 공립학교다. 미국은 왜 공립학교에 IB를 도입했을까? 그것은 IB 교육과정이 사회 공정성 제고 및 불평등 완화에 도움이 된다는 인식이 늘고 있기 때문이다. 국가교육과정이 없는 미국은 IBDP 과정을 빈곤층 학생이 많이 다니는 학교에 도입해서 대학 진학률을 높이기 위한 '포용성 및 공정성(equity)' 증진의 전략

252 IBO(https://www.ibo.org/)

으로 사용하고 있다.[253] 미국이 전략적으로 IB 인증학교를 확대하고 있는 것이다. 그중 한 학교가 쉐이커하이츠스쿨이다.

IB 운영 주요 국가의 IB 월드스쿨(PYP, MYP, DP) 현황

국가	공립형 IB 학교 초(PYP), 중(MYP), 고(DP) 과정 운영	사립형 IB 학교 초(PYP), 중(MYP), 고(DP) 과정 운영	합계(교)
전체	2663(48%)	2930(52%)	5593
미국	1708(89%)	214(11%)	1922
영국	43(37%)	74(63%)	117
에콰도르	78(98%)	2(2%)	80
일본	85(85%)	15(15%)	100
한국	10(42%)	14(58%)	24

IBO(2022.8월 기준)

쉐이커하이츠스쿨은 IB 교육과정을 운영하는 북미 지역의 8개 공립 교육구 중 하나로, 오하이오주 셰이커 하이츠(Shaker Heights)와 인근 클리브랜드(Cleveland)의 일부분을 포함하는 교육구(District)이다. 1918년 설립되었으며, 재학 중인 학생 수는 약 5,200여 명, 교사는 약 430명이다. 주변의 아름다운 자연환경과 인문환경, 그리고 지역사회와 학교가 조화롭게 어우러져 우수한 교육환경을 지니고 있다. 교육구 내에 8개의 초 · 중 · 고등학교가 연계되어 있으며 2010년에 11~12학년 대상인 고등학교 과정(IBDP)을 도입한 이후로 2013년에는 유치원~4학년 대상인 초등학교 과정(PYP)을, 2015년에는 5~10학년 대상인 중학교 과정(MYP)을 도입하였다. 이처럼 공립학교에서도 IB 교육과정을 내실 있게 운영할 수 있는 비결은 무엇인가? 우리나라 공립학교에서도 부작용 없이 도입할 수 있을까?

253 이찬승, 「IB 교육과정 도입이 학교 교육 혁신에 희망이 될 수 있는가?」, 21erick.org 2018.10.31.

IB 교육을 통한 공교육 살리기

쉐이커하이츠스쿨은 희망 학생들을 대상으로 IBDP 과정을 운영한다. 2022년 현재 졸업생 429명 중 55명의 학생(약 13%)이 IBDP 과정을 이수하였다. 전교생을 대상으로 하는 PYP, MYP 과정과는 대조적으로 소수의 학생들이 IBDP 과정에 참여한다. IB 교육과정은 학생들이 해야 할 과제와 활동이 너무 많고 어렵기 때문이다. IBDP를 선택하는 이유는 다양했다.

Q. 왜 IBDP 과정을 선택하였나요?

- 저는 좋은 대학에 가기 위해 선택하였습니다. 좋은 대학에 진학한 뒤에도 장학금을 받거나 우수한 성적을 받고 원하는 진로를 선택하기에도 적합하다고 생각했습니다. (A 학생)
- 초 · 중학교에서 IB 과정을 경험하며 지식을 학습할 때 의문을 던지고 답을 찾아가는 것이 익숙해졌습니다. IBDP 과정에서는 이렇게 지식을 발견할 수 있게 도와주고, 학습한 것을 다른 친구들과 공유합니다. 이러한 경험은 매우 특별해서 IBDP 과정까지 선택하게 되었습니다. (B 학생)
- IB 과정을 통해 학습하는 것에 즐거움을 느꼈고, 좋은 글을 쓰고 싶어 선택하게 되었습니다. 다양한 관점에서 생각하고, 세상을 바라볼 수 있다는 점이 IBDP 과정의 강점이라고 생각합니다. (C 학생)

미국에서는 오랫동안 공립학교가 사립학교와의 경쟁 구도에서 뒤처지는 현상을 보였다. 공립 교의 교육의 질을 높일 방법이 필요했다. 그 해답을 IB에서 찾는 학교와 지역구가 늘어났다. 2022년 현재 835여 개의 공립고등학교에서 IBDP를 운영하고 있다.

IBO(2015) 연구 자료에 따르면, IBDP를 이수한 공립고등학교 및 Title Ⅰ 학교

학생들의 대학 진학률[254]은 82%로 미국 전역의 고등학생들의 대학 진학률인 66%보다 높은 편이다. Title Ⅰ 학교의 DP 과정을 이수한 저소득층 학생들의 79%가 대학에 진학하였으며, 이는 일반 학교의 저소득층 학생들보다 30% 이상 높은 수치이다.[255] '낙후된 지역의 학교에서도 IB 교육과정 운영으로 대학 진학률이 높아질 수 있다'는 사실은 우리나라 공립 고교에서 IB를 도입하려고 하는 이유이기도 하다.

쉐이커하이츠스쿨은 공교육 IB 학교 모델로 우리나라 교육에 주는 시사점은 다음과 같다. 첫째, 열정과 전문성을 갖춘 교사 조직으로 구성되어 있다. 수업 참관을 통해서 IB 교육과정 운영의 핵심 키가 교사임을 확인할 수 있었다. 수업 기획 능력, 학생에 대한 이해, 교사 간 협업역량, 교육과정 재구성, 평가에 이르기까지 두루 역량을 갖춘 교사를 양성해서 우리나라 공교육에 배치해야 한다. 둘째, 교육공동체의 전문적학습공동체를 바탕으로 한 수업 혁신을 실천하고 있다. 교과 간 연계 및 교사 간 협력은 '생각을 꺼내는 수업 혁신'의 필수조건이다. 교과 간 경계가 뚜렷한 우리나라 고등학교 현실에서 전문적학습공동체의 활성화가 더욱 필요해 보인다. 셋째, 희망 학생만을 대상으로 IBDP를 운영한다. IB 교육은 다른 교육과정에 비해 높은 학력 수준이 요구되기 때문에 특히 우리나라에서 IB를 도입하는 학교라면 눈여겨볼 부분이다. 다섯째, 교육에 투자를 아끼지 말아야 한다. IB 학교에서는 '교사의 교사'인 코디네이터가 필수 요원으로, 교사뿐만 아니라 교사 지원 인력인 코디네이터 정원도 늘려야 한다. 투자 없이 교육의 질은 담보할 수 없다.

---

254 미국 국립 교육 통계 센터(https://nces.ed.gov/fastfacts/display.asp?id=158)에 따르면, 미국의 초 · 중등교육법에 의거한 Title I(Title one) 프로그램은 저소득층 가정 학생들이 주(state)의 학업 표준에 도달할 수 있도록 지방 교육 기관에 재정적으로 지원하는 제도이다. Title I 학교는 주(state)에서 사회 · 경제적으로 지원이 필요한 학교이다.

255 Melissa Gordon, Emily VanderKamp and Olivia Halic—IB Research, 「International Baccalaureate programmes in Title I schools in the United States: Accessibility, participation and university enrollment」, published in 2015, updated in 2021.

◆ ◆ ◆

IB 교사 양성

IBEC(International Baccalaureate Educator Certificate)는 IB 교육가에게 자격증을 줄 수 있는 자격 기관을 의미한다. 전 세계 57개 대학(원)[256]에서 운영되고 있으며 각 기관의 프로그램은 동일하지 않다. 학교의 특성에 맞게 대학과 IB 코디네이터가 프로그램을 설계하기 때문이다. 승인 기간은 보통 1년에서 2년 정도 소요된다.

IBEC 과정은 크게 교육가 자격증과 교육가 리더십 자격증으로 나누어지는데, 2022년 현재 국내에서는 교육가 자격증 과정만 개설되어 있다.

IB 교사 구분

구분	자격증	국내 과정
교육가 자격증 (Certificates in teaching and learning)	IB 교육가 자격증(IBCTL)	국내 취득 과정 운영
	IB 교육가 연구 자격증(IBACTLR)	
과정 운영교육가 리더십 자격증 (Certificates in leadership)	IB 교육가 리더십 자격증(IBCLP)	국내 취득 과정 없음
	IB 교육가 리더십 연구 자격증(IBACLR)	

우리나라에는 총 4개의 대학원에서 IB 교사 인증 자격을 부여하고 있으며, 취득 학점은 최소 10학점에서 15학점까지 약 1년여의 시간이 소요된다. 세부 내용은 아래와 같다.

2022년 국내 IB 교사 양성 프로그램 주요 내용(출처: 각 대학원 홈페이지)

단계	남서울대	인하대	한동대	대구교대
시기	2020년~	2022년~	2021년 9월~	2022년~
소속	국제대학원	교육대학원	교육대학원	교육대학원

256 www.ibo.org 검색(2022.8.31.)

언어	영어	한국어	영어	한국어
학비 (학기)	약 3,250,000원	약 2,496,000원	약 2,500,000원	약 2,000,000원
과정	석사/비학위	석사/비학위	석사/비학위	석사
입학 자격	교사자격증 소지자	교사자격증 소지자	학사학위 소지자 (석사) 또는 교사자격증 소지자	초등교사 교사자격증 소지자
프로 그램	• 교수 및 학습에 대한 접근(3학점) • IB 커리큘럼 설계 및 개발(3학점) • 평가(3학점) • 국제교육 문제와 영향(3학점) 등	• IB 커리큘럼 개발 및 디자인 (3학점) • IB교수학습론 (3학점) • 평가(3학점) • 실습(1학점) 등	• DP학습평가(3학점) • 전문 학습커뮤니티구축(3학점) • 커리큘럼 디자인 및 전달 (3학점) • DP에서의 교수 및 학습(3학점) 등	• IB 프레임워크의 이해와 적용 (3학점) • IB 교수학습 (3학점) • IB 개발(3학점) • IB교육과 실습 (3학점) 등

전국시도교육감협의회가 지난해 고교 교사들을 대상으로 설문 조사한 결과 '수능시험에 서 · 논술형 평가 방식을 도입할 필요성'에 대해 46%가 반대한다고 답했다. 평가의 공정성 등을 이유로 수능에 서 · 논술형 평가 방식을 도입하는 것에 부담을 느끼고 있기 때문이다.[257] 이것은 서 · 논술형 평가를 공정하고 객관적으로 수행할 수 있는 교사가 부족하다는 반증이기도 하다. 대구와 제주도교육청에서 국내 IB 학교 도입과 함께 가장 먼저 한 일은 IB 교사 양성이다. 2020년 기준으로 IBO에서 제공하는 워크숍과 자체 연수 과정에 대구광역시교육청의 3,696명[258]의 교원이 참여하였다. 제주특별자치도교육청은 학교별 자체 프로그램 외 IB 공식 워크숍을 이수한 교원이 40명, IB 학교 인증을 위한 워크숍을 이수한 교원은 116명으로 집계되었다.[259] 그러나, 워크숍이나 짧은 연수 과정은 전문성 함양 측면에서

257 2028 대입 개편 논의 '시동'…논 · 서술형 등 '미래형 수능' 검토, 한국대학신문, 2020.11.9.

258 대구광역시교육청, 「국회입법조사처 제출자료」, 2020.12.

259 제주특별자치도교육청, 「국회입법조사처 제출자료」, 2020.12.

한계가 있다. 전국 교육대학 · 사범대학에서 서 · 논술형 평가 문항 작성과 객관적인 채점 역량을 갖춘 교사를 대량으로 양성한다면 대입 체제 개편도 가능하지 않을까? IBDP 도입과 관계없이 말이다.

◆ ◆ ◆

IB, 의미 있다면 국가가 나서야 한다

지금까지 살펴본 IB에 대한 내용을 요약하면 다음과 같다. IB는 IBO에서 개발 운영하고 있는 국제 인증학교 교육프로그램이다. 초기 IB 학교는 해외 주재원, 외교관 자녀들의 진학을 위해 설립되었다. 여러 나라를 이동하면서 교육을 받아야 하는 특성상 국제 공통교육과정이 필요했기 때문이다. 이후 전 세계의 여러 학교에서 국제학교 교육과정으로 채택하여 운영하고 있다. 생각을 꺼내는 수업과 서 · 논술형 평가 체제는 IB의 최대 장점이며 이는 우리나라에서 IB를 도입하고자 하는 이유이다. 제8회 전국동시지방선거에서 IB 도입 공약이 이슈가 되었다. 공정한 서 · 논술형 평가제도 마련을 통한 대입 체제 개선이라는 화두에 대한 해답을 IB에서 찾고자 한 것이다. 우리나라는 지금 IB 도입 논쟁이 한창이다. '자기주도적인 학습 등 수업 혁신에 효과적이며 평가의 공정성을 장점으로 수능시험 개편의 대안이다'라는 긍정적 입장과 'IB 교사 부족과 더불어 교사들에게는 업무부담이며, 현실적으로 소수 엘리트에게만 적용 가능한 교육이다'등의 부정적 입장이 팽팽하게 맞서고 있다.

대입 4년 예고제에 따라 2028학년 대입 개편안 법정 공표기한은 2024년 2월까지다. 올 초만 해도 2025년 고교학점제 전면 시행에 따른 수능 절대평가 도입, 논술형 수능 도입 등 뜨거웠던 대입 개편(안)[260] 들이 어느새 자취를 감췄다. 그럼에

260 유은혜 "대입, 2028 입시땐 달라져"…수능체제 변경 예고, 동아일보, 2021.11.24.

도 시 · 도교육청에서는 대입과 밀접한 관련이 있는 IBDP 도입 논쟁이 한창이다. IB를 도입한다면 어떤 정책적 보완이 필요한가? IB를 도입하지 않는다면 현재 우리의 교육시스템의 무엇을 어떻게 개선할 것인가? 국가가 나서서 점검하고 개선해야 한다.

이를 위해서는 첫째, 국민적 공론화 과정이 필요하다. 현재는 공론화 과정 없이 시 · 도교육청 단위에서 IB 교육과정이 도입되고 있다. 그 과정 속 찬반양론이 충돌하고 있어 학부모와 학생은 불안하고 혼란스럽다. 그리고 혼란의 피해는 오롯이 학생들의 몫이다. IB 도입에 대한 학생과 학부모의 의견을 충분히 수렴해야 한다. 우리는 그동안 현장의 여건을 고려하지 않고 성급하게 추진한 결과 학교에 혼란만 초래하고 소리 없이 사라진 정책들을 무수히 많이 경험해 왔다. 하향식(Top down) 정책 설계와 집행 방식으로는 학교 현장에서의 긍정적인 효과는 기대하기 어렵다. 교육자치는 학교자치와 함께 가야 한다.

둘째, 정책의 일관성을 유지할 수 있도록 국가가 함께 제도적 기반을 마련해야 한다. 국가 차원에서 정책의 일관성을 유지할 수 있도록 국가적 제도가 뒷받침되어야 한다.

셋째, 서 · 논술형 평가의 공정성 확보를 위해 가장 중요한 덕목인 '유능한 교원 양성'에 초점을 두어야 한다. 서 · 논술형 평가역량 신장을 위해 교 · 사대 등 교원 양성기관에 관련 교과를 개설하고 운영해야 한다. 또한, 실질적이고 체계적인 현장실습 방안이 마련되어야 할 것이다. 교사의 역량이 곧 경쟁력이다. IB 도입의 성패도 결국 '교사의 역량'에 달려있다.

넷째, 지역 간 교육격차 해소와 학교 서열화 극복 방안을 마련해야 한다. 학교 서열화는 사교육비 증가와 교육과정 파행 운영의 주범이다. 2021년 우리나라 초 · 중 · 고 학생 1인당 월평균 사교육비는 36만 7천 원으로 2020년(30만 2천 원) 대비 21.5%(6.5만 원) 증가[261] 추세에 있다. 부모의 지갑 두께가 자녀의 학벌과 직업을

---

261 통계청, 2021년 초 · 중 · 교사교육비 조사 결과

결정해서 되겠는가? IB 학교가 신(新)명문 학교의 2023 버전이 되지 않도록 정부와 교육청이 머리를 맞대야 한다.

유보통합

30년간 미뤄온 결과 – 위기의 폭발

송대헌 (참교육을위한전국학부모회 자문위원)

◆ ◆ ◆

영유아기에 시작되는 양극화

우리나라의 교육은 대학을 가기 위한 경쟁체제다. 교육계의 쟁점은 대학입시와 이를 위한 고교체제에 매몰되어 있다. 교육부도 각 시 · 도교육청도, 그리고 학부모들도 모두 위만 쳐다보고 있다. 그런 의미에서 윤석열정부가 만 5세 초등학교 입학 방안을 제기한 것은 영유아에 대한 관심을 높여준 계기가 되었다.

우리는 학력의 격차를 고등학교 수준에서 실감하고, 야간자율학습에 사교육을 쏟아붓는다. 하지만 학력차이의 씨앗은 이미 영유아기에 형성되었고, 단지 그것이 드러나지 않다가 초등학교, 중학교로 올라갈수록 그 격차가 커지면서 회복하기 불가능한 상태가 되는 고등학교에서 학력격차를 실감할 뿐이다. 이른바 '국가의 경쟁력'이라는 것도 사실 영유아기에 이미 결정되어버린다. 따라서 국가가 미래를 준비한다면 대학이 아니라 영유아기에 더 많은 자본을 투자하는 것이 국민 개개인과 국가에게도 더 효율적이다.

그러나 안타깝게도 영유아기의 교육과 보호는 각 가정에 맡겨져 있다. 그러다

보니 막대한 지원이 가능한 가정의 영유아와 그렇지 못한 영유아의 학력 차이는 출생과 동시에 결정되어 버린다. 경제적 불평등이 대물림되는 원인이기도 하다. 우리 사회를 갈라놓는 양극화의 시작은 영유아기에 태동된다.

"될성부른 나무는 떡잎부터 알아본다"는 말처럼 영유아기는 질 높은 교육과 보호가 필요한 시기이다. 인간답게 살아갈 권리, 균등하게 교육받을 권리를 보장하기 위해서 모든 영유아에게 질 높은 교육과 보호를 제공하고, 이를 위한 국가적인 체제를 마련하고 정비하는 일을 해야 한다. 모든 영유아가 질 높은 교육과 보호를 집에서 가장 가까운 거리에서 원하는 시간만큼 받을 수 있도록 하는 것. 이것은 국가의 의무이다.

◆ ◆ ◆

윤석열정부의 '만 5세 초등학교 조기입학' 정책 제기와 좌절

7월 29일 박순애 교육부 장관이 윤석열 대통령에게 교육부 업무보고를 하는 자리에서 '취학연령을 1년 앞당기는 방안'을 보고했고, 대통령은 "초중고 12 학년제를 유지하되 취학연령을 1년 앞당기는 방안을 신속히 강구하라"는 지시를 했다. 언론에 보도된 박순애 교육부 장관의 발언 내용을 종합하면 이렇게 요약된다.

"사회 양극화의 초기 원인은 교육격차이다. 대통령도 말했지만 교육은 보편적인 권리이고 국가가 책임져야 하는 영역이고, 조금이라도 앞당겨서 공교육 체제 내에서 사회적 약자를 보호하는 게 맞다는 생각에 조기 교육 이야기가 나오게 됐다."[262]

---

262 이러한 논리는 항상 있었던 주장으로 "만 5세 취학학령제는 학부모의 교육비 부담 경감을 통해 저출산 문제를 극복하고자 한다고 할 때, 정부가 유아교육과 관련된 시설, 비용, 연령 등의 조건을 단일화하기 어려운 상황에서 비교적 이에 대한 관리 즉 시설,교원, 교육과정, 급식 등의 관리가 가능한 초등학교 취학을 고려했다는 면에서 여성이 교육 부담에서 벗어나 노동 참여를 기대할 수 있는 방안"이라는 것이다. (교육경제학적 측면에서 만 5세 취학학령제를 검토한 하봉운(2010: 133)의 연구)

"물론 1년을 앞당긴다고 해서 그것 자체도 난관이 없지 않다. 교사나 (학생 수용) 공간 등의 문제 때문에 현재는 2025년부터 시작해 4년에 나눠 조기입학과 연령하향을 추진하고자 한다."[263]

'마른하늘에 날벼락'이었다. 대통령 선거공약이나 인수위 보고에서 한 번도 거론된 바 없는 '만 5세 초등 학제개편' 방안이 발표되고, 거기에 '신속히 강구하라'는 지시로 마무리되었다는 보도를 접한 교육계와 학부모들은 황당하다는 반응을 보였다.

아울러 만 5세 아동이 초등학교에서 생활이 불가능할 것이라는 주장, 만 5세에 적합한 교육환경에 대한 체계적인 고민과 연구에 근거하지 않고, 아동이 걸어가야 할 삶의 여정과 매우 긴밀하게 관련되어야 할 정책이 자본주의 시장과 기업이 추구하는 가치에만 의존하여 결정된 것이라는 주장, 유아 중심, 놀이중심 누리과정이 완성되어 현장에서 안착되고 있는데 초등학교 조기입학으로 인지교육에 조기 노출되면서 유아들의 정신건강에 악영향을 미칠 것이라는 주장 등의 문제가 제기되었다.

실제로 OECD 회원국 중 만 5세 아동이 초등학교에 입학하는 나라는 영국을 포함 4개국에 지나지 않고, 대부분 만 6세에 입학시키고 있으며 만 7세에 입학시키는 나라도 핀란드 등 8개국이나 되었다.

OECD 38개국 초등학교 취학연령 분포

취학연령	회원국
만 5세	영국, 호주, 뉴질랜드, 아일랜드 (4개국)
만 6세	한국, 오스트리아, 벨기에, 캐나다, 칠레, 콜롬비아, 코스타리카, 체코, 덴마크, 프랑스, 독일, 그리스, 아이슬란드, 이스라엘, 이탈리아, 일본, 룩셈부르크, 멕시코, 네덜란드, 노르웨이, 포르투갈, 슬로바키아, 슬로베니아, 스페인, 튀르키에, 미국 (26개국)
만 7세	에스토니아, 핀란드, 헝가리, 라트비아, 리투아니아, 폴란드, 스웨덴, 스위스 (8개국)

263 연합뉴스 2022. 7월 29일자

교육계와 학부모의 조직적 대응

교육부의 초등취학 연령을 만 5세로 낮춘다는 업무보고가 있던 바로 그날 전국 13개 교육시민단체가 긴급하게 연대모임을 꾸리고 정부 정책에 대한 긴급 기자회견을 8월 1일(월) 개최하기로 합의하고 이를 공표하였다. 이후 30일과 31일 양일간 참여단체는 36개로 확대되었다. 아울러 30일부터 온라인 서명운동을 시작했다.

8월 1일 오후 2시부터 4시까지 용산 대통령집무실 앞에서 기자회견과 집회를 개최하고, 26개 단체의 "영유아 발달권을 침해하고 경쟁교육을 부추기는 만 5세 유아 초등취학 학제개편안을 즉각 철회하라'는 공동성명을 채택했다. 한편, 30일 시작한 온라인 서명이 3일째 되는 8월 1일 현재 155,661명을 돌파했다고 발표했다.

업무보고 이후 3일 만에 교육계와 학부모들의 반대에 직면한 교육부는 8월 2일 학부모간담회를 개최했으나 설득에 실패하고, 결국 철회 가능성을 내비치게 되었다.

"업무보고 때 발표했던 취학연령 하향과 관련해 우려가 많은 것으로 안다"면서 "이는 조기에 양질의 공교육으로 아이들을 편입해 모두 같은 선상에서 출발할 수 있도록 책임지기 위한 것"이라며 "학제개편은 어디까지나 이런 목표를 달성하기 위한 수단에 불과한 것으로 앞으로 사회적 논의와 공론화를 거쳐 구체적 추진방안을 결정해 나갈 예정이다"

대통령이 '지시'한 정책이 12일 만에 철회되고, 담당 장관이 사퇴할 만큼 교육계와 학부모의 반대가 컸다. 범정부 차원의 홍보와 설득이 효과가 없었다. 윤석열정부로서는 임기 초반에 큰 상처를 입었다고 볼 수 있다. 이 정책을 철회시킨 '범국민연대'는 '국민의 승리'라고 규정했다.

만 5세 초등 입학은 지금도 가능한 실패한 정책

과거 만 5세가 문제되었던 사건은 '만 5세 초등학교 입학 허용'이다. 1995년을 전후로 만 6세 초등학교 입학인구의 감소세가 바닥을 찍었다. 이에 지분축소의 위기감을 가진 당시 교육부 의무교육담당관실을 중심으로 만 5세 초등학교 입학을 추진했다.

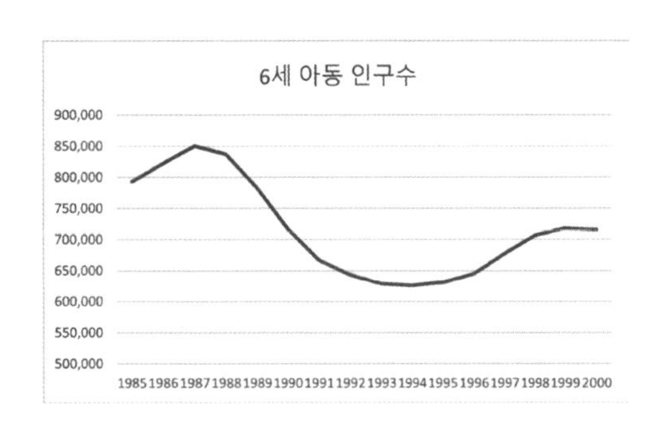

1995년 초등학교에 만 5세 아동의 취학을 허용하자는 법안이 국회에 제출되면서 전국적으로 영유아를 담당하던 민간교육, 보육시설과 참교육학부모회, 전교조 등이 중심이 되어 범국민연대 조직을 결성하고 반대운동을 했다.

반대운동이 격화되면서 한발 물러섰던 교육부가 막판 뒤집기를 시도해서 결국 만 5세 아동의 초등학교 입학이 허용되는 교육법 개정안이 국회를 통과하였다. 그리하여 교육법 제96조 (국민학교에 취학시킬 의무)에 제2항을 덧붙여서 "초등학교의 학생수용능력에 여유가 있는 경우에는 만 5세 아동의 취학을 허용할 수 있다"는 내용이 담겼다. 그 조항을 이어받아 1998년 제정된 초중등교육법 제13조에 "5세가 된 날이 속하는 해의 다음 해 또는 7세가 된 날이 속하는 해의 다음 해"에도 초등학교에 입학을 허용하는 조항이 들어가 있다. 이 사건은 초등이 유아의 영역을 '침범'한 사건이다. 줄어들기 시작한 초등학교 취학인구를 유아의 영역에서 확보하려는 시도였다.

1997년 이후 해당연도 입학적령 아동 대비 만 5세아 조기입학 비율

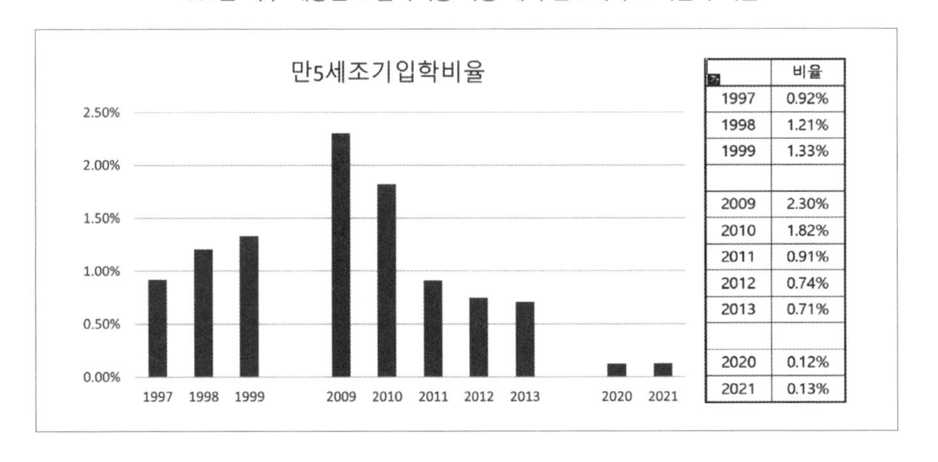

	비율
1997	0.92%
1998	1.21%
1999	1.33%
2009	2.30%
2010	1.82%
2011	0.91%
2012	0.74%
2013	0.71%
2020	0.12%
2021	0.13%

만 5세 아동의 초등학교 입학이 허용된 직후에는 많은 아동이 초등학교에 조기 입학했다. '일찍 입학해서 다른 학생보다 일찍 사회에 진출할 수 있다'거나, '대입에서 재수를 하더라도 같은 나이 아이들과 대학에 같이 입학할 수 있다'는 이야기가 유행했다. 그러나 조기 입학한 아동들이 학교에 제대로 적응하지 못해서 1학년을 중도에 포기하고 다음 해 같은 연령대의 아동과 같이 입학하는 현상이 나타나기 시작했다.

만 5세 조기입학 학생 수는 시행 첫해인 1997년에 5,849명(입학 적령 아동 대비 0.92%), 1998년에 8,587명(1.21%), 다음 해에는 9,536명(1.33%)으로 증가하는 추세를 보이고, 2009년에 9,707명(2.30%)을 정점으로 감소해서 2021년에는 537명(0.13%)에 지나지 않았다. 만 5세 아동 조기입학 정책은 학부모로부터 외면받은 정책이다.

◆ ◆ ◆

유치원과 학제개편 논의 변천사

유치원 학제와 취학연령 기준일

우리나라에서 최초로 설립된 유치원은 1897년 부산에 일본인들이 일본 유아들을 대상으로 설립 운영했던 '부산유치원'이다. 이후 조선인을 위한 것으로는 선교사가 세운 이화유치원(1914), 중앙유치원(1916)이 있다.

유치원과 관련된 학제는 '고등여학교에 부속유치원 설립'을 가능하게 하는 것으로 시작된다. 1908년 4월 2일 유치원에 관한 최초의 명문화된 규정인 '고등여학교령'이 순종 황제 칙령으로 공포됐고 이로 인해 최초의 여자 공교육기관인 관립 한성고등여학교가 설립됐다. 고등여학교령 제10조에는 '고등여학교에 부속유치원을 설치할 수 있다'는 규정이 생겼다.

강제 병합된 이후, 제1차 조선교육령은 1911년에 처음 공포됐지만 당시에는 유치원에 대한 규정이 없었고 개정된 2차 조선교육령에 유치원 교육의 목적, 내용, 원아 수, 설비 등에 대한 사항이 포함돼 있었다.

광복 이후, 우리나라 학제와 관련하여 1946년 미군정 한국교육위원회 제2분과(교육제대분과위원회)에서 기간학제를 6-3-3-4의 단선학제로 결정하고, 학교교육을 학령전교육, 초등교육, 중등교육, 고등교육, 특정교육으로 구분하였다. 유치원교육은 기간학제에 속하지 않았고, 4세와 5세 2년 과정으로 포함되어 '학령전교육'으로 불렸다. 정부수립 이후 1949년 12월 31일 〔교육법〕이 공포되었는데, 유치원 학제는 여전히 4, 5세 연령이 포함되었다.[264] 이후 지금처럼 유치원이 만 3세, 4세, 5세를 포괄하는 학제로 된 것은 1991년 12월 개정 교육법(교육법 제148조)부터다.

한편, 취학연령 관련해서 1월, 2월생들을 어느 해에 취학시킬 것인가를 정하는 '취학기준일'도 시대에 따라 변화가 있었다. 취학연령과 밀접한 관계가 있는 취학기준일은 1949년 교육법 제정 때부터 3월 1일이 기준일이었다. 2월 28일생은 입학이 되고, 3월 1일생은 다음 해 입학하도록 했다. 그러다가 2007년 8월 초 · 중등교육법이 취학 의무 대상자 기준을 "만 6세가 된 날의 다음 날 이후의 최초 학년 초부터"에서 "만 6세가 된 날이 속하는 해의 다음 해 3월 1일부터"로 개정되고, 이에 따라 「초 • 중등교육법 시행령」 제15조 제1항이 명부작성 기준일을 1월 1일에서 12월 31일로 정하면서 기준일이 3월 1일에서 1월 1일로 바뀌었다.

이는 1월생 또는 2월생 자녀를 둔 학부모들이 또래보다 한 살 어린 나이로 입학하면 학교생활에서 부적응하게 될 것을 우려하여 자녀의 취학 시기를 일부러 늦추고 있는 부작용과 민원을 해소하기 위함이었다.

매년 3월 1일 학년도의 시작일도 여러 차례 바뀌었다. 일제강점기에는 4월에 학년도가 시작되었는데, 미 군정기인 1946년 조선교육심의회에서는 9월 학년도를 채택했다가, 1949년 재정 교육법에서는 4월 1일을 학년도 시작으로 잡았다. 이후 5.16 군사쿠데타 이후 국가재건최고회의에서 3월 1일 학년도 개시일로 정해서 지

264 미래형 학제개편과 유아교육 학제논의. 장명림(유아정책개발센터연구위원) 자료에서 참조

금까지 시행되고 있다.

학제 개편 논의의 역사

1949년 교육법이 제정된 이후 학제개편 논의 과정에서 만 5세를 초등학교에 편입하고자 하는 시도는 여러 차례 있었다.

1965년에는 정부가 6-6-4제로의 전환을 발표했다가 철회한 적이 있으며, 1987년에는 교육개혁심의회가 5-3-4-4제로의 전환을 제안한 바 있다. 물론 성사되지 못했다.

지난 2007년 정부는 청년 인력의 노동시장 진입이 다른 국가들에 비하여 상대적으로 늦음 등을 지적하면서 '비전 2030, 2년 빨리 5년 더 일하는 사회 만들기 전략(2+5)'을 발표하기도 하였는데 그 내용 중 하나가 취학연령을 하향 조정하는 것과 함께 수업연한을 조정하는 등의 학제 개편 방안이었다(재정경제부 경제정책국 인력개발과 보도자료, 2007.5.17.).

2015년에도 새누리당을 중심으로 초등학교 입학연령을 만 5세로 낮추면서 5-3-3-4제 또는 6-5-4제로의 개편 방안 등이 제시되기도 하였었다(연합뉴스, 2015.10.21.).

그러나 만 5세가 취학연령 하향하는 방안이 나올 때마다 교육계와 학부모들의 반대에 직면했으며, 결국 '초등학교 취학연령 하향 방안'은 취소되어 왔다.

◆ ◆ ◆

만 5세 초등학교 취학문제가 드러낸 영유아교육과 보육의 문제

교육과 보육의 사각지대

교육부 장관이 초등학교 취학연령 하향화를 대통령에게 보고하면서 '교육격차 해소'를 이야기했다. 이 말은 정부가 유아교육과 보육에 관련된 시설, 비용, 연령

등의 조건을 단일화하기 어려운 상황에서 시설, 교원, 교육과정, 급식 등의 관리가 가능한 초등학교 취학연령을 하향화함으로써 교육격차가 심한 영역에서 '만 5세만이라도 구출'하겠다는 것이다.

이런 주장은 역설적으로 만 5세 그 너머에 교육격차의 영역이 존재함을 인정한 것이다. 그곳은 정부가 애써 외면해왔던 곳, 고등학교까지 무상교육이 이뤄졌지만 여전히 학부모가 비용을 부담하는 곳, 부모의 경제력에 따라 선택하는 시설과 프로그램이 다른 곳, 교사의 근무환경은 그 어떤 직종보다 열악하고, 교사들의 보수는 최저임금을 기준으로 하는 곳, 무상급식과 유상급식이 공존하고 CCTV로 아동학대를 감시해야 하는 열악한 환경이 있는 영유아의 교육과 보육이 이뤄지는 공간이다.

대한민국에는 영유아기에 대한 종합적인 정책도 없고, 그런 정책을 입안할 부처도 없고, 집행할 행정기관도 없다. 그저 수동적으로 과거에 했던 일을 지금도 하고 있고, 앞으로도 그렇게 할 뿐이다.

유보이원화체제가 인구절벽과 만나 체제 붕괴 상황이 되다

유보통합은 너무 늦었다. 지난 30년을 허비하는 동안 학령인구의 급격한 감소로 영유아 교육 · 보육체계가 붕괴될 상황이다. 따라서 지금 시점에서 '점진적' '연차적'이라는 단어는 사용할 수 없다. 단 5년만 지나도 영유아 수의 1/3이 사라져 버린다.

KOSIS 통계자료 추출(낮은 출산율 시나리오)

	2022	2023	2024	2025	2026	2027	2028	2029
0세-2세	807,809	741,980	685,403	639,461	612,282	607,853	624,615	651,844
3세-5세	1,048,805	949,558	868,499	796,965	734,483	680,899	635,423	608,561
0세-5세	1,856,614	1,691,538	1,553,902	1,436,426	1,346,765	1,288,752	1,260,038	1,260,405

학령인구 격감은 사립유치원과 민간어린이집(특히 가정어린이집)을 매우 어려운 상황으로 몰아가고 있다. 민간어린이집의 경우도 사립유치원처럼 2014년을 정점으로, 가정어린이집은 2013년을 정점으로 격감하고 있다.

이런 사립(민간) 시설의 격감이 해당 지역의 수급 상황에 따라 계획적으로 이루어지지 않는 것이어서 문제가 있다. 관리되지 않는 공급의 격감은 지역에 따라 교육과 보육의 공백을 만들어낼 수 있다. 향후 학령인구 격감에 대응하는 방식은 지역(영유아가 등원하기 쉬운 작은 지역단위)의 수요공급을 적절하게 유지하면서 이루어져야 한다. 그리고 이런 수요공급관리는 유치원과 어린이집을 통합하여 관리해야 한다.

사립유치원 수

어린이집 현황

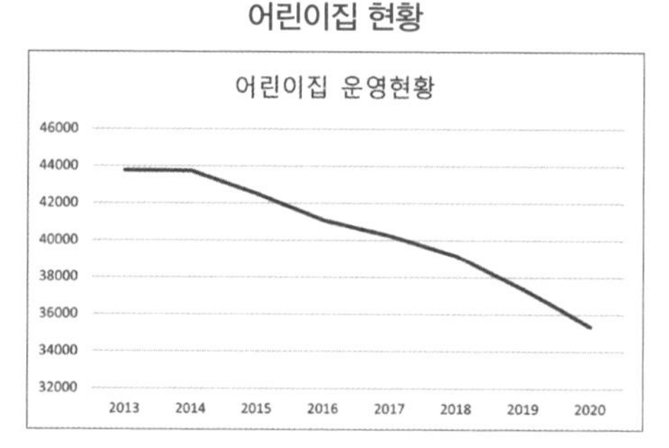

학령인구 격감에 대한 연착륙 방안

수급의 조절은 '학급당 원아 수'(교직원 대 원아 비율)를 줄여가는 방식으로 진행되어야 한다. 신설도시인 세종시의 사례를 살펴보자.

구 읍면지역에는 2개의 사립유치원과 초등 병설유치원이 운영되고 있고, 신도시 지역에는 모두 단설유치원을 설립해 운영 중이다. 새로운 아파트가 들어서며 초등학교가 설립되고 초등학교 주변에 단설유치원이 초등학교 정원의 1/4 규모로 설립된다.

초등학교는 항상 수요예측에 따른 공급계획이 면밀하게 세워지고, 아파트 입주 계획에 앞서서 공급이 이뤄진다. 유아의 경우에는 만 3~5세 유아 수요의 반은 공립유치원에서 담당하고 나머지 반은 어린이집이 담당해야 한다.

문제는 시청과 교육청이 그 수요와 공급을 협의하면서 어린이집의 위치나 설립 시기를 조절하지 않는다는 점이다. 따라서 어린이집의 공급이 늦어지면 그 민원은 '유치원을 적게 지은 교육청'으로 몰려온다. 그렇다고 교육청이 크게 어려운 것도 아니다. 교육청은 시청으로, 시청은 교육청으로 책임을 미루기 딱 좋은 체제가 바로 유보이원화체제다.

일정 기간 이후 학령인구 감소가 나타나면 학급당 원아 수를 줄이는 계획을 세우지만, 그 역시 쉽지 않다. 해당 지역의 수요에 대한 구체적인 데이터가 없고 어린이집을 포함한 공급계획과 학부모들의 취원 의사가 제대로 조사되지 않기 때문이다.

그러다 보니 학급당 원아 수를 조절하면서 교육환경을 개선하고 싶어도 수급 조절이 시청과 이분화되어서 쉽지 않고, 같은 세종시 안에서도 지역별 편차가 많아 교육청이 단일한 기준으로 학급당 원아 수를 조절하기 어렵다. 실제로 현재 유치원과 어린이집의 학급당 원아 수는 연령에 비해서 많은 편이다.

전국 평균 학급당 학생 수는 10.89명(전국 학급 수 53,457개. 원아 수 582,572명)으로 낮아 보이나, 서울의 경우에는 18.88명(학급 수 3,704개. 원아 수 69,958명)이다. 도시지역의 학급당 원아 수를 읍면지역의 학급당 원아 수가 희석시킨 결과 학급당 학생 수 평균은 낮아 보인다. 더구나 3세 학급과 4세 학급, 5세 학급이 섞여 있으므로 학급당 18.88명은 매우 많은 숫자로 볼 수 있다.

어린이집과 유치원을 교육청이 모두 관리하고 있다면 각 지역별 수급 조절이 가능하고, 설립을 통제하고 폐원에 따른 공급조절도 가능하다. 이것이 가능하다면 학급당 원아 수를 조절하면서 학령인구 격감에 대응할 수 있다. 학령인구 격감에 대응하는 연착륙이 가능하다는 말이다. 지금처럼 유보 이원화 체제에서는 국공립을 제외한 민간시설은 운영계획을 세우기 어렵고, 결국 통제되지 않는 폐원사태가 일어나면서 지역별 교육 · 보육 공백이 발생하게 된다.

◆ ◆ ◆

30년간 미뤄온 결과 – 위기의 폭발

역대 정부가 영유아의 교육과 보육에 대해서 책임을 회피하는 방식이 있다. 유보통합의 요구가 분출할 경우, 일단 논의 틀이나 추진단을 만들고 교육부와 보건복지부의 관료들, 그리고 각 시설의 대표자들과 형식적으로 학부모를 참여시킨다. 해결해야 할 문제들에 대해서 관료들은 대안을 내어놓지 않고 '이해관계자들의 합의'를 요구한다. 이렇게 되면 정부는 팔짱을 낀 채, 어린이집과 유치원의 이해관계자들이 논쟁을 지켜보다가 '합의가 어려우므로' 다음으로 미루자고 하면서 유보통합에 대한 논의를 무산시킨다. 지난 30년간 그렇게 시간이 흘렀다.

만 5세를 어느 정도 정비가 된 초등의 영역으로 구출하자는 정부의 제안이 무산된 이후, 학부모들은 만 5세의 그 너머에 있는 영유아교육과 보육에 대한 대책을 요구하기 시작했다. 과거처럼 보건복지부와 교육부의 떠밀기를 막기 위해서 '교육부가 책임지고 교육부로 통합하라'는 요구를 하기 시작했다.

의무교육론과 연령 분리론, 결국 유보통합 장애물

1994년부터 시작된 유보통합 논쟁 과정에서 "만 5세 아동은 유치원이 모두 담당하고, 나머지 영유아는 보육시설이 담당하자"는 주장도 있었다. 초등학교 입학 직전의 아동은 교육기관인 유치원에서 담당하되, 나머지 영유아는 보육시설인 어린이집이 담당하자는 주장이다. 만 3~5세에서 만 5세로 영역이 줄어들게 되는 사립유치원의 반발로 그 방안은 합의할 수 없었다. 초기 유보통합 논쟁에서 보육진영이 교육진영에 대해서 던진 공이었다. 이때부터 의무교육론과 연령 분리론이 지속적으로 등장했고 이 주장이 나오면 반드시 논의는 무산되고 말았다.

유아교육 관련자들의 주장을 들어보면 '의무교육'은 가장 높은 단계의 국가책임을 의미한다고 생각한다. 의무교육은 국가가 의무교육이 가능하도록 시설과 설비, 그리고 교원 등 공평하고 질 높은 교육조건을 구비하여야 하는 책무를 짊어지도록 한다. 아울러 헌법 제31조3항에서 규정하듯이 '의무교육은 무상으로' 하게 되어 있어서 무상교육을 전제로 한다. 즉, 균등하게 교육받을 권리를 지닌 국민으로서는 권리적 측면이 있다.

반면 '의무'라는 말이 갖는 강제성이 있다. '반드시 취학(취원)시켜야 하는 의무'를 국민에게 부여하는 것이다. 그런데 유아교육의 경우, 아직 나이가 어린 유아들을 국가가 배정한 기관에 반드시 취원시키는 것이 올바른가에 대한 논쟁이 있다. 현재 유치원과 어린이집 등이 가지는 특성이 있다. 예를 들면 유치원은 교육적인 측면에서 전문성이 있다면, 어린이집의 경우 종일 돌봄 등 보호의 시간에서 강점을 가지고 있어서 '교육'으로 통합해서 의무화하는 것이 학부모의 선택권을 제한하는 것이 된다. 따라서 국민에게 혜택이라는 측면에서 선택이 가능한 무상교육(보육)이 먼저 이뤄져야 하고, 이후 균등하게 교육받을 수 있는 여건이 만들어진 후에 의무교육의 단계로 넘어가는 것이 올바른 순서라고 볼 수 있다.

현재 논의되는 방안 중에서 가장 실현할 수 있는 방안은 만 0세에서 5세까지 연령 구분 없는 유보통합 방안이다. 물론 이런 방안에서도 영아 전담시설과 유아 전담시설로 나뉘는 것 자체를 금지하고 있는 것은 아니다. 즉, 유치원은 그대로 만 3세 이상을 담당할 수 있다는 말이다. 다만, 유보통합이 진행되면, 어린이집이 독자적으로 운영되기 어려운 지역(예를 들면 농산어촌 지역)에서는 유치원 시설에 영아반을 부설할 수 있을 것이다. 면 단위에 초등병설유치원만 있는 지역에서 영아를 맡길 곳이 없을 경우, 병설유치원에 영아반을 설치하고, 보육교사를 배치해서 운영하도록 하는 것이다.지금 단계에서는 의무교육을 주장하는 것은 현실적이지 않고, 오히려 유보통합 논의가 진행될 수 없도록 하는 장애물이 된다.

유아의무교육이 불가능한 이유 1 - 의무교육을 담당할 학교(유치원)가 없다

4세, 5세 아동에 대한 의무교육을 실시하려면, 교육기본법 제8조 1항을 "의무교육은 2년의 유아교육과 6년의 초등교육, 그리고 3년의 중등교육으로 한다."로 바꾸어야 한다. 그리고 공립유치원을 대폭 증설하여 의무교육 대상 유아들을 수용할 수 있도록 해야 하고, 그래도 부족한 경우에는 '교육기관'인 사립유치원에 위탁의 절차를 거쳐야 한다.

그럼 우리나라에서 만 4세와 5세 유아들이 공립유치원에 수용할 수 있는지 살펴보자. 현재 우리나라 공립유치원은 5,058개 원(단설 510개 원, 병설 4,548개 원)에 수용하고 있는 유아 수는 17만7천 명이다(2021년 교육통계연보).

현재 공사립유치원 수용현황. 2021년 교육통계연보

	원수	학급 수	원아 수
국립	3	17	264
공립	5,058	12,995	177,097
사립	3,599	20,369	405,211
총 계	8,660	33,381	582,572

반면, 2021년 만 4세와 5세 인구는 각각 363,613명, 412,739명으로 합치면 776,352명이다. 만 4~5세 의무교육을 시행하려면 77만6천 명을 수용할 수 있는 공립유치원을 설립 운영해야 하는 것이다. 그런데 공립유치원에서 수용할 수 있는 인원은 17만7천 명으로 77만6천 명을 수용하기에는 턱없이 부족하다. 그렇다면 나머지 60만 명을 사립유치원에 수용해야 하는데, 사립유치원 현재 원아 수가 40만5천 명이다. 결국 공립유치원도 사립유치원도 20여만 명의 의무교육 대상자를 수용할 수 없는 상황이다.

의무교육 대상 학령인구와 공사립유치원 수용 능력

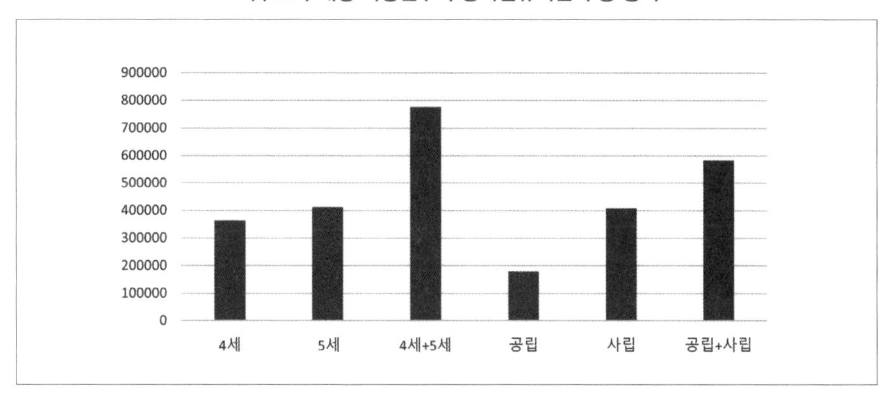

공립유치원 부족으로 의무교육이 어려운 사례 - 장애아 의무교육

지금도 유아를 대상으로 하는 '의무교육'이 있다. 우리나라에서는 장애아에 대해서는 유치원에서부터 고등학교까지 의무교육을 하도록 되어 있다. 따라서 만 3세에서 5세 장애유아는 의무교육대상자이며 의무교육이므로 유치원에서 이 장애유아를 수용하는 것이 원칙이다.

그런데 실제는 어떤가? 유치원에 수용 중인 장애유아는 6,975명, 어린이집 수용 장애유아는 12,229명이다. 여기서 12,229명은 '교육기관'에 수용되어 있지 않다. 그래서 유치원에서 장애의무교육 대상자에게 부여하는 혜택을 받지 못하고 있다. 왜 이들은 혜택을 받는 유치원이 아닌 의무교육 혜택을 받지 못하는 어린이집에 유아를 맡기고 있을까? 이유는 집 주변에 장애유아를 받아줄 '공립유치원'이 없기 때문이다. '유아 의무교육'은 의무교육을 담당할 기관을 제대로 설치한 후에야 가능하다.

유아의무교육이 불가능한 이유 2 - 의무교육을 주도할 공립유치원의 교육여건

공립유치원 중 90%가 초등학교에 병설로 설치되어 있다. 그 규모도 매우 작아서 50명 미만 유치원이 3,873개 원으로 전체 공립유치원의 76.5%에 달하고, 19명

이하의 유치원도 2,699개 원으로 반이 넘는 53.5%다.

2021년 교육통계연보. 원아수별 유치원 수

	50명 미만	100명 미만	150명 미만	200명 미만	200명 이상
공립	3,873	759	258	96	72
사립	661	1084	964	491	399

만 4, 5세 유아의 의무교육을 담당해야 할 공립유치원 중 90%가 넘는 유치원이 유아교육을 전공한 원장이 없는 병설유치원이고, 절반이 넘는 유치원이 1,2학급의 극소규모 유치원이다. 즉, 학부모에게 입학을 강제할 수 있는 여건을 갖춘 유치원이라고 하기 어렵다는 것이다. 아울러 초등학교 병설유치원 중심의 공립유치원이 계획적으로 설립된 것이 아니라서 모든 지역에 균질하게 설치되어 있지도 않다. 영유아의 접근성에 큰 문제가 있다.

유아의무교육이 불가능한 이유 3 - 배정의 문제점

의무교육은 취학을 강제하는 것이다. 해당 지역의 유치원에 만 4세와 5세를 취학시켜야 하기 때문에 배정의 방식을 띨 수밖에 없다. 결국 배정은 학부모의 선택이 아닌 근거리 배정의 형태가 되어야 한다. 결국 학구제가 되어야 하는데, 앞에서 살펴본 것처럼 초등학교에 붙어 있는 소규모 병설유치원, 단설유치원, 사립유치원 등 다양한 형태와 수준의 유치원에 배정하는 것은 매우 어려운 일이고 반드시 엄청난 민원에 부딪칠 것이다.

유아의무교육이 불가능한 이유 4 - 원아를 빼앗기는 어린이집의 반발

4, 5세 의무교육이 시행되면, 대한민국의 4, 5세 유아는 의무적으로 유치원에 취

어린이집과 유치원 간 상호이동 유아 수

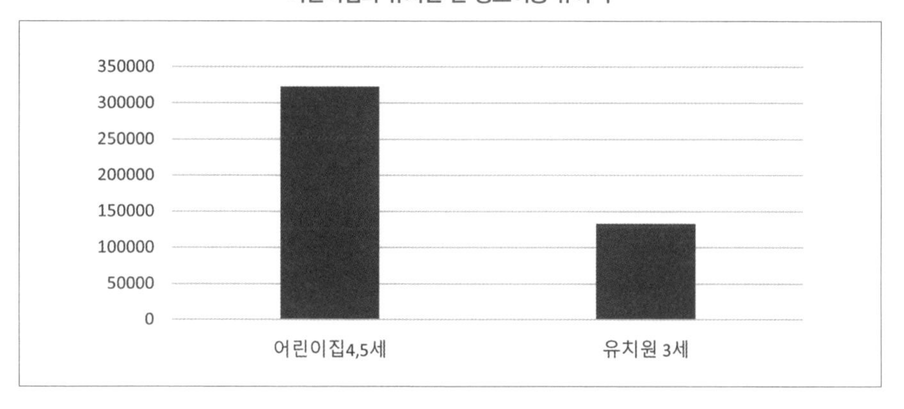

원해야 한다. 현재 어린이집에 취원중인 만 4, 5세 아이는 유치원으로 옮겨가야 하고, 유치원에서 수용하고 있는 만 3세는 어린이집으로 옮겨야 한다.

2020년을 기준으로 어린이집에 취원 중인 4세와 5세 유아는 각각 17만 4천 명, 14만 9천 명이다. 합치면 32만 3천 명이다. 유치원에 취원 중인 만 3세 유아는 13만 3천 명이다. 그래서 어린이집에서 32만 3천 명이 빠져나가는 대신 유치원에 취원 중인 3세 유아가 어린이집으로 유입되는데 그 수는 13만 3천 명이다(21년 교육통계연보). 32만이 빠져나가고 13만이 유입되면 어린이집에서는 19만이 감소하게 된다. 2020년 통계를 기준으로 볼 때 이 수는 어린이집 전체 수용 인원의 15%에 해당하고 그 만큼 원아가 감소하는 것이다. 학령인구 감소에 따라 운영난을 겪고 있는 어린이집으로서는 받아들이기 어려운 정책이다.

유아의무교육이 불가능한 이유 5 - 어린이집을 선호하는 학부모의 문제

연장보육 등 다양한 형태의 돌봄을 운영하는 어린이집에 비하여 교육과정과 방과후과정으로 운영되는 공립과 사립유치원의 돌봄 체계에 만족하지 않는 학부모들이 있다. 이들은 의무교육 강제배정에 불만을 가질 수 있다. 의무교육이 가지는 강제성은 보육기관을 선택하고자 하는 학부모들의 반발을 가져올 수 있는 요인이다.

결론적으로 만 4, 5세 유아 의무교육론은 다음과 같은 이유로 사실상 불가능하다.

① 의무교육 대상 유아를 수용해야 할 공립유치원은 물론, 위탁을 받아 수용해야 할 사립유치원 역시 대상 아동을 수용할 수 없다. 즉, 만 4, 5세 의무교육은 불가능하다.
② 학부모들에게 취원을 강제할 경우, 극소규모의 병설유치원이 대다수인 공립유치원, 교사의 자격과 경력에서 공립에 비해 부족한 사립유치원에 본인의 선택이 아닌 강제 배정될 경우 학부모들의 불만을 잠재우기 어렵다.
③ 4, 5세를 유치원으로 보내고, 만 3세를 유치원으로부터 받게 될 경우, 19만 명의 원아가 줄어들게 될 어린이집의 반발을 무마하기 어렵다.
④ 어린이집이 가지고 있는 다양한 돌봄 체계를 공사립유치원에도 마련하여 필요한 학부모가 이용할 수 있도록 해야 하지만 이런 체계가 마련되어 있지 않다.

◆ ◆ ◆

실현 가능한 유보통합을 위하여

대한민국의 영유아 교육 · 보육 체계는 국가의 방임 속에서 혼란스럽게 흩어져 있다. 영유아의 권리를 보장하고 발달단계에 맞는 교육과 안전한 보호를 위해서는 국가의 종합관리가 필요하다. 흩어진 것을 모아서 정비하고, 양을 늘리고, 질을 높이는 작업을 우리는 유보통합이라고 말한다.

우리가 통합하고 정리해야 할 과제는 ① 영유아의 교육과 보육을 담당하는 중앙부처와 지방의 행정기관을 정하는 일 ② 복잡한 영유아교육과 보육기관을 정리하는 일 ③ 각 기관이 교육과 보육을 하는 교육과정을 통합하는 일 ④ 교사의 자격, 신분, 처우를 정비하고 질을 높이는 일 ⑤ 교육부와 보건복지부, 교육청과 시청으로 나뉘어 있는 재정을 통합하는 일 ⑥ 영유아의 교육과 보육을 규정하는 법령을 통합하는 일 ⑦ 영유아 교육. 보육 환경의 격차를 해소하고, 질을 높이는 일 등이 있다. 여기서 ③번 과제는 '누리과정'으로 통합되어 운영하고 있다.

갈등보다 현실적 대안 1 - 교육부로 통합부터

여기서 가장 먼저 해야 할 일은 ① 번을 담당할 부처를 정하는 일이다. 그동안 담당 부처를 정하지 않고 국무총리 산하에 위원회를 두고 양 부처와 관련자들을 모아서 후속 작업을 시도하다가 실패했던 경험이 있다.[265]

중앙부처만 보면 교육부든 보건복지부든 누가 통합주체가 되어도 큰 차이는 없다. 그런데 지역으로 내려오면 교육청과 시청 중에서 교육청이 통합의 주체가 되는 것이 맞다는 것을 알 수 있다.

교육자치 기구인 교육청과 지방행정 자치기구인 시청(도청)은 일하는 방식이 다르다. 시청은 직영하는 일이 거의 없다. 대부분의 일을 위탁 방식으로 처리한다. 반면 교육청은 위탁하는 일이 거의 없고 대부분 직접 운영한다. 시청은 국공립어린이집도 위탁을 하지만, 교육청은 공립학교는 직접 운영하고, 사립학교도 거의 직접 운영하는 것처럼 관리한다. 따라서 유보통합을 한다면 단순히 위탁 또는 재정지원으로 그치는 시청보다는 교육청이 통합의 주체가 되는 것이 맞다. 따라서 시청이 가지고 있던 보육업무를 이해하고 운영할 수 있는 준비를 교육청이 시작해야 한다.[266]

265 대한민국의 정부나 지방자치단체 그 어느 곳에도 '유보통합'이나 '격차해소'를 자기 사무분장으로 가지고 있는 공무원이 없다. 공무원은 자신이 하고 있는 일. 작년에도 했고, 올해도 하는 일을 열심히 할 뿐이다. 그리고 큰 일이 없다면 내년에도 바로 그 일을 한다. 유보이원화의 담벼락은 높아서 교육청은 시청이 하는 일을, 시청은 교육청이 하는 일을 몰라도 아무 문제가 없다. 그래서 격차해소는 '지금 당장 내가 해야 할 일'이 아니다. 교육부에도 보건복지부에도 유보통합 부서는 없고, 격차 해소 부서도 없다. 유보통합, 격차해소가 자신의 일이 되려면 사실 부처통합을 통해서 해당 부처에 유보통합 업무가 만들어지고, 격차해소가 발등의 불이 되어야 일이 된다.

266 단순히 행정적인 준비 뿐 아니라 그 문화를 이해하는 것도 매우 중요하다. 어린이집의 기존 운영방식은 사립학교 운영방식과 유사한 점도 있으나 학교운영방식과 많이 다르다. 기존의 문화를 이해하지 못하면 운영자나 구성원들과 부딪칠 가능성이 있다.

이를 위해서는 정무직인 교육감이 현 상황에 대해 파악하고 이해하는 일이 중요하다. 아울러 교육감 직속으로 추진 기구를 만들고 교육감이 직접 지휘하면서 교육청의 역할을 만들어가야 한다. 0세에서 5세까지의 6년 영유아 학제는 초등 6년, 중등 6년에 버금가는 것으로서 향후 교육청이 담당해야 할 매우 중요한 업무이다.

갈등보다 현실적 대안 2 - 교사의 자격

앞에서 제시한 7가지의 과제 중에서 교사의 자격을 통합하는 과제는 가장 늦게 완성될 수밖에 없는 과제이다. 이미 공사립유치원에 53,457명의 교사가 근무하고 있고 어린이집에는 236,085명의 보육교사들이 근무하고 있기 때문이다.

이들은 이미 각각 자격을 가지고 근무하고 있어서 이들의 자격을 통합하기는 어렵다. 다만 교육의 질을 높이기 위한 연수 등을 통해서 교육과 보육에 필요한 능력, 시대가 바뀌면서 더 필요한 능력들을 갖추도록 하는 것이 가능한 방법이다.

아울러 각 시설에서 서로 다른 자격증을 갖고 근무 중인 교사들을 유보통합과정에서 유치원과 어린이집으로 상호 교류하기는 어렵다. 이것은 앞으로 꽤 오랜 기간 유지될 수밖에 없다.

현재 중고등학교의 경우, 공립학교는 임용고시를 치르고, 사립학교도 교육청에서 위탁받아 임용고시를 치르기도 한다. 이러한 절차를 어린이집에도 준용하면 된다. 신규교사 채용을 위탁한 어린이집에게는 추가 지원을 하는 방식으로 참여를 유도할 수 있다. 국공립어린이집의 원장 채용은 현재 공립학교에서 진행하는 교장공모제를 준용하면 된다. 원장 자격을 가진 자 중에서 공모절차를 통해서 임기 동안 임용하는 방식이다.

갈등보다 현실적 대안 3 - 사립유치원과 민간어린이집의 재정지원 문제

유보통합에서 중요한 영역이 재정이다. 공립유치원의 모든 재정을 교육청이 지급하는 것과 달리 사립유치원은 모든 재정을 책임지고 있지 않다. 일반 지자체의 경우도 민간어린이집의 모든 재정을 지급하고 있지는 않다. 따라서 유치원 교원이나 어린이집 보육교사들의 보수가 근무 시설별로 다르고, 학부모의 부담 역시 공립과 사립(민간)이 다르고, 시설별로도 다르다.

향후 실질적인 무상교육과 무상보육을 통해 학부모의 부담을 덜기 위해서는 사립유치원과 민간어린이집에게 사립중고등학교처럼 재단에서 전입되지 못하는 필요경비의 차액을 모두 지급하는 방식(재정결함보조금 지급방식)을 채택할 수밖에 없다.

따라서 무상교육과 무상보육을 진행하기 위해서는 엄격한 재정 운용과 더불어 사립(민간) 시설에게도 국가 예산으로 지급하는 것이 맞다. 국가가 부담해야 할 공공성의 비용을 개인에게 떠넘기는 것은 옳지 않고 또 지속가능하지도 않기 때문이다.

이미 시간이 너무 지났다. 굳어진 현실은 근본적으로 해결하기 어렵다. 지금 유보통합은 거의 '유일하게 시도가 가능한 미봉적 방안'이다. 근본적이고 완벽한 해결을 하려면 일이 더 꼬인다. 현재 상태를 관리하면서 영유아들이 최대한 좋은 조건에서 교육받고 보호받도록 하는 것에 중점을 두어야 한다.

지역(시·도)교육과정

미래교육을 향한 이정표, 지역교육과정

최지윤 (군산월명중학교 교장)

◆ ◆ ◆

교육과정의 진화

지역교육과정이란 무엇인가

지역교육자치는 학교자치로 꽃피우고 지역교육과정에서 열매 맺고 있다. 2020년을 전후로 시 · 도교육청들이 국가교육과정의 지침과 매뉴얼을 그대로 전달하던 방식을 탈피하여 지역의 특성을 구체화한 지역(시 · 도)교육과정[267]을 고시하고 있다.

우리나라는 강력한 국가교육과정 중심 체제하에 있다. 전국의 유 · 초 · 중 · 고 · 특수학교가 국가교육과정에서 정하는 대로 배우는 내용과 방법을 따른다. 국가교육과정은 총론과 각론으로 구성된다. 총론은 교육과정의 목표와 방향, 교육과정 편성 · 운영기준(편제 및 시간 배당) 등을 포함하고, 각론은 교과와 비교과활동인 창의적체험활동(이하 창체)의 성격, 목표, 내용 체계, 교수 · 학습 방향, 평가 등을 담

267 이글에서는 시 · 도교육청에서 고시한 교육과정을 '지역교육과정'으로 통칭함(현재 2022 개정 교육과정에서는 '지역교육과정'을, '공교육 정상화 촉진 및 선행교육 규제에 관한 특별법'에서는 '시 · 도교육과정'을 사용 중임).

는다.

국가교육과정이 개발 · 고시되면 전국 17개 시 · 도교육청이 지역의 교육과정 편성 · 운영 지침을 작성하여 각 학교에 배부한다. 시 · 도교육청의 교육과정 편성 · 운영 지침은 국가교육과정과 유사하며 시 · 도별 중점사항이나 중점 교육활동 등이 일부 추가된다. 이제까지의 교육과정 편성 · 운영 지침은 지역의 지리적 문화적 특색이 일부 반영되었지만 대부분 국가교육과정의 구성과 내용을 그대로 따르고 시 · 도교육청에 위임한 몇 가지 사항에 대한 지침을 전달하는 수준에 그쳤다(한혜정 외, 2012 ; 신은희 2020).

최근 들어 시 · 도교육청의 교육과정 편성 · 운영 지침이 변화하고 있고 일부 시 · 도교육청은 시 · 도교육과정을 자체 개발 · 고시하고 있다. 전반적으로 지침의 기능보다는 안내와 지원 역할을 강화하고 명칭도 편성 · 운영 지침 대신 교육과정을 사용한다.

이 교육과정들의 가장 두드러진 특징은 학교(교사)의 교육과정 자율권을 강조하고 편성 · 운영을 구체적으로 안내한다는 점이다. 2009 개정교육과정과 현재 시행중인 2015 개정교육과정은 교과군별 총 시수 20% 내에서 학교가 자율권을 발휘할 수 있도록 허용하고 있지만 학교가 자율권을 실질적으로 활용하기에는 한계가 있었다. 지역교육과정은 국가교육과정이 허용하는 자율권을 적극적으로 재해석하여 학교(교사)가 주어진 권한을 최대한 활용할 수 있도록 근거를 마련하고 안내한다. 근거는 '학교는 국가교육과정이 허용하는 권한 내에서 교육과정을 편성 · 운영할 수 있으며 학교교육과정의 주체는 교사이다' 등의 선언적 문장으로 제시된다. 학교가 자율적으로 편성하는 교육과정에는 고유한 명칭을 부여한다. 학교교과목(서울, 전북), 학교자율과정(경기), 자율탐구과정(충북), 학교자율특색과정(충남) 등이다. 이 밖에 학교 자율권 활용 사례와 학습공동체 운영, 교과 재구성이나 개설, 성취기준 재구성 등을 자세하게 안내한다〈표 참조〉.

또 다른 특징은 지역교육과정의 고유한 철학과 비전을 기반으로 한다는 점이다.

서울혁신미래교육과정, 경기학생중심교육과정, 세종창의적교육과정, 충남참학력교육과정, 대구미래역량교육과정 등 지역교육과정을 일컫는 용어도 다양하다. 시 · 도교육청별로 새로운 학력관과 역량을 규정하고 교육과정-수업-평가를 구체화한다. 서울의 서울학생역량기준과 교사(전문성)역량, 전북의 참학력을 비롯하여, 세종형학력, 충남참학력, 대구미래역량, 광주 미래핵심역량 및 성취기준, 제주핵심역량 등이 있고 나머지 지역은 2015 개정교육과정에서 제시하는 핵심역량을 그대로 사용하고 있다〈표 참조〉.

이 밖에 서울, 경기, 전북 세종, 충북 등을 중심으로 학교교육과정, 학급(교실)교육과정, 교사교육과정, 마을교육과정, 학생중심교육과정 등의 용어를 자체적으로 정의하여 사용하는 것도 특징이다. 최근에는 세종, 울산, 전남 등에서 교사, 학생, 학부모, 시민 등이 참여하는 거버넌스를 기반으로 지역교육과정을 수립하는 움직임도 나타나고 있다. 세종의 지역교육과정인 세종창의적교육과정 2.0은 다양한 주체 259명이 참여하는 거버넌스를 기반으로 수개월 동안 포럼을 지속하며 상향식으로 수립되었다.

이 밖의 다른 지역에서도 지역의 특성을 교육과정-수업-평가에 반영하고 국가교육과정이 부여한 20%의 자율권을 구체화하는 시도가 이어지고 있다.

학교(교사)의 자율권을 보장하는 지역교육과정

이전에도 '교육과정의 지역화' 등의 용어를 사용하여 지역의 지리적, 문화적 특징을 반영하려는 시도는 존재했다. 하지만 교육자치의 관점에서 지역교육과정의 내용을 구체화하는 시도는 이전과는 질적으로 다른 차원의 변화이다. 일부 시 · 도교육청은 '학교자율과정', '학교교과목', '자율탐구과정'등으로 학교(교사) 자율권의 근거를 마련하고, 교과 재구성이나 성취기준 재구조화부터 (초)학교교과목 개발에 이르기까지 교육과정 자율운영 역량을 발휘하고 있다. 또한 지역의 실천 사례와 담론을 종합하여 지역 고유의 철학과 방향을 정립하는 등 지역에서 축적된 전문성

시 · 도교육청 교육과정 편성 · 운영 현황(2022.9.1 기준)

지역	지역교육과정 문서 명칭	용어 사용	기타
서울	교육과정 편성 · 운영 지침 학교교육과정 편성 · 운영안내서 (초/중/고)	서울혁신미래교육과정 학교교과목(교과(군)별20%) 교사교육과정 교실교육과정(초) 마을결합형교육과정	서울학생역량기준(2015) 교사 (전문성)역량
경기	초,중,고등학교 교육과정 총론(2021) 교육과정 편성 · 운영 지침(유/특)	경기학생중심교육과정 학교자율과정 지역화교육과정 교사교육과정(별도챕터구성)	참된 학력(2011) 창의지성교육(2012~2013) 창의지성역량(2013~2014)
전북	초등학교 교육과정 총론(2021) 교육과정(중/고) 교육과정 편성 · 운영 지침(유/특)	학교교과목(초) 교사교육과정(초) 지역교육과정(초)	참학력(2013~2022)
충북	교육과정 총론(2022) (유초중고특수 통권)	자율탐구과정((교과(군)별 20%))	충북형미래학력(2016)
세종	교육과정(초,/중/고/특수) 아이다움 교육과정(유)	세종창의적교육과정(2018~) 세종창의적교육과정2.0(2020) 교사교육과정(초)	세종형 학력(2019) 거버넌스형 교육과정 개발 (2022)
울산	교육과정 편성 · 운영 지침 (초등 안내서) 다함께 만들어가는 학교교육과정/ 교사 교육과정		거버넌스형 울산교육과정 준비 중
전남	교육과정 편성운영지침		거버넌스 구축 중
인천	교육과정(초/중/고/특/유)	교사교육과정(초)	인천핵심역량(2018)
충남	교육과정(초/중/고/특/유)	참학력 교육과정 학교자율특색과정 교사교육과정(초)	충남참학력(2016)
강원	교육과정 편성운영 지침		
대구	미래역량교육과정 총론/각론(2019) 교육과정 편성 · 운영 지침(2021~)	대구미래역량교육과정	대구미래역량(2018)
광주	교육과정(초/중/고/특/유)		미래핵심역량(2015)
대전	교육과정 편성운영 지침		
경북	교육과정 편성운영 지침 학교교육과정 편성 · 운영 도움자료	학생 생성 교육과정(2021)	
경남	교육과정 편성운영 지침	교과군별 20%(초) 교사 교육과정(초) 마을연계교육과정(초)	
부산	교육과정 편성운영 지침		
제주	교육과정 편성운영 지침		제주핵심역량(2021)

을 보여준다.

최초로 지역교육과정을 고시한 경기도교육청은 국가교육과정이 허용하는 자율권을 적극적으로 해석하여 '학교자율과정'을 제시하였다. 학교자율과정은 초등학교에서 교과뿐 아니라 비교과활동인 창체를 모두 활용할 수 있는 근거를 마련해주었다. 경기교육과정은 학생이 배움의 중심이 되는 교육과정, 학교 밖 교육자원과 연계, 학습복지, 학습공동체 기반의 교사교육과정 등을 강조한다. 교사교육과정은 '교사가 학생의 삶을 중심으로 국가, 지역, 학교 수준 교육과정을 공동체성에 기반하여 적극적으로 해석하고 학생의 성장 발달을 촉진하도록 편성 · 운영하는 교육과정'으로 규정한다.

경기도 초 · 중 · 고 교육과정의 주요 내용

- 초등학교는 20% 시수 조정을 교과(군)과 비교과활동인 창체를 모두 활용하여 학교 자율과정을 편성 운영할 수 있다.
- (중) 교과(군)별 기준 수업 시수의 20% 범위 내에서 감축한 시수를 활용하여 창의적으로 편성 · 운영할 수 있다.
- (고) 교과 1단위 17회 중 1회는 학교자율과정으로 운영할 수 있다.

경기도교육청, 2021

전라북도교육청은 (초)교육과정 총론에 학교 초등학교에서 과목 개설이 가능하게 했다. 전북의 학교교과목은 초등학교에서 교과 외 비교과 활동으로 진행되던 주제통합수업이나 마을연계수업을 통합하여 일회성 프로젝트가 아닌 학교교과(목)로 제도화 한 것이다. 총론에는 학교교과목 편성에 필요한 기준(편제 및 시수 배당), 절차, 기준, 유의 사항 등이 포함된다. 교과목 개설 이외에도 교과 내에서 자율성을 발휘할 수 있도록 성취기준의 재구성 또는 개발 지침과 유의 사항을 안내한다. 또한 자율화 유형을 4가지 수준(교과서 재구성, 성취기준 활용, 성취기준 재구조화, 성취기준 개발)으로 제시하고 이 중 하나를 선택하여 학급(교실)-학년-학교 단위 중에서 가능한 수준으로 실천하도록 안내한다. 전라북도교육과정은 '학생 중심, 학교와 교사의 자율성과 공동체성을 기반으로 학교자치를 실현하는 교육과정'을 강조한다. 교사교육과정은 '교원이 교육과정 문해력을 바탕으로 학생의 삶을 중심에 두고 국가, 지역, 학교교육과정의 기반 위에 학교공동체의 철학을 담아 계획하고 실천하면서 만들어가는 교육과정'으로 규정하고 있다.

국가교육과정	지역교육과정	학교교육과정	학교(급)교육과정
국가에서 개발하여 고시한 교육과정으로서, 교육과정 지침에 해당하는 총론과 교과교육과정에 해당하는 각론을 아우르는 것	지역에서 개발한 교육과정으로서, 전라북도 교육의 지향점과 특징을 반영한 전라북도 초등학교 교육과정 총론과 각론을 아우르는 것	학교에서 개발한 교육과정으로서, 학교구성원이 학교공동체의 가치와 철학 및 학생의 특성을 반영하여 민주적 의사결정 과정을 거쳐 개발한 것	교사가 학년(급)에서 개발한 교육과정으로서, 학교공동체의 철학 및 학년(급) 학생의 특성을 반영하여 계획실천평가환류하는 모든 과정을 아우르는 것
교사교육과정			

전라북도교육청, 2021

충청북도교육청은 유치원, 초등학교, 중학교, 고등학교, 특수교육과정을 통권으로 엮어내 국가교육과정에서 분리된 유아 및 특수교육과정까지 연계성을 강화한다. 국가교육과정이 허용하는 20% 자율권을 활용하는 '자율탐구과정'을 제시하고 교과 시수 조정, 재구성 등에 대한 학교의 재량권과 자율권을 명시한다(충청북도교육청, 2022).

서울특별시교육청은 초/중/고 학교교육과정 편성·운영 안내서를 작성해서 배부했다. 서울교육과정은 교육과정 자치의 관점에서 교육과정 개발자로서의 교사, 학교교육과정을 함께 만들어가는 공동체로서의 학교 역할을 강조한다. 학교교육과정위원회 및 관련 협의체 구성 방법과 절차, 교육과정-수업-평가혁신을 이루는 절차 및 사례도 포함한다(서울특별시교육청, 2021).

이 밖에 강원도는 학생, 학부모, 교직원이 함께 협의하고 실천하며 책임지는 학교 체제를 강조하고, 인천 등 다수 시 · 도교육청이 교과 및 창체에 필요한 기관과 사적지 등의 목록 등을 안내하고 있다. 기타 시 · 도교육청에서도 교육과정 편성 · 운영 지침에 지역교육과정의 비전을 담고 학교교육과정 개발 절차와 사례, 교육과정 재구성 자료, 학습공동체 운영, 학교문화 개선 사례 등을 포함하고 있다.

거버넌스 기반의 지역교육과정

최근에는 지역교육과정을 개발하는 데 있어서 교육청이나 일부 전문가 중심이 아닌 학생, 학부모, 교사 등 다양한 주체가 참여하여 숙의 · 토론을 거치는 상향식 개발방식을 시도하고 있다. 거버넌스 기반 개발은 일회성 포럼이나 공청회가 아니라 긴 시간을 두고 공동학습, 의견수렴, 숙의와 토론, 합의 등의 과정을 거친다. 현재 거버넌스를 기반으로 세종은 지역교육과정 총론 초안 개발을 마쳤고, 전남과 부산이 상반기에 거버넌스를 구축하고 교육과정 개발을 위한 공동학습을 진행했다. 울산은 현재 거버넌스를 구성 중이며 올해 울산교육과정 개발을 시작할 예정이다.

세종시교육청은 2021년 현장교원(교사 · 교감 · 교장), 시민(학부모), 학생, 교육전문직원, 전문가 자문위원 등으로 거버넌스(총 259명)를 구축하고 「세종창의적교육과정 2.0」 총론 초안을 개발하였다. 참여자들은 상반기에 2022 개정교육과정 이해 세미나(16회)와 집중토론회(17회) 등을 통해 공동학습과 공론화를 거쳤고, 하반기에 포럼(17회)을 거쳐 총론을 개발하였다.

세종창의적교육과정 2.0 초안 개발 단계

- 1단계) 교원이 만든 교육과정 총론 초안 공개
- 2단계) 총론의 의미와 해석을 두고 정기포럼을 개최, 총론 주요 쟁점 사항에 대한 집중토론
- 3단계) 토론의 결과를 개발위원회에 전달하여 총론 초안에 반영

세종창의적교육과정 개발 과정

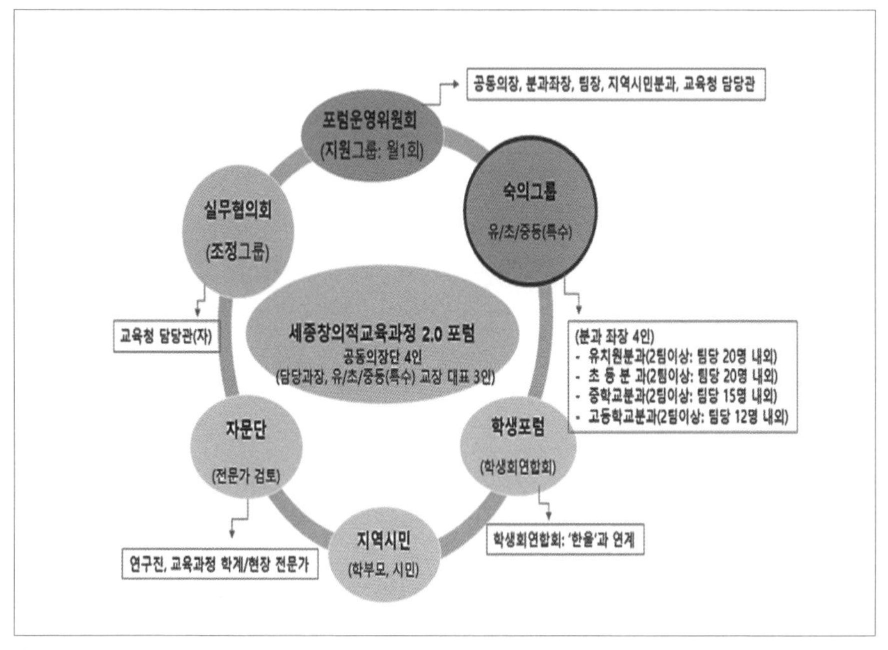

세종특별자치시교육청, 2022

전라남도교육청은 2021년부터 918명의 현장 교사들의 모임인 '전남교육과정현장네트워크'를 중심으로 '전남교육과정' 개발을 준비해왔다. 이들은 교육과정에 대한 학습과 '2022 개정교육과정' 지역 교사 제안서 등의 활동을 이어왔다. 또한 지역교육과정의 비전을 '학생들이 예측하기 어려운 미래사회를 대비하고, 나의 성공만이 아닌 사회의 총체적 잘 삶을 위한 공통 실천 교육과정'으로 설정하였다. 전남교육과정 거버넌스는 학교, 학부모, 학생, 교원, 전남도민, 연구자, 교원단체, 전남도의회 교육위원회, 지자체 등 다양한 주체와 기관을 망라한 광범위한 구성체계를 갖추고 전남교육청과 수평적 협력 체계하에 교육과정의 비전과 내용을 합의해 나갈 예정이다(교육부, 2022).

전남교육과정 추진 조직표

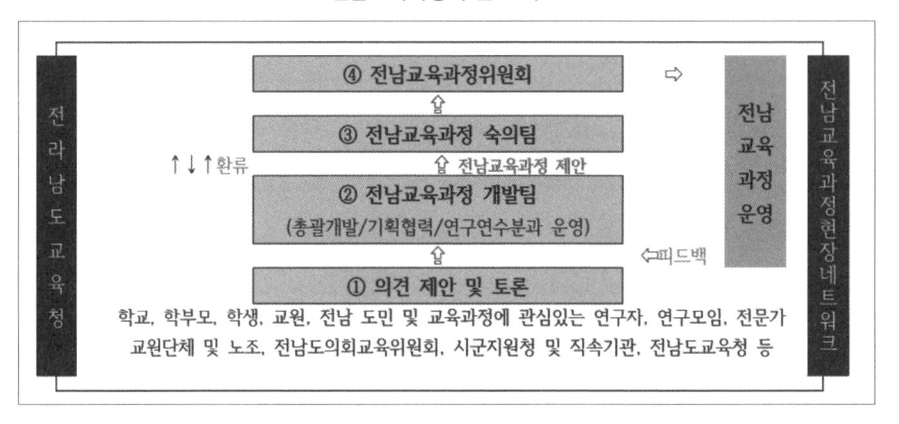

울산광역시교육청은 '시민이 참여하는 거버넌스 운영'을 통한 울산교육과정 총론 및 각론(학교급별 교육과정) 개발을 추진하고 있다. 현재 울산 전체 교원(공립유치원, 교육전문직 포함), 학생(초 5부터), 학부모, 교육행정직을 대상으로 '2023 울산교육과정 개발'에 대한 온라인 설문조사를 하고 이를 기초로 다양한 주체가 참여하는 교육과정 거버넌스를 구축 중이다(울산광역시교육청, 2022).

울산교육과정 개발 절차

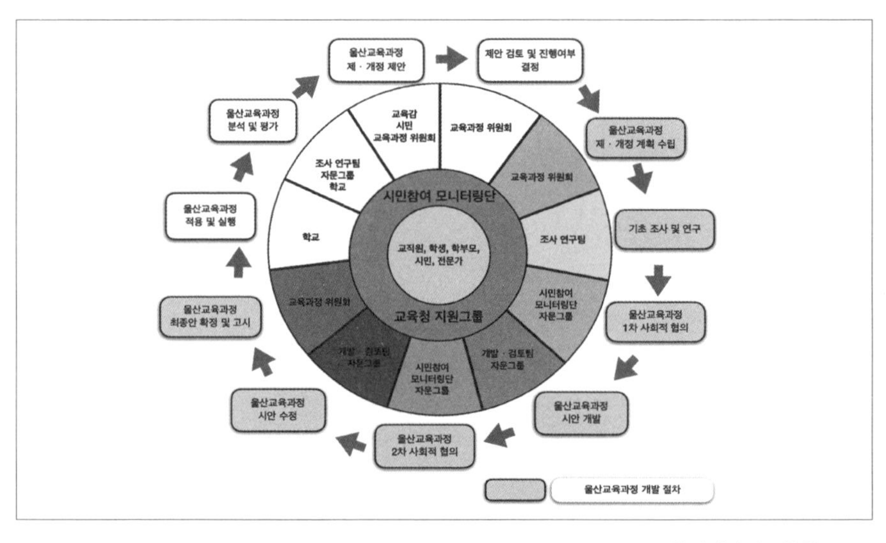

울산광역시교육청, 2022

◆ ◆ ◆

지역교육과정의 핵심 가치와 과제

국가교육과정에서 지역화, 자율화, 분권화로

우리나라의 국가교육과정은 중앙집권적 방식을 통해 표준화된 지식을 전국의 모든 학생들에게 효율적으로 전달하여 보편교육을 실현하고 교육여건을 비교적 균등하게 유지하는데 기여했다. 그러나 국가교육과정의 지나친 통제로 인해 학교교육과정이 획일화되고 학생의 요구와 필요를 충분하게 반영하지 못하는 문제점이 발생했고 이 문제를 해결하기 위해 국가교육과정의 지역화, 자율화가 지속적으로 추진되어 왔다.

- 6차 교육과정(1992): 지방분권형 교육과정 선언, 시 · 도교육청과 학교 재량권 확대 (시 · 도교육청 편성운영지침/ 학교교육과정 편성운영)
- 7차 계획(1997): 학생중심 교육과정, 만들어가는 교육과정의 전환
- 학교 자율화 추진 계획(2008): 교육과정 지역화 분권화 논의 가속화 국가수준 – 지역수준의 2단계 의사결정 체제가 국가수준 – 시 · 도교육청 – 단위 학교 3단계 체제로 전환
- 2009 개정교육과정: 교육과정 자율화 정책 구체화
- 2015 개정교육과정: 2009 기조 유지, 창체 지침 개선으로 학교의 교육과정 자율화 확대
- 2022 개정교육과정: 학교의 자율권 확대, 지역화, 분권화

2022 개정교육과정은 학교 자율시간 확보를 위해 국가, 지역, 학교 교육과정의 역할을 다음과 같이 제시한다. 이제까지 확대된 교육과정의 자율화, 지역화는 2022 개정교육과정에 이르러 드디어 정책적 기반을 어느 정도 갖추게 되었다(정광순, 2022).

국가 교육과정	학교 자율시간 도입을 위한 교육과정 운영 근거를 총론에 마련 (교과) 한 학기 17주 기준 수업시수를 16회로 개발하고 1회 분량은 자율운영 할 수 있도록 내용요소와 성취기준 등을 유연하게 개발
지역 교육과정	자연과 학교의 교육 여건 등에 적합한 기준과 내용 개발, 지역 특색을 살린 선택과목 및 체험 활동 개발 운영(시 · 도교육청 개발 가능) ※ (예) 지역 생태환경, 인공지능으로 알아보는 우리 고장, 지역과 민주시민, 역사체험 등
학교 교육과정	지역과 연계한 다양한 교육과정 및 프로젝트 활동 편성 · 운영, 학교 자율적으로 지역 연계 선택과목 개발 활동, 교과 교육과정(지역 연계 단원 구성, 성취기준 등)에 대한 교사의 교육과정 편성 · 운영 자율권 확대

교육과정의 지역화, 자율화와 함께 교육과정 분권화도 논의 중이다. 교육과정 분권화는 시도교육청이나 학교가 국가교육과정과 독립하여 독자적으로 교육과정을 편성하는 권한을 의미하며 국가교육과정이 갖는 획일성으로 인한 지역 및 학교의 한계를 극복하고 지역의 특성과 학교 교육 주체들의 요구를 반영해 시 · 도교육청이나 단위학교가 교육과정 편성 · 운영의 자율권을 갖는 것이다(박승열, 2021). 현재는 국가교육과정이 100%의 편성 권한을 가지고 있지만 교육과정의 분권화가 현실화할 경우, 국가가 현재 100%의 권한을 80%에서 60%까지 줄이고 나머지를 학교와 지역에 분권하는 방안이 제안되고 있다. 우선 1) 국가교육과정 100%(교과와 비교과 모두 포함), 2) 국가 80%+시 · 도교육청 20%, 3) 국가 80%+시 · 도교육청 10%+학교 10% 중에서 학교와 지역이 선택하게 하는 방안이 있다(성열관, 2021). 또 다른 방안은 국가 80%+시도 20%에서 시도교육청이 20%를 활용하여 교과를 신설한 후 1) 학교에 의무적으로 부과하거나 2) 교과의 선택권을 부여하거나 3) 교육 중점이나 내용, 성취기준형태로 제시하는 것 중에서 학교가 선택하는 방안이 있다(박휴용, 2019). 한편 교육자치 30주년을 맞이한 교육공동체 인식 조사 · 분석[268]에 의하면 교육과정 개발 권한에 대해 응답자들은 국가 60%, 지역(시도) 20%, 학교 20%가 적절하다고 인식하고 있다(전국시도교육감협의회, 2022).

268 교원 12,310명, 일반직 1,285명, 학생 12,417명, 학부모 34,500명, 기타 360명(2021.2.10.–3.14)

국가교육과정 정책은 지역이나 학교의 교육과정 자율권 확대를 일관성 있게 보여주고 있고 분권화에 대한 논의도 지속될 것이다. 이에 대응하기 위해 학교와 지역 수준에서 국가교육과정이 허용하는 자율권을 적극적으로 활용하면서 교육과정 전문성을 키워가는 것이 더욱 중요해질 것으로 예상된다.

미래교육의 핵심은 개별화와 다양화

시 · 도교육청이 개발 · 고시하는 지역교육과정은 학교와 마을이 자율적으로 개발한 교육과정을 제도화한 결과물이자 학교자치의 성과이다. 학교자치를 민주적인 학교문화와 교육과정-수업-평가혁신이라는 두 개의 축으로 나누어 볼 때 학교문화 영역은 민주적인 의사결정, 자치활동, 조례 제정 등 성과를 거두었지만, 교육과정 영역에서는 자치와 자율에 일정한 한계가 있었다. 국가교육과정이 수업 방향, 교과와 수업시수, 수업 목표와 내용 및 성취기준까지 세세하게 정해주기 때문에 학교(교사)가 자율성을 발휘하기 어려웠다. 또한 국가가 수업목표나 내용에서 일부 자율권을 허용하고 있음에도 현실적으로 이를 활용하기에는 제약이 많아서 대부분의 학교교육과정은 문서로만 존재할 뿐이었다.

교육과정 자치는 학교자치의 관점에서 교육과정-수업-평가를 학생에게 맞게 재구조화하는 것이다. 학교(교사)의 노력이 대부분 수업 개선과 평가에 집중되었지만 근본적인 변화를 끌어내기 위해서는 교육과정-수업-평가가 연계될 필요가 있었다. 학교(교사)는 교과서 중심에서 벗어나 교육과정을 재구성하기 시작했고, 학교교육과정은 '주어진 교육과정'이 아닌 학교에서 '함께 만들어가는 교육과정'으로 변모하기 시작했다. 교사가 자율성을 발휘하기 시작하면서 교육과정 전문성도 성장하였다. 학습공동체에서 집단적으로 학교의 교육과정 자율역량을 높여나감에 따라 일부 학교는 학교교과목 개발에까지 이르게 되었다.

교육과정 재구성이란 '학생들에게 의미 있는 배움이 이루어지도록 학교와 교사 차원에서 교육과정을 새롭게 구성하는 것'이다(김성천 외. 2021) 초기에는 성취기준을 중심으로 교과서의 내용을 생략 또는 추가하고 순서를 재배열하는 교과 내 교육과정 재구성이 이루어졌고, 점차 한 교과를 넘어 다른 교과까지 통합적으로 재구성하는 주제중심 통합프로젝트 수업으로 발전하였다. 교육과정 재구성은 학교 울타리를 넘어서 마을로도 확장되어 학교와 마을 사이에 마을교육과정이라는 중간의 영역이 만들어지기도 했다. 초기에는 마을 자원의 활용으로 시작했지만 점차 '마을을 통한 교육, 마을에 관한 교육, 마을을 위한 교육' 등으로 확장되였다(서용선, 2018).

교육과정 자치는 학교 차원의 교육과정 재구성과 학교교육과정 개발로 발전했고, 마을교육과정을 거쳐 시 · 도교육청 차원의 지역교육과정 개발로 이어졌다. 시 · 도교육청은 새로운 학력관 모색을 시작으로 과정중심평가 및 성장중심평가 등의 평가혁신, 시도교육감 인정 과목 도서 개발 등을 거쳐 학교자율과정 편성 · 운영을 고시하는 단계로 지역교육과정을 발전시켰다(김성천 외, 2021).

2022 개정교육과정 총론에 의하면 미래교육은 학생 하나하나의 특성에 맞춘 개별화 · 다양화된 교육과정으로 구현된다. 표준화된 국가교육과정이 채우지 못하는 다양하고 개별화된 교육과정을 지역과 학교에서 구현하는 것이 미래교육을 현실화하는 방안이다. 이제 현장에서 축적된 교육과정 재구성 또는 학교교육과정 개발의 경험을 토대로 학교(지역)의 교육과정 자율운영 역량을 한 단계 더 끌어올려야 한다. 학교구성원이 학습공동체를 기반으로 전문성과 자율운영 역량을 갖추는 데는 많은 시간과 노력이 필요하기때문에 교육청의 적극적인 준비와 지원이 요구된다.

교육과정 주체의 다양화

지난 10여 년간 교육과정 자치의 결과, 학교 안팎에서 광범위한 교육과정 생태계가 형성되었고 다양한 교육과정의 주체가 등장하였다. 그 결과 교사교육과정, 학생주도교육과정, 마을교육과정 등 다양한 용어가 사용되고 확산되었다. 이 용어들은 교육과정 자치를 통해 생성된 현장중심의 실천담론이라는 면에서 교육과정 자치의 성과라고 할 수 있다. 하지만 한편에서는 다양한 교육과정 주체의 등장, 권한의 충돌, 검증되지 않은 용어의 난립 등을 두고 논란이 진행중이다.

지역에 따라 학교 학습공동체에서 개발하는 교육과정을 교사교육과정으로 명명하고 있다. 특히 교사가 전 과목을 가르치는 초등학교에서 교사의 주체성과 전문성을 강조하는 의미로 교사교육과정이 자주 언급된다. 지역교육자치란 지역에서 교사가 자신의 교육과정을 가지는 일이다(정광순, 2022). 이에 따르면 교사가 교육과정에 대한 권한을 가져야만 학생에게도 교육과정에 대한 권한으로 지위를 부여할 수 있고, 교사의 교육과정 주체성이 성장해야 학생의 주체성도 살아난다. 교육과정 자율화를 전제로 교사가 전문적 학습공동체를 통해 전문성, 공동체성, 교사주도성이라는 역량을 체득해야 이를 바탕으로 학생주도성이 키워질 수 있다(손민호, 2021).

마을교육과정의 역할과 범위에 대한 혼란도 존재한다. 마을교육과정[269]은 혁신교육지구와 마을교육공동체 등의 사업을 중심으로 생성된 용어이다. 마을교육과정은 학교 교사가 마을주민, 학부모가 함께 운영하는 교육과정으로 학교교육과정을 학생의 삶과 연계시키는 성과를 거두었다. 마을교육공동체는 기초자치단체의 행정 협력과 주민들의 주도적 교육 참여를 기반으로 다양한 민 · 관 · 학의 협력을 통해 진행된다. 혁신교육지구 사업을 계기로 전국적으로 마을교육공동체가 확산되고 다양한 교육과정이 탄생하였다. 하지만 아직은 한계가 존재한다. 마을교사와 학교교사의 역할이 명확히 정립되어 있지 않고, 마을주민이나 학부모를 '학교교육과정을 보조하는 존재'로 인식하는 경향이 있다. 그리고 학교교육내용과 마을교육과정을 연계하다 보면 교과서 진도 문제나 책임소재 등의 어려움이 발생하고 있다(양병찬, 2019).

일부 학교(지역)는 학생주도성을 강조하면서 교사 주도의 교육과정을 넘어 학생이 기획하고 실행하는 학생주도 교육과정 또는 학생 생성 교육과정(경상북도교육청, 2021)이라는 용어를 사용하기도 한다. '2022 국민참여교육과정 개정을 위한 사회적 협의문'에는 학교교육과정 협의체에 학생참여를 의무화한다는 내용이 포함되

269 마을교육과정이란 "학습자들이 주도적으로 마을주민이나 마을과 의미있는 관계를 맺고 배우고 실천하면서 삶에 필요한 역량을 키우고 마을의 주체로 성장하면서 마을을 학습생태계로 만들어가는 교육과정"이다 (조윤정 외, 2017).

었고 시 · 도교육청 공약으로 교육과정 협의체에 학생참여를 명시한 지역도 있다. 하지만 공교육시스템에서 학생주도 교육과정을 현실화하기에는 아직 제약이 많고 좀 더 깊은 논의와 연구가 필요하다.

교육과정 자치를 통해 교육과정의 주체는 국가를 넘어 학교, 지역, 마을 그리고 교사, 학생 등으로 확장되었다. 학술연구 분야에서도 이제 교육과정을 국가 차원에만 한정하는 용어가 아니라 다차원으로 확대하여 사용하고 교육과정 주체를 현실화해야 하는 시점이 되었다(정광순, 2022). 미래교육과정을 구현하기 위해서는 교육과정 자치와 분권에 따라 등장하는 다양한 주체를 수용하고 각각의 역할과 권한을 정립해 나가는 일이 모두의 과제로 남아있다.

◆ ◆ ◆

지역교육과정의 성공을 위한 전망과 과제

지역교육과정의 정체성

시 · 도교육청에서 고시하는 지역교육과정은 개념이나 실체가 분명하지 않고 정체성이나 역할에 대해 아직 논쟁적인 지점이 많다. 일반적으로 지역교육과정이란 광역 시 · 도교육청이 지역의 실정과 여건을 고려해 개발 · 운영 · 평가하는 교육과정을 말한다(박승열, 2021). 2022 개정교육과정에서는 국가-지역-학교 교육과정을 다음과 같이 명시한다.

- 국가 교육과정: 초 · 중등학교 교육 목적과 목표 달성을 위한 전국 공통 교육과정의 일반적인 기준과 내용
- 지역 교육과정: 국가 교육과정을 기준으로 지역의 특수성과 학생의 교육적 필요를 반영하여 시 · 도교육청 등이 개발 · 운영하는 교육과정

• 학교 교육과정: 국가와 지역 교육과정을 기준으로 학생, 학부모, 교사, 지역 주민의 관심과 교육적 필요를 반영하여 학교에서 개발 · 운영하는 교육과정

시 · 도교육청에서 고시하는 지역교육과정에 대해 일부에서는 회의적인 태도를 보인다. 국가교육과정과 학교교육과정으로도 충분하며, 시 · 도교육청에서 고시하는 교육과정이 국가교육과정 이외에 학교를 얽어매는 옥상옥이 될 수 있기 때문이다. 실제로 종전의 시 · 도교육청 편성 · 운영지침은 국가교육과정과 중복되고 학교에 실질적인 도움을 주지 못한다는 비판도 제기되어 왔다. 하지만 시 · 도교육청이 고시하는 지역교육과정은 학교교육과정의 안내, 지원, 매개적 역할이 강하다(황현정, 2018; 신은희 2022; 손동빈, 2022). 국가교육과정이 국가가 지침을 통해 학교를 통제하는 교육과정이라면 지역교육과정은 학교가 자율적으로 교육과정을 운영하도록 지원하고 안내하는 교육과정이다.

또한 지역교육과정은 거버넌스를 기반으로 하기 때문에 참여자들이 함께 학습하고 성장하는 과정 자체에 의미가 있다. 최근 시 · 도교육청은 마을(지역)의 거버넌스를 기반으로 다양한 주체의 의견을 수렴하고, 일정 기간 토론과 숙의를 통해 지역교육과정을 개발하는 방식을 시도한다. 교육과정 개발은 교육부가 주도적으로 연구 · 개발하여 보급해 온 국가교육과정 개발 방식이 아닌 숙의 모형(신은희, 2019)으로 이루어진다. 다양한 주체가 참여하여 숙의 · 토론을 거쳐 상향식으로 개발하면 교사가 주도적으로 참여하여 현장 실행 경험을 담아낼 수 있고 학생, 학부모, 주민이 자신의 의견을 직접 반영할 수 있다.

앞으로 지역교육과정이 유용성을 입증하려면 총론보다 각론(교과) 수준에서 구체화할 필요가 있다. 최근 일부 시 · 도교육청은 편성 · 운영지침이나 지역교육과정 개발로 변화를 시도하지만 아직은 총론의 재구성 수준에 머물고 있다. 지역교육과정이 구체적인 역할을 하려면 각론 수준(각 교과)의 내용과 성취기준에서

자율권을 발휘하는 것이 필요하다(정광순, 2022). 이에 따르면 독일 베를린처럼 지역이 국가수준의 교과교육과정을 재구성할 수 있는 역량중심 주제를 제공하거나, 미국 캘리포니아처럼 국가가 제시하는 교과별 성취기준 중에서 시 · 도교육청이 일부를 취사선택하고 나머지는 지역성취기준을 개발해서 연방교육과정을 대체하는 형태를 참고할 수 있다(정광순, 2022). 이 경우 지역교육과정은 국가교육과정이 담지 못하는 구체적인 내용을 더 큰 영역에서 교과 내용과 성취기준에 반영하는 형태, 즉 지역교육과정의 영역이 국가교육과정을 포섭하는 형태를 가지게 된다(정광순, 2022).

독일 국가교육과정, 지역교육과정, 학교교육과정의 역할

독일	교육과정	각론에서의 역할	
국가	독일 연방 교육과정	교과별 성취기준 개발	독일어, 철학, 수학, 음악 등 개별 과목
주	베를린 주 교육과정	교과통합 역량주제 개발(13개)	언어, 미디어, 직업, 다양성, 민주주의 유럽, 건강, 폭력예방, 성평등, 다문화, 교통, 지속가능, 성교육, 소비자 교육 등
시	브란덴브르크 교육서비스	교실교육과정 개발	브란덴브르크 교육정책연구소 홈페이지 (온라인) – 교육서비스 및 역량주제별 학교교육과정 사례 소통과 공유 * 전반적 원칙, 학습과 교육, 성과와 평가 담당

미국 국가교육과정, 지역교육과정, 학교교육과정의 역할

미국	교육과정	각론에서의 역할	
국가	공통교육과정	교과 성취기준 개발	언어 수학 과학 사회
주	캘리포니아 교육과정	공통교육과정에서 85% 선택 지역교육과정 15% 개발	지역교육과정 성취기준으로 교체, 필요한 경우 추가성취기준 개발
학교	학교교육과정	예) 2011년 4학년 수학의 경우, 국가(총 28개 성취기준) 중 주교육과정에서 4개 변경, 11개 추가해서 운영함.	

정광순, 2022[270]

270 (정광순, 2022)의 내용을 표로 재구성함.

한편, 지역(학교)교육과정을 강조하는 것이 국가교육과정의 무용론을 주장하는 것은 아니다. 국가교육과정은 여전히 중요하고 앞으로도 유효할 것이다. 문제는 지나치게 중앙집권적인 국가교육과정 체제와 현장의 자율적인 운영 사이의 균형을 잡는 일이다. 세계 교육 선진국의 사례처럼 교육혁신을 성공시키려면 국가 주도의 하향식 정책과 현장의 상향식 실천의 균형이 필요하다(정광순, 2022). 지역교육과정을 매개로 국가교육과정과 학교교육과정 사이의 간극을 줄이고, 학교(교실) 교육과정을 중심에 놓고 국가와 시 · 도교육청이 역할을 분담하는 체제가 필요하다. 국가-지역-학교의 위계적 구조 대신 학교-지역-국가가 교육과정 권한을 공유하고 교실 교육과정을 지원하는 체제로 변화가 필요하다(박승열, 2021 ; 정광순, 2022).

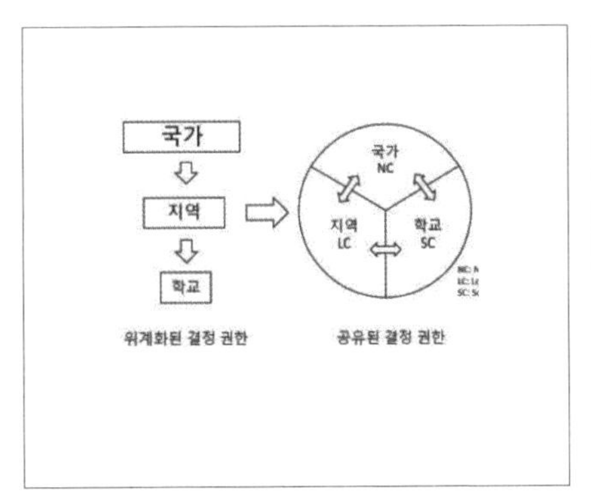

박승열, 2021

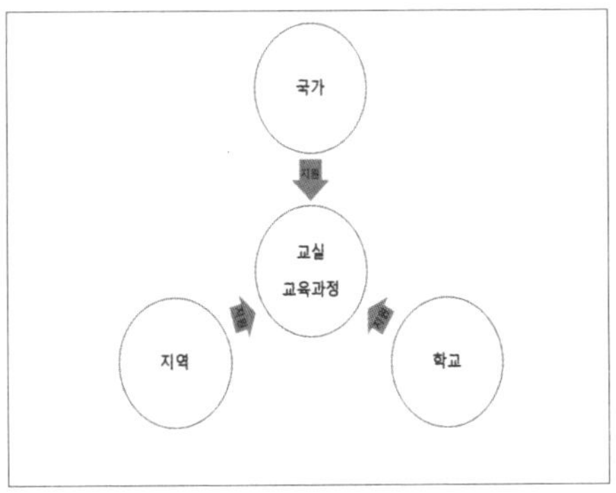

정광순, 2022

시·도교육청의 역할

2022 개정교육과정이 고시를 앞두고 있고 고교학점제가 전면 시행되면 새로운 교육감이 당선된 지역에서도 지역교육과정의 내용을 구체화하는 일이 현실적인 과제로 다가온다. 새로운 교육감 당선자의 철학이나 정치적 성향과는 무관한 문제이며, 시 · 도교육청별로 교육과정 자율 운영의 실행 경험과 축적된 전문성의 차이가 지역교육과정의 성패를 좌우하는 상황이 되었다.

무엇보다 시 · 도교육청은 예전처럼 교육부 지침을 충실하게 수행하는 차원을 넘어서서 지역(학교)교육과정에 대한 전문적 이해와 지원 역량을 갖추어야 한다. 지역(학교)의 교육과정 자치 역량이 중요하기 때문에, 학교와 지역의 학습공동체 지원, 교원 연수 재구조화, 연구자와의 협업 체제를 통한 현장 연구 지원 등이 선행되어야 한다. 더불어 현재 시행 중인 강사 규정이나 평가 지침 등 교육과정 자율운영을 제약하는 각종 지침에 대한 전면적인 재검토와 개선도 수반되어야 한다. 또한 지역(학교)교육과정은 지역거버넌스를 기반으로 수립되고 운영될 때 실행력을 가지기 때문에 거버넌스 구축을 위한 지역 네트워크와의 연계, 의견 수렴과 사회적 협의를 위한 온라인 플랫폼 구축, 의사결정 프로세스 및 평가와 환류 구조 마련 등도 필요하다.

더불어 학부모, 학생, 지역주민과의 공감대 확산과 참여 보장이 필요하다. 교육과정 자율운영은 교과서 진도만 나가는 수업보다 많은 시간과 노력이 필요하므로 이를 부담스러워하는 학교(교사)가 존재한다. 아직은 학생, 학부모, 지역 주민의 이해도 부족하다. 실제로 2022 개정교육과정을 위한 사회적 합의에서 교육과정 자율권에 대해 동의하지 않은 국민의 비율이 20%에 달했다(국가교육회의, 2021). 자율화에 부정적인 이유는 교육과정 자율화에 대한 공감대 부족과 학교 간 격차나 학교의 자의적 가능성에 대한 우려 때문이었다.

이 밖에 시 · 도교육청과 학교에서 교육과정 거버넌스를 구축하고 운영하는 것이 필요하다. 국가교육위원회가 출범하면 국가교육과정 사무가 교육부에서 국가교육위원회로 이관된다. 교육과정 개발은 종전의 전문가 중심이 아닌 거버넌스형으로 변모할 것이라는 기대가 높아졌다. 국가교육위원회법 시행령에 따르면 국가교육위원회 산하에 교육과정 전문위원회를 운영하고 모니터링단을 별도 구성하여 국가교육과정 기준과 내용에 대한 국민 의견수렴과 조사 · 분석 및 점검 업무를 지원할 예정이다. 모니터링단은 교육부가 운영하던 기존의 교육과정심의회를 대체하는 조직으로서 시 · 도교육청별, 학교급별, 교과별 등으로 구성하고 다양한 주체가 참여할 것이다. 이에 따라 시 · 도교육청은 기존의 교육과정심의회나 교육과정

협의체를 거버넌스형으로 재구조화할 필요가 있다.

교육과정 자치는 학교(교실)에서 학생들이 잘 배우고 성장하는 것을 돕기 위해 교육부–시 · 도교육청–교육지원청–학교가 스스로 자기 역할을 찾는 과정이라고 할 수 있다. 국가교육과정은 2022 개정교육과정을 통해 교육과정 자치에 대한 정책적 기반을 마련하고 있고, 학교는 어느 정도 준비가 되어 있다. 이제 시 · 도교육청에서 자기 역할을 스스로 찾고 실행할 때이다.

◆ ◆ ◆

미래교육의 이정표, 학생주도성

지역교육자치는 지역교육의 향방을 가르는 갈림길에 서 있다. 학교자치의 성과를 수렴하여 탄생한 지역교육과정은 지역교육자치의 척도이자(박승열, 2021), 지역화, 개별화, 다양화라는 미래교육의 이정표가 될 수 있다.

OECD 교육 2030 학습나침반(OECD Education 2030 Learning compass)은 개인과 사회의 웰빙과 학생들이 자기 주변의 일에 관심을 가지고 책임감 있게 생각하고 참여하는 것을 강조하며 학생주도성(student agency)이라는 개념을 제시하였다. 또한 2022 개정교육과정을 위한 10만 명의 국민 설문과 사회적 협의에서 가장 많이 논의된 주제 중의 하나가 바로 학생주도성이었다. 사회적 협의 결과 토론단은 '학생주도성'을 새로운 교육과정의 핵심 가치로 설정하였고, 협의문에는 "지역과 학교에서는 학생이 '주도성'을 키울 수 있도록 학생들의 상황에 맞게 교육과정을 자율적으로 편성하고 운영할 수 있는 여지를 확대해야 한다"가 담겨있다. 이를 반영해서 학습자 주도성은 2022 개정교육과정을 관통하는 핵심 요소가 되었다.

학생의 주도성, 미래역량을 키우는 교육은 사실 오래전부터 우리 교육이 추구해 온 과제이다. 이를 실행으로 옮길 수 있는 주체나 여건이 준비되지 못했을 뿐이다. 우리는 지역교육자치, 학교자치, 교육과정 자치라는 거대한 흐름을 타고 정책적 기반과 현장의 실천 경험이 어느 정도 갖추어져 있다.

수많은 교육실천가가 힘겨운 노정을 감수하며 궁극적으로 도달하고 싶었던 지점은 바로 학생이 미래를 존엄한 주체로 살아가는 힘, 학생주도성이었을 것이다. 미래교육을 향한 대전환의 길목에서 이미 낡아버린 신념이나 이념의 잣대는 그만 내려놓고 학생주도성을 지표 삼아 나아가길 제안한다.

2028 대학입시

미래형 입시제도는 어떻게 바뀔까?

성기선 (가톨릭대학교 교수)

◆ ◆ ◆

대학입시, 한국교육 문제의 최정점

한국교육 문제의 최정점에는 대학입시가 자리하고 있다. 교육 문제를 논할 때 피해 나갈 수 없는 지점이 바로 고등학교를 졸업하고 대학을 진학하는 단계에서 일어나는 시험이다. 현재 시행하고 있는 입시제도의 핵심은 대학수학능력시험(이하 수능) 체제이다. 이 글에서는 대입제도를 향후 어떻게 변화시켜 나가야 하는지에 대해 다루어 보자.

수능은 1994학년도에 도입된 이래 크고 작은 변화를 겪으면서도 공정성과 객관성 확보 차원에서 객관식 선다형 위주로 시행되고 있다. 하지만 선다형 위주의 수능 시험 준비로 인해 고등학교 교육과정이 정상적으로 운영되지 않는다는 학생, 학부모, 교사들의 지적이 지속적으로 제기되었다. 대학입시에 종속된 획일적인 고등학교 교육과정이 운영되면서 수능 과목 위주의 교육과정 편성, 국 · 영 · 수 위주의 암기식 · 강의식 수업, 과도한 성적 경쟁으로 문제해결력, 창의성, 협력 등 미래 사회가 요구하는 핵심역량을 함양하기 어려운 상황이 여전히 전개되고 있다(교육부, 2018; 박도영 외, 2020).

고등학교 교육과정은 국가에서 고시한 교육과정을 준수하지만 실제로 운영되는 학습 내용과 수업 방법은 대입전형에서 큰 비중을 차지하는 수능의 영향을 크게 받는다. 그렇다 보니 수능의 성격과 목적 중 하나인 '고등학교 학교교육의 정상화 기여'를 위해서 수능 체제를 전면적으로 개선해야 한다는 학계의 요구가 지속적으로 제기되고 있다(송순재 외, 2007; 정광희 외, 2011; 김지하 외, 2017; 이화진 외, 2017). 2021학년도 대입전형을 기준으로 볼 때 수능위주 전형 비율은 전국적으로 20.4%이고 서울 소재 대학의 경우 28.9%인 것으로 확인되고 있다. 그러나 서울 소재 대학 신입생의 38.9%를 선발하고 있는 학생부종합전형(이하 학종)에 대한 국민적 불신과 부실 운영 정황 등으로 인해 서울 소재 16개 대학을 대상으로 2023학년도까지 수능위주 전형 비율을 40% 이상으로 확대하여 대입제도의 공정성을 강화할 예정이다(교육부, 2019).

이러한 대입 정책의 방향은 2019년 한국교육개발원 교육여론조사에서 정부가 중점을 두고 추진해야 할 1순위 정책으로 전체 응답자의 20.9%가 선택한 '대입전형 단순화 추진', 그리고 초 · 중 · 고등학교 교육 내실화를 위해 가장 필요한 과제로 전체 응답자의 16.0% 및 초 · 중 · 고 학부모 833명의 21.1%가 선택한 '대입 선발 방식 개선'과 맥을 같이한다고 볼 수 있다(임소현 외, 2019). 따라서 선다형 위주 수능 시험 준비를 위한 교육과정과 교수 · 학습의 파행적 운영을 억제하고 미래사회에 필요한 핵심역량 함양에 기여하며, 고교학점제 본격 시행에 대비하면서 동시에 대입전형에서의 공정성을 강화하는 방향으로 수능 체제를 개편해야 할 과제가 우리 앞에 놓여 있다.

이 글을 통해서 해방 후 지난 77년 동안의 입시제도의 변화과정을 간략히 살펴보고, 2018년 실시되었던 대입공론화의 결과, 2025학년도에 도입될 고교학점제와 입시제도와의 관련성 등을 검토한 후 미래형 대입제도가 어떻게 구성되어야 하는지에 대해 정리해보기로 한다.

◆ ◆ ◆

대입제도의 변천과 쟁점

대입제도 변천 과정

먼저 해방 이후 지금까지의 대학입학시험 제도의 변화과정을 간략히 검토해 보자. 아래 표에 제시한 바와 같이 70년 이상의 기간 동안 10번 이상 변화했다. 부분적인 변화까지 고려한다면 거의 매년 변화했지만 크게는 국가고사와 대학별고사의 결합방식의 경우의 수만 고려하여 제시하였다.

해방 이후 대학입시제도 변화

연도	제도유형	전형 방법	고사 과목	비고
1945~52	대학별 단독시험제	필기고사	필수 4과목(국,영,수,사), 선택 1과목 이상	
1954	대학입학 국가연합고사	필기,면접,신체검사	필수 3과목(국,영,수) 선택 1과목	
1955~61	대학별 단독시험제	필기고사, 고교내신	1955~57:필수 4과목, 선택 1과목 이상 1958~61: 필수 4과목	1958년 내신성적 제도화
1962~63	대학입학 국가자격고사	국가고사,신체검사, 면접, 기타 간이고사	필수 6과목	4지선다형
1964~68	대학별 단독시험제	필기,신체검사,면접, 적성	대학별 3~4개 과목	주,객관식 절충
1969~80	예비고사, 본고사	1)예비고사 2)예비고사+내신 3)예비고사+내신+본고사 4)예비고사+본고사	예비고사: 6과목(국어, 사회, 수학, 과학, 영어, 실업) 본고사: 국어, 영어, 수학, 일정 과목	1974년:체력장 점수화 1976: 예비고사 성적반영 의무화(20%) 예비고사: 객관식 4지선다형 본고사: 주관식,객관식 혼용
1981~93	대학입학학력고사, 내신 병행(선시험 후 지원, 87학년도까지)	학력고사, 내신성적(내신반영: 30~40%)	필수과목, 선택과목 1987: 문과 8과목, 이과 7과목, 예체능계 7과목으로 축소 1988: 과목가중치 적용, 주관식 30%	1986,1987년: 논술고사 추가 1988: 선지원 후시험, 논술고사 폐지, 면접 점수화, 제2외국어 선택지정

1994~96	대학수학능력시험, 대학별 본고사 병행(선지원후시험)	1)내신성적 2)내신성적+대학수학능력시험 3) 내신성적+본고사 4) 내신성적+대학수학능력시험+본고사	대학수학능력시험: 언어, 수리 및 탐구, 외국어(영어)능력 대학본고사 실시 여부 및 과목은 대학이 결정	1994학년도 대학수학능력시험 연 2회 실시, 5지선다형
1997~2001	대학수학능력시험, 학교생활기록부, 논술	내신, 수능, 대학별고사 병행	언어, 수리, 과탐, 사탐, 외국어 선택형 수능체제(2005)	종합적 전형, 전인적 평가, 다양한 전형방식 적용(수시모집, 특별전형 다양화 등)
2002~2022	대학수학능력시험, 내신 및 학교별 전형방법 혼합 적용	대학수학능력시험,학교생활기록부, 논술, 추천서, 면접 등 다양한 전형자료 이용 확대	언어, 수리, 과탐, 사탐, 외국어 선택형 수능체제(2005)	수시모집 및 특별전형 강화 2007학년도: 입학사정관제 도입, 수능 9등급제 실시 2022학년도: 문이과 통합형 수능

송순재 외(2007)의 1장 ‘성기선(2007). 한국사회와 대학입시제도에 대한 성찰’ 자료 수정.

먼저 1945년부터 대학별 단독시험이 적용되기 시작했다. 그러다가 1954년에는 대학입학국가연합고사, 1955년부터는 대학별 단독시험제, 1962년 대학입학국가자격고사, 1964년 대학별단독시험제, 1969년 예비고사와 본고사, 1981년 대학입학학력고사와 내신 병행, 1994년 수능과 본고사 병행, 1997년 수능과 학교생활기록부 및 논술, 그리고 2002년 수능, 내신 및 학교별 전형 방법 혼합 등으로 크게 변화해왔다.

이러한 변화는 대학 입학생의 선발권을 누가 갖느냐는 시각에서 파악해 볼 수 있다. 대학생을 선발하는데 대학이 독자적으로 전형을 하는가, 아니면 국가가 공통시험을 부여하는가, 또는 이 두 가지를 병행하는 방식인가로 구분할 수 있다. 그렇다면 왜 이렇게 국가와 대학 사이의 선발권 경쟁이 빈번하게 지속적으로 이어져왔는가? 이는 다름 아닌 대학입시의 사회적 신뢰도 문제로부터 비롯되었다. 이를테면 1969년부터 도입된 예비고사제도의 시행목적이 일부 사학에서 일어났던 부정 입학 근절과 대학 입학생의 질적 저하를 막기 위한 목적이 주된 것이다(송순재 외, 2007 ; 김지하 외, 2017).

대학별고사인 논술은 1986~1987학년도에 잠시 도입되었다가 다시 1994학년도 대학별 본고사에 포함되어 다시 시행되어 지금까지 다양한 형태로 실시되고 있다. 면접은 1986~1993학년도에 대학별로 실시되었으며, 2002학년도부터는 심층면접 방식으로 수시전형의 기본 전형방식으로 자리를 잡았다. 결국 1994년 수능이 실시되면서 대학과 국가라는 두 축에서 지난 크게 정시는 국가, 수시는 대학이라는 이중적인 선발권이 동시에 행사되는 방식으로 진행됐다고 볼 수 있다.

대학 입학전형 유형

현재 시행되고 있는 대학 입학전형 유형에는 크게 수시전형과 정시전형으로 구분되고 있다. 수시전형의 경우에는 학생부교과전형, 학종, 논술전형, 실기 전형 및 기타로 구분된다. 수시모집은 "정시모집에 앞서, 학생의 다양한 능력과 재능을 반영하여 신입생을 선발하는 방식"이고, 정시모집은 "수시모집 이후 대학이 일정 기간을 정해 신입생을 모집하는 선발 방식으로, 수능성적표가 배부된 후 모집군을 나누어 신입생을 모집하는 것"을 의미한다(한국대학교육협의회, 2015). 따라서 정시전형의 경우에는 수능성적을 100% 반영하는 전형 방법이라고 할 수 있다. 반면에 학생부 위주 전형은 학생부 교과성적, 학생부 비교과 기록, 자기소개서, 교사 추천서, 면접 등 다양한 전형 요소를 반영하며 수능최저등급제를 함께 실시하기도 하는 방법이다.

다음 그림은 지난 20여 년간의 대학 입학전형별 모집 비율의 변화를 나타내고 있다. 수시전형 비율은 2002학년도에 28.8%에서 2022학년도에는 75.7%까지 가파르게 상승하였다. 지난 20년 동안 정시와 수시의 비율이 7:3에서 시작하여 3:7로 역전되는 과정을 잘 보여주고 있다. 이 그래프를 자세히 보면 2020학년도에 수시전형의 비율이 77.3%로 최고점을 찍었고 그 이후 점차 줄어드는 경향을 보여주고 있다. 이러한 결과는 다름 아닌 2018년도에 실시되었던 대입제도 개편 공론화 위원회의 논의 결과가 반영되었기 때문이다.

지난 20년간 수시, 정시 비율 변화(대교협 자료 재구성)

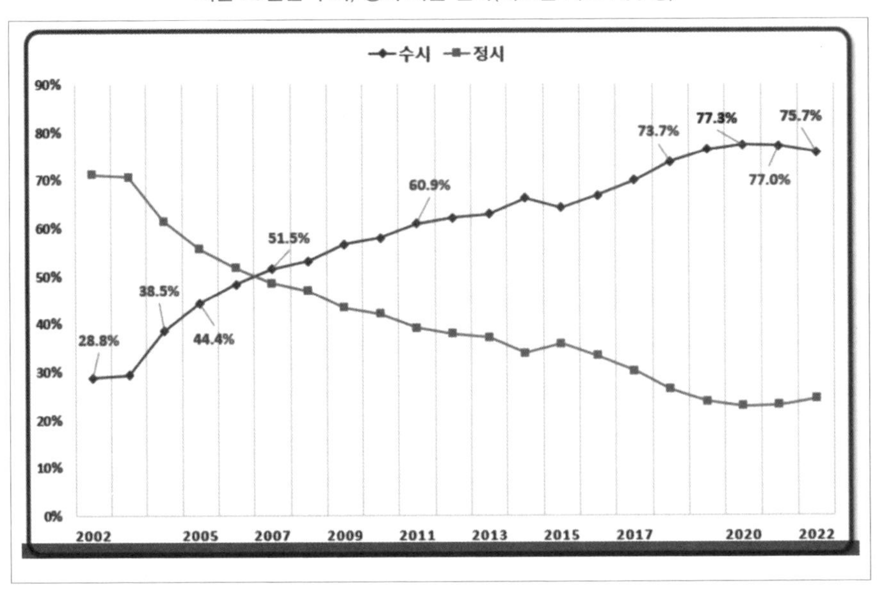

수시, 정시 비율에 대한 공론화

교육계에서는 문재인정부에게 과열화된 대학입시와 사교육 문제를 해결해 내기를 강력히 기대하고 있었다. 그 내용은 대학 입학 시험제도를 개편하고 수능을 절대평가로 전환하고, 고등학교에 고교학점제를 도입해 고등학교 교육을 정상화하기 위한 것이었다. 다시 말하면 대학이 성적 위주의 선발에서 벗어나서 다양한 학생들의 활동과 특성을 반영하여 선발하도록 하고, 고등학교에서 입시 위주의 수업에서 벗어나 학생의 진로와 적성을 고려한 선택형 교과목을 개설하도록 함으로써 지금까지의 입시 굴레를 벗어날 수 있도록 하는 기대가 매우 강했다.

그러나 이러한 입시제도와 고교학점제에 대한 반대 여론도 만만치 않은 상황이었다. 학종의 기반이 되는 정성평가의 문제점과 학종과 관련된 사교육 등 여러 과잉 징후들을 묶어서 '금수저' 전형 혹은 '깜깜이 전형'이라고 공격을 한 것이다(정병오 글). 지금은 학종이 입시 문제의 주범인 것처럼 비치고 있지만 처음엔 수능 중심의 '줄 세우기' 입시를 개선할 '좋은' 제도였다. 정부 당국은 물론 많은 교육전문가들이 학종 도입을 지지했고 이름은 다르지만, 미국과 유럽 등 선진국에서는 '학종'과 같은 입시 방식이 이미 보편화돼 있었다.

2008년 이명박정부가 출범하자 교육과학기술부(교과부, 현 교육부)는 입학사정관제 실시 대학에 거액의 예산을 지원하기 시작했다. 시행 첫해 20억 원이었던 재정 지원 규모를 2008년 157억 원, 2009년 236억 원, 2010년 350억 원 등으로 대폭 늘렸다. 심지어 이명박 대통령은 '입학사정관제 100%' 발언을 해 논란이 일기도 했다. "임기 말까지 상당한 대학들이 거의 100%가 입학사정관제 또는 농어촌 지역 균형선발제로 바뀌게 될 것입니다"(이명박 대통령, KBS 2009년 7월 27일 제20차 라디오 · 인터넷 연설). 그러나 앞서 살펴본 바와 같이 학종의 비율이 점차 높아지면서 다양한 반대 의견이 표출되기 시작하였다. 특히 학력고사를 경험했던 40~50대 학부모 층에서는 교육을 통한 사회이동이 점차 약화되는 이유가 이러한 학종을 통한 선발이 강화되었기 때문이라고 믿었다. 학생들의 다양한 활동과 특기사항들을 많이 반영하다 보면 주관적인 판단에 좌우될 가능성이 높고 공정한 선발이 이루어지지 않게 된다는 점을 강력하게 지적하기 시작했다.[271] 그러면서 '공정'담론이 입시제도를 둘러싸고 강하게 제기되었다.

이러한 분위기에서 새로운 대입제도를 발표하고자 했던 문재인정부의 김상곤 교육부 장관은 국민공론화과정을 통해 의견을 수렴하겠다고 발표했다. 즉 교육부는 2017년 8월 31일 2021학년도 수능 개편 시안을 발표하고 여론 수렴을 진행하였으나, 수능 개편 방향에 대한 교육주체 간 견해차가 크고 사회적 합의가 충분하지 않다는 점 등을 고려하여 수능 개편을 1년 유예하고 충분한 소통과 공론화 등을 거쳐 종합적인 방안을 마련하겠다고 발표하였다. 그리고 2017년 12월 12일 대입제도 개편을 위한 대입정책포럼 개최 계획을 발표하면서 종합적인 대입제도 개편 방안 시안 마련 이후 대국민 공론화 등 국가교육회의의 충분한 숙의 과정을 거칠

271 중앙일보, 2018.5.17. 기사.

계획이라고 밝혔다. 이후 교육부는 2018년 4월 11일, '대학입시제도 국가교육회의 이송안'을 발표하며 국가교육회의에 대입제도 개편 관련 주요 쟁점에 대한 숙의공론화를 요청하였고, 이에 따라 국가교육회의는 대입제도 개편 권고안 마련을 위한 공론화를 본격적으로 추진하였다(대입제도 개편 공론화위원회 백서).

공론화위원회에서는 학생부위주 전형과 수능위주 전형 간 비율 검토, 수시 수능 최저학력기준 활용 여부, 수능 평가 방법과 관련하여 전 과목 절대평가 전환과 수능 상대평가 유지 등 3가지를 공론화의 범위로 설정하였다. 이러한 논의 주제를 중심으로 500명 이상의 시민참여단이 3개월 정도의 공론화 과정에 참여하였다. 그 결과는 다음 네 가지로 요약할 수 있다(백서, 57쪽).

〈대입제도 개편 공론화 결과〉

① 수능위주 전형을 확대해야 한다는 의견이 우세하였다.

② 수능 상대평가 원칙을 유지해야 한다는 의견이 우세하였다.

③ 단, 중장기적으로 수능 절대평가 과목을 확대해야 한다는 의견도 상당하였다. 이에 중장기적으로 수능 절대평가 방식에 대한 준비도 필요할 것이다.

④ 수시 수능 최저학력 기준은 대학의 자율적 활용에 큰 이견은 없었다.

공론화 결과 교육부는 대학에 정시모집 비중을 30% 이상 확대하는 권고를 하였고, 2019년도에는 서울 16개 대학에 정시모집 비율을 2023학년도까지 전체의 40% 이상 확대하도록 권고하였다(교육부, 보도자료 2019.11.28.). 교사 · 학생 · 학부모도 정권이 바뀔 때마다 달라지는 대입제도로 피로감이 극에 달했다며 불만을 털어놓는다. 고1 자녀를 둔 40대 직장인 박 모씨는 "교육부가 정시 확대는 없다고 해서 다양한 교내외 활동에 치중하고 있는데 어떻게 변할지 몰라 걱정"이라며 "학생과 학부모의 바람은 대입정책을 자주 바꾸지나 말라는 것"이라고 말했다. 호남지역한 고교의 진학담당 교사는 "입시를 정치적으로 활용한 첫 사례"라면서 "어느 정권도 여론조사 형식으로 입시정책을 결정하지는 않았다"고 말했다. 이어 "수능 중심 전형의 확대는 교육과정 변화에 역행하는 것"이라면서 "특히 잦은 정책 변화로 학생 지도가 고통스럽다"고 덧붙였다.[272]

결국 공론화 과정을 거치면서 정시 확대라는 결과를 내놓게 되었다. 학교 현장의 교육적 왜곡과 학생들의 입시 고통, 과도한 사교육비와 교육 기회의 불평등과 같이 지속되어 왔던 문제점들을 해결하기는커녕 오히려 이 문제들이 더욱 악화되는 역설이 나타났다.

이 지점에서 과연 수능은 공정하고 수시는 불공정한가라는 질문을 다시 제기해 본다. 정시를 늘리면 일반고보다 자사고와 특목고가 유리하고, 지방보다 서울이 유리하며, 서울 강북지역보다 강남을 비롯한 사교육 특화지역이 더 유리하고, 고3보다 재수생이 유리하며, 중산층 이하보다 부자에게 유리하다(김경범, 2019). 이러한 주장은 정시가 공정하기보다는 오히려 구조적인 시각에서 보면 불공정하다는 내용이다. 수능은 협의의 관점에서 보면 공정하다. 이를테면 시험시간, 시험감독, 공통문제, 객관적 채점 등이 그러한 공정을 보장한다. 그러나 광의의 시각, 거시적 시각에서 보면 수능은 공정하다고 보기에는 어려운 점이 많다. 가정의 사회경제적 배경에 의해 결정되는 정도가 높기 때문이다.

대입제도의 개편에 대한 요구는 이제 또 다른 영역으로부터 시작되고 있다. 그것은 2025학년도부터 본격 적용되는 고교학점제이다. 고교학점제는 2022 교육과정 개정과 함께 전혀 다른 이유로 현재의 대입제도를 변화시켜야 하는 논리를 제공하고 있다.

272 http://m.naeil.com/m_news_view.php?id_art=333260

고교학점제와 대학입시제도

고교학점제에 대한 교육부의 개념 정의에 따르면, "학생이 기초 소양과 기본 학력을 바탕으로 진로 적성에 따라 과목을 선택하고, 이수 기준에 도달한 과목에 대해 학점을 취득 누적하여 졸업하는 제도"이다. 2017년 문재인 대통령의 공약에서 비롯된 고교학점제는 이른바 선진국형 고등학교 교육과정이다. 2021년 교육부에서는 다양한 연구 결과와 의견수렴을 기초로 '고교학점제 종합 추진 계획'을 발표하면서 향후 추진 일정까지 명료화했다. 이 자료에 따르면 고교학점제는 고등학교 1학년 1~2학기 동안에는 공통과목을 이수하도록 하고, 1학년 2학기부터는 다양한 선택과목을 개설하도록 학교 단위의 교육과정 편성의 자율권을 대폭 확대하고 있다(교육부, 2021).

2022년 3월 9일 대통령 선거로 정권이 교체되었다. 교육정책의 큰 변화가 예고되었지만 2022 교육과정 개정이 진행되고 있고, 시 · 도교육청에서 고교학점제 시범 실시가 진행되고 있는 상황에서 고교학점제를 중지시키기에는 어려웠다. 결국 새 정부에서도 고교학점제를 2025년 전면 실시한다는 원래의 계획을 변함없이 추진한다는 발표를 한 바 있다.[273]

이러한 고교학점제는 2017년 공약으로 제시된 이후 단계적으로 준비를 해 왔다. 2018년부터 2021년까지는 학점제 도입 기반 마련, 2022년부터 2024년까지는 제도 부분 도입, 그리고 2025년에 학점제 본격 시행을 예고하고 있다. 2022년 현재 중학교 1학년 학생들이 고등학교를 들어가는 2025년부터는 현재와 같이 학생들이 앉아있고 교사들이 시간표에 따라 변화되는 방식이 아니라 학생들이 자신들의 선택과목을 중심으로 이동하는 방식으로 변화가 일어난다. 그뿐만 아니라 고교학점제를 본격적으로 적용하게 된다면 교육과정이 크게 변화된다. 그중 가장 큰 변화는 다름 아니라 학생들의 선택과목이 대폭 증가할 수밖에 없다는 점이다. 학교는 학생들의 교과목에 대한 수요조사를 거쳐 개설 과목을 정하고, 학생은 수강 신청

273 https://www.fnnews.com/news/202205191810099429

< 고교학점제 추진 주요 일정(안) >

※ 고교학점제는 2022년 특성화고 도입 및 전체 일반계고에 대한 제도 부분도입(신입생 부터 적용)을 거쳐 2025년부터 전체 고등학교에 본격 시행 예정

		'20	'21	'22	'23	'24	'25
		도입 준비기 (마이스터고) 학점제 도입		(특성화고) 학점제 도입 (일반계고) 학점제 부분 도입			본격시행
교육과정	2015 교육과정		2015 교육과정 일부개정	일부 개정된 교육과정 적용(고1~)			
교육과정	2022 교육과정	기초연구	2022 교육과정 주요사항 발표	2022 교육과정 개정			2022 교육과정 적용(고1~)
평가제도			진로선택과목 성취평가제 전 학년 적용				성취평가제 확대 도입(고1~)
대입제도			미래형 대입 논의 착수			'28학년도 대입방향 발표	
법령			초중등교육법 개정안 발의				
지침			학교 밖 교육 가이드라인 마련	최소학업성취 도달 지도 검토			미이수(I) 도입
연구·선도학교 확대		일반계고(1,680교)					모든 일반계고 및 직업계고 연구·선도학교 운영 경험 축적
				과학고(20교)			
			외고·국제고·자사고(76교) 중 일반고 전환(예정) 학교				
		직업계고(520교)					
				특수학교(2교 이상)			
학점제형 학교공간 조성		494교 (~'20)	233교	549교	567교	-	학교공간 조성 연차적 지원 (시도별 추진계획에 근거, 추후 변경 가능)
교·강사		교사 대상 '교육과정 설계 전문가' 양성(~'22, 1,600여명) 학점제 운영을 위해 교원 자격·임용·배치 개선					

을 통해 이수할 과목을 확정하는 방식을 따른다. 지금까지 고교학점제 연구학교를

시행한 결과, 재학 중의 평균 선택과목 수가 34% 정도 증가한 사례가 이러한 변화를 예고하고 있다(박도영 외, 2020).

이렇게 학생 선택과목이 증가한다면 기존의 수능 체계를 유지하기 힘들게 된다. 고등학교 1학년 때 7과목 정도의 공통과목을 포함하여 졸업할 때까지 192학점을 이수하여야 졸업한다. 공통과목이 아닌 과목은 학생별 진로와 적성에 따른 선택과목이 되기 때문에 현행 수능과 같이 공통이수 과목 중심의 문항 출제가 불가능하다고 보아야 한다. 만약 현재와 같은 방식으로 수능 출제한다고 전제할 때, 선택과목이 다양화될 때는 불가능하다고 볼 수 있다.[274]

교육부에서도 이 문제에 대응하기 위해서 미래형 대입제도에 대한 준비를 예고한 바 있다. '2022 개정교육과정과 고교학점제 등 새로운 교육제도를 반영한 미래형 수능 및 대입 방향('28학년도 대입 적용) 논의 착수'가 필요하다고 분명히 밝히고 있다(교육부, 2021).

위 표에서 보듯이 2024년에는 미래형 수능 및 대입 방향에 대한 발표를 계획하고 있다. 그것은 대입 4년 예고제라는 제도적 장치 때문이기도 하다. 현재 중학교 1학년 학생들이 고등학교에 진학하는 2025년 고교학점제가 적용되며 2028년 대입제도는 현행과 같이 수능, 정시, 수시라는 체제가 아닌 새로운 체제로 변화되어야 한다. 다시 말하면 고교학점제와 친화력이 높은 새로운 대입제도를 마련해야만 하는 상황이다.

274 대체로 현재 수능 출제를 위해 보안합숙을 하는 인원은 출제위원, 검토위원, 보안요원, 행정인력 등을 총망라해 거의 800여 명에 가깝다. 한 달 이상의 합숙 기간 동안 800여 명이 수능 문제를 출제하기 위해 전력을 쏟는 구조이다. 공통과목과 선택과목 포함해서 출제해야 하는 문항이 거의 900여 개에 달하는 방대한 구조이다. 고교학점제로 만약 선택과목이 대폭 확대된다면 이러한 규모의 출제 인원으로는 불가능할 뿐만 아니라 과목 간 응시인원의 차이와 난이도 차이와 같은 문제점들이 다양하게 제기될 수밖에 없다.

◆ ◆ ◆

미래형 입시제도를 위한 수능 체제 개편 방향

이 시점에서 우리는 수능이 갖는 성격이 무엇인지 다시 한번 확인해 볼 필요가 있다. 이화진 외(2017)는 수능이 갖는 성격을 크게 세 가지로 구분한 바 있다. 즉, ① 고등학교 학업성취도 평가, ② 대학 수학에 필요한 적성 검사, ③ 미래 핵심역량에 대한 평가로 구분하고 있다. ①로서의 수능은 고등학교 교육 정상화에 기여하는 장점이 있으나, 내신과의 중복 가능성이 있고 교과 지식에 대한 암기 위주의 수업을 조장하는 단점이 있다. ②로서의 수능은 수능 도입 초기의 성격으로 범교과적 사고력을 평가하는 장점이 있지만, 수업과 평가의 괴리로 인해 고등학교 교육의 정상화를 저해할 수 있는 단점이 있다. 한편 ③으로서의 수능은 고등사고력, 창의력과 문제해결력 등의 능력을 평가하는 장점이 있으나 평가 문항 개발, 채점, 시행의 어려움을 단점으로 들 수 있다.

이제 수능의 장단점을 고려하고 변화하는 사회의 메가트렌드를 반영하여 새로운 미래사회가 요구하는 수능 체제 개편을 고민해야 하는 절박한 시점이다. 급격한 출생률 저하로 인한 학령기 인구감소, 코로나 팬데믹으로 인한 사회변화, AI, 메타버스 등 첨단 정보화기술의 발달, 지구환경의 위기 등과 관련해서 대학입시제도의 근본적 변화, 그리고 수능의 변화방향을 근본적으로 재설계할 필요가 있다. 이화진 외(2017)에 따르면 저성장 시대 진입에 따른 경제적 불평등과 양극화 심화 및 교육격차를 줄이기 위해 사교육비를 경감하고 수험 부담을 완화하는 방향으로 대학 입학제도를 변모시킬 필요가 있다.

애초에 1994년 처음으로 수능을 도입했을 때는 통합교과적 성격을 가진 고차원적 사고 능력을 측정하고자 하였다. 그러나 초기의 수능이 추구하려던 특성은 점차 약화되고 교과 중심으로 변질되기 시작했다(김신영, 2009). 왜냐하면 범교과적인 출제로 인해 교과 중심의 학교 수업으로는 수능을 제대로 준비시킬 수 없었으며, 이로 인해 과도한 사교육 의존 현상이 일어났기 때문이다. 그 결과 교과 중심으로 변화하게 되었으며, 고차원적 사고 능력보다는 교과 지식을 측정하게 되어 암기식 수업을 심화시켰고, 선다형 문제 풀이 위주의 수업방식도 강화되었다(김신영, 2009; 김지하 외, 2017). 초기에 수능 제도 도입을 설계하였던 박도순 초대 한국교육과정평가원장 역시 이러한 수능의 왜곡을 비판하고 수능의 생명이 다했음을 밝히고 있다.[275] 객관식 선다형 문항으로는 학생들의 창의성, 문제해결력, 비판력, 통합력, 정보 수집력 및 분석력 등 고등사고기능을 평가하는 데에는 한계가 있으며, 지식이나 정보를 중심으로 평가함으로써 정의적 영역이나 심동적인 영역에 대한 평가도 쉽지 않기 때문이다(백순근, 2003). 지식의 지속가능성이라는 측면에서도 수능은 매우 심각한 문제를 제기하고 있다.

2017년 포항 지진으로 수능이 연기되었을 때 독특한 해프닝이 있었다. 수능을 하루 앞둔 학생들이 불필요해진 참고서와 문제집들을 온통 쓰레기통에 버렸다가 버렸던 자기 책들을 되찾으려고 책더미를 뒤지는 장면을 언론에서 보도했는데 그 장면이 바로 우리 교육의 민낯이 드러나는 순간이었다. 시험 치고 나면 버리는 지식을 위해 12년을 고생하는 우리의 학생들을 보면서 수능의 한계를 더욱 절감하게 된다(성기선, 2022).

결론적으로 불확실한 미래를 살아갈 수 있는 힘과 역량을 키워주어야 하는 교육과 이를 뒷받침해 줄 수 있는 대입제도가 필요한 시점이다. 앞으로 10년, 20년 뒤에는 훨씬 더 많은 변화가 일어나고 그만큼 불확실성이 증가하리라 판단된다. 미래사회를 살아갈 우리의 학생들에게 단편적인 지식 암기나 객관식 시험만 제시해서는 제대로 된 미래사회를 준비시키기 어렵다. 이제 객관식 위주의 수능 시험 준비를 위한 교육과정과 교수 · 학습의 파행적 운영을 억제하고 미래사회에 필요한 핵심역량 함양에 기여하며, 2025년부터 시행되는 고교학점제에 대비하면서 동시에 대입전형에서의 공정성을 강화하는 방향으로 수능 체제를 개편해야 할 중요한 과제가 우리 앞에 놓여 있다(성기선 외, 2021).

275 "처음 설계했던 수능이 아니니까. 단순 암기력만 측정하는 학력고사를 탈피하기 위해 만들었는데 수없이 변질되더니 결국 똑같아졌다. 이런 수능은 없애야 한다. 다시 학력고사로 돌아가든지." 동아일보 2021.12.27.기사

대안적 수능제도에 대한 설계

앞서 언급한 바와 같이 수능은 대학 입학전형의 주요 요소로 교육과정 개정, 사회적 요구 등에 따라 평가 내용, 시행 체제, 점수 체제에서 여러 차례의 변화를 거쳤다. 수능은 국가에서 출제 · 시행 · 관리하는 공정한 표준화 검사로서 공신력을 인정받고 있지만, 교수 · 학습 측면에서는 선다형 문항이 갖는 한계로 인해 고등학교 수업이 문제풀이식으로 운영되고 미래사회 대비 핵심역량 측정에 제약이 있다. 미래 교육의 화두가 지식의 융합이라는 점을 감안하면, 초 · 중등 교육의 최종 관문인 수능에서도 기존의 선다형 위주 체제에 안주하지 않고 새롭고 융합적인 체제로의 전환을 시도할 필요가 있다(박도영 외, 2020).

세계 주요 국가들의 대입시험 유형

세계 주요 국가들에서도 대입전형에서 객관식 시험만을 의존하는 경우는 거의 없다. 이를테면 미국, 프랑스, 핀란드, 중국, 일본, 그리고 국제 인증 교육과정 · 평가의 서 · 논술형 대입시험이나 졸업자격시험의 경우 주관식, 서술형 문항이 주류를 이루고 있다. 시험 체제와 채점 체제 등에서 국가별로 다소 차이가 존재하지만, 이들 시험은 대체로 배경지식이 가지는 영향을 최소화함으로써 학생들의 읽기 · 쓰기 능력, 분석력, 논리적 사고력 등을 평가하고 세부적인 채점 기준을 마련하여 체계적으로 채점을 진행하는 등 서 · 논술형 시험의 타당성과 객관성 확보에 노력을 기울이고 있다(KICE,2021). 각 국가별 시험의 기본 특성을 간략히 제시해 보면 다음과 같다(송순재 외, 2007; 박도영 외, 2020).

○ 미국: SAT는 크게 읽기(Reading), 쓰기와 언어능력(Writing and Language Test), 수학(Math Test), SAT 에세이(SAT Essay)로 구성. 총점은 1,600점이며 SAT 에세이는 선택. 읽기, 쓰기와 언어, 수학은 기본적으로 5지선다형으로 출제되고

SAT 에세이는 논술형으로 출제. ACT는 4지선다형 문항으로 출제되는 국어(English), 수학(Mathematics), 읽기(Reading), 과학(Science)과 논술형으로 출제되는 작문(Writing)으로 구성.

○ 프랑스: 바칼로레아 시험은 일반계, 기술계, 직업계로 구분되며, 대(大)계열(série) 내에서 소(小)계열로 다시 세분됨. 학생이 이수한 과목에 따라 지원하려는 대학의 전공 분야에 맞추어 소(小)계열 중 하나를 선택하여 응시. 바칼로레아는 필기시험, 구두시험, 필기시험+구두시험 조합, 또는 필기시험+실기시험 조합의 4개 유형이 있으며 객관식은 없음.

○ 핀란드: 2019년부터 전 과목의 시험을 디지털화하였음. 이를 통해 시험부터 채점, 성적 통지까지를 모두 컴퓨터로 진행. 시험의 구성은 필수과목인 모국어(핀란드어, 스웨덴어 또는 사미어)를 포함하고, 제2 모국어(핀란드어 또는 스웨덴어), 외국어, 수학, 인문/과학 과목 중 3개의 과목을 선택하여 총 4개 과목을 응시해야 함. 과목당 시험시간은 6시간. 일부 언어 과목과 수학 과목의 경우 난이도에 따라 기본, 심화로 나누어져 있어 학생들이 선택하여 응시할 수 있으며, 모든 응시과목 중 최소 한 과목은 심화를 선택해야 함. 필수과목 중 모국어 시험인 핀란드어와 스웨덴어 시험은 지문 기반 시험과 에세이 시험으로 구성. 지문 기반 시험은 수험생의 지문 분석 능력과 언어적 표현 능력을 측정하고, 에세이 시험은 수험생의 기본적인 교육 수준, 사고력, 언어적 표현력과 글의 응집력에 중점.

○ 중국: 중국 대학입학시험의 명칭은 보통고등학교초생전국통일고시(普通高等學校招生全國統一考試). 약칭으로는 고고(高考). "가오카오". 거의 모든 과목에 선다형은 물론 단답형과 서술형 또는 논술형을 포함. 지식은 물론 고등정신능력까지 측정하고자 하는 시험(손민정 외, 2018).

각 국가별로 대입을 위한 시험제도와 채점 방식 등에서는 다소 차이가 있지만, 공통적으로 갖는 경향은 객관식 중심 평가에서 서 · 논술식으로 변화하면서 학생들에게 고차적 사고능력을 갖추도록 한다는 점이다. 아울러 그 채점 과정에서도 과학적 방법을 동원하여 객관성과 신뢰도를 확보하기 위한 노력도 기울이고 있다. 최근 중국의 경우 컴퓨터를 활용한 자동 채점 방식을 연구 중인 것으로 파악되고 있듯이 대규모의 주관식 채점의 문제점을 해결하기 위한 별도의 노력도 필요하다고 본다.

요컨대 미래핵심을 기르는 교육, 고교학점제를 통한 선택과목의 다양화, 대학의 선발권 보장 등을 확보하기 위해서는 현재와 같은 수능이 아닌 대안적인 미래형 수능을 구안해 볼 필요가 있다.

서·논술형 수능 체제 도입 방안 구체화

미래형 수능은 2028학년도 대입에서부터 시작되어야 한다. 고교학점제 첫 졸업생이 2028학년도 수능을 치르기 때문이다. 그렇다면 어떤 모양새로 전체 구조가 바뀌어야 하는가? 핵심적인 내용을 요약하자면 서 · 논술형 수능 제도의 도입이다. 그 필요성에 대해서는 다양한 의견들이 제시된 바 있다.

교육평론가 이범은 '대학입시는 왜 논술형으로 바뀌어야 하나요?'라는 제목의 글에서 '인문계 고등학교의 입시 위주 교육을 용인한다면 그 입시의 형태가 객관식이 아니라 논술형이 되어야 함은 너무나 당연한 겁니다. 서구 선진국의 고등학교에서 정규 수업 시간에 객관식 문제집을 푸는 일은 찾아볼 수가 없어요. 왜냐? 그것은 누가 봐도 정상적인 학교교육이 아니기 때문이에요, 더구나 요새 그런 교육은 인터넷 스타강사들이 훨씬 잘하거든요. 결국 객관식으로 치러지는 현행 수능을 폐지하고, 새로운 논술형 대학입시를 마련해야 합니다'라고 서 · 논술형 시험 체제로의 전환 필요성을 강조하고 있다(이범, 2012).

서 · 논술형 수능 체제 도입의 필요성은 이전부터 부분적으로 제기되어 왔었다. 김미란(2010)은 수능 출제 방식을 개선하여 서술형, 논술형 문항 출제 또는 문제은행식 출제를 해야 한다고 제안한 바 있다. 나아가 정광희 외(2011)는 수능과 고등학교 교육과정의 괴리 현상, 선다형 위주 수능으로 인한 문제풀이식 교육 풍토 등을 개선하기 위한 방안으로 수능을 이원화하여 수능 Ⅰ(공통과목에 대한 학력 평가)과 수능 Ⅱ(심화 과목에 대한 학력 평가)로 분리(이원화)하고 절대평가 방식의 5등급제로 평가하면서 수능 Ⅱ를 논술형과 서술형으로 출제할 것을 제안하였다.

비슷한 맥락에서 김지하 외(2017)는 창의융합형 인재 양성, 학생의 성장 · 발달, 대학의 자율성 강화, 실질적 공정성 강화의 원칙에 따른 미래 대입제도 종합 방안을 제시하면서 수능이 핵심역량을 측정할 수 있는 시험으로 변모하기 위해서는 수능을 수능 Ⅰ(공통과목 중심의 고졸자격고사)과 수능 Ⅱ(선택과목 중심의 역량측정검사)로 재편하며, 수능 Ⅰ은 선다형과 단답형(서술형), 수능 Ⅱ는 논술형으로 출제할 필요가 있다고 주장한 바 있다.

이화진 외(2017) 역시 인공지능 및 4차 산업혁명이 사회 전반에서 주요 이슈로 부각되면서 정부와 교육부, 학부모, 그리고 관련 시민단체 등 교육 분야의 이해관계자들은 미래사회에 대비하기 위해 사고력과 창의력, 문제해결력 향상을 위한 교육과 평가 체제를 요구하고 있다고 진단하였다. 또한 자유학기제 확대, 고교학점제와 내신 성취평가제 도입 등 교육현장의 전반적인 변화를 고려할 때, 서 · 논술형 문항의 도입 가능성을 면밀하게 탐색하면서 수능이 핵심역량 평가 체제로 전환될 수 있는지 살펴보아야 한다고 제안하였다.

이제 미래형 입시제도의 핵심 내용을 정리해 보자. 먼저 현재의 내신제도는 그대로 적용하고 수능을 이원화시킬 필요가 있다. 수능 Ⅰ은 공통과목 중심으로 고등학교 자격 고사의 성격을 갖도록 하고, 선택형 과목을 중심으로 오지선다형이 아닌 서 · 논술식 시험인 '수능 Ⅱ'를 새롭게 실시한다. 지금은 재수생을 포함해서 수능 신청 인원이 약 46~47만 명이지만 실제로 보는 인원은 40만 명 정도이다. 현재 고교 졸업생은 한 해에 30만 명 정도 되고, 2028학년도쯤 되면 30만 명 밑으로 떨어진다. 따라서 많이 잡아서 30만 명 정도가 대입 시험을 응시한다고 가정할 수 있다. 그럴 경우에도 상위권 1/3에 해당하는 대학에서는 여전히 엄격한 기준으로 학생을 선발하려고 할 것이다. 예를 들어 자연과학 계열 학과에서 학생을 선발할 때 자연과학의 기초 과목을 이수하라고 요구할 것이며. 그러면 고교학점제 기준으로 과학, 물리 1, 수학, 화학 1, 지구과학 1 중에 2개는 선택해서 들으라고 요구할 수 있다. 또는 인문 계열 학과에서는 국어 1~2 또는 철학 같은 인문학 기초 과목 중에서 몇 개를 선택하라고 요구할 수 있다. 그럼 그 과목의 내신 성적을 우선 반영하고 자격 고사인 '수능Ⅰ'을 반영한다. 그래도 변별력이 생기지 않으니 '수능Ⅱ'를 부과할 수 있다. '수능Ⅱ'는 국가 고사 방식이기 때문에 대학별이 아닌 상위권 대학을 공통으로 아우를 수 있게 계열별 시험을 보도록 한다. 30만 명 중에 1/3은 그렇게 해서 상위권 대학에 진학하도록 한다. 나머지 중위권 대학들은 자격 고사인 '수능Ⅰ'과 내신 성적만으로 전형하고, 하위권에 있는 대학 30%는 사실 내신성적만으로 전형해도 부족함이 없을 듯하다. 그렇게 입시제도를 다양화하면 모든 학생이 '수능Ⅱ'를 볼 필요가 없다. 그러면 약 10만 명만 '수능Ⅱ'를 치게 되는데, 출제는 공동으로 하되 채점은 각 대학에서 알아서 하도록 하면 공정성 문제도 사라질 것이다. 서 · 논술식 시험이니 각 대학의 준거 기준에 따라 평가하거나 채점 기준을 제시하고 모범답안을 작성해서 AI를 활용한 자동채점으로 초벌 채점을 하여 각 대학에 제공하는 방식도 가능하다. 이러한 수능의 변화와 함께 대입공정성관리위원회 같은 기구를 만들어서 수시전형이나 내신 평가에 대한 가이드라인을 제시해 주고, 모니터링하고, 약속대로 이행하지 않으면 제재를 가하는 활동을 하면 대학의 선발 자율권과 공정성을 동시에 구현해 나갈 수 있다.

해결해야 할 과제

미래사회에 필요한 인재를 양성하고 선발하기에 적합한 이른바 미래형 수능 체제의 유력한 후보로 거론되고 있는 서 · 논술형 수능 체제와 관련해서 사전에 해결해야 할 과제가 많이 있다.

먼저 서 · 논술형 수능을 새롭게 만들기 위해서는 학교교육에서 이를 위한 충분한 준비가 필요하다. 이전에 논술고사가 도입되었을 때의 혼란을 생각하면 충분히 예견할 수 있다. 학교에서 준비를 못 함으로써 사교육기관에 의존하였고, 이로 인한 거센 비판이 있었다. 고교학점제가 본격 도입되면 고등학교 수업은 선택형으로 변화된다. 이 과정에서 고등학교에서는 학생들의 진로를 검토한 후 서 · 논술형 수능에 대한 준비를 할 수 있는 과목을 배치하고 수업방식도 일방적인 주입식 교육이 아닌 학생참여형 수업이 가능하도록 해야 한다.

다음으로 고려해야 할 사항은 '채점자와 채점 기준 공정성' 논란(교육부, 2018) 및 '대규모 답안 채점에 따른 부담'이다. 서 · 논술형 문항 채점과 관련된 공정성 문제와 관련해서 시기자 외(2018)는 서 · 논술형 문항 도입에 있어서 가장 큰 장애 요인으로 채점에 소요되는 시간과 채점의 신뢰성 확보를 들었으며, 전국시도교육감협의회(2019)도 서 · 논술형 문항의 경우 국가 단위 대규모 시험에 대한 채점이라는 현실적인 제약과 더불어 서 · 논술형 문항으로 교육과정의 다양한 역량을 측정하기에는 한계가 있다고 보았다. 일본의 경우 약 50만 명에 이르는 수험생 답안을 공정하고 정확하게 채점할 수 있느냐는 우려로 인해 30년 만에 야심차게 추진되었던 대학 입학시험 본격 개혁 방안에서 국어 · 수학 서술형 문항 출제 등 핵심 사항이 빠지게 되었다는 사실을 눈여겨볼 필요도 있다.[276] 서 · 논술형 수능의 경우 공동출제, 공동채점의 방식이 가능하고, 공동출제, 대학별 채점의 방식도 가능하다. 어느 경우든 객관식 채점과는 다른 방식을 채택하게 된다. 그 경우 채점자 간 신뢰도 확보를 위한 사전 준비가 필요하다. 전문인력을 확보하고 교육을 통해서 공정한 채점이 가능하도록 체제를 구축해야 한다. 아울러 AI 등 ICT를 활용한 초벌 채점 방식도 적극 연구하여 적용할 필요도 있다.

셋째, '절대평가 또는 상대평가 적용' 여부이다. 절대평가와 상대평가 중에서 어

276 한겨레 2019.12.18. 기사

떤 평가 방식을 적용할 것이며, 절대평가라면 어떤 방식으로 등급을 부여할 것인지, 상대평가라면 어떤 방식으로 점수를 부여할 것인지 살펴보아야 한다. 수능Ⅰ과 수능Ⅱ로 구분해 볼 때 전자의 경우에는 절대평가를, 후자의 경우에는 상대평가를 적용할 수도 있고, 둘 다 절대평가로 채점할 수 있다. 적어도 수능Ⅰ은 고등학교 졸업자격고사의 성격을 갖도록 하여 절대평가를 적용할 수 있다. 반면에 수능Ⅱ의 경우에는 절대평가와 상대평가의 강약점을 고려하여 의사결정을 해야만 한다.

마지막으로 서 · 논술형 수능 체제 도입과 대학입학제도 개선의 필요성에 대한 사회적 공감대 및 합의 형성이 필요하다. 일방적으로 정부에서 입시제도를 변경해서는 안 된다.

◆ ◆ ◆

대입제도 개편은 우리 교육의 미래를 결정하는 과제

우리 사회 교육문제의 대부분은 치열한 경쟁이 벌어지는 대학입시로부터 비롯된다고 해도 과언이 아니다. 물론 대입이 어떻게 변화해도 경쟁은 남아있고 사교육문제가 해결되지 않을 것은 분명하다. 다만 경쟁을 하더라도 사교육비를 지출하더라도 올바른 경쟁과 교육 방향이 되도록 하는데 대입제도는 큰 영향력을 행사할 것이다. 시대사회가 요구하는 교육력을 무시하고 과거의 지식 위주의 교육, 정답 고르는 객관식 시험 준비의 문제풀이식 교육으로는 미래사회를 살아갈 주역들에게 역량을 제고시킬 수는 없다.

지금까지 살펴본 바와 같이 미래형 입시제도는 학령인구의 변화, 대입경쟁 완화, 역량중심 교육과정, 고교학점제 등의 교육 내외적 변화와 부합되는 방식으로 변화되어야 한다. 물론 대입제도 개편은 그렇게 단순하게 결정되지는 못한다. 국가교육위원회가 국민들의 의견을 수렴하고 전문가들의 검토를 통해서 대입제도의 구체적 대안을 마련하여야 한다. 교육부에서도 최근 '대입 정책 자문회의'를 구성하여 학생 · 학부모 대상 의견수렴, 정책연구 등을 거쳐 2023년 상반기까지 '대입제도 개편안 시안'을 마련하고 2024년 2월까지 개편안을 확정할 예정이라고 발표한 바 있다. 이 과정에서 국가교육위원회와 협력적으로 일한다고 하니 충분한 검토와 연구를 통해서 미래형 대입제도를 마련하기를 기대해본다.

교육은 백년지대계라고 하지만 5년 주기 정권의 변화로 인해 오년지소계로 전락하고 있다는 비판을 받고 있다. 이 문제를 해결하기 위해 국가교육 발전의 장기 비전을 설정하고, 정파에 영향을 받지 않는 정책 수립의 필요성 때문에 국가교육위원회가 만들어졌음을 잊지 말아야 한다. 미래형 대입제도의 개편은 우리 교육의 미래 방향을 결정하는 매우 중요한 과제임이 틀림없다.

[좌담]

대한민국 교육 현안 점검

유은혜 · 전 사회부총리 겸 교육부 장관

이광호 · 전 국가교육회의 기획단장

김용 · 한국교원대학교 교수

김차명 · 참쌤스쿨 대표

일시 : 2022년 8월 2일 14:30 ~ 17:30

이광호 오늘 토론 주제는 주로 교육 현장의 교사나 학부모들 입장에서 관심이 많을 만한 것들로 꼽아 보았습니다. 준비된 주제를 논의하면서 자유롭게 진행했으면 합니다.

우선 올해 치러진 두 번의 선거, 그러니까 3월의 대통령 선거와 6월의 교육감 선거에 관한 이야기를 나눠볼까 합니다. 우리 교육에 가장 큰 영향을 미치는 선거들입니다. 교육 현장에서는 두 선거 결과가 어떤 영향을 미칠 것인지, 기존 정책이 얼마나 유지되고 무엇이 바뀔 것인지 가장 관심이 많을 것 같습니다.

우리 교육의 패러다임을 바꾸는 전환점
고교학점제와 2022 개정교육과정, 그리고 대입제도 개편

이광호 특히 현재 진행 중인 '2022 교육과정' 개정은 2025년 고교학점제 전면 도입을 주요하게 고려한 것입니다. 그리고 2025년 고등학교 1학년에 입학한 학생들이 대학에 진학하는 2028년부터 대학입시제도가 개편되어야 합니다. 대입제도를 개편하려면 '4년 예고제'에 따라 2024년 2월까지 개편안을 확정 · 발표해야 합니다. 이러한 일련의 과정이 하나의 세트로 묶여 톱니바퀴처럼 연결되어 있습니다. 어느 하나가 어긋나면 전체가 무너지는 상황이지요. 이게 어떻게 될 것인지 말씀을 나눠봤으면 합니다.

유은혜 지금 말씀하셨듯이, 한 묶음으로 가는 정책들이어서 섣불리 손댈 경우 많은 혼란이 올 것입니다. 고교학점제는 이미 시작이 됐죠. 2020년 마이스터고부터 시작해서 올해 특성화 고등학교에 도입이 됐고, 일반계 고등학교는 올해 80% 이상의 학교가 연구 · 선도학교로 지정되어 운영 중에 있습니다.

또한 기존의 외국어고와 자사고는 2025년부터 일반고로 전환하여 고교학점제 제도 틀 속에서 특성화되도록 했고, 2022 개정교육과정은 작년에 총론 주요 사항을 발표했고, 올해 10월에 각론 발표를 하도록 준비해왔습니다. 2022 개정교육과정과 고교학점제 도입으로 대입제도는 바뀔 수밖에 없습니다. 제가 장관을 하면서 2025년을 기점으로 2028학년도 대입제도까지 개편이 필요하다고 강조했던 것은 이번 고등학교 교육제도의 변화가 우리 교육의 패러다임을 바꾸는 구체적인 전환점이 될 것이라 보았기 때문입니다.

고등학교를 유형별로 구분해서 우수한 아이들을 먼저 선별하는 입시 경쟁 중심의 교육방식은 한계가 분명합니다. 이제 우리 아이들 한 명 한 명의 맞춤식 개별화 교육으로 전환해야 하고, 나아가 평생학습시스템을 통해 우리 아이들이 성인이 되어서도 주체적으로, 능동적으로 살아갈 수 있어야 합니다. 이를 뒷받침하도록 제도가 변해야 하고, 이에 맞게 학교현장의 역량도 강화해야 합니다.

저는 문재인 정부 임기 내에 빠르게 성과를 내는 데 방점을 두는 게 아니라 우리 교육이 사회변화에 부합하게 올바른 방향을 설정하고 사회적 합의를 끌어내면서, 속도가 조금 더디더라도 다시 역행하지 않도록 나아가는 게 훨씬 더 중요하다고 판단했습니다. 그리고 정부가 바뀌었어도 이 방향은 일관되게 지속적으로 가야 한다고 생각합니다. 제가 장관에 취임하며 말씀드렸던 "교육은 속도보다 방향이 중요하다"는 말도 같은 맥락이었고, 퇴임할 때에도 방향의 일관성에 대해 강조했었습니다.

김용 저는 개인적으로 우리나라 교육정책 가운데 가장 성공한 게 교육과정 정책이라고 생각합니다. 1992년 '6차 교육과정' 만들 때, 교육과정 분권화와 자율화가 처음 논의되었습니다. 또한 수업 방식의 변화도 강조되었습니다. 그리고 5.31 교육개혁안과 맞물리면서 '7차 교육과정'에서는 그러한 논의들이 전면화되었습니다. 사실, 고교학점제나 2022년 개정교육과정은 그 흐름 속에 있다고 봐야 할 겁니다. 교육과정은 나름대로 일관성을 갖고 지속적으로 변화해 온 것이지요.

정권이 교체되면서 기존 교육과정 정책의 향방이 어떻게 될 것인지 의문을 좀 가질 수 있는데, 사실 6차 교육과정부터 그 이후의 과정을 생각해보면 정부가 여러 번 바뀌었거든요. 그럼에도 교육과정 정책 기조는 바뀌지 않고 일관성을 갖고 이어왔습니다. 따라서 고교학점제나 2022 개정교육과정 관련한 정책은 큰 폭의 수정은 별로 없을 거라고 저는 전망합니다. 왜냐하면 지금의 두 개의 거대 정당 사이에 이 부분에서 별로 큰 차이가 없다는 생각이 듭니다. 고교학점제 같은 경우도 일부 교육감 당선자들이 문제를 제기했지만, 그것은 방향의 문제라기보다는 실행하는데 준비가 좀 부족하니 시간이 좀 더 필요하다는 정도였던 거 같아요.

사실 고교학점제 같은 경우 아주 근본적인 문제 제기도 가능하다고 생각할 수 있어요. 예를 들면 교육과정 정책에서 '선택'이라는 담론을 어떻게 바라볼 것이냐 하는 문제를 제기할 수 있지요. 그런데 제가 보기에 그런 문제는 별로 제기가 되지 않고 실행 상의 문제 중심으로 제기되는 것 같습니다. 이런 정책 환경이라면 도입과정에서 약간 삐걱댈 수는 있지만, 방향을 되돌리는 건 어려울 겁니다.

대입제도의 경우에도 정당 간의 견해 차이가 생겨나기 시작한 건 비교적 최근이라고 생각이 돼요. 학부모들 사이에는 자녀의 유불리에 따라서 이견이 존재합니다. 그런 건 오래전부터 존재했지요. 그런데 두 개의 거대 정당 사이의 이견이나 대립은 별로 없었습니다.

사실 대입제도는 5.31 개혁 때 제시된 큰 원칙, 예를 들면 '한 줄 세우기 교육'을 바꿔보자든가 또는 고등학교 학교생활을 중심으로 대입전형을 진행하자든가 하는 방향에 대해서는 굉장히 넓은 공감대와 합의가 있었다고 봐야 하는 거죠. 그러다가 이명박 정부 들어서 입학사정관 제도를 빠른 속도로 도입하면서 학교가 책임질 수 없는 영역이 많아지게 되고, 그 틈을 '부모 찬스'나 '사교육'이 파고들면서 공정성에 대한 불만이 제기된 것이지요. 지금은 그 후과(後果)로 약간의 '조정기'를 지나고 있는 상황인 것 같습니다. 지난 대통령 선거에서도 이재명 후보와 윤석열 후보의 대학입시 관련한 공약은 사실 별 차이가 없었거든요.

다만 단기적으로 2028년에 도입될 새로운 대입제도가 자칫 고교학점제와 2022 개정교육과정의 안착을 가로막을 수도 있다는 우려는 남아 있습니다. 하지만 그럼에도 긴 시간을 놓고 보면 그 자체를 되돌리기는 어렵지 않을까 생각합니다. 결국은 학교 현장에서 고교학점제를 얼마나 내실 있게 떠받치는 힘이 있느냐가 2028년 대입제도 개편의 결정적 변수가 될 수도 있습니다. 즉, 학점제가 학교 현장에서 안착하고 교육적으로 의미 있는 성과가 나온다면, 그에 맞는 대학입시제도가 실현될 것입니다. 이 문제는 좀 더 지켜봐야 하지 않을까 생각합니다.

김차명 저도 김용 교수님 생각이랑 똑같은 게 큰 흐름 자체는 확 뒤집을 수는 없겠죠. 그런데 고교학점제의 경우 현장에서 그것을 받아들이는 힘이 있나 하는 게 걱정스럽거든요. 교사 입장에서 보면, 고교학점제의 핵심은 어쨌든 교과 개설이 많이 돼야 하는데, 강사 수급이라든지 하는 문제에서 수도권과 비수도권의 격차가 발생할 수 있다고 봅니다. 어떻게 보면 지역 간, 학교 간 격차가 더 벌어지는 게 아닌가 하는 우려지요.

자유학기제나 자유학년제처럼 굉장히 좋은 의도로 출발했는데, 실제 실행과정에서 교사 간, 학교 간, 지역 간 차이가 누적되어 불만이 쌓일 수도 있습니다. 실제 자유학기제에 대한 학교 현장의 평가는 부정적인 경우가 많습니다. 특히 학부모들 사이에서는 우리 애들이 공부 안 하고 방치된다, 맨날 동영상만 보여준다는 식으로 비판적인 의견도 많습니다. 애초의 취지가 왜곡되는 거지요. 저는 그 걱정이 제일 큽니다.

이광호 자유학기제 실행과정에서 나타나는 교사 간, 학교 간, 지역 간 격차를 줄이는 방법은 심각하게 고민해야 할 듯합니다. 고교학점제의 경우 그것을 제대로 반영한 대학입시제도 개편이 이루어진다면 그나마 그 폐해를 줄일 수 있을 거라 생각합니다.

김용 교수님이 말씀하신 대로 교육과정은 6차 교육과정부터 일관되게 유지해 온 방향이 있는 것 같습니다. 그래서 그 방향을 근본적으로 뒤집기는 어려울 듯합니다. 그런데 대입제도는 두 개의 거대 정당이 같은 정책을 내놓더라도 학부모들의 욕망, 혹은 의견에 따라 좌지우지되는 경우가 많거든요. 어떻게 그걸 사회적인 합의로 이끌어 갈 것인지가 중요할 것 같습니다.

유은혜 매번 대통령 선거 때마다 대입제도는 가장 핵심적인 공약사항인데, 이번 대선에서는 유력 후보들이 정시 비율을 얼마간 늘리느냐 정도에서 약간의 차이가 있었을 뿐입니다. 이번 대선 과정에서는 교육 사안에 대한 논의 자체가 부족했고, 대입제도를 포함한 정책 대안 제시도 부족했던 것 같아 안타깝게 생각합니다. 그러나 지금이라도 2028학년도 대입제도 개편은 당면한 현실이라는 점을 직시하고, 현 정부가 대입제도 개편 준비를 철저하게 진행해주길 바랍니다. 특히 올해 가을 출범하는 국가교육위원회를 통해 토론과 사회적 합의 과정을 신속하게 시작해야 합니다.

제가 장관에 있을 때도 고교학점제에 대한 학교 현장의 어려움을 들어왔는데요, 가장 많이 거론됐던 사항이 학교 간, 지역 간 격차 해소였습니다.

제도적인 해결을 위해 지역 공동교육과정을 더 적극적으로 도입하고 관련한 내신평가 개선과 연구선도학교에 교사 추가배치가 있었습니다. 보다 근본적으로 온라인으로 교육과정을 보충하여 제공하는 온라인 고교 도입도 진지하게 검토하였습니다. 교사들과 협의체를 구성해서 꾸준히 논의해왔는데, 협의체에서 제기해 준 여러 현장 의견들이 구체적인 정책 수립에 큰 도움이 됐었습니다.

여러 문제와 어려움이 말끔하게 해결된 건 아니지만, 앞으로도 교육부와 교육청 모두 현장 주체들과 소통하며 해결책을 모색해나간다면 분명히 답을 찾아낼 수 있을 것입니다. 특히 교육부는 행정안전부 등 유관 부처의 협력을 효과적으로 끌어내도록 각별히 신경을 써야 합니다.

2022 개정교육과정에서는 그동안 지속해서 논의되어 온 교육과정의 분권화, 자율화를 실질적으로 보장하기 위한 내용을 포함했습니다. 교육감과 학교장에게 교육과정 편성의 자율권을 과거보다 확대한 거지요. 그러한 자율권의 확대가 지역 간 격차와 불균형을 해결할 수 있는 또 하나의 방안이 될 수 있고, 문 정부에서 처음 시작한 RIS 사업을 통해 고등학교와 대학의 연계는 훨씬 강화될 것입니다.

문재인 정부에서 중점적으로 추진했던 '지자체 대학 협력 기반 지역혁신사업(RIS)'에서는 지자체와 대학, 산업계는 물론 교육청까지 참여하는 지역교육 거버넌스 구축을 목표로 합니다. 그 거버넌스에서는 고교학점제에 필요한 교육과정이나 강사 수급, 재정지원 등이 가능합니다. 이처럼 지역사회 전체가 고교학점제를 비롯한 새로운 교육 패러다임의 전환을 위해 협력한다면, 지역 간 격차와 불균형을 줄일 수 있을 것입니다.

김용 어떻게 보면 조금 시간을 벌었다고 볼 수 있어요. 지난 정부에서는 정부의 의지만큼 현장의 역량이나 준비가 조금 따라가지 못했던 거잖아요. 이게 조금 엇박자가 있었고 조금 늦게 갈 수도 있을 것 같습니다. 하지만,

지난 30년간 이어져 온 교육과정의 방향을 바꿀 수는 없을 것 같습니다. 오히려 그 방향으로 나아가는 데 필요한 조건을 구체적으로 갖추어 나간다고 생각하면 될 듯합니다.

이광호 RIS 사업을 고민할 때, 경상남도의 '통합교육추진단'을 많이 참조했잖아요? 통합교육추진단은 지자체와 교육청, 지역대학의 상설 협력기구로 출범했고, 거기에서는 USG 공유대학뿐 아니라, 농촌 지역 소규모학교 지원, 지역 커뮤니티, 문화예술 공간 구축, 고교학점제 지원 등 다양한 논의가 진행되었습니다.

지역 소멸을 막고 지역 균형 발전을 이루기 위해서는 그러한 지역교육 거버넌스의 역할이 매우 중요하다고 생각합니다. 대학의 입장에서 본다면, 그 지역의 고등학생들이 지역대학에 입학하고, 또 지역의 기업에 취업한다든지 혹은 창업한다든지 하는 모델을 만들어야 합니다. 어떻게 보면 고교학점제, 대학 입시 제도, 지역 균형 발전 등이 하나로 묶일 수도 있습니다. 윤석열 정부는 고등교육(대학)에 대한 권한을 일정 부분 지역으로 내리겠다고 약속했습니다. 실제 어떻게 진행될지는 모르지만, 문재인 정부의 RIS 정책을 이어가겠다는 것으로 이해됩니다. 고등교육의 권한을 지방으로 내리는 것뿐 아니라, 지자체, 교육청, 대학, 시민사회, 산업계 등이 모여서 그 지역의 교육 문제와 청년 취업, 지역 활성화 방안을 함께 논의하는 거버넌스가 빨리 만들어져야 합니다.

코로나19로 인한 교육 격차

교육회복 지원정책은 종합적으로, 적기에, 총력 지원해야

이광호 이제 다음 주제로 넘어갈까요? 코로나19 이후 '교육 회복' 문제는 우리나라뿐 아니라 전 세계적인 과제가 되었습니다. 문재인 정부에서도 이 문제 해결을 위해 교육부는 물론, 교육청, 학교가 많은 노력을 했습니다. 물론 그중에는 성공적으로 운영된 것도 있고 그렇지 않은 것도 있지만, 우리 교육계의 가장 중요한 과제로 설정하고 역량을 집중한 것은 사실입니다. 그런데 정권이 바뀌고, 교육감이 교체된 상황에서 교육 회복 관련한 정책들이 어떤 상태인지 궁금합니다.

김차명 제가 느끼기에는 코로나19를 받아들이는 것과 비슷한 것 같아요. 예를 들어서 오늘 11만 명 감염되었어도 사람들이 별로 두려워하지 않거든요. 그러니까 약간 관심이 떨어진 게 아닌가 하는 생각합니다. 하지만 학교 현장에서는 코로나19로 인한 학습 공백이나 정서적 결핍 등을 느끼고 있습니다. 뭔가 일시적으로 정책을 투입해서 회복시키는 단계는 아닌 것 같습니다. 이제 회복이 아니라 치료가 필요한 게 아닌가 합니다.

개인적으로 제 아들이 2013년생이에요. 초등학교 1학년 때 거의 반년 이상을 등교하지 못했습니다. 그러다 보니 애들이 어느 정도 무렵부터는 스스로 해야 하는 게 있는데, 그게 대부분 늦어졌어요. 예를 들어 부모 없이도 혼자 등하교를 하거나 학교 급식실에서 배식이 가능한 시기가 있는데 그게 늦어지는 거지요. 그리고 학생들 사이의 갈등 상황도 학년별 차이가 있는데, 3~4학년 때 싸울 만한 걸 가지고 5~6학년에도 싸운다는 거예요. 뭔가 전체적으로 사회적 성장이 늦어졌다는 느낌이 저는 굉장히 강합니다.

이광호 코로나19로 인해 학력이 떨어졌다는 말은 많은데, 학력 외에 그 아이가 성장 단계에서 필요한 경험이 없을 때 발생하는 문제에 대해서는 아직 구체적인 데이터가 없어요. 그것은 대부분 한참 뒤에 나타나기 때문이죠. 어쩌면 성인이 되어 평생 나타날 수도 있습니다. 그래서 더 불안한 것 같아요.

김차명 더 심각한 것은 코로나19를 겪으면서 부모의 소득 격차, 지역 간 격차가 더 커졌다는 겁니다. 저는 학력 격차는 진짜 돌봄 격차로 보거든요. 저소득층이나 자영업 하시는 분들의 경우, 자녀를 돌보는 게 너무 힘든 시기였잖아요? 경제적 타격이 엄청나게 컸고 그만큼 자녀를 돌볼 여유가 없어진 거지요. 반대로 전문직의 경우, 재택근무가 늘어나면서 어떤 면에서는 자녀와 시간을 같이 보내는 시간이 늘어난 측면도 있어요. 학교가 원격수업으로 전환해도, 별다른 문제가 발생하지 않을 수 있는 거지요.

문제는 실제 코로나19 상황에서 어려움을 경험한 아이들을 선별해서 집중 지원하기가 어렵다는 겁니다. 그냥 일반적으로 멘토를 연결한다는지 하는 수준에서 지원할 수밖에 없었다는 겁니다. 이게 참 어려운 과제입니다. 코로나19뿐 아니라 교육복지나 지원사업의 경우, 그것이 절실히 필요한 학생들을 집중 지원하기가 어렵습니다.

유은혜 코로나19로 인한 교육 격차와 회복 문제는 전 세계적인 과제입니다. OECD나 G20 국가의 교육부 장관들과 회의를 해보면, 모든 나라에서 거의 비슷한 고민을 하고 있습니다. 학력 저하, 기초학력 부진 문제뿐 아니라 아이들이 성장 단계에서 배우고 누려야 할 것들을 하지 못하면서 생기는 문제들이 많은 거지요. 저 또한 코로나19로 발생한 문제를 빠르게 회복하지 않으면 안 된다는 인식이 강했고, 교육감님들과 여러 차례 진지하게 협의하며 힘을 모았었습니다.

작년 7월 29일에 시도교육감협의회와 기본 계획을 발표하면서 교육회복 사업이 구체화되었고, 올해가 2년차입니다. 교육부와 전국 17개 교육청이 5조 3천억 원 상당을 투입하기로 계획했던 사업인 만큼, 우리 교육계의 역량이 집중된 사업이 맞습니다. 올해 하반기에 정책효과를 분석한 후에 추가계획 수립을 결정하겠다고 약속했었는데요, 현 정부의 교육회복 정책이 특히 올해 하반기 이후 어떻게 운영되는 지를 잘 살펴볼 필요가 있습니다.

학교 현장에 정책이 안착하기에는 미흡한 점도 있었습니다. 가령, 전국의 교대와 사대 학생들이 학생을 직접 지원하는 멘토링 프로그램을 운영했는데 학부모 사전동의가 안 되어 학생지원을 못 하는 경우들도 있었고, 학교에서는 갑작스럽게 많은 예산이 지원되어 사용에 어려움을 겪었다는 의견도 있었습니다. 학교 현장의 노고가 컸다고 생각하고, 애써주신 많은 분께 진심으로 감사드리고 싶습니다.

김차명 아마 교육감 선거 과정에서 묻힌 것 같기도 하고 저도 정확하게 어떻게 진행되는지 모르겠습니다. 작년에 교육 회복 지원금이 큰 규모로 학교에 배정되면서 어려움도 많았습니다. 갑자기 큰 금액이 학교에 내려오고, 두 달, 혹은 석 달 만에 그걸 모두 쓰라고 하니 불만이 제기되기도 했습니다.

이광호 작년과 올해 추가경정예산(추경) 편성으로 갑자기 지방교육재정교부금이 대폭 늘었지요. 작년 7월 추경으로 6조 3,658억 원이 늘었고, 올해 5월 추경으로 11조 원이 추가되었습니다. 연초에 정해진 예산 규모로 학교 운영계획을 수립했는데, 갑자기 큰돈이 들어오니까 여러 문제가 발생한 거지요.

김용 이런 개념이 가능할지 모르지만 '방학 격차'에 주목할 필요가 있습니다.

학교에 다니는 동안에는 그래도 아이들의 생활 패턴이 비교적 유사하고 학교에서 똑같이 배우는데, 방학은 가정 배경이 그대로 반영되잖아요? 어떻게 보면 코로나19로 인한 원격수업도 방학 같은 거라고 생각됩니다. 그만큼 격차가 커질 수밖에 없었습니다. 그러니까 그걸 회복하려면 뭔가 집중적인 예산과 프로그램 투입이 필요할 듯합니다. 올해 여름과 겨울, 두 번의 방학이 있는데, 늘어난 지방교육재정교부금으로 방학 프로그램을 내실 있게 운영하면 어떨까 생각합니다.

김용 저는 교육부와 교육청의 여러 정책도 필요하지만, 선생님들이 교사 운동의 가장 중요한 과제로 이 문제를 바라봤으면 합니다. '느린 학습자'라고 하지요? 조금 공부 못 하는 아이들에 관한 연구 결과를 보면, 대부분 결론이 동일합니다. 그 아이가 전적으로 신뢰하고 의지할 만한 한 명과의 관계가 필요하다는 거지요. 그러면 정서적으로 안정되고 공부도 하게 되는데, 대부분 그 역할을 담임교사가 하는 것 같습니다.

그런데 현재 정책을 보면 외부 강사에게 의존하는 게 많은 것 같습니다. 물론 그것도 효과가 있고, 특히 전문적인 역량을 가진 분들의 경우 아이들에게 큰 도움이 되겠지요. 하지만 그 아이를 직접 가르치고 책임지는 담임교사보다는 못 할 수도 있습니다. 선생님들은 코로나19 이후에 아이들이 잃어버린 것이 구체적으로 눈에 지금 보이잖아요. 유치원 아이들은 마스크 끼고 생활하다 보니 사람의 표정을 모른다고 합니다. 그 나이에 표정을 읽고 감정의 교류가 있어야 하는데 그게 안 되는 거지요. 이게 나중에 우리 사회에 큰 짐이 될 수도 있습니다. 이는 기성세대 모두의 책임이 되어야 합니다. 그래서 지금 시기에 교육계에 종사하는 모든 사람이 상당한 책임감을 가지고 운동 차원에서라도 교육 회복에 직접 나서야 한다고 생각합니다.

이광호 선생님들이 보다 적극적으로 교육 회복에 나서야 한다는 점에 대해서는 동의합니다. 그런데 이런 생각도 해 봤습니다. 선생님들은 사상 초유의 온라인 개학으로 완전히 새로운 경험을 하다가, 대면 교육 전환 이후에는 수업뿐 아니라 방역 관련한 업무를 담당했습니다. 그때 교육청의 정책 사업을 중단하고 공문도 안 보내고 그런 적이 있습니다. 그런데 학교가 운영되는 데에는 아무런 영향이 없었거든요. 어떻게 보면 그동안 우리 학교가 얼마나 불필요한 정책 사업과 공문에 시달렸는지 깨닫게 된 거지요.

김용 그와 관련한 아이디어가 있습니다. 선생님들이 가장 불편해하는 게 각종 범교과 학습 법령에 정해진 업무입니다. 법률에 근거해서 계획 수립하고, 실행하고, 보고하는 그런 걸 한시적으로 없애면 어떨까요? 3년 한시로 특별법을 만들어서 각종 범교과 학습 관련한 모든 걸 면제해주는 거지요. 그만큼 선생님들의 부담을 덜고, 코로나로 아이들이 잃어버린 것을 회복하는 데 집중하자는 거지요.

김차명 그런데 범교과도 너무 많고, 그걸 안 하면 또 사회적 논란이 발생할 것 같은데요. 범교과가 모두 법령에 근거하고, 또 그 법령을 만드는 데 참여한 집단에서는 그 교육이 꼭 필요하다고 주장할 거고. 어쩌면 기존 교과를 줄이자고 할 수도 있어요.

김용 제가 조사해 보니까 미국 같은 경우도 우리의 범교과 같은 게 있습니다. 그런데 지진 대피 훈련과 같이 실제 꼭 필요한 생명 보호 상의 문제를 갖고 운영됩니다. 그런 건 우리도 해야 합니다. 하지만 우리의 범교과가 꼭 그런 성격만은 아니잖아요?

이광호 범교과 학습 내용을 각 교과에 포함하자는 주장은 오래전부터 제기되었죠. 교과에 넣으면 되는데 자꾸 별도로 만드니까 문제가 되고… 이 문제는 진짜 논의를 해봐야 할 듯합니다. 한시법으로라도 범교과 관련한 업무를 줄이고, 선생님들이 오직 아이들에게 집중할 수 있도록 하자는 건 중요한 제안인 듯합니다.

김용 제가 진짜 걱정하는 건 코로나 시기에 잃어버린 게 분명히 눈에 보이는데, 시간이 지나면서 없던 일로 하고 넘어가지 않을까 하는 우려입니다. 선생님들이 아이들의 교육 회복에 집중하도록 시간적 · 정신적 여유를 확보하고, 그만큼 아이들에게 집중한다면 교사들에 대한 우리 사회의 신뢰도를 높이는 계기가 될 수도 있습니다.

유은혜 대선과 교육감 선거 후에 교육감이 바뀐 지역이 많지만, 코로나 위기 극복을 위한 교육회복에 이견이 있지는 않을 것입니다. 교육회복 종합계획은 올해 하반기 정책효과 분석을 통해 내년 추가 시행여부를 결정하도록 했습니다. 교육부와 교육청 모두 깊은 관심을 갖고 책임감있게 추진해야 합니다. 다시 한번 강조해서 말씀드리면, 교육회복 지원정책은 종합적으로, 적기에, 총력 지원해야만 효과가 큽니다.

고교체제 개편의 핵심
특정 고등학교 유형으로 학생들을 구별 짓지 말아야

이광호 다음 주제는 외국어고(외고)와 자율형 사립고(자사고) 관련한 정책입니다. 아시다시피 문재인 정부에서는 2025년 고교학점제 전면 도입과 함께 외고 · 자사고 일반고 전환을 추진했는데, 윤석열 정부에서 그걸 뒤집는 게 아닌가 하는 것이지요.

유은혜 문재인 정부에서 추진한 고교체제 개편의 핵심은 자사고와 외국어고, 국제고가 가지고 있던 학생 우선선발권만 제한하자는 것이었지, 학교 이름(교명)과 특화된 교육과정 모두를 없애는 것이 절대 아닙니다. 학교가 폐지되는 것이 아니라, 고교 운영방식만 바뀔 뿐입니다.
물론 수월성 교육을 강조하며 영재 학생들은 따로 선발해서 교육하는 게 맞는다고 주장하는 분들도 계십니다. 그러나 예술, 과학 등의 영역에서 특별한 재능을 가진 학생들을 위한 학교들은 여전히 특수목적고로 운영됩니다. 저는 학교 간판 혹은 특정한 고등학교 유형으로 학생들을 구별 짓는 교육방식은 미래에 부합하는 인재 양성이 아니라는 점을 강조하고 싶습니다. 앞으로 우리 아이들이 겪을 시대는 직업 전환이 훨씬 유연해지고 이에 맞는 평생학습이 더 중요하게 필요한 시대로 바뀔 것입니다. 또한 국가는 아이들이 저마다 달리 가진 적성과 재능을 어떻게 지원해주느냐에 따라 나라의 경쟁력이 달라질 것입니다. 어린 연령대의 학생들을 선별하고 구분 짓는 교육방식은 변화의 흐름에 맞지 않고, 방향에 있어서도 바람직하지 않다고 생각합니다. 현 정부에서 고교 체제 개편 문제는 대단히 신중하게 접근해야 한다고 봅니다.

김용 지금의 시대정신이 공정한 사회라고 하는데, 교육의 관점에서 보면 공정한 사회를 만들어가는 방향은 크게 두 가지인 것 같습니다. 교육의 아랫부분, 그러니까 유아교육이나 초 · 중등교육 단계는 굉장히 튼튼하게 만들어 격차가 최소화하도록 해야 합니다. 그리고 결정적 선발을 피할 수는 없는데 선발의 시기를 좀 뒤로 늦추고 가급적 아이들이 다양한 성취를 경험하도록 하는 것입니다. 이 두 가지 방향이 진보적인 교육의 중요한 방향이라고 생각합니다.

영국에서도 보면 1940년대 영국 노동당의 중요한 정책이 프라이머리 스쿨 포 올(Primary school for All) 정책이고 그 이후에 세컨더리 스쿨 포 올(Secondary school for All)로 갔잖아요? 우리나라도 과거 박정희와 전두환으로 이어지는 권위주의 정부는 결정적 선발 시기를 늦추기 위해 노력했습니다. 특히 박정희 대통령의 교육정책에 대해서는 평가할 부분이 많다고 생각됩니다. 박정희 정부는 1969년에 중학교 입시를 없애고 무시험으로 전환했습니다. 그리고 1974년에 고교 평준화를 단행했지요. 전두환은 1980년에 대입 본고사를 없앴습니다. 지금 보수 정당의 뿌리가 되는 권위주의 정권이 교육의 평등에는 상당히 기여한 셈이지요.

그러다가 이명박 정부부터 외고 · 자사고 등 학교 서열화가 본격화되었습니다. 보수 정권이 중산층의 계급적 이해관계에 충실했다고 볼 수 있습니다. 중산층의 이른바 '구별 짓기' 욕망이 외고 · 자사고 형태로 표현된 것이지요. 그런데 그러한 정책들의 실질적 결과는 우리가 이미 확인했잖아요. 여러 가지 심각한 문제들이 있었지요. 그래서 이 부분에 대해서는 분명한 대립이 불가피하다고 생각합니다.

만약 윤석열 정부가 외고 · 자사고를 그대로 둔다면 서울교육청과 심각하게 갈등할 수밖에 없을 겁니다. 여기에서 중요한 건 국회 역할인데, 현재 시행령으로 규정되어 있는 학교 유형을 법률로 정하는 게 필요할 듯합니다. 대만이나 독일의 법령을 보면 고등학교의 유형을 시행령이 아닌 법률로 정하고 있지요. 외고 · 자사고의 일반고 전환을 지지하는 야당이 다수 의석을 차지한 만큼, 차제에 법률로 명확하게 정리하는 것도 필요하다고 생각됩니다.

그런데 이 지점에서 우리가 고민할 것은 중산층의 구별 짓기 욕망을 무조건 억누를 수는 없다는 점입니다. 즉, 평준화 이전과 이후의 변화를 설득력 있게 전달해야 합니다. 예를 들면 이런 거죠. 고교 서열화 상황에서는 성적순으로 학교를 가다 보니 하위권 학생들의 학교 교사들은 의욕을 상실하고 대충 교육을 포기한다는 거지요. 서울에서 고교 평준화가 시행되고 나서 가장 극적인 사례가 서라벌고등학교입니다. 평준화 전에 그 학교는 하위권 고등학교였는데 평준화 이후에 공부 잘하는 학생들이 일부 입학하면서 선생님들이 굉장히 노력했지요. 그래서 소위 SKY 대학을 많이 보내는 학교가 되었지요.

저도 평준화 시기에 고등학교 경험을 했습니다. 저에게는 어떤 고등학교에 배정받는지가 그렇게 중요한 문제가 아니었어요. 왜냐하면 평준화 시기에는 모든 학교가 경쟁적 분위기가 있고, 선생님들이 뭔가를 해보려고 했습니다. 선발 효과가 아니라 교육력 경쟁 시대가 된 거지요. 그런데 지금 중산층 학부모들은 그런 경험보다는 외고 · 자사고 등으로 서열화된 조건에서 일반고의 교육력이 떨어진다고 생각하는 것 같아요. 그 생각을 바꿔내야 외고 · 자사고의 일반고 전환이 설득력이 있을 듯합니다.

이광호 다른 한 편으로 말하면 고교학점제를 내실 있게 운영하는 게 필요합니다. 저는 학교 현장의 교사 중에 외고 · 자사고를 반대하면서 학점제도 같이 반대하는 걸 이해할 수가 없습니다. 학점제를 반대하려면 외고 · 자사고를 인정할 수밖에 없는 거지요.

그린스마트미래학교
'사용자 참여 설계'로 공간혁신 과정 자체가 학습과정

이광호 이제 다음 주제로 넘어갈까 합니다. 다음은 그린스마트 미래학교 혹은 공간혁신에 대해 이야기를 나눠볼까 합니다. 그린스마트 미래학교는 정부 차원에서 그린 뉴딜 정책의 일환으로 제기된 것으로 이해하는 분들이 많습니다. 즉, 정부가 그린 뉴딜을 위해 재정을 투입하면서 학교에도 그 일부를 떼어준 게 아닌가 하고 생각하는 것이지요.

유은혜 제가 2016년에 국회의원 재선되면서 학교 공간혁신 관련한 포럼을 만들었어요. 그러다가 교육부 장관이 되면서, 본격적으로 추진하게 됐습니다. 물론 정부 차원의 그린 뉴딜 정책과 연동이 되어 사업 규모가 더욱 커졌지만, 그 이전부터 공간혁신이 교육을 바꾸는 중요한 전환점이 될 것으로 생각했습니다.

학교 공간혁신을 추진하면서 '사용자 참여 설계'라는 개념을 활용했습니다. 누군가 공간을 뚝딱 바꿔주는 게 아니라 우리 학교에 내가 사용하고 있는 이 공간을 어떻게 만들었으면 좋겠다는 것을 아이들이 계획에서부터 실행까지를 온전하게 참여해서 결정하는 거지요. 그게 공간혁신을 위해서도 필요하지만, 아이들이 민주시민으로 성장하는 데에도 대단히 중요하다고 생각했습니다. 아이들이 직접 자신의 욕구를 표현하고, 그걸로 함께 협의하고, 협의한 내용을 구체적인 설계에 반영하는 과정 자체가 학습과정인 거지요.

기존의 학교 건축 공사 관행에 비추어 보면 많은 변화가 필요했습니다. 교육부 시설과 직원부터 연수가 필요했는데, 직원 연수에만도 몇 달이 걸렸어요. 교육청별 연수도 진행하며 공간혁신사업을 넓혀가던 중에 코로나가 시작되었고, 처음에는 코로나로 거의 모든 공사가 중단되어 곤란했지만, 위기는 확실히 기회가 됩니다. 코로나로 공간혁신사업이 오히려 확대되어, 국가대전환 10대 프로젝트의 시그니처 과제가 되었거든요. 결정적 계기는 온라인개학 등으로 전국 모든 학교에 원격수업을 해야 했고, 교육부는 교실무선망 설치를 더 빠르게 마무리해야 했습니다. 여기에 문재인 정부의 기후위기 대응, 재생에너지 정책이 강조되면서 학교의 생태환경교육이 더 중요해졌습니다. 이런 여러 정책환경 속에서 "그린 스마트 미래학교"라는 명칭이 탄생했고, 국가대전환 10대 시그니처 사업 중 하나가 되었습니다.

그런데 안타까운 것은 기재부와 예산 논의를 하는 과정에서 미래학교 사업의 의미가 충분히 다뤄지기 어려웠다는 것입니다. 기재부는 미래학교 사업을 40년 된 학교의 리모델링 수준으로 이해하는 경향이 컸습니다. 그러다 보니 교육과정 혁신이나 생태 환경 교육 부분 등에 예산이 충분히 반영되지 않은 경우도 발생했고, 기재부가 견인한 미래학교 사업을 BTL 방식으로 운영하자는 제안에 대해 교육청 간 갈등이 생기는 일도 발생했습니다. 조정하는 과정이 복잡했지만, 우여곡절 끝에 그린스마트 미래학교 사업을 시작했습니다.

작년에 추경으로 교부금 사정이 좋아지면서, 학교 공간혁신 속도를 내자는 이야기를 교육감님들과 많이 나누었습니다. 모든 학교의 공간을 미래형으로 혁신하고, 학교 간 차별이 없도록 하자는 거지요. 실제 학교 공간혁신을 실행한 학교들이 몇 개 있는데, 거길 가보면 사람들의 생각이 바뀌거든요. 처음에는 예산이 많이 들어간다고 비판했던 사람들도 이게 정말 필요하다고 느끼게 돼요. 여당이든 야당이든 국회의원분들도 마찬가지입니다. 그린스마트미래학교로 완공된 학교들이 보여지고, 학교공간 혁신사례가 더 알려지면 학생과 학부모들 동의가 더 커질 겁니다.

김용 저는 사용자 참여 설계 같은 정책은 아주 좋은 것 같아요. 그런데 조금 보완하자면 학령인구 감소로 워낙 작은 학교가 많이 늘었습니다. 그래서 공간혁신을 단위학교 차원뿐 아니라 지역단위로도 구상했으면 합니다. 예를 들어 하나의 군(郡) 단위 차원에서 여러 학교의 네트워크화를 고민할 수 있고, 압축 도시 같은 정책을 고려할 필요도 있어 보입니다. 군 단위 지역을 놓고 보면 사실 면이라는 행정 단위가 얼마나 지속될까 의문이 있는 거잖아요. 그러니까 이제 학교를 베이스로 지역 공간을 재구조화하는 노력이 필요한 거 같아요. 이를테면 읍내에 있는 중심지 학교의 경우 주민 시설과 연계한 복합적 기능을 가질 수도 있다고 생각해요.

유은혜 현재까지는 주로 수도권의 40년 이상 노후화된 학교 재건축을 중심으로 진행되다 보니 그러한 문제가 아직 두드러지게 나타나지는 않았습니다. 그런데 앞으로는 교육과정의 분권화, 자율화와 마찬가지로 지역 차원에서 다양한 시도가 가능할 듯합니다. 지역의 특성에 맞는 학교 공간 재구성이 가능한 거지요.

이광호 2020년에 학교시설복합화법이 제정되었고, 2021년부터 시행되고 있습니다. 이제 지역별로 정말 다양한 모델이 가능할 듯합니다. 학교가 지역 주민과 함께하면서, 지역 공동체의 공간적 구심 역할을 할 수 있을 겁니다.

김용 오래전에 OECD가 미래학교 시나리오를 발표하면서 소셜센터로서의 학교를 강조했잖아요. 정말로 학교가 그렇게 바뀌어야 할 것 같아요.

만 5세 입학과 학제 개편
유보통합, 교원양성과 임용문제 등 충분한 검토와 사회적 논의 거쳐야

이광호 이제 최근 논란이 되는 '만 5세 입학' 혹은 '학제 개편'에 대한 이야기를 해볼까 합니다.

김차명 교육정책이 나오자마자 이렇게 전 국민이 반대하는 경우는 드문 것 같아요. 정부 입장에서는 학생 수 감소에 대응하고, 유보통합 비용도 줄이겠다는 생각인 것 같은데, 아이들의 발달단계 등을 고려하면 대부분의 국민이 반대할 수밖에 없는 것 같아요. 그리고 제가 개인적으로 생각했을 때는 학부모들의 부담이 오히려 가중되지 않을까 합니다. 정부는 학부모 부담을 줄이겠다고 생각하는 것 같은데, 지금도 아이를 학교 보내면 한글을 떼서 보낼 것인지 어디까지 가르쳐서 보내야 하는지 걱정이 많거든요. 취학연령이 낮아지면 그만큼 사교육도 늘어날 것 같아요. 또 학부모들이 반대하면, 조기입학을 학부모 선택으로 남길 가능성이 있어요. 지금도 그렇잖아요? 그럼 지금이랑 별 차이가 없는 거고, 결국 '만 5세 입학'은 학부모와 학교 현장의 반대로 무산될 것 같습니다. 더구나 교육감을 포함해서 교육계 누구와도 사전에 토론을 안 했다고 하니, 모두 반대할 수밖에 없지요.

김용 제가 처음 든 생각은 선거는 왜 했나 하는 것입니다. 이 정도의 정책이라면 선거 과정에서 공약으로 내걸고 토론했어야 하지요. 정부가 5세 입학을 꺼내든 이유 중의 하나는 사회 진출 연령을 앞당기겠다는 의도겠지요. 특히 남자들은 군대까지 겹쳐서 국제 기준으로도 취업하는 시기가 너무 늦거든요.

이광호 지난 정부에서 여러 번 이 문제를 연구하거나 정책으로 입안하려고 노력했지요. 그런데 대부분 만 5세를 유치원 의무교육 기간으로 설정하거나, 아니면 현재의 초등 6년을 5년으로 단축하는 방안 등이 논의된 걸로 기억합니다. 하지만 결국 학제 개편은 실현되지 않았습니다. 그만큼 여러 부작용과 반발이 심했지요.

김용 학제 개편에 관해서 이런저런 생각을 해보는 것은 필요한 시점입니다. 그런데 막상 논의하면 걸리는 게 너무 많습니다. 예를 들어 교원양성만 하더라고 현재의 초등 6년, 중등 6년으로 구성된 게 타당한가 하는 생각도 합니다. 아예 초등~중학교 9년을 하나로 묶고, 고등학교 3년을 따로 하는 게 좋지 않을까 하는 거지요. 실제 북유럽은 그렇게 운영되는 걸로 알고 있습니다.왜냐하면 국민 공통 기본교육 과정이 중학교까지이고, 고교학점제는 중학교와 상당히 성격이 달라지는 거잖아요. 그리고 아마 9-3 체제로 가게 되면 초등학교를 5년으로 단축하는 것도 가능할 수 있습니다. 현재는 당장의 학생 수 감소에 대응해서 교대를 얼마나 줄이느냐로 고민이 되고 있는데, 새로운 접근이 필요하다고 생각합니다.

유은혜 코로나 대응 과정에서 가을학기제 제안이 있었기 때문에, 학제 개편에 대해서 다양한 검토를 해보았는데요, 이 문제는 앞서 말씀하신 바와 같이 유보통합, 교원양성과 임용 문제, 청년들의 사회 진출 시기 등을 종합적으로 검토하고 충분한 사회적 논의를 거쳐야 합니다. 학제 개편이야말로 국가교육위원회에서 논의해야 하는 주제입니다. 그런 걸 아무런 논의도 없이 불쑥 던졌다는 게 이해가 되지 않는 거지요.

지방교육재정교부금
학령인구가 줄어드니 교부금을 줄여야 한다고?

이광호 이제 주제를 바꿔볼까요? 얼마 전 국가재정전략회의에서는 지방교육재정교부금 일부를 떼어 대학에 사용하겠다고 발표했습니다. 이에 대한 논의를 했으면 합니다. 일단, 학교 현장의 반응은 어떻습니까?

김차명 일단은 학교 현장은 교육재정에 대해 잘 모릅니다. 대부분 교부금이 뭔지도 모를 겁니다. 그런데 올해 추경 포함해서 교부금이 81조나 되고, 그중에서 3.6조를 떼어 대학에 쓰겠다고 하니까 별로 느낌이 없는 것 같습니다. 그런데 실제 교부금의 60%가 인건비 등 고정 비용으로 사용되는데, 60%를 제외한 규모에서 3.6조를 떼어낸다고 생각하면 엄청난 규모지요. 현재 학교에서 진행하는 다양한 프로그램들이 모두 그 돈을 쓰는 건데.

이광호 올해 81조는 매우 예외적인 상황이지요. 앞으로 경제 상황을 고려하고, 더구나 윤석열 정부의 각종 감세 정책을 반영하면 내년부터는 교부금 규모가 엄청나게 줄어들 가능성이 큽니다. 아마 50조 내외가 되지 않을까 생각합니다. 어쩌면 그 이하가 될 수도 있고요. 그런데 매년 3.6조를 떼어 간다고 하면 매우 심각한 상황이지요.

유은혜 문재인 정부 때에도 기재부는 학령인구가 줄어드니 교부금을 줄여야 한다고 끈질기게 주장해왔습니다. 특히 최근 몇 년간 세수 증대로 교육청 재정이 늘어난 반면에, 대학은 등록금 동결에 따른 재정압박이 커졌고, 지방대 위기론까지 높아져 기재부 주장은 더 강해졌었습니다.

저는 기재부의 요구를 수용하는 것이 아니라, 제3의 대안을 찾고자 했고 관련 연구를 진행하기도 했습니다. 그리고 부처 간 합의된 대안이 나오기 전까지는 주요 국책사업(가령, 고교 무상교육, 그린스마트미래학교)에 대해서는 중앙정부가 국고지원을 하도록 추진했고, 부처간 조정 과정이 쉽지는 않았습니다.

다행스럽게도 문재인 대통령께서 올해 초 국가재정전략회의에서 학생 수가 준다고 교육재정을 줄여야 하는 건 아니라는 입장을 공식적으로 말씀해주셔서, 제가 기재부와 협의할 때 정말 큰 힘이 되었습니다. 물론 대통령께서도 초중등 교육재정이 양질의 교육을 위해 잘 사용되는지 제대로 살펴야 한다는 의견은 주셨지만, 학생 수와 교육재정을 바로 연계하여 판단하지는 않으셨습니다.

최근 윤석열 대통령이 "교육부도 경제부처라고 생각하라"고 말했다는 언론 기사를 접하며 대단히 부적절한 발언이라 생각했습니다. 교육부는 기재부가 강조하는 성과 중심, 효율 중심으로만 일할 수도 없고, 오히려 교육 사안을 경제부처처럼 사고하며 처리할 경우 본말이 전도되는 곳입니다. 저는 현 정부가 교육을 경제의 논리로 이해하려는 것에 대해 동의하기 어렵고, 교육부에 경제 논리를 강요하는 것에 대해서도 상당히 유감스럽게 생각합니다.

김용 교부금 문제는 지방교육자치제도의 미래와도 관련되는 것 같아요. 교부금 줄이는 것에 대해 교육감들은 반대할 거고, 윤석열 정부에서는 교육감 선거 제도 공약을 내걸었잖아요. 이 지점에서 두 가지 선택권이 있다고 생각합니다. 하나는 일반 지자체와 교육자치를 통합하는 겁니다. 만약에 통합하지 않는다면, 지방교육자치의 소관 사무 범위를 늘리면 좋을 것 같아요. 현 정부도 유보통합을 내걸었잖아요. 유보통합을 받아들이면 현재 보건복지부가 관장하는 어린이집 예산과 인력을 교육청으로 이관할 수 있습니다. 여기에 현재 여성가족부가 관장하는 학교 밖 청소년 업무도 가져오면 좋겠어요. 그러면 국민의 입장에서는 아이가 태어나서 만 18세까지 교육청이 통합적으로 책임지는 거지요. 그러면 교부금 비율을 높여야 할 거고.

학교 안 차별과 혐오 문화
수축사회에서의 불안, 제대로 된 미디러 리터러시 교육 필요

이광호 이제 학교 안의 혐오 문화에 관한 이야기를 나눠볼까 합니다. 10여 년 전에 소위 '아랍의 봄'이라는 민주화운동이 벌어졌을 때, 트위터 등 SNS가 매우 중요한 역할을 했다고 평가받았습니다. 다양한 시민의 참여와 소통이 민주주의를 한 단계 발전시킬 수 있다고 믿은 거지요. 그런데 시간이 지나면서 SNS가 오히려 다양한 사고를 억누르고 '확증편향'을 강화해서 혐오 문화를 부추긴다고 보는 사람들이 늘어났습니다. SNS에서 '좋아요'를 누르거나 인공지능 알고리즘이 안내하는 유튜브를 보다 보면 자기와 생각이 비슷한 사람들의 의견만 듣고 반대편의 생각에 대해 반감을 갖게 된다는 이야기도 있습니다. 아무튼 우리 사회에 만연된 혐오와 차별 문화가 학교 현장에도 깊숙이 들어왔습니다. 이 문제를 어떻게 보고, 해결할 것인지 이야기해봤으면 합니다.

김차명 저는 가짜뉴스에 제일 잘 속는 사람들이 어떤 사람들이냐면 나이가 어리거나 학력이 낮은 사람이 아니라, 세상이 둘로 나눠졌다고 생각하는 사람이라고 생각합니다. 세상이 딱 둘로 나눠지니까 자기가 보고 싶은 것만 보잖아요. 특히 SNS이나 유튜브 알고리즘이 그런 것들을 보게 만들죠. 왜냐면 내가 관심 있는 거를 제일 먼저 보여주니까. 그런데 OECD 자료를 보니까 우리나라 학생들의 역량이 가장 떨어져서 사실과 의견 구분을 못 한다는 겁니다. 그게 딱 어떤 유튜버의 주장에 대해서 사실과 의견을 구분 못 하는 것과 연관이 될 수 있습니다. 어른들도 마찬가지입니다. 자기가 보고 싶은 거, 듣고 싶은 거만 듣고 가짜뉴스에 잘 속거든요.

거기에 요즘 사이버 렉카라고 인터넷상에서 남을 비방하는 영상을 퍼트리는 사람들이 많잖아요. 근데 그 사람들의 핵심은 얼마나 더 모욕적으로 말하느냐가 핵심이거든요. 그러니까 그 사람들은 자극적으로 얘기해서 구독자를 끌어모으는 경쟁을 하지요. 보수 유튜버 중에 그런 경우가 많습니다. 이제 정말로 제대로 된 미디어 리터러시 교육이 필요한 거죠.

또, 요즘 '이상한 변호사 우영우'라는 드라마가 있잖아요. 거기에 장애를 가진 우영우가 강자라는 얘기가 나옵니다. 왜냐면 우영우는 항상 우리를 이기는데 우리는 우영우를 장애인이라서 공격 못 하고, 그리고 항상 배려해야 하고 양보해야 하는데, 그러면 누가 강자냐 하고 따지는 거지요. 드라마에 등장하는 한 남자 변호사가 그런 말을 합니다. 약자라고 포장된 우영우가 강자라는 것이지요.

요즘 젊은이들 사이의 공정성 논란도 유사한 측면이 있다고 생각합니다. 현실은 치열한 경쟁 사회이고, 경쟁에서 패배하면 회복할 수 없는데, 누군가 무임승차하는 게 아닌가 하는 생각이 그런 혐오를 낳는 게 아닌가 합니다. 대학 신입생들도 수시충, 농어촌전형충 등으로 구별 짓고 무시하잖아요. 결국 과도한 경쟁이 혐오 문화로 연결된다는 거지요.

김용 한국 사회의 교육에서 늘 경쟁은 있었어요. 하지만 과거에는 우리 사회가 지속적으로 성장했어요. 경쟁에서 패배해도 갈 만한 자리가 있었어요. 그런데 요즘은 경제성장이 멈추고 소위 수축사회가 된 겁니다. 그러다 보니 계층 추락에 대한 불안이랄까요? 그런 게 강하게 작동하는 것 같습니다. 아이들도 계층 추락에 대한 불안을 심각하게 느끼는 것 같아요. 이걸 최근 SNS와 연관시켜 보면, 그 심각성이 더해지죠. 그런 면에서 민주시민 교육이 더욱 중요하다고 생각합니다.

지난 정부에서 선거 연령을 18세로 낮췄습니다. 또한 16세부터 정당 가입이 가능해졌습니다. 제 기억으로는 일본이 아마 2014년에 선거 연령을 낮췄습니다. 그때 자민당이 그렇게 결정한 이유가 청년층이 충분히 보수화돼서 선거 연령을 낮춰도 자민당에 전혀 나쁠 게 없다고 판단했다고 합니다. 저는 그 말을 일본 공산당 기관지 편집장과 인터뷰하는 과정에서 들었어요. 이걸 우리 상황에 대비해보면, 이런 결론이 가능합니다. 16세부터 아이들은 정당 가입이 가능한데, 그 아이들은 정치적인 지식을 학교에서 습득하지 않는 거죠. 그냥 유튜브나 SNS를 통해 정치적 판단의 근거가 되는 지식을 얻을 겁니다. 1호 청소년 당원이 국민의힘에 가입한 것도 우연은 아닐 겁니다. 자칫 선거 연령과 정당 가입 연령을 낮추는 것에 대해 학교 교육이 잘 대응하는 게 중요합니다.

이와 관련해서, 대단히 위험한 주장일지 모르겠는데, 저는 헌법 31조의 정치적 중립성 조항을 빼야 한다고 생각해요. 그러니까 전 세계 어느 나라의 헌법에도 교육의 정치적 중립성이라는 말을 하는 데가 없어요. 제가 아는 범위에서는. 숨 쉬는 것도 정치라고 하잖아요. 그만큼 정치가 일상생활에 중요하지요. 교육의 정치적 중립성 조항은 이승만 정부 말기에 부정 선거 심각할 때 교사들이 부정 선거에 동원되거든요. 교사들에게 가정방문시키면서 누구 찍을지 조사해 와라, 이런 걸 막 시키거든요. 그래서 이승만 정권 말기에 교사들이 국가에 대해서 요구한 개념이었어요. 그러니까 정치적 중립을 지켜야 할 대상이 국가였던 거죠. 그래서 1963년에 헌법 개정할 때 정치적 중립성이 들어간 거죠. 그런데 시간이 지나면서 교육의 정치적 중립을 교사들이 지켜야 한다고 바뀐 셈이잖아요. 이 문제에 대한 사회적 토론을 시작해야 한다고 생각합니다. 우리 사회에서 교육의 정치적 중립성이 가진 의미를 다시 한번 따질 필요가 있다는 거지요.

이광호 사실, 이 문제는 굉장히 중요한 문제입니다. 교육감 직선제 개선과 연관되고, 무엇보다 교사의 정치적 자유를 억압하는 것이기도 하지요.

김용 선거법은 바뀌었는데, 학교 안에서 자유롭게 토론할 수 없는 이 상황을 빨리 해소해야 합니다. 안 그러면 아이들은 학교가 아닌 SNS와 유튜브를 통해 정치적 판단을 하겠지요.

학교 구성원 간 세대 차이
건강한 문제의식을 공론화, 사회화의 장으로 만들어야

이광호 혐오 문제를 이야기하다가, 정치적 자유에 대한 논의까지 진행되었습니다. 이제 학교 내부의 세대 차이를 이야기해볼까 합니다. 원래 학교라는 곳은 기성세대와 신세대가 공존하는 곳이지요. 그런데 지금은 가면 교사와 학생뿐만 아니라 교사들 내에서도 차이가 있고, 교사 학부모 차이도 있고, 또 애들끼리도 차이가 있습니다. 이러한 세대 간 차이, 혹은 갈등이 어떻게 발생하고 어떻게 해결할 것인지 이야기해 보시지요.

김차명 내년에는 2000년대생 교사들이 학교에 옵니다. 지금 대학교 4학년이 2천년생이거든요. 그런데 저는 이걸 긍정적으로도 봅니다. 왜냐면 예전에는 학교가 너무 한 모습이었잖아요. 학생도 다 똑같은 모습, 교사도 다 똑같은 선생님 옷차림이고… 그리고 모두 교장 선생님 중심으로 학교가 운영되었습니다. 그런데 이제는 학교 내부에도 문화적 갈등이 발생한다는 것 자체가 한 편으로 자연스럽고 한 편으로는 교육적일 것 같아요. 세상은 다양하고, 그만큼 별별 사람이 다 있잖아요. 아이들이 그걸 학교에서부터 배우는 거지요.

또, 예전에는 학교를 지배하는 어떤 권위가 막강했거든요. 교사들도 마찬가지입니다. 어떻게 보면 코로나19가 그런 문화는 바꿔 놓았습니다. 30년 차 교사가 1년 차 교사에게 원격 교육 프로그램을 배우는 게 흔한 풍경이 되었거든요. 학교의 수직적 구조가 많이 깨졌습니다. 이제 교장, 교감들도 맘대로 하지 못하고, 교사들도 자신의 주장을 뚜렷하게 말하거든요. 어떻게 보면 학교 내 갈등이 심화되었다고 볼 수도 있지만, 그만큼 학교가 다양해지고 긍정적으로 변화했다고 생각합니다.

김용 기존 경력을 가진 교사들이 보면 젊은 교사들이 이해가 안 된다고 하잖아요. 그리고 걱정스럽게 보기도 해요. 이를테면 교사로서의 직업인 의식이 부족하다고 생각하는 것 같아요. 그런데 젊은 교사들은 나름대로 뭔가를 해보고 싶고, 인정받고 싶은 욕구도 강한 것 같아요. 교육청이나 학교에서 그런 걸 잘 키워주지 못하는 것 같아요.

다른 한 편으로 요즘 젊은 세대는 자신의 생각이나 욕구를 '개인적으로' 해결하려는 경향이 있어요. 예전에는 주변 동료나 선후배들과 함께 고민을 나누고 해결책을 찾았다면, 이제는 개인적으로 해결하는 방식을 선호하는 거지요. 교사뿐 아니라 학부모들도 마찬가지로 보입니다. 젊은 세대가 가진 건강한 문제의식이 어떻게든 공론화하고 사회화시키는 장을 만들어야 하는데 그게 잘 안되는 거지요. 향후 교육 현장의 리더십은 이 부분이 가장 중요한 요소일 것 같습니다. 젊은 세대가 개인적으로 해결하려는 걸 자꾸 공적인 문제로 전환시키고 공론화하려는 자세를 가진 리더십이 필요해 보입니다.

김차명 확실히 젊은 세대는 공론화 같은 것에 대한 거부감이 있습니다. 다만, 이걸 했을 때 뭔가 분명히 변한다는 시그널이 있으면 충분히 참여할 겁니다. 그러니까 그냥 "이렇게 일단 얘기해보자"가 아니라 "이걸 참여하면 분명히 변할 수 있다"라고 확신을 주는 게 중요하더라고요.

국가교육위원회 출범
새로운 거버넌스 구조를 수용하고 과감히 지원해주어야

이광호 마지막으로 국가교육위원회에 대해 논의해볼까 합니다. 법률상으로는 원래 7월 21일에 출범하도록 되어 있는데, 아직 위원 구성은 물론 출범에 필요한 준비가 전혀 안 되고 있습니다.

김용 처음에 국민의힘에서 법률 제정에 소극적이기도 하고 자문기구 정도로 운영하자고 맨날 얘기했었잖아요. 그런데 '만 5세 입학' 문제가 터지니까 국가교육위원회(국교위)에서 사회적 협의를 해보겠다라고 밝혔습니다. 요즘에 뭐 하다가 안 되면 국교위에서 논의하겠다가 모범 정답처럼 활용됩니다. 어떻게 보면 국교위가 상당히 아주 재미있는 기구가 될 수 있겠다는 생각도 들더라고요. 한 편으로는 국교위가 예상하지 않게 굉장히 주목받을 가능성도 있어 보여요.

유은혜 우리 교육계가 거의 20년에 걸쳐 논의했고, 지난 정부에서 어렵사리 국가교육위원회 법령을 제정했습니다. 그리고 지난 5월 3일 문재인 정부의 마지막 국무회의에서 시행령을 통과시켰습니다.

국가교육위원회는 해야 할 일이 명확한 곳입니다. 10~20년을 내다보는 대한민국의 인재 양성에 관한 사항 대부분을 독립적으로 심의하며 미래 계획을 만드는 곳입니다. 그래서 매 정권마다 논란이 심했던 교육과정 업무를 법으로 보장하여 국교위가 독립적으로 처리하도록 했고, 정부가 이번 '5세 입학' 정책발표와 같은 우를 범하지 않도록 국교위를 중심으로 사회적 논의도 거치게 했습니다.

이렇게 중요한 국교위의 예산과 조직이 지나치게 축소됐다는 보도가 연일 나오고 있어 대단히 안타깝게 생각합니다. 지금이라도 지원을 확대하고, 신생 조직이 제대로 안착하도록 도와야 합니다.

저출산 문제해결을 위한 유보통합, 미래지향적인 대입제도, 독립성을 보장받으며 만들 교육과정과 교과서, 학교제도 변화를 담아낼 학제개편 등의 정책은 일부 학자의 견해로, 대선공약으로, 정부 관계자와 전문가 소수의 견해로 결정할 수 있는 사안이 아닙니다. 국가교육위원회라는 새로운 거버넌스 구조를 수용하고 과감히 지원해주어야만, 대한민국이 긴 호흡으로 미래를 준비할 수 있다는 점을 강조해서 말씀드리고 싶습니다.

김용 저는 21명의 위원 중심으로 교육정책이 결정되지 않도록 다양한 사회적 압력이 필요한 것 같습니다. 법령에 국민참여위원회가 있잖아요? 그뿐 아니라 충분한 사회적 합의를 거치고 그걸 위원들이 존중하도록 하는 게 필요해 보입니다.

이광호 이상으로 토론을 마칩니다. 긴 시간 고생하셨습니다.

참고 문헌

[편견과 혐오의 늪/ 아이들을 거짓뉴스로 이끄는 사회]

Back to the Furure of Education: Four OECD Scenarios for Schooling, Educational Research and Innovation, OECD, 2020

국민통합의 시대적 과제와 양극화, 국회입법조사처, 2022.3.11

OECD(2021)의 'PISA 21세기 독자: 디지털 세상에서의 문해력 개발'보고서, 교육정책포럼 제338호, 2021.9.6.

유튜브앱 1인당 평균사용시간, 한국인 만10세이상 Android + iOS 스마트폰 사용시간 추정(분), WISEAPP/WISERETAIL, 2021.1.

2021년 2차 학교폭력 실태조사 결과, 교육부, 2022.3.24.

이화여대 학교폭력예방연구소 설문조사, '19.10.1.~15.

2021년도 사이버폭력 실태조사, 방송통신위원회, 2022.4.

혐오표현에 대한 청소년 인식 조사, 국가인권위원회, 2019.5

2021년 사이버폭력 실태조사 결과 방송통신위원회, 2022.4.7.

OECD 국가들의 사회통합지수(2015년 현재), 한국보건사회연구원

정해식, 사회통합지수 개발 연구, 한국보건사회연구원, 2016.12.

2021년 사회통합실태조사, 한국행정연구원, 2022.1.

'국민통합의 시대적 과제와 양극화', 국회입법조사처, 2022.3.11.

2020 한국사회 갈등 조사, 한국행정연구원

심각한 '보수편향' 네이버 뉴스홈, 뉴스편집 알고리즘의 비밀은?, MBC, 2020.12.13.

스포츠 통치수단 활용한 전두환…프로야구 · 축구 출범, 뉴시스, 2021.11.23.

아이들에게 음란물 추천…알고리즘의 소셜 딜레마 커진다', 데일리안, 2021.11.15.

네이버가 투자한 튜닙, AI로 혐오표현 자동 순화해준다', 서울경제, 2022.8.11

BTS 뜨자 백악관 기자실 미어터졌다…"다르다고 잘못 아니다", 한겨레, 2022.06.11

[코로나19 세대/ 특별한 상황은 특별한 대책으로]

김효원외. 코로나19가 교사의 수업, 학생의 학습 및 가정생활에 미친 영향. 서울특별시교육청교육연구정보원. 2020.

김현자외. 코로나19 상황에서 초 · 중학생의 학교교육 경험. 경기도교육연구원. 2021.

김위정외. 2021 경기도 학생인권 실태조사. 경기도교육연구원. 2021.

김자영외. 2021 학생 꿈 조사 결과 보고(코로나19 이전과 이후 비교). 경기도교육연구원. 2021.

임선일외. 코로나19와 교사의 학교생활 경험 연구. 경기도교육연구원. 2021.

이정연외. 코로나19 이후 학교현장의 학습결손 인식 및 해소 방안. 경기도교육연구원. 2021.

이근영외. 코로나19 전후 학생들의 심리와 정서 변화 연구. 경기도교육연구원. 2021.

교육정책포럼 통권 333. 교육정책네트워크. 2021.

우연경외. 코로나19 시기 경험에 따른 초 · 중학생의 사회정서역량 특성. 한국교육과정평가원. 2021.

2021년 국가수준 학업성취도 평가 결과. 한국교육과정평가원. 2022

2021 국가수준 학업성취도 평가 결과 및 대응 전략 발표. 교육부 보도자료. 2022.6.13.

장경환외. 코로나 19로 인한 초등학생들의 건강활동 영향과 건강 인식

주석진. 코로나19로 인한 생활변화가 아동과 보호자의 정신건강에 미치는 영향(부산지역을 중심으로). 2021.

김현진. 코로나 19 상황 속 발달 장애 학생의 온라인 학습 실태와 개선방안(충북지역을 중심으로). 2021.

윤여은외. 코로나19 이후 Z세대의 식생활 변화 연구. 2022.

최정원외. 10대 청소년의 정신건강 실태조사. 2021.

김화선외. 청소년의 체험활동과 공동체의식 및 학교적응의 관계. 2021.

최권호. 보이지 않는 아이들의 권리(코로나19와 만성질환 아동의 건강권). 한국아동복지학회 추계학술대회. 2020.

김미숙외. 정부의 코로나19 대책은 4대 아동권리를 골고루 반영하였나?. 2021.

장정윤. 초기 코로나19 위기 동안 청소년의 성별과 신체활동 수준에 따른 스트레스와 심리적 상태의 관계. 2021.

주진영외. COVID-19 발생 전후로 나타난 청년의 여가활동유형과 우울감 관계. 2021.

임유하. 빅데이터를 통해 본 '코로나 블루'에 대한 이슈 분석. 2021.

김은혜. 코로나19 이후 청소년의 여가활동 변화. 2021.

최승호. 독일의 코로나 블루와 심리방역. 2021.

박한선. 코로나 블루. 황해문화 2021 봄. 2021.

이세원외. 코로나19가 아동청소년에게 박탈한 교육 기회, 그리고 우리에게 남겨진 회복의 책임. 사회복

지 공동학술대회. 2021.
채인석. 청소년의 스마트폰 의존이 사이버 비행에 미치는 영향. 2021 사회복지 공동학술대회. 2021.
김진욱외. 코로나19 시대 중장년 부모의 인터넷 중독이 자녀의 인터넷 게임중독에 미치는 영향. 2022.
권은아외. 사회적 거리두기와 청소년의 지각된 우울의 관계에서 또래애착의 조절효과. 2021 제75차 한국심리학회 온라인 연차학술대회. 2021.
이민경외. 코로나19 스트레스와 부적 정서가 SNS중독에 미치는 영향. 2021 제75차 한국심리학회 온라인 연차학술대회. 2021.
강선경외. 청소년의 자존감이 인터넷 중독에 미치는 영향. 2021.
강선경외. 청년의 인터넷 과의존과 분노의 관계 연구. 2021.
황승우외. 코로나19 시대 교육불평등 해소 정책에 대한 비판적 고찰. 2021.
김성식. 교육격차 현상의 쟁점과 정책 과제. 2021.
김영일. COVID-19와 운동. 코칭능력개발지 제24권 제2호. 2022.
오동주외. COVID-19가 교육에 미친 인식, 행동, 가치 및 태도의 변화 양상. 사회과교육 59권 3호. 2020.
논리적 사고 등 '기초'부실 미래 진로 · 소득까지 악영향. 서울경제. 2022.7.19.
이규일. 코로나 19 시대 청소년 신체활동의 필요성과 학교체육의 역할과 과제. 2021.
이광진외. COVID-19에 따른 비대면 수업이 청소년의 건강관련 체력 및 균형감각에 미치는 영향. 2021.
백준형. 코로나 시대의 건강관리. 한국웨니스학회 온라인 학술대회. 2020.
건강체력 증진! 모두가 힘을 모은다. 교육부 보도자료2022.6.27.
배상훈외. 코로나19 전후 학생의 사회 · 정서적 경험과 학습패턴의 변화. 성균관대학교 교육과미래연구소. 2021.

[인구 절벽/ 교대 가도 될까요?]

'학령인구 급감, 그 위기와 해법은?' 토론 자료. 좋은교사운동 2022.4.4.
주요 연령계층별 추계 인구. 국가통계포털(kosis.kr)
2021년 출생 · 사망 통계 잠정 결과. 통계청. 2022.2.23.
'지방소멸 대응 정책 방향과 추진전략 보고서'. 국토연구원. 2022.2.17.
교육 · 문화 · 체육 · 과학기술 통계(레이와 3판). 일본 문부과학성
어린이집 유형별 현황. 국가통계포털(kosis.kr)
초등학령기 인구 중위, 저위 추계. 통계청
이미숙외. 특수교육통계 국제비교 연구. 국립특수교육원. 2020.

새 정부 교육부 업무 계획 보고 관련 성명서. 좋은교사운동. 2022.8.1.
교육통계서비스 학교별 데이터 셋. 2021.10.1.
이길재. '학령인구 감소에 대응한 중장기 교원수급 방향 및 과제' 2020.1.
박태웅 칼럼 '눈떠보니 선진국'. 아이뉴스24. 2021.1.11.

[교사 기피시대/ 그럼에도 희망은 교사]

'꿈의 직장'이라 불리던 공무원이 외면받는다. 조선일보. 2022.8.1
교직 만족 33%로 곤두박질…"스승의 날 없애자" 말 나온 이유. 중앙일보. 2022.5.15
이동엽외. 교원 및 교직환경 국제 비교 연구. 한국교육개발원. 2019.
평생 직장?…학교 떠나는 선생님들. 매일경제. 2020.1.23
초임 교사 35% 전직 고민 경험…교사 인권 경시. 한국경제. 2021.3.3
한지예. 교사의 교직 이탈의도 탐색 연구. 서울대학교 대학원. 2022.
김지혜외. 누가 교직을 떠나려 하는가? 중학교 교사 교직 이탈 가능성 예측요인 분석. 2020.
"워라밸 최악"…교사 지망생 사라지는 일본. 한국경제. 2021.6.4
일본도 '교원 절벽' 심각…과로사 우려 높은 잔업 등으로 기피. 뉴시스. 2022.8.1
입시학원 강사에 학교수업 맡기는 日…교육의 경계, 왜 무너졌나. 머니투데이. 2022.8.18
꼰대에 시달리고 얻는 건 박봉뿐…이러니 MZ는 공무원 떠난다. 중앙일보. 2022.8.19
"이직 경력은 능력 있다는 증거"…'신의 직장'도 5년 안 돼 관둔다. 한국경제. 2022.7.10
여경환외. 성장욕구와 경제적 개인주의가 교사의 직무열의에 미치는 영향. 인문사회21. 2019.
국책연구기관 보고서도 "교원성과급제 폐지 검토해야". 오마이뉴스. 2022.1.20
강소현. 학교민주주의에 대한 교원들의 경험과 인식에 관한 연구. 청주교육대학교 교육대학원. 2019.
박은주. 초등학교 교사가 인식하는 학교 자율성 이해. 전남대학교. 2021.
'조직문화' 바꾸고 바꾼다… 기업들 소통 넘어 혁신 중. 서울신문. 2022.5.3
대구 교사들, 교직생활 추구 첫번째 키워드 "책임감". 매일신문. 2021.5.12
공무원 임금 동결 또는 1.7% 인상, 윤 대통령 월급은…. 한국일보. 2022.8.30
'유퀴즈' 옥효진, 학생들에게 세금 걷는 교사…유튜브→책도 출간. 한국경제. 2021.10.14
그 선생님! 재미있는 금융교육 창시자 옥효진 선생님. 부산대학교병원 유튜브채널. 2022.1.21
김규태외. 교사정체성의 수준 진단과 교사정체성과 교사소진 간의 관계에 대한 교사효능감의 매개효과. 부산대학교. 2021.

[교육의 데이터화/ 증거기반의 교육정책이 가능할까?]

Phillips, E. D. 2013. Improving advising using technology and data analytics. Change: The magazine of higher learning 45(1).

Williamson, B. 2017. Decoding ClassDojo: Psycho-policy, social-emotional learning and persuasive educational technologies. Learning, Media and Technology 42(4).

천안시, 스마트행정 '빅데이터 플랫폼'으로. 충청매일. 2021.11.18.

제주 관광지 주차장 장애인 화장실, 공공데이터로 한 눈에 본다. 헤드라인제주. 2022.5.11.

Head, B. 2010. Reconsidering evidence-based policy: key issues and challenges. Policy and society 29(2).

권헌영. 데이터기반행정법과 데이터정책의 과제. KISO Journal 40. 25. 2020.

The path to becoming a data-driven public sector. OECD. 2019.

임후남외. 교육 분야 데이터 현황 및 이슈. 한국교육개발원 이슈페이퍼. 2021.

류한구외. 한국교육 종단연구 2005(Ⅰ) – 예비조사보고서–. 한국교육개발원. 2005.

김양분외. 한국교육 종단연구(KELS)2013(Ⅰ) – 조사개요보고서. 한국교육개발원. 2013.

박성호외. 미국 교육종단정보시스템 현황 및 시사점. 한국교육개발원 이슈페이퍼. 2017.

임후남외. 교육 분야 데이터 현황 및 이슈. 한국교육개발원 이슈페이퍼. 2021.

이규민외. 과학적 교육정책 추진 기반 마련을 위한 연구. 교육부. 2020.

정성호외. 데이터 기반 행정법과 증거기반 정책 결정. 한국비교정부학보. 2020.

정성호. 증거기반 정책결정과 재정정보의 생산, 배포, 활용. 한국비교정부학보. 2020.

임후남외. 교육 분야 데이터 현황 및 이슈. 한국교육개발원 이슈페이퍼. 2021.

윤건외. 데이터기반행정 강화 방안 연구: 공공데이터 융합(integration)을 중심으로. 한국행정연구원. 2019.

Fung, A., Graham, M. & Weil, D.(2007). Full disclosure: the perils and promise of transparency. NY: Cambridge University Press.

Anagnostopoulos, D., Rutledge, S. A., & Jacobsen, R.(2013). The infrastructure of accountability: Data use and the transformation of American education. MA: Harvard Education Press.; Grek, S.,Maroy, C., & Verger, A.(2021). Intoduction" accountability and datafication in education: historical, transnational and conceptual perspectives. in Grek, S.,Maroy, C., & Verger, A.(eds.). World yearbook of education 2021: accountability and datafication in the governance of education. London: Routledge.

Williamson, B. and N. Piattoeva (2019). Objectivity as standardization in data-scientific education policy, technology and governance. Learning, Media and Technology 44(1). 64-76.

Grek, S.,Maroy, C., & Verger, A.(2021). Intoduction" accountability and datafication in education: historical, transnational and conceptual perspectives. in Grek, S.,Maroy, C., & Verger, A.(eds.). World yearbook of education 2021: accountability and datafication in the governance of education. London: Routledge.

Manolev, J. Sullivan A. and R. Slee. 2019. The datafication of discipline: ClassDojo, surveillance and a performative classroom culture. Learning, Media and Technology 44(1). 36-51.

Berlant, L.(2011). Cruel optimism. Durham: Duke University Press.

Mecgilchrist, F.(2019). Cruel optimism in edtech: when the digital data practices of educational technology providers inadvertently hinder educational equity. Learning, Meida and Technology 44(1). 77-86.

[산업구조와 노동시장의 변화/ 평생학습사회로의 전환]

주요 선진국의 제4차 산업혁명 정책동향: 미국, 독일, 일본, 중국. 정보통신기술진흥센터. 2016.

채창균외. 평생 · 직업교육분야 미래 교육비전 및 교육개혁 방향 연구. 국가교육회의 · 한국직업능력개발원 . 2017.

채창균외. 일-학습 선순환체제의 도입을 위한 정책방안 연구. 한국직업능력개발원. 2019.

Griffin, P., McGaw, B & Care, E.(eds)(2011). Assessment and Teaching of 21st Century Skills. New York: Springer.

OECD(2019). "OECD Future of Education and Skills 2030 Project Background".

Schwab, Klaus(2016). The Fourth Industrial Revolution. World Economic Forum.

World Economic Forum. (2015). New Vision for Education: Unlocking the Potential of Technology.

[글로벌 교육거버넌스/ 교육을 통한 협력과 연대, 사회변혁]

김성아. 불평등, 지표로 보는 10년. 보건복지 Issues & Focus. 409호. 한국보건사회연구원. 2021.

신지섭외. 한국노동패널과 가계동향조사를 이용한 소득기회불평등의장기추세에 대한 연구. 경제학연구 제 69 집. 2021.

조영관. 우크라이나 전쟁과 세계 경제의 변동: 미 · 중 · 러를 중심으로. 다양성+Asia 17호. 서울대학교 아시아연구소. 2022.

더 나은 미래, 모두를 위한 교육, 2022 개정 교육과정 총론. 교육부. 2021.11.24.

김태정. 진화하는 교육거버넌스: 혁신교육지구와 마을공동체. 대한민국교육트렌드 2022. 에듀니티. 2021.
양병찬외. 혁신교육지구 사례분석을 통한 마을교육공동체 체제 구축방안 연구. 교육부. 2019.
양병찬. 한국 마을교육공동체 운동과 정책의 상호작용. 평생교육학연구. 제24권 제3호. 2018.
OECD WISE. (July 2021). Inequalities in Household Wealth and Financial insecurity of Households. Policy Insights.
Ensuring a Resilient & Healthy Environment for All. OECD Environmental Ministerial Summit Key Issues Paper. 2022.3.30.-31. OECD.
UN. Department of Economic and Social Affairs (2020). COVID-19 to slash global economic output by $8.5 trillion over next two years.
OECD 2022. Chair's Summary for Ensuring a Resilient & Healthy Environment for all.
OECD Environment Ministerial
OECD, ILO, UNESCO. 2022. Update fo the G20 Skills Strategy: Background paper and Annex.
OECD (2019). OECD Future of Education and Skills 2030 project background
OECD Future of Education and Skills 2030 Concept Note.

[정치하는 청소년, 정치 못 하는 교사/ 기본권 보장인가, 교실의 정치화인가?]

우상호 "권성동, 제 나라 고3 폄하하며 국회의원 하려고?" 고발뉴스. 2017.01.06
인물로 만나는 청소년운동사. 공현 · 둠코. 교육공동체 벗. 2016.
전민경외. 경기도청소년 기본권 보장을 위한 정책방안연구. 2021.
조철민. 독일의 청소년 정치참여를 통한 민주시민교육. 2017.
민형배. 교원의 정치기본권 보장을 위한 국회 토론회 자료집. 2022.

[학부모/ 교육의 파트너가 될까?]

국민교육여론조사. 한국교육개발원. 2021.
미래교육체제 탐색을 위한 조사. 국가교육회의. 한국교육개발원
류방란외. 학부모의 학교 참여 실태 및 정책방안. 한국교육개발원. 2015.
이근영외. 코로나19 전후 학생들의 심리와 정서 변화 연구. 경기도교육연구원. 2021.
학부모의 공교육 신뢰제공 방안. 경기도교육연구원. 2020.

황성희. 중산층의 학부모의 학교교육 인식과 사교육 선택 연구. 2016.
이두휴외. 학부모 문화 연구. 한국교육개발원. 2007.
박제원. 공부를 공부하다. 에듀니티. 2019.
오재길외. 학부모 주체화 방안 연구. 경기도교육연구원. 2016.
김기수외. 1980년대생 초등학교 학부모의 특성. 경기도교육연구원. 2020.
김기수외. 학부모의 공교육 신뢰 제공 방안. 경기도교육연구원. 2020.
김기수외. 공교육 강화를 위한 학부모 역할 연구. 경기도교육연구원. 2019.
김기수외. 1980년대생 초등학교 학부모의 특성. 경기도교육연구원. 2020.

[에듀테크/ AI 교육, 메타버스는 교육의 미래인가?]

김상운, 이윤정, 이애숙. 학교 현장의 에듀테크 활용 및 수요분석. 한국교육학술정보원. 2022.
권오상. 교육용 로봇의 현황과 미래. 2016.
김상균. 메타버스 : 디지털 지구, 뜨는 것들의 세상. 플랜비디자인. 2020.
김상균. 메타버스(Metaverse)는 HRD 날개를 달다. 동아비즈니스리뷰, 314호. 2021.
계보경. 메타버스(Metaverse)의 교육적 활용 : 가능성과 한계
계보경외. KERIS 디지털교육 동향(통권 제 167호). 2022
박지혜. 포스트 코로나 시대 플렉서블 러닝과 첨단기술 활용 중심의 의학교육 전망과 발전. 의학교육논단. 2021.
윤정현외. 메타버스 가상세계 생태계의 진화전망과 혁신전략 제 283호. 과학기술적책연구원. 2021.
윤태영. 세계교육정책 인포메이션 1호: 영국의 에듀테크 지원 정책 전략 분석과 적용 현황. 한국교육개발원. 2020.
윤성혜. 증거기반 에듀테크 생태계의 개념과 필요성, 그리고 메타-에듀테크 조직의 역할. 월간SW중심사회, 07호. 2022.
이지은. 대학교육의 혁신기회, 에듀테크에서 찾다. 월간SW중심사회, 11월호. 2020.
손화철 호모 파베르의 미래 : 대우학술총서 629. 2020.
원종운. 최신 블록체인 동향과 응용 기술. 2021.
한송이외. 대학교육에서 하이플렉스(Hyflex) 수업 사례 연구: A대학의 사범대 교직 강좌를 중심으로. 교육문화연구.. 2021.
홍선주. 학교 교육에서의 인공지능(AI) 활용 방안 탐색. 2020.
고등교육 · 학술연구 에디션: 2020 ICT 융합교육 글로벌 동향. ICT융합교육 글로벌 동향 리포트. KERIS.

2020.
Blockchain revolution. D. Tapscott, & A. Tapscott. Penguin. 2016.
Cunningham, U. (2014). Teaching the disembodied: Othering and activity systems in a blended synchronous learning situation. International Review of Research in Open and Distributed Learning.
HolonIQ(2021). Global Education Outlook 2021
Department for Education (2019). Realising the potential of technology in education: A strategy for education providers and the technology industry. Resetting education and training for the digital age.
European Commission (2020). Digital Education Action Plan (2021–2027): Resetting education and training for the digital age.
European Commission (2020), A European Approach to Micro-Credentials: Output of the Micro-Credentials Higher Education Consultation Group.
EdTech Impact(2021), Why Trust Matters in Sales
OECD(2020). Back to the Future of Education: Four OECD Scenarios for Schooling
Office of Educational Technology (2017). Reimagining the Role of Technology in Education: 2017 National Education Technology Plan Update.
Lindsay McKenzie(2018). Blockchain Gains Currency in Higher Ed
Januszewski, A., & Molenda, M. (2008). Educational technology: A definition with commentary. New York: Lawrence Erlbaum Associates.
EdTech Impact.(2021).School Insight Series: Why Trust Matters in Sales
[인터넷 자료]
Robot learning improves student engagement. MSU Today. 2017.12.1
How blockchain technology will support the private employment services sector in connecting people with work. John W Healy. 2020.4.22
ISTE to Acquire Edsurge, in Move to Nonprofit. EdSurge. 2019.11.6
The $7B Global OPM and Academic PPP Market. HolonIQ. 2020.3.24
Paralympic swimmer to chair new edtech expert group. SCHOOLSWEEK. 2019.6.3
원유니버스, 인천교육청과 메타버스 진로교육 플랫폼 개발 계약 체결. 매일경제. 2022.5.18
울산교육청, 메타버스 활용한 고교학점제 진로맞춤형 과목 선택지원. 경남에나뉴스. 2022.5.3
교육정보화기본법 논의 9개월만에 시작…교육 디지털전환 지지부진. 전자신문. 2021.12.1
부산교육청, 메타버스 기반 지역화 콘텐츠 개발보급. 부산교육청 보도자료. 2022.5.9
중국 정부는 왜 고강도 사교육 금지를 내 놓았나. 경향신문. 2021.8.10

전문대학 '메타버시티'구현한다. EduTech 직업교육 혁신세미나 개최. 한국대학신문. 2021.9.6
자연어처리 기술, 사람 수준 뛰어넘었다. 사이언스타임즈. 2020.10.27
국제비교를 통해 본 한국의 중학교 교사와 교장은? 한국교육개발원 보도자료. 2019.6.20
David Leaser. 2020. IBM awards its three millionth digital badge (and disrupts the labor market in five big ways) IBM. 2020.8.3

[학교문화예술교육/ 산업화 성공을 위한 도구인가?]

한류스타 양성할 케이팝 아카데미 추진. 연합뉴스, 2011.
홍애령외. 문화예술교육 정책 분석을 통한 문화예술교육의 발전방향. 한국무용연구 33권 1호. 2015.
정연희. 문화예술교육의 학문적 정체성에 관한 연구, 예술교육연구 제12권 4호. 2014.
2022 학교예술교육활성화 기본 계획. 교육부.
2021 학교 문화예술교육 실태조사. 한국문화예술교육진흥원. 2022. 1
이어폰vs갤럭시, 20대는 뭐를 더 선호할까?, 뉴스포스트. 2021.9.27.
"아미를 추앙한다". 삼성, 갤럭시 감성에 '보라퍼플'입힌다. 매일경재. 2022.7.27.
30년전 더 나은 세상 꿈꾼 이들에게 들려주고 싶어요. 한겨레. 2022.8.25.
홍성우. 문화예술 기반시설의 지역 간 격차 및 영향요인에 관한 연구. 대진대학교 석사. 2021
조현성외. 통계로 살펴보는 지역의 문화예술교육. 한국문화예술교육진흥원. 2021
문화예술 분야, 일자리 창출 및 경제적 파급효과 우수. 독서신문. 2016.4.7.
광주예술고교 전공실기강사 모집 미달 사태. 교육청이 책임져야. 뉴스워커. 2021.2.23
정성식. 양적 확대를 넘어 양질을 도모하다. 대한민국 교육트렌드 2022. 에듀니티. 2021.
2021 학교 문화예술교육 실태조사. 한국문화예술교육진흥원.
존 소렐 · 폴 로버츠 · 대런 핸리, 오수원 역. 문화예술교육은 왜 중요한가. 열린책들. 2015
정규 교육과정 내외 문화예술교육정책. 주영국한국문화원. 2016.
국가별 학교 문화예술교육 정책 자료집. 한국문화예술교육진흥원. 2013.
석문주외. 외국의 문화예술교육 프로그램에 대한 분석 연구. 2010.
최보연외. 학교문화예술교육 활성화를 위한 방향성과 과제 : 영국의 사례를 통한 시사점. 서울교육대학교.. 2013
곽덕주외. 유럽에서 만난 예술교육. 커뮤니케이션북스. 2017.
프랑스 학교 정규교육과정 내 문화예술교육 제도. 프랑스한국문화원. 2016.
노르웨이 및 네델란드의 문화예술교육사례가 한국에 주는 시사점. 한국교육개발원. 2017.

김차명. MZ세대 교사. 대한민국 교육트렌드 2022. 에듀니티. 2021
최병호(2021). 변화와 도전의 방아쇠가 당겨졌다.『대한민국 교육트렌드 2022』
꿈과 삶 펼치는 연극쟁이 교사들. 우리교육. 2014.

[혁신학교와 혁신교육/ 성과와 과제는 무엇인가?]

경기교육, 새롭게, 경기도교육감직인수위원회 백서. 경기도교육감직인수위원회. 2022.
혁신학교란 무엇인가. 김성천. 맘에드림. 2011.
김성천. 학교혁신 리더 교원의 관점에서 본 저항 양상과 극복전략. 한국교원교육연구. 2020.
김성천외. 교육자치 30년의 성과분석과 과제. 서울특별시교육청. 2021.
민경용외. 혁신학교를 경험한 교사들의 일반학교 적응과정 분석. 한국교원교육연구. 2017.
나현주외. 경기혁신교육 3.0 개념 정립 연구. 경기도교육연구원. 2018.
박수정외. 시도교육청의 혁신학교 정책 분석: 2019학년도 혁신학교 계획을 중심으로, 학습자중심교과교육연구. 2020.
조희연 교육감 3기, 서울혀 혁신학교 운영전략의 네가지 변화. 서울특별시교육청 보도자료. 2022.
서민희외. 혁신학교 전국 확산을 위한 성과분석. 교육부. 2018.
송기상외. 미래교육 어떻게 만들어갈 것인가. 살림터. 2019.
안영은외. 혁신학교와 일반학교 중학생의 전학년 학업성취도 변화양상 비교. 교육학연구. 2019.
정원미. IB교육과정과 혁신학교 교육과정의 비교. 한국교원대 교육정책전문대학원 석사학위논문. 2020.
진보주의 교육의 세계적 동향. 한국교육연구네트워크. 살림터. 2018.
[언론보도]
경기도 혁신학교 미래학교 모델. 경인일보. 2017.5.1.
혁신학교 해체 수순.. 하윤수 "다행복학교 예산삭감해 일반학교 지원". 교육플러스. 2022.7.7
강남 혁신학교 논란 되풀이, 경원중 반대 강동고 철회. 서울신문. 2020.12.3
'기초학력 미달' 혁신학교 고교생, 전국 고교 3배 수준. 이데일리. 2017.10.12
서울 학부모들, 전교조 혁신학교 잇따라 제동. 조선일보. 2019.5.20.

[IB/ 뜨거운 감자 IB는 대안인가 유행인가?]

성기선, 「IB(International Baccalaureate) 교육과정의 접근과 적용 실제 탐색」, 2018
IB도입 놓고 충남교육청 딜레마. 굿모닝충청. 2022.8.7.

"확대 않겠다"던 IB 학교… 제주교육청 결국 신규 지정 추진. 한라일보. 2022.8.3.

김지철 후보, 충남형 IB교육과정 도입 "모든 아이에게 특별한 교육을". 금산중앙신문. 2022.5.16.

박종훈 교육감 후보 10대 핵심 공약. 거제뉴스아이. 2022.5.22.

국제학교와 IB교육… 제주교육감 선거 후보들 생각은?. 노컷뉴스제주. 2022.5.17.

송창권, "외도지역 IB 교육 특구로 조성". 뉴제주일보. 2022.4.11.

강삼영, IB 시범학교 도입. 교육플러스. 2022.3.28.

최정수, "세종시 교육에 IB교육 프로그램 도입" 공약. 세종의소리. 2022.4.11.

조희연 "서울 초 · 중 · 고에 국제공인 서술형평가 도입 고민". 머니투데이. 2022.1.3.

서거석 교육감 후보 "초 · 중등 교육과정에 논 · 서술형 평가체제 도입". 전북일보. 2018.4.30

정영근외. IB 교육과정의 접근과 적용 실제 탐색. IB 교육과정 현황과 쟁점 탐색 세미나 자료집. 2018.

첫 보수 교육수장 경기도 '혁신학교' 존폐 위기. 이데일리. 2022.7.6.

IB 도입 강은희 교육감 "집어넣는 수업 아닌 생각 꺼내는 수업에 최적". 에듀인뉴스. 2019.2.4.

IB 도입 1순위는 '교원양성'..."올해 상반기 MOU 체결할 것". 미디어제주. 2019.4.24.

류영규외, IBDP 공교육 도입의 선결 조건 탐색. 교육혁신연구. 2018.

이혜정외, 비판적 창의적 역량을 위한 평가체제 혁신 방안 : IB 사례를 중심으로. 서울특별시교육청교육연구정보원. 2017.

이혜정외, 국제 바칼로레아(IB) 프로그램 현장 안착 지원 방안 연구. 대구광역시교육청. 2019.

[IB Q&A-평가시스템에 쏟아진 의문들] ①평가 신뢰할만한가?. 에듀인뉴스. 2019.10.7.

미래교육 길찾기. 2019. 충청북도교육청

이찬승. IB 교육과정 도입이 학교 교육 혁신에 희망이 될 수 있는가?. 교육을바꾸는사람들. 2018.10.31.

2028 대입 개편 논의 '시동'…논 · 서술형 등 '미래형 수능' 검토. 한국대학신문. 2020.11.9.

국회입법조사처 제출자료. 대구광역시교육청. 2020.12.

국회입법조사처 제출자료. 제주특별자치도교육청. 2020.12.

유은혜 "대입, 2028 입시땐 달라져"…수능체제 변경 예고. 동아일보. 2021.11.24.

2021년 초 · 중 · 고 사교육비조사 결과. 통계청. 2022.

[지역교육과정/ 미래교육을 향한 이정표]

경기도교육청, 경기도 초 · 중 · 고 교육과정 총론(고시 제2021-486호).

교육부, 「전남교육과정, 함께 만들어요」, 행복한 교육(8월호), 교육부, 2022.

국가교육회의, 『국민참여 국가교육과정 개정을 위한 사회적 협의 백서』, 2021.

김성천 외, 「교육자치 30년의 성과 분석과 과제」, 서울특별시교육청 정책연구, 2021.
박승열, 「교육자치와 교육과정」, 2021 경기도교육연구원 심포지엄, 2021.
박승열, 「거버넌스 관점에서 바라본 국가교육과정 권한 배분 가능성과 지역교육과정 실행 과제」, 2020 국가교육과정포럼 지역교육과정(4차), 2020.
박휴용 외, 「국가교육과정 혁신방안 연구: 교육과정 거버넌스를 중심으로」, 전국시도교육감협의회, 2019.
서용선, 「혁신학교-혁신교육지구-마을교육공동체의 교육거버넌스」, 한국교육학회 학술대회, 2018.
성열관, 「중앙정부와 시도교육청의 교육과정 권한 분배」, 대한민국 교육자치 30주년 지역교육과정 토론회, 전국시도교육감협의회, 2021.
소경희, 「한국의 국가교육과정의 변천과 최근의 개혁 동향」, The SNU Journal of Educational Research, 28(1), 2019.
손동빈, 「시도교육과정을 매개로 한 새로운 교육과정체제 및 거버넌스 구축방안」, 교육연구네트워크 월례포럼, 2022.
손민호, 「학교교육과정 자율성 강화를 위한 방안」, 국가교육과정 현장소통 포럼(2차), 교육부, 2021.
신은희, 「시도교육과정의 실제」, 교육과정 현장 네트워크 세미나, 전국시도교육감협의회, 2022.
신은희, 「충청북도교육과정의 역할과 기능 분석 및 발전방안 연구」, 충청북도교육정책연구소, 2020.
양병찬 외, 「혁신교육지구 사례 분석을 통한 마을교육공동체 체제 구축 방안 연구」, 교육부, 2019.
울산광역시교육청, 『2022 울산교육포럼 자료집』, 2022.
전국시도교육감협의회, 『전국시도교육감협의회 설문조사 자료집』, 2022.
전라북도교육청, 전라북도 초등학교 교육과정 총론(고시 제2021-12).
정광순, 「왜 교육과정 자율화 인가?」 전북교육 Vol 65, 전라북도교육청, 2022.
정광순, 「국가교육과정 개발과 교사」, 교육과정 현장 네트워크 세미나, 전국시도교육감협의회, 2022.
조윤정 외, 「학습생태계 확장을 위한 마을교육과정의 개념과 실천 방안」, 경기도교육연구원, 2017.
조호제 외, 「2022 개정 교육과정의 선택과목 개발 및 운영방안」, 한국교육과정학회 특별포럼, 2022.
충청북도교육청, 충청북도 교육과정 총론(고시 제2022-2).
최탁, 「세종형 교육과정 개발 사례가 지역교육과정 실행전략 수립에 주는 시사점」, 2020 국가교육과정포럼 지역교육과정(4차), 교육부, 2021.
황현정 외, 「학교 자치 실현을 위한 지역 교육과정 구상 방안」. 경기교육연구원, 2018.
한혜정 외, 「시 · 도 교육청 수준 교육과정 지침 실태 분석 및 개선 방안」, 한국교육과정평가원, 2012.
경상북도교육청 보도자료, 2021.07.26.
세종특별자치시교육청, e집현전, https://bit.ly/3D7Vycc

〈시 · 도교육과정 출처〉

강원도교육청 https://bit.ly/3CxX4CZ

경기도교육청 https://bit.ly/3EJw0Dq

경상남도교육청 https://bit.ly/3EJw4mE

경상북도교육청 https://bit.ly/3CZGl7F

광주광역시교육청 https://bit.ly/3D06Xec

대구광역시교육청 https://bit.ly/3S8HnYK

대전광역시교육청 https://bit.ly/3Sc1plm

부산광역시교육청 https://bit.ly/3VtB8ld

세종특별자치시교육청 https://bit.ly/3T9ltVt

서울특별시교육청 교육연구정보원 https://bit.ly/3T2KWkp

울산광역시교육청 https://bit.ly/3T9ltVt

인천광역시교육청 https://bit.ly/3CAHhmX

전라남도교육청 https://bit.ly/3S3XvKY

전라북도교육청 https://bit.ly/3yHyj6j

전라남도교육청 https://bit.ly/3S3XvKY

제주특별자치도교육청 https://bit.ly/3evOXPo

충청남도교육청 https://bit.ly/3Mx09aY

충청북도교육청 https://bit.ly/3CC5xFc

[2028 대학입시/ 미래형 입시제도는 어떻게 바뀔까?]

고교학점제 종합추진계획. 교육부 보도자료. 2021

대학입시제도 국가교육회의 이송안. 교육부 보도자료. 2018.

대입제도 공정성 강화 방안. 교육부 보도자료. 2019.

김경범. 길을 잃은 교육정책. 교육을 바꾸는 사람들, 493호. 2019

김신영. 대학수학능력시험의 개선 방안 연구. 교육평가연구. 2008.

김지하외. 미래지향적 대입제도 개선 방안 연구. 한국교육개발원. 2017.

시민의 지혜! 숙의학교 대안을 찾다 – 대입제도 개편 공론화 백서. 대입제도개편공론화위원회. 2018.

박도영외. 대학수학능력시험의 성과와 발전 방향 : 서 · 논술형 수능 도입 가능성 모색. 한국교육과정평가원. 2020.

백순근. 대학수학능력시험의 문제점 및 개선방안. 사대논총. 2003.
손민정외. 중국 교육개혁 및 입학시험 개혁의 취지와 특징 탐색 및 수능 개선 방향의 시사점 모색. 한국교육과정평가원. 2018.
송순재외. 대학입시와 교육제도의 스펙트럼. 학지사. 2007.
성기선외. 대한민국 교육트렌드 2022. 에듀니티. 2021.
성기선 대전환시대, 학교를 말하다. 창비교육. 2022.
시기자외. 세계 각국의 대학입시제도 연구. 한국교육과정평가원. 2018.
이범. 우리교육 100문 100답. 다산북스. 2012.
이화진외. 미래사회 변화 대비 정책 어젠다 발굴과 중장기 과제 발굴. 한국교육과정평가원. 2017.
이용상외. 한국교육개발원 교육여론조사(KEDI POLL 2019). 한국교육개발원. 2019.
장광희외. 고교-대학 연계를 위한 대입전형 연구(Ⅷ)- 고교-대학 연계형 대입제도 중장기 종합 방안. 한국교육개발원. 2011.
미래사회가 요구하는 대입제도 개선방안 연구 : 고교학점제 시행에 따른 중장기 대입 개편 방안. 전국시도교육감협의회. 2019.
대입제도안내. 한국대학교육협의회. 2015.
2022학년도 대학입학전형시행계획 주요사항. 한국대학교육협의회. 2020

[대통령, 교육감 선거/ 2023년 교육은 무엇이 달라질까?]

KSOI-TBS 정례조사 결과보고서. 2022.5.
"국가교육위원 추천 배제는 차별"…교원단체 3곳, 헌법소원. 뉴시스. 2022.7.21.
'백년지대계' 외면한 대선…토론회서 '교육의제' 아예 실종. 한겨레신문. 2022.3.3.
20대 대통령선거 선거공보 및 선거공약서. 중앙선거관리위원회 자료실
10개 국립대 총장들 "전국에 서울대 10개 만들자". 국민일보. 2022.2.10.

대한민국 교육트렌드 : 한국 교육을 움직이는 20가지 키워드

2009년 경기도에서 시작한 혁신학교는 교육 현장의 많은 변화를 이끌어왔습니다. 학교혁신을 기치로 무상급식, 수업혁신, 학생인권, 마을교육공동체, 회복적생활교육, 학교자치와 학교민주주의, 기초학력 등의 말들은 이제 진보와 보수를 구분하지 않고 교육의 당연한 흐름이 되고 있습니다.

학교는 아이들의 행복한 성장을 돕는 기관으로서 지속적으로 변화해야 합니다. 지속적인 변화를 위해서는 올바른 방향 설정과 함께 이해관계자들이 변화의 흐름을 읽어내고 실천할 수 있어야 합니다. 혁신 주체들의 노력이 일부의 정보독점 또는 일부의 성공으로 이어져서는 안 되는 것이죠. 이에 그 변화의 흐름을 전망하고 기록하여 전국으로 공유하고 변화를 확대하기 위한 책과 함께 연수를 엽니다.

연수 주제 : [오리엔테이션] 사회 변화, 교육 변화 읽기(성기선)

1부. 회고

- 근대 이후 대한민국 교육과 학교의 역사(김성근)

2부. 변화

[세대의 변화]

1. 한국 사회의 미래, 그리고 교육(김두환)
2. MZ세대, 나다움과 교사다움 그 사이에서(김차명)
3. 요즘 아이들 – 흩어진 관계, 깊어진 고립, 절실한 대화(천경호)
4. 코로나19와 학교교육, 변화와 도전(최병호)
5. 기후변화와 환경교육의 방향(최종순)

[학교의 변화]

6. 학교자치와 민주학교, 어떻게 만들어갈까(김성천)
7. 진화하는 교육거버넌스, 혁신교육지구와 마을교육공동체(김태정)
8. 교육불평등, 얼마만큼 재난일까?(서용선)
9. 교육대전환의 시대, 미래학교(서영선)
10. 학교 공간혁신, 공간이 교육을 묻다(김태은)
11. 기초학력, 모두를 위한 교육(김영식)
12. 돌봄, 양적 확대를 넘어 양질로 나아가야(정성식)
13. 유보통합, 영유아 교육현장의 불협화음(송대헌)
14. 미디어의 시대, 소유에서 접속으로(김차명)
15. 현실이 돼버린 원격교육과 에듀테크(유재)

[정책의 변화]

16. 국가교육위원회의 탄생(성기선)
17. 교육재정, 철학이고 투자다(유재)
18. 교원양성체제, 미래교사를 위한 집중과 선택(성기선)
19. 고교학점제란 무엇인가? 변화와 쟁점(전대원)
20. 2022개정교육과정, 미래를 향하다(최지윤)

3부. 미래사회를 위한 교육담론

- 위기 속에 더욱 빛나는 미래 향한 여정(김성근, 김진경)